André · Griechische Feste, römische Spiele

Inhalt

Drittes Kapitel
Die hellenistische Welt

Viertes Kapitel
Das frühe Rom und die römische Republik

Fünftes Kapitel
Das römische Kaiserreich

Einleitung

Es mag fast unmöglich erscheinen, die Freizeitkultur der Mittelmeerwelt von der griechischen Frühzeit bis in die Spätantike, vom frühzeitig romanisierten Westen bis in den hellenisierten und später von Rom eroberten Osten in einer zusammenfassenden Studie darzustellen. Denn diese ist nicht denkbar, ohne daß die soziokulturellen Grundlagen jeweils analysiert und die einzelnen Beiträge und Adaptationen, insbesondere der »griechischen Muße« innerhalb der römischen Welt, erfaßt werden. Zudem darf das ethnische Substrat mit seinen soziologischen Gegebenheiten nicht unberücksichtigt bleiben, weil die sich wandelnden Denk- und Anschauungsweisen die materiellen Lebensbedingungen überlagern. Im frühen Griechenland wie im Latium und im Sabinerland der archaischen Zeit lassen sich für Freizeit und Muße zunächst vor allem land- und weidewirtschaftliche Komponenten ausmachen. In Rom verbindet sich die Freizeitvorstellung dagegen rasch mit einem bäuerlich-militärischen Komplex, dessen Wertvorstellungen stärker einengend wirken als das militärpolitische Bewußtsein in Griechenland. Während die homerischen Epen das Zeitalter der Heroen spiegeln, geht das Heldentum des römischen Mittelalters in der militärischen Frühgeschichte eines auf Taten ausgerichteten Volkes auf.

Eine soziolinguistische Untersuchung der Begriffe[1] führt nicht sehr weit. Die Etymologie von griechisch *schole* ist unklar; in der Regel schließt der Begriff die negativen Konnotationen Faulheit und Müßiggang aus und bezeichnet euphorische Zerstreuung und produktive intellektuelle Betätigung. Es ist gar nicht sicher, ob von Anfang an die Vorstellung von ›Pause‹ impliziert war. Auf jeden Fall stellt dieser Begriff für das spezialisierte geistige Leben der modernen Welt die ideologischen Grundlagen und das Vokabular bereit (paradoxerweise in Begriffen wie Schule, schulisches Leben, Scholastik usw.). Der römische Mußebegriff, das *otium*, ist etymologisch ebenso unklar; sämtliche Hypothesen beruhen auf semantischen oder soziologischen Wahrscheinlichkeitsannahmen: ursprünglich bedeutet er Freude, pastoral oder auch nicht, und das Ausruhen des Kriegers. Der Begriff bleibt fest eingefügt in einen Komplex bäuerlich-militärischer Morpheme und Bilder und füllt sich, weil die negativen Konnotationen im römischen Bewußtsein so tief verwurzelt sind, nur allmählich, sparsam und zurückhaltend mit einer Bedeutung des Geistigen. Das römische *otium* lebt in der französischen Sprache in Rabelais' *otieux* und Ausdrücken wie *oisiveté* und *débats oiseux* fort.

Wenn es um die soziologischen Konstanten von Arbeit und Muße geht, muß das System der Sklaverei berücksichtigt werden, das die freien Männer jedenfalls teilweise von den Aufgaben der Nahrungsbeschaffung und der handwerklichen Arbeit freistellt und für eine Rangordnung edlerer Tätigkeiten vorsieht: Krieg (in Sparta), Krieg und Landwirtschaft (in Rom). Allerdings ist das in ein Wertesystem und eine Pflichtenaxiomatik eingepaßte Organigramm der Tätigkeiten der Entwicklung unterworfen und vielfältig: Hesiods Griechenland ist ländlich, das Zeitalter der Heroen vorüber; das freie Handwerk hat in Athen eine gewisse Wertschätzung erfahren; die Landwirtschaft bleibt in Rom über lange Zeit, und sei es als ideologisches Relikt, eine adlige Aufgabe und Lebenskunst.

Die Beschreibung der Formen von Muße und Zerstreuung wird den politischen Komplex einbeziehen und der Tatsache Rechnung tragen müssen, daß die Städte, Staaten und Reiche, die athenische Demokratie wie das hellenistische Königtum, die römische Republik wie das Kaiserreich als Weltmonarchie, die Organisation des zur Schauveranstaltung gewordenen Zeitvertreibs in den sozialen Pakt aufnehmen. Wenn die Darstellung häufig zweigeteilt ist, liegt darin keine Bequemlichkeit, vielmehr hebt sich die individuelle Muße sowohl des frühgeschichtlichen Fürsten wie des Gebildeten mühelos – manchmal auch mit Hilfe einer kritischen Untersuchung der Synkretismen – von den kollektiven Freizeitbeschäftigungen ab. Die antike Welt läßt eine schrittweise, mehr oder minder im Bewußtsein sich ausdrückende Befreiung im Freizeitverhalten erkennen, wodurch der frühe religiöse Synkretismus und die Welt des Festes in den Blick treten. Es ist deutlich zu sehen, wie die Freizeitkultur dem Gesetz der Laisierung folgt, wobei dieser Prozeß allerdings nicht linear verläuft, sondern einer Sinuskurve gleicht, da es, namentlich in den monarchischen Systemen, immer auch Phänomene der Resakralisierung gibt. Die Einbindung der Freizeit als staatsbürgerlicher Akt in das politische System wird uns schließlich veranlassen, die Wechselbeziehungen zwischen Amateurismus und Professionalismus zu untersuchen.

Die in das gesellschaftliche Geflecht verwobene antike Freizeitkultur verliert nach und nach ihre implizite, vielgestaltige Struktur und wird zu einer erdachten Realität; sie belebt die Debatten der Philosophenschulen, die die Zweckbestimmung der Muße (politisch oder

kontemplativ), ihre Antinomien und ihre Gefahren zu erfassen suchen. Die Gesellschaften leben von der freien Zeitverfügung und sterben an Müßiggang und Langeweile. Die freie Zeit wird oft zur in-
haltslosen Zeit und damit zur Beute jeglichen sozialen Parasitentums
und jeder möglichen Propaganda. Dabei ist es reizvoll zu untersuchen, inwieweit diese Entwicklung für die antike Welt unvermeidlich
war.

In dieser Studie, die sich zunächst auf die häufig elitären Zeugnisse
literarischer Art und auf Inschriften stützt, werden auch immer wieder bildliche Darstellungen herangezogen, deren Zahl allerdings im
vorliegenden Rahmen begrenzt bleiben muß. Verwiesen sei jedoch
auf die außerordentliche Bedeutung, die der griechischen Keramik für
die Feste in Athen zukommt, der römischen Malerei für die Flucht in
die Mythologie, der kaiserlichen Numismatik für die Architektur der
Schauveranstaltungen, besonders zur Zeit der Antonine, schließlich
dem Mosaik im Hinblick auf die Beschwörung exotischer Paradiese
(Ägypten auf dem Mosaik von Palestrina) oder auf Zirkusvorstellun-
gen (wilde Tiere, *venatio* und Wettkämpfe auf den Mosaiken von
Piazza Armerina).

Erstes Kapitel

Das heroische Zeitalter Griechenlands

Die Menschen in der Frühzeit

Ohne den Begriff der Muße oder Freizeit grundsätzlich zu formulieren, räumt die griechische Welt der Frühzeit den Zerstreuungen und Vergnügungen des Lebens einen wichtigen Platz ein; die Schilderungen, die uns die ältesten Zeugnisse darüber liefern, bedürfen jedoch einer entwicklungsgeschichtlich behutsamen Interpretation, denn sie sind in ein gesellschaftlich bestimmtes Gefüge von Tätigkeiten und Gegebenheiten eingespannt. Nach einer Frühgeschichte von Freizeit und Muße in den Mittelmeergesellschaften vor der mykenischen Kultur und der homerischen Zeit zu suchen, wäre freilich ein vergebliches Unterfangen. Die homerischen Epen, *Ilias* und *Odyssee*, repräsentieren eine schriftliche Tradition, die von den ›homerischen Dichtern‹, den Nachfolgern des legendären Homer, niedergelegt worden ist; dabei haben sie allerdings Vorgänge des griechischen ›Mittelalters‹, die in die Bronzezeit fallen, mit späteren Zuständen aus dem 8. Jahrhundert vermischt. Die ältesten soziologischen Befunde, die durch die Grabungen in Mykene und Pylos bestätigt werden, zeigen eine Gesellschaft von Kriegern, deren hohen Rüstungsaufwand die Aufzeichnungen auf den Linear-B-Täfelchen unterstreichen, zugleich aber lassen sie ein durchaus blühendes land- und weidewirtschaftliches Leben erkennen. Neben einer zahlenmäßig starken Klasse von freien Pächtern und spezialisierten Kunsthandwerkern gab es offenbar Sklaven als Arbeitskräfte. Die Dokumente der *Ta-Serie* aus Pylos[1] ergänzen die Bestandslisten von Knossos und Mykene hinsichtlich des Reichtums der Tafelgerätschaften: Schüsseln, Trinkschalen, Wassergefäße und Krüge. Der Reichtum des beschriebenen Mobiliars erinnert an die Schilderung in der *Odyssee* XIX,55 ff.: »ein Lehnstuhl mit Wirbeln von Elfenbein und Silber, mit einem Fußschemel, den ein dichtes Fell bedeckt.« Die auf den Täfelchen von Pylos genau erfaßten religiösen Feste und Opferhandlungen finden auf dem Sarkophag von Hagia Triada eine eindrucksvolle Darstellung, die uns etwa eine Vor-

Porossarkophag aus einem Kammergrab in Hagia Triada. Links Darbringung und Ausgießung von Opferflüssigkeiten bei Kitharaspiel, rechts Darbringung von zwei Kälbchen und einem Schiff vor der Gestalt des Toten. (Hirmer Foto-archiv, München)

stellung von der lebendigen Kraft des primitiven Poseidonkultes vermittelt und deutlich macht, wie jedes Fest von seinem Ursprung her eine Huldigung an die Gottheit bedeutet. Alle spätere philosophische Tradition, der Griechen wie der Römer, wird den sakralen Ursprung des Festes und seine schrittweise erfolgende Säkularisierung zum Ausdruck bringen.

Die homerische Welt, die einige Jahrhunderte weiter zurückliegt als das von Hesiod im 7. Jahrhundert in den *Werken und Tagen* beschriebene ländliche Griechenland, bietet uns neben flüchtigen Bildern der Entspannung regelrechte »Muße-Kulturen«, wofür das Leben der Phäaken in der *Odyssee* ein Musterbeispiel ist.

Angefangen bei Demokrit von Abdera, der bei Lukrez im 5. Buch von *De rerum natura* wieder aufgenommen ist, bis hin zu dem an Humanwissenschaften interessierten Aristotelesschüler Dikaiarch[2] hat sich das antike Denken um eine Bestandsaufnahme der ersten Kulturen bemüht. Nach der Überlieferung bei Diodor von Sizilien (I,7) hat Demokrit das Leben in der Frühzeit als vegetarisch bestimmtes, abgesondertes Dasein nach Art der Tiere dargestellt; wie das Weidevieh seien die Menschen von Bedürfnis und Notwendigkeit getrieben, aber sie ständen einander brüderlich bei; später seien ihnen die angenehmen, ergötzlichen Dinge zuteil geworden, die einen »nach Art eines Weibes umschmeicheln«, und hätten sie zu üppiger Lebensweise verführt (vgl. fr. 5 §3 Diels). Nichts deutet auf ein pastorales Paradies.

Dikaiarch schildert in seinem *Leben Griechenlands*[3] das Leben der Frühzeit als Weideleben, das unmittelbar aus dem ursprünglichen Naturzustand des Überflusses hervorgegangen sei; als drittes Stadium folgt bei ihm der Ackerbau. Die Sagen um das Goldene Vlies halten die Bedeutung des pastoralen Lebens für immer fest (Argolis, Kolchis, Libyen). Das erste war das Stadium uneingeschränkter Muße (Porphyrios, Abstin. IV,2 fr. 49 Wehrli); wiederholt ist von Muße »ohne Mühe und Sorge« die Rede. In den späteren Phasen macht Dikaiarch Vorschriften für das archaische Festgelage und dessen Entwicklung aus (fr. 59 Wehrli): Gefräßigkeit und Schamlosigkeit der Stärkeren führten dazu, daß Portionen zugeteilt werden mußten! Als ›Soziologe‹ hat er auch eine Art Archäologie der Musik vorgelegt und dabei Blas- und Saiteninstrumente sowie Kastagnetten – in Verbindung mit Tanz – erwähnt. Ebenso interessierten ihn die Tänzer und Gaukler in den homerischen Epen (fr. 62, nach Athenaios). Aber nichts weist ausdrücklich darauf hin, daß Dikaiarch die pastorale Entwicklungsstufe der Menschheit, die nicht mehr das Zeitalter der Muße war, mit der spontanen Geburt der Musik verknüpfte, dem »göttlichen Zeitvertreib« der Hirten bei Lukrez. Man kann diesen Aristotelesschüler wirklich wie ein schönes Geleitwort zu den homerischen Frühzeitschilderungen lesen, in denen von der seligen Unschuld, die die Fahrtunterbrechungen des Odysseus erfüllt, oder vom Leben der Götter die Rede ist.

Kalender

Jede soziologische Betrachtung von Freizeit und Muße setzt nicht nur eine Beschreibung der Kulturformen voraus, sondern auch eine Rekonstruktion des sakralen oder profanen Lebensrhythmus, das heißt des Kalenders. Kenner der griechischen Religion[4] haben festgestellt, daß bei Homer und Hesiod mit Ausnahme des jonischen »Lenaion« keine Monatsnamen vorkommen. Die Monate, die ihren Namen der

Lunation, der Mondumlaufzeit zwischen *men* (Mond) und *noumenios* (Neumond), verdanken, stellen im gebundenen Mondjahr, dem sich allmählich herausbildenden Lunisolarjahr, Anhaltspunkte für eine mögliche Festlegung von Festen und Opferfeiern dar. Die Monatszuordnung erfolgt erst in der 2. Hälfte des 7. Jahrhunderts, nach Hesiod. Unabhängig von der Verbindung zwischen den alten Kulten und dem landwirtschaftlichen Rhythmus erhalten die zwölf Monate, die sich mit den Monaten des späteren römischen Kalenders überschneiden, ihren Namen und ihre Bedeutung von den jeweils herausragenden Festen. Die Tage aber hat man noch vor jeder Benennung und zyklischen Anordnung der Monate nach ihrem Verhältnis zum ›Noumenios‹ zu zählen begonnen: Nach Herodot opferten die Könige von Sparta am 1. und am 7. Tage. So entsteht eine gewisse Spezialisierung der im Blick auf die Mondphasen gezählten Tage: der 6. Tag für Artemis, der 7. für Apollon, der 8. für Poseidon.

Die sakrale Zeit der frühen griechischen Welt gliedert sich in große Perioden, für deren Berechnung die Griechen das Ausgangsjahr mitzuzählen pflegten; so folgten die Olympischen Spiele, die alle vier Jahre stattfanden, einem »pentaeterischen« Rhythmus. Während die Pythischen Spiele zunächst alle acht Jahre und vermutlich erst seit 583 v. Chr. alle vier Jahre gefeiert wurden, galt für die Isthmischen und die Nemeischen Spiele ein zweijähriger Rhythmus.

Vor dem lunisolaren Kalender, der Meton (5. Jahrhundert v. Chr.) zugeschrieben wird, gab es fast ebenso viele Kalender wie Landstriche oder städtische Siedlungen. Der athenische Kalender, der weiter unten im Zusammenhang mit dem Festkatalog behandelt werden soll, ist auf dem pentelischen Marmorfries gefunden worden, der in die Wand der Panagia Gorgopiko eingelassen ist: Die Monate sind darauf durch Bilder der entsprechenden öffentlichen Feste illustriert.[5]

Innerhalb der Vielzahl verschiedenartiger Kalender lassen sich folgende Gruppen unterscheiden: die Kalender der Halbinsel (thebanisch, lakedaimonisch, argisch, korinthisch und makedonisch), die Kalender der Inseln, die mit denen ihrer Mutterstädte übereinstimmen oder auch von ihnen abweichen (Korkyra unterscheidet sich von Korinth, während Aigina mit dem Delphinios der Nemeischen Spiele an die Mutterstadt Argos erinnert; Kos trug am 26. des Monats Agrianos die Geburt des Hippokrates ein); dann die eigenständigen Kalender des griechischen Asiens (hier stehen der jonische und der ephesische Kalender einander gegenüber, denen nur der Artemision gemeinsam ist, der mit den Festen im Artemision von Ephesos, im

März, zusammenhängt); schließlich hat Bithynien seinen eigenen Kalender, der von der Verehrung der großen Gottheiten bestimmt ist (Dionysios, Herakleios, Dios, Aphrodisios usw.). Im lakedaimonischen Kalender fallen der Aresmonat (Areos) und der Hippodromios auf, der dem Poseidon und den Pferderennen gewidmet ist (in Attika ist es der Hekatombaion). Der Hippodromios findet sich auch im thebanischen Kalender. Der thebanische Monat Hermaios (Oktober?) kommt in der Argolis, in Bithynien, auf Kreta und auf Zypern ebenfalls vor.

Die Uneinheitlichkeit der Kalender stellte ein schwerwiegendes Problem bei der Festlegung der panhellenischen Termine, das heißt der großen Feste dar. Die Festgesandtschaften, die *theores*, mußten die jeweiligen Entsprechungen ausfindig machen. Im übrigen war die nur sehr annähernde Vereinheitlichung des Kalenders überwiegend das Werk von Delphi, was mit der Orakeltätigkeit des Apollon zusammenhing. Das delphische Jahr begann mit der Sommersonnenwende Es ist auch bekannt, daß die frühen Gesetzgeber von Athen und Sparta, Solon und Lykurg, vom Orakel in Delphi liturgische Bestimmungen und staatsrechtliche Grundregeln einholten.

Der Zeitvertreib der Götter und Helden bei Homer[6]

Opferfeiern und Trinkgelage, Tanz und Spiel

Die *Odyssee* (VI,41 ff.) schildert, wie die olympischen Götter ihr Leben »in Glück und Freude alle Tage verbringen«. In zahlreichen Szenen werden ihre Festgelage vor Augen geführt. Häufig bilden diese das Pendant zu den Opferfeiern und Gelagen der Menschen, wie am Ende des 1. Gesanges der *Ilias*: dem Zechgelage und dem Päan der Griechen entspricht dort die göttliche Trinkerei mit »süßem Nektar«, die von der Leier des Apollon und den »Wechselgesängen« der Musen rhythmisch begleitet wird (I,603 f.). Die Unsterblichen der *Ilias* unternehmen wiederholt gastronomische Ausflüge zu den Aithiopen, die für sie den Reiz des Exotischen haben. Auch halten sie es mit ihrer Würde durchaus für vereinbar, wenn sie untereinander Ringkämpfe veranstalten (Apollon und Poseidon). Zwischen den Schlachten und Zweikämpfen werden in der *Ilias* Pausen eingelegt[7]: Verhandlungen liefern den Vorwand für Opferungen, die dann in ein profanes Gelage

übergehen (VII,313 ff.). Im 9. Gesang bewirtet Achill trotz seines
Zorns die Bittgesandtschaft mit einem festlichen Mahl.

Die irdischen Gottheiten sind wie die Helden bemüht, dem Leben
der Olympier nachzueifern, so etwa der Kyklop in der *Odyssee*
(IX,355 ff.): »der Wein von großen Trauben« ist ihm »Auszug von
Nektar und Ambrosia«. Im 5. Gesang singt die göttliche Kalypso mit
schöner Stimme in ihrer paradiesischen Höhle, die noch den antiken
Naturalismus inspirieren wird,[8] umgeben von Wald, Weinreben und
Quellen, ehe sie Nektar und Ambrosia aufträgt. Der süßen Ruhe dieses göttlichen Lebens, die bei Homer *terpsis*, Labsal des Herzens,
heißt, steht die quälende Untätigkeit des Odysseus am Strand gegenüber. Auf ihrer trügerischen Friedensinsel singt und webt Kirke
(*Odyssee* X,220 ff.), und ihr herrlich ausgestattetes Haus (silberbe-
schlagener Sessel, prächtiges Bett, silberne Tische, goldene Körbe) ist
der Schauplatz eines Jahres voller Festlichkeiten, die von Kirke selbst
als Unterbrechung in einer Reihe grausamer Abenteuer ersonnen sind
(X,457 ff.).

Die Helden leben und vergnügen sich auf ähnliche Weise wie die
Gottheiten. Im 9. Gesang der *Ilias* (182 ff.) vernehmen wir, wie sich
der grollende Achill die Zeit der Zurückgezogenheit von den Kämpfen an einer kunstvoll gefertigten Leier mit silbernem Steg vertreibt:
er besingt die Großtaten der Helden. Aus der *Odyssee* (I,106) geht
hervor, daß es ein Damebrettspiel gab, und die Ausgrabungen von Ti-
ryns haben das bestätigt. In der *Ilias* (XXIII,87) ist vom Knöchelspiel
(Astragal) unter Kindern die Rede. In einer Art Archäologie des »vergnüglichen Zeitvertreibs« der Griechen erwähnt Sueton Tricktrack
und Würfelspiel und bezeichnet auch die Tradition, die diese Spiele
mit dem homerischen Helden Palamedes in Verbindung bringt: Die
griechische Tragödie hat diese Ursprungslehre der Gesellschaftsspiele
überliefert.[9]

Jedes geregelte Verhältnis von Tätigkeit und Muße hängt zunächst
einmal von jahreszeitlichen Gegebenheiten ab, so auch bei Homer,
wobei aber unklar ist, ob das Jahr damals zwölf Monate (Aristoteles)
oder zehn Monate (Aulus Gellius) umfaßte.[10] In der *Ilias* geben eher
die Kämpfe den Rhythmus an, der sich jedoch im wesentlichen nach
dem Willen der Anführer richtet. Wenn Achill sich in sein Zelt zurückzieht (*Ilias* II,771 ff.), dann nutzen auch seine Gefolgsleute die
kriegerische Untätigkeit, streifen am Strand umher und vergnügen
sich beim Diskuswerfen, Speerwurf und Bogenschießen. Es ist anzunehmen, daß Achill diesen volkstümlichen Zeitvertreib in gleicher

Aias und Achilleus beim Brettspiel. Bauchamphora des Andokides-Malers.
Ende 6. Jh. v. Chr.

Weise gepflegt hat. Athenaios, ein Kompilator aus der Zeit des Kaisers Severus (193–211), hat in seinen *Deipnosophistai* (I,10 ff.) besonders die Liebe der homerischen Helden zum Wein bis hin zur Trunksucht hervorgehoben.

Neben anderen Zerstreuungen nahm also das Festgelage, meist als Fortsetzung von Opferfeiern, einen bevorzugten Platz ein. Ebenfalls willkommener Anlaß für Bankette liefern die Beratschlagungen und Verhandlungen (vgl. *Ilias* VII,311 ff.; IX,182 ff.). Auch Hochzeits- und Verlobungsfeierlichkeiten spielen in der *Odyssee*, die das bürgerliche und tägliche Leben widerspiegelt, eine wichtige Rolle. Der Palast von Ithaka ist Schauplatz endloser Feiern, wodurch das Vermögen des abwesenden Hausherrn aufgezehrt wird. Im 1. Gesang der *Odyssee* (106 ff.) sieht man die Freier in Aktion: »Die erfreuten da ihr Herz am Brettspiel, vor den Türen auf den Häuten der Rinder sitzend, die sie selber geschlachtet hatten. Und Herolde und flinke Bediente mischten ihnen Wein und Wasser in Krügen, andere wieder wuschen mit vieldurchlöcherten Schwämmen die Tische und stellten

sie hin, und andere schnitten viel Fleisch vor.« Im 18. Gesang (304 ff.)
begegnen wir ihnen wieder bei einem abendlichen Zusammensein
voller Kurzweil (der Schlaf wird in den homerischen Epen mal als
»süße« Entspannung, mal als schmerzliche Verkürzung des Lebens
betrachtet): »Die aber wandten sich unten dem Tanz und dem lieb-
lichen Gesang zu, waren vergnügt und blieben, bis der Abend kam.
Und während sie sich vergnügten, kam der schwarze Abend herauf.
Da stellten sie sogleich drei Feuertöpfe in den Hallen auf,[11] daß sie
Licht geben sollten, und legten drum herum Brennholz.« Auch Tanzen ist sehr beliebt. In der *Odyssee* (I,152) werden Gesang und Tanz
als »Krönungen des Mahls« bezeichnet.

Was bedeutet nun dieser ›homerische‹ Tanz, über den sich Athenaios im ersten Buch der *Deipnosophistai* mehrfach äußert? Nach Ansicht dieses Gelehrten ist der Tanz bei Homer entweder eine akroba-
tische Übung, oder er gehört zum Ballspiel und ist eine Erfindung der
Nausikaa (*Odyssee* VI,100 ff.). Allerdings spricht dieselbe Nausikaa
von ihrer Absicht, die Gewänder ihrer Brüder, »die zum Tanz gehen«
möchten, zu waschen, und Athenaios (ebd. 15c) räumt ein, daß die
Phäaken auch ohne Ballspiel tanzen. Er denkt dabei an *Odyssee* VIII,
262 ff.: »Und der Herold kam heran und brachte die helle Leier dem
Demodokos. Der trat alsdann in die Mitte, und um ihn stellten sich
im Kreise Knaben in erster Jugend, die sich auf den Tanz verstanden.
Und sie stampften den göttlichen Reigen mit den Füßen. Doch Odysseus schaute auf das Flimmern der Füße und staunte in dem Ge-
müte.« Es handelt sich hier um einen Tanz, der anders geartet ist als
der der Königssöhne (*Odyssee* VIII,370 ff.), die in einer Kombination
den Wurf des purpurnen Balles, den akrobatischen Sprung, um diesen
im Fluge wieder aufzufangen, und das Wiederaufsetzen auf dem Boden verbinden, als Einleitung zu einem gemeinsamen Tanz »auf der
nahrungsreichen Erde mit vielfach wechselnden Stellungen«. Es liegt
auf der Hand, daß ein solches Tanzvergnügen aus lokalen Traditionen
hervorgeht; darum ist Odysseus auch so erstaunt. Der Text des Athenaios bietet tatsächlich einen umfassenden Überblick über die Tänze
im Mittelmeergebiet und im Innern Asiens – zivile und militärische,
profane und sakrale – und liefert damit eine regelrechte Archäologie
des Tanzes, der in seinem abwechslungsreichen Unterhaltungswert
dem Gefüge primitiver Spiele zuzurechnen ist.[12]

Die sportlichen Agone

Die Spiele der Frühzeit sind religionssoziologisch zu deuten. Die Leichenspiele bestehen zum Teil aus Wettkämpfen um die Nachfolge, vergleichbar den Turnieren, in denen es um Heirat geht und die Bewerber ihre Männlichkeit unter Beweis stellen müssen. Man denke an die Herausforderungen und Wettkämpfe der Freier in der *Odyssee* und vergleiche besonders die Entscheidung nach der »Kraft des Ares« (XVI,267 ff.), den Faustkampf zwischen Odysseus und Iros (XVIII, 60 ff.) und das Wettspiel mit dem Bogen und den zwölf Äxten, durch die mit dem Pfeil hindurchgeschossen werden muß (XX–XXI). Man nimmt auch an, daß im homerischen Hellas die Leichenspiele zwischen Wettkämpfern, die noch von rivalisierenden Göttern unterstützt wurden, mit dem Ziel stattfanden, den toten Helden dadurch zu ehren, daß seine Erben ihre Macht und Bedeutung unter Beweis stellten.

Andere Turniere, die als blutige Waffenkämpfe abliefen, mochten dem Zweck dienen, den Seelen im Hades wiederbelebende Bluttrankopfer darzubringen. So werden auf den Scheiterhaufen des Patroklos die zuvor geschlachteten Haustiere und zwölf adlige Söhne der Troer geworfen (*Ilias* XXIII,165 ff.).

Bei den Spielen zu Ehren des Patroklos[13] findet ein Wagenrennen statt, das in der Vasenmalerei häufig abgebildet ist: der leichte Wagen und das Zweigespann. Im 23. Gesang der *Ilias* (287 ff.) werden die Gespanne aufgezählt, zu denen Hengste oder Stuten meist paarweise zusammengestellt sind. Bei dieser Gelegenheit werden die großen Zuchtzentren des frühen Griechenlands ins Bewußtsein gerufen,

Wagenrennen an den Leichenspielen für Patroklos. Volutenkrater von Kleitias und Ergotimos. (Hirmer Fotoarchiv, München)

Thessalien (durch Eumelos), Lakonien (durch Menelaos), Pylos und Elis (durch Antilochos) und Kreta (durch Meriones). Die Siegespalme geht nach Sikyon in Achaia. Bei Homer bzw. dem homerischen Dichter klingen bereits die Siege an, die die aristokratischen Züchter und Wagenlenker bei den Olympischen und Delphischen Rennen (seit 648 v. Chr.) davontragen werden. Wir haben hier eine Archäologie der Olympischen Spiele vor uns. Man nimmt an, daß vor der Einrichtung der Olympischen Spiele im Jahr 776 v. Chr. die frühesten Spiele Leichenspiele gewesen sind, die um die Gräber der alten Helden gefeiert wurden: Pelops in Olympia, Melikertes in Korinth, Opheltes in Nemea und Python in Delphi. In irgendeiner Form wird für kollektive Freizeitveranstaltungen die Gemeinschaft mit den Göttern, Helden und Toten immer bestimmend bleiben.

Die Olympischen Spiele der Frühzeit haben noch einen ausgesprochen regionalen Charakter.[14] Nach den Siegerlisten stammen in den ersten Jahrhunderten etwa drei Viertel der Wettkämpfer aus der Peloponnes. Bis 672 v. Chr. dominiert Sparta und tritt dann allmählich die Wettkampfaufsicht (Agonothesie) an die Städte der Elis bzw. Arkadiens ab (364, in der 104. Olympiade). Eine ferne Erinnerung an den Grabhügel des Pelops ist in Pindars 10. Olympischer Ode bewahrt. Der religiöse und kulturelle Panhellenismus zeigt sich jedoch immer stärker mit der Zunahme der Heiligtümer für Götter und Heroen rund um die Altis, dem uralten, Zeus geweihten Hain und Zufluchtsort. Das Wettkampfprogramm erweitert sich im 8. und 7. Jahrhundert stetig. Neben dem ursprünglichen Pentathlon gab es von Anfang an auch Pferderennen (und zwar von Gespannen). Das Reitpferderennen erscheint in den Listen im Jahr 648, in dem Jahr, in dem der Ringkampf und der Faustkampf im Pankration zusammengefaßt werden. 724 war bereits der Doppellauf (*diaulos*) aufgekommen, der seit 708 mit Speer- und Diskuswerfen zu einer Art Pentathlon verbunden ist.

Die Freizeitkultur der Phäaken

Im 6. und 7. Gesang der *Odyssee* sind die Phäaken als das Volk genießerischen Wohlbehagens dargestellt, und in der späteren Literatur und Philosophie wird ihre Lebensweise zum Inbegriff des *bios apolaustikos*.[15]

In der Debatte um die homerische Lebensphilosophie, die sich bis in die Spätantike hinzieht und auch von Seneca im 88. Brief (s. Kap. V) berührt wird, spielen die Phäaken eine wichtige Rolle. War Homer ein »Epikureer, der den Zustand eines ruhigen Staates lobt und bei Gastmählern und Gesang das Leben verbringt«, ein stoischer Feind des Genusses oder ein Peripatetiker, der drei Arten von Gütern einführt? Der Platonschüler Herakleides von Pontos hat eine Abhandlung »Über die Lust« geschrieben, in der er den Hedonismus Epikurs und seiner Schule kritisiert: Epikur habe der homerischen *euphrosyne* die Bedeutung von körperlicher Lust angehängt, und zwar gegen Aristoteles.[16] Unabhängig vom Sinn dieser Polemik ist klar, daß das Beispiel der Phäaken dabei von zentraler Bedeutung war. Athenaios zitiert mehrfach die Abhandlung des Herakleides, in der offenbar ein Zusammenhang zwischen schwelgerischem Lebensstil (*tryphe*) und Verfall gesehen wird.[17] Athenaios und seine Gesprächspartner, die Deipnosophisten, stellen Alkinoos, dessen legendäre Gärten (*Odyssee* VII,113 ff.) in der lateinischen Dichtung fortwirken, als einen königlichen Genießer dar, dem es Freude macht, seine phäakischen Freunde festlich zu bewirten und seinen Reichtum zur Schau zu stellen (Deipn. I,9a). Zweimal auch zitiert Athenaios, der darin einer griechischen Überlieferung folgt, das Bekenntnis des Odysseus zum »guten Leben« (*Odyssee* IX,5 ff.): »Denn es gibt, so sage ich, keine lieblichere Erfüllung, als wenn Frohsinn im ganzen Volk herrscht und Schmausende durch die Häuser hin auf den Sänger hören, in Reihen sitzend, und daneben die Tische voll sind von Brot und Fleisch, und es schöpft den Wein der Weinschenk aus dem Mischkrug und bringt ihn herbei und füllt ihn in die Becher: das scheint mir das Schönste zu sein in meinem Sinne.«[18]

Der Komos

Der Komos der Frühzeit stellt einen ungeordneten Festzug trunkener Männer dar, die singend und tanzend umherziehen.[19] Bei Aristophanes im 5. Jahrhundert v. Chr. sind noch Spuren davon erhalten, beispielsweise in den *Acharnern* (241 ff.). Eine Trinkschale aus Florenz hält diesen Komos im Bild fest: Sechs Männer tragen einen übergroßen Phallos, begleitet von dem riesenhaften Dickbauch und dem Satyr. Dabei handelt es sich um efeubekränzte *autokabdaloi*, die ste-

Dionysos-Umzug. Attischer Krater des Lydos. Um 550 v. Chr.
Nachzeichnung.

hend *iamboi* rezitieren (nach denen später Jamben, Schmähschriften
und satirische Gedichte benannt werden), und um anstößige, als Be-
trunkene maskierte *ithyphalloi* (vgl. Ath. deipn. XIV,622 b–c). Der
Zusammenhang zwischen frühem Dionysoskult und allgemeinem
Volksvergnügen ist offenkundig. Zum Satyr Komos, der Inkarnation
des Festes, gehören die Satyroi in menschlicher Gestalt. Eine frühe
Parallelfigur des Dionysos, der *Iakchos* der *Frösche* (324), ist als Per-
sonifikation von Jubel und Freudengeschrei (in den Kultliedern des
Bakchos) anzusehen. Noch Plutarch (*Moralia* 527d) stellt die ausschweifende Pracht der Dionysien in historischer Zeit der prähistori-
schen Dionysosverehrung gegenüber, bei der freiwillige Teilnehmer
den Ziegenbock zogen und den Feigenkorb, die Amphore mit Wein,
die Weinrebe und den Phallos trugen. Bock, Feigen und Amphora
waren als Preis bei diesem frühzeitlichen Wettbewerb ausgesetzt. Aristoteles, der in der *Poetik* (1448a–b) *komos* mit *kome* (Marktflecken)
in Verbindung bringt, unterstreicht den Zusammenhang mit dem, was
später die ländlichen Dionysien ausmachen wird. Die ausgelassene
Posse, die hemmungslose Beschimpfung und der ›Wettkampf der
Maulhelden‹, vergleichbar den Lazzi und Quodlibetspäßen auf italischem Boden, sind als Versuch zu verstehen, die Götter zu erheitern,

ihre Eifersucht zu entwaffnen und darüber hinaus auch noch die Menschheit zu unterhalten.

Aus ihrer Vorgeschichte ist den dionysischen Festen der historischen Zeit das ›karnevalistische‹ Element geblieben, die Possenreißer hoch oben auf den Schiffskarren. Die frühen Possen stehen allerdings in Zusammenhang mit einer ganzen Tradition fröhlicher Respektlosigkeit, die auch vor den Göttern nicht haltmacht und sie von ihrem Olymp herabholt: Die Daidala-Feste in Theben, die die Götterhochzeit zwischen Zeus und Daidale karikieren (Pausanias, Itin. IX,3), mit einem zweirädrigen Wagen und einem ausgelassenen Festzug; der dionysisch gefärbte Athena-Kult in Böotien (Komos und Ziegenbock sind auf einer Londoner Lekane abgebildet) und die Rückkehr des Hephaistos, als Komos gestaltet, mit menschlichen Begleitern und Silenen.

Der Komos, der – wie angedeutet – mit den ältesten Festen zusammenhängt, den Oschophorien, die auf Theseus zurückgeführt werden (Plutarch, Thes. XXIII), und den Anthesterien, zu denen auch ein Wettstreit von Komikern gehörte,[20] entwickelt sich zu einem geordneten Gesangs- und Tanzchor, einer Pompa. Seine ungezügelten Possen werden in den Spötteleien der klassischen Komödienparabase und den Anzüglichkeiten der lebenslustigen Nachtschwärmer in den Platonischen Dialogen, wie zum Beispiel im *Protagoras*, weiterleben.

Rückkehr des Hephaistos in den Olymp. Kelchkrater der Polygnotgruppe.

Das bäuerliche Griechenland Hesiods

In Hesiods *Werken und Tagen* aus dem 8. Jahrhundert wird eine
Menschheit dargestellt, die den beglückenden Überfluß des ersten
Zeitalters eingebüßt hat:[21] »Die freuten sich an Gelagen, ledig jeglichen Übels, . . . der fruchtbare Boden bescherte ihnen von selber eine
reiche und vielfältige Ernte, und sie selbst lebten in Frieden und Freuden von ihren Feldern.« Am Anfang war seliges Nichtstun. Das vierte
Geschlecht, die Heroen, haben sich mit Zeus' Hilfe dieses Paradies erhalten können: »Und die haben nun Wohnstatt, ein Herz ohne Sorgen im Busen, dort auf der Seligen Insel . . . selig Heroengeschlecht,
dem süß wie Honig die Früchte dreimal im Jahre gereift darbringt
kornspendender Acker« (170 ff.). Hesiod steht am Anfang einer religiösen Mythologie der gottgesandten ländlichen Muße, die in allen
soziologischen Entwürfen der klassischen Mittelmeerwelt ihre Spuren hinterlassen hat.

Das Los des fünften Geschlechtes sind Mühsal, Leid und Sorgen –
auch Sorgen um den täglichen Lebensbedarf (174 ff.). An die Stelle
des erfolgreichen Ackerbaus und der blühenden Viehzucht der homerischen Dichtungen ist die aufreibende Arbeit für die Beschaffung des
Lebensunterhalts getreten. Hesiods Dichtung ist von dem Kampf gegen die Widrigkeiten des Bodens und der Jahreszeiten beherrscht, den
die dem göttlichen Gesetz unterworfene Menschheit zu bestehen hat.
Der summarische bäuerliche Kalender, der nach astronomischen Zeichen wie dem Auf- und Untergang der Plejaden ausgerichtet ist, verbindet sich mit dem Zyklus der Arbeit, die von der panischen Angst
begleitet ist, den Unbilden der Jahreszeiten nicht vorbeugen zu können. Die Ernte und ihre Einfuhr markieren den beruhigenden
Schlußpunkt der *Erga* (597 ff.). Muße wird funktional verstanden
und unterliegt dem Gesetz des Tagewerks: nach der Ernte kann man
die Knechte »die Glieder strecken« lassen und die Rinder ausspannen.

Hesiod stellt das arbeitsreiche Landleben im böotischen Askra, »einem unseligen Flecken, übel im Winter, beschwerlich im Sommer und
niemals erfreulich«, dem verführerischen Müßiggang in der Stadt gegenüber: den städtischen Versammlungsraum, die Lesche, sollte man
meiden (493 ff.). Doch nährt auch das Land Träume vom süßen
Nichtstun und verhilft zu angenehmen Ruhepausen. Für den Arbeiter ist der Winter die Zeit zufriedener und behaglicher Häuslichkeit
(504 ff. im Lenaion[22], dem Monat der Kälte und der Stürme). Auch
der griechische Sommer hält bescheidene Freuden bereit. Gewiß muß

man »Mittagsschläfchen im Schatten, die sich bis zum Tagesanbruch
hinziehen«, vermeiden, »entspannte Nickerchen unterm Baume« –
molles sub arbore somni –, von denen Vergil in seinen *Georgica*
spricht. Wer aber vor Morgengrauen auf den Beinen ist, hat eine
Pause in der Gluthitze verdient: »zur Zeit des ermattenden Sommers,
dann sind am besten die Ziegen genährt, und der Wein ist am reifsten,
sind am tollsten die Fraun, doch die Männer am meisten von Kräften … Nun aber soll man endlich wählen den Schatten am Fels und
würzige Weine, Brei von Rahm und die Milch einer Geiß … Dazu
trink feurigen Roten lässig im Schatten gelagert, das Herz vom
Schmausen gesättigt, gegen den kühlenden Hauch des Westwinds
wendend das Antlitz. Und vom lebenden Quell, der abfließt und
nicht verschlammt ist, dreimal Wasser geschöpft, doch zum Vierten
gießen vom Weine« (584 ff.). Das glückliche Landleben mit seinen
Zeiten für Rast und Muße,[23] mit seiner ursprünglichen Naturverbundenheit und seinen Freuden (klares Wasser, leichter Wind, Schatten)
beschwört das Bild der Glückseligkeit im Goldenen Zeitalter herauf.
Die *Erga* rühmen aber auch die zivilisatorischen Errungenschaften er-
folgreicher Arbeit, wobei die Arbeit, im Gegensatz zur beutegierigen
Gewalt, die Seite des Rechtes vertritt: »sie vollbringen ihr Werk für
festliche Freuden. Reichen Ertrag bringt denen ihr Land, und auch
auf den Bergen bringt der Eichbaum Eicheln im Wipfel, Bienen im
Stamme« (225 ff.). Der Überfluß des Goldenen Zeitalters und der üppige Reichtum der Erntephase, wie sie die ersten Soziologen, Demokrit und Dikaiarch, beschrieben haben, sind hier mit dem durch müh-
same Arbeit erworbenen Wohlstand verschmolzen.

Hesiod hat aus seinem ländlichen Bild die Handelsschiffahrt ausgenommen, die wegen ihrer Abhängigkeit von den Elementen ebenfalls
einem sorgenvollen Rhythmus unterworfen ist (618 ff.). Reisen, die
wie zur Zeit des Telemach für menschliche Neugier und Vergnügen
gebührend Raum ließen, sind vorüber. Dafür bezeichnet der alte
Dichter die Archetypen ländlicher Muße im Mittelmeerraum zu einem Zeitpunkt, da das Problem der Muße und des Zeitvertreibs
durch die ersten städtischen Organisationsformen in eine staatliche
Perspektive gerückt wird.

Dabei leben die Spiele besonders archaischen Charakters, die Leichenspiele, in der Dichtung Hesiods immer noch fort: einmal ist er
nach Chalkis gefahren, um an den Spielen für den verstorbenen Amphidamas teilzunehmen.[24]

Die Zeit der ersten Gesetzgeber

Lykurg[25], der erste Gesetzgeber, ist in der Praxis den Denksystemen von Platon und Aristoteles vorausgegangen, und, wenn man ihn ins 8. Jahrhundert datiert, vielleicht auch Charondas und Zaleukos[26], den Gesetzgebern von Thurioi und Lokroi; deren Gesetzgebungswerk, das Aristoteles in einer überarbeiteten Fassung gekannt hat, muß aus dem beginnenden 7. Jahrhundert stammen. Der Bericht des Diodor von Sizilien darüber (Bibl. hist. XII,11 ff.) enthält einige interessante Elemente. Charondas wollte »schlechten Umgang« gesetzlich einschränken und bestrafen: anständige Leute würden nämlich häufig von ausschweifenden Freunden verdorben (12,3 f.), und die alten Gesetzgeber hätten dies nicht berücksichtigt. Er wollte das Volk durch Unterweisung im Lesen und Schreiben weiterbilden. Von Zaleukos heißt es, er habe an die Spitze seiner Rechtsgrundsätze die Ehrfurcht vor den Göttern und den Toten gestellt, aber über seine Festgesetzgebung sind wir schlecht unterrichtet (XII,20). Seine Vorstellungen von Fest und Beschaulichkeit kehren später bei Pythagoras wieder. Zaleukos hat gegen den Luxus angekämpft, der im antiken Denken untrennbar mit »müßiger Lebensweise« verbunden ist, insbesondere im Blick auf die Frauen: »Eine freie Frau sollte nicht von einer Sklavin begleitet werden, es sei denn, sie ist betrunken, und sie sollte auch nachts nicht die Stadt verlassen, es sei denn, sie hätte einen Liebhaber« (XII,21) – alles Hinweise auf eine ausschweifende Lebensweise.

Der legendäre Lykurg – die Legendenbildung um seine Gestalt zieht sich bis ins 4. Jahrhundert v. Chr. – soll auf seinen Reisen die einfache Sittenstrenge Kretas und die üppige Schwelgerei Joniens kennengelernt haben (Plutarch, Lyk. IV). Es heißt, er habe aus Sparta alles »unnütze und überflüssige Gewerbe« vertrieben und überhaupt alle Formen der Zerstreuung: »Nach Sparta kam kein Lehrer der Beredsamkeit, kein herumziehender Wahrsager, kein Bordellwirt, kein Hersteller goldener und silberner Schmuckstücke« (ebd. IX). Eine Reform der Festmahlzeiten verfolgte mit der Einführung der Syssitien denselben Zweck; diese »gemeinsamen Mahlzeiten« waren die logische Folge eines Verbotes: »Es wurde ihnen untersagt, zu Hause zu speisen, gelagert auf üppigen Polstern vor kostbaren Tischen, im Finstern gemästet von den Händen ihrer Kochkünstler wie gefräßige Tiere, so daß sie sich mit dem Charakter zugleich auch den Körper ruinierten, wenn dieser sich jeglichem Gelüst und jeglicher Völlerei hingab, welche nun langes Schlafen, warme Bäder, ausgedehntes Ru-

hen und gewissermaßen eine tägliche Krankenpflege notwendig machte« (ebd. X,1). Plutarch schreibt Lykurg Gesetze gegen den Luxus zu, sogenannte Rhetren[27], die das Freizeitverhalten und die Verschwendung jedes einzelnen betrafen: die weibliche Athletik bezog Lykurg in das staatliche Erziehungsprogramm mit ein und zwang die jungen Mädchen, ihre Aufzüge nackt zu veranstalten, damit die Eheanwärter Lust zum Heiraten bekämen. Die Sammlung der *Denksprüche* (XX,14) bestätigt, daß es ›Kampfhähne‹ gegeben hat, wie man sie auf Keramikgefäßen als Preis an Kinder verteilt sieht. Der militärischen Ausbildung Spartas widerstreben Geschwätz und überflüssige Worte (ebd.). Ihre Volkslieder kreisen um die staatlichen Feste. »Bei den Festen traten nämlich drei Chöre auf, gemäß den drei Altersklassen, und der Chor der Greise eröffnete und sang: ›Wir waren einstmals wehrhaft junges Volk‹, ihm erwidernd sangen die in den Jahren der Kraft: ›Wir sind es jetzt, versuch es, wenn du willst!‹ und als drittes sang der Chor der Knaben: ›Wir aber werden noch viel stärker sein.‹« Als Verfechter eines strengen Isolationismus soll Lykurg seinen Staat vom olympischen Festbetrieb ferngehalten haben, bis ihm eines Tages durch göttliche Eingebung der Gedanke der olympischen Waffenruhe kam (Plut. Lyk. XXIII). Plutarch stellt fest, daß die militärische Gemeinschaftserziehung Spartas, die von späteren Gesetzgebern noch sehr viel Bewunderung erfahren wird, auf einem Freiheitsgrundsatz beruht, der den Bürgern Raum für Muße garantiert, nämlich »die reichliche Muße, die Lykurg seinen Mitbürgern verschafft hatte, da es ihnen nicht gestattet war, ein handwerkliches Gewerbe zu betreiben« (Plut. Lyk. XXIV,2); die Heloten bearbeiteten für sie das Land. Plutarch stellt allerdings die in der antiken Welt herrschende Vorstellung (der man etwa bei Aristophanes begegnet) von Athen als dem Hort der Muße auf den Kopf. Er berichtet von ei-

nem Spartaner, der nach Athen kommt und dort erstaunt einen Prozeß wegen Müßiggangs miterlebt. Nach Ansicht des Spartaners ist da
einer »verurteilt worden, weil er als freier Mann gelebt hat«. Das archaische Sparta erscheint bei Plutarch in paradiesischem Licht: »Im
ganzen Land begegnet man nur Reigentänzen, Festen, Schmäusen
und Zeitvertreib bei Jagd, Turnübungen und Gesprächen in den Ver-
sammlungshallen« (ebd.). Die Leschen (Versammlungsräume) werden
als Zentren der Muße für die Älteren vorgestellt: sie verbringen »den
größten Teil des Tages auf den Turnplätzen und in den sogenannten
Leschen . . . In diesen kamen sie zusammen und unterhielten sich ge-
mütlich miteinander, ohne irgendwie an Dinge zu denken, die mit
Gelderwerb oder mit Marktgeschäften zu tun hatten, sondern ihr
Zeitvertreib bestand hauptsächlich darin, gute Handlungen zu loben
und schlechte zu tadeln, unter Scherz und Gelächter, das unvermerkt
zu Zurechtweisung und Besserung führte« (ebd. XXV,2). Plutarch,
der die »unnachsichtige Strenge« dieses Lebens durchaus kennt, mil-
dert sie gleichwohl durch das heitere Bild, das er vom gesellschaftlichen Leben überliefert.

Die Persönlichkeit des Solon, die sich, zwischen 640 und 560, hi-
storisch schon weit besser ausleuchten läßt,[28] steht der des Lykurg gegenüber, so wie Athen in dem Jahrhundert vor den Perserkriegen
Sparta gegenübersteht. Wie aus der Solon-Biographie des Plutarch
hervorgeht, ist dieser ehemalige Handelsmann, der rechtmäßig erworbenen Reichtum in seinen Versen rühmt und unter die Sieben Weisen
gezählt wird, vor der Darlegung seiner ethischen und politischen Philosophie sehr viel herumgereist, und zwar mehr aus Wissensdurst als
um des Gelderwerbs willen (Plut. Sol. II,1). Als Gesetzgeber von Attika ist er auf die Problematik der Muße gestoßen. Der Staat war damals von dem Konflikt zwischen den Diakriern (den Bewohnern des
Berglandes), den Pediern (den Bewohnern der Ebene) und den Para-
liern (den Küstenbewohnern) bestimmt sowie von den sozialen Span-
nungen zwischen reichen Grundbesitzern und niederem Volk (den
Hektemoriern): das ungeheure Ausmaß der Schulden führte die verarmten Schuldner mitunter in die Sklaverei (ebd. XIII). Seine Reform, die sich rühmt, »Gewalt und Recht zu vereinen« und den Op-
fern der Verschuldung die Freiheit wiederzugeben, unterdrückt Un-
ruhe und Zwist, speziell die Beschimpfungen bei den Wettspielen
(XXI,2). Wie Lykurg will auch Solon den Frauen moralische Zucht
auferlegen: weil er verführerisches Blendwerk bekämpfte, »gab er für
die Ausfahrten der Frauen, für ihre Trauer und ihre Festfeiern ein

Gesetz, das Unordnung und Zuchtlosigkeit einschränken sollte. Er verbot ihnen, die Stadt mit mehr als drei Kleidern zu verlassen, für mehr als einen Obolos Essen und Trinken mitzunehmen ... und bei Nacht anders als im Wagen mit vorausgetragener Fackel zu reisen« (ebd. XXI,5).

Im 22. Kapitel seiner Solon-Biographie stellt Plutarch Lykurgs und Solons Ansichten über Arbeit und Muße einander gegenüber. Der Athener sieht, wie das wenig fruchtbare Attika von Händlern und Reisenden nur so wimmelt, und fördert darum die Entwicklung des Handwerks. Dagegen ist Lykurg darauf bedacht, die allzu zahlreichen Heloten nicht ›müßig‹ zu lassen, und überträgt ihnen die manuellen Arbeiten, damit sich die Bürger ganz dem Waffendienst widmen können. Solon, der erkannte, »daß Attikas karger Boden mit Mühe denen, die ihn bebauten, Unterhalt bot, aber nicht dazu taugte, eine müßige, arbeitslose Menge zu ernähren, gab dem Handwerk Ehre und Ansehen und ordnete an, daß der Rat auf dem Areopag die Aufsicht darüber zu führen hatte, woher jeder seinen Unterhalt beziehe, und die Müßiggänger bestrafte«. Das diptychonartige Nebeneinander von Sparta und Athen, das noch die politischen Dialoge Platons und die »Verfassungslehren« beschäftigen wird, erscheint in archaischer Zeit in paradoxer Gestalt: Athen, das bei den Römern später zum Inbegriff ›griechischer Muße‹ geworden ist (Cicero erhält bei Plutarch wegen seines Aufenthaltes in Athen den Beinamen »Graikos«), vertritt, gleichsam als glühende Verfechterin der Arbeit, die freie, auf Erwerb gerichtete Tätigkeit. Erst bei Platon ist zu beobachten, wie manuelle Arbeit und Handel zugunsten der »theoretischen« Beschäftigung an Rang verlieren. Solon hat auch, als Zeitgenosse des Thespis[29], des Vorläufers der Tragödiendichter, das Aufkommen dieses neuartigen, unentgeltlichen Spiels ohne Wettkampf beobachtet: er hört sich Thespis an und lehnt, schon vor Platon, eine solche Schule der Fiktion und Lüge ausdrücklich ab. Nach Plutarch verkörperte Solon die reife Altersweisheit und war doch »zunehmend empfänglich für Zeitvertreib und Scherz, ja sogar für Trinkgelage und Musik«.[30] Offenbar hat er beides, volkstümlichen Zeitvertreib und ›freie‹ Mußebeschäftigung, in seiner Person symbolisch vorgezeichnet.[31]

Der Begründer der athenischen Demokratie, der in der späteren Tradition als Gesetzgeber häufig mit Kleisthenes verschmolzen wird, hat auch Leitsätze von moralischer Strenge und Einschränkung hinterlassen.[32] Den Kalender scheint er nicht modifiziert zu haben; vielmehr nimmt man an, daß Kleisthenes am Ende des 6. Jahrhunderts,

im Jahre 509/508, den ›Prytanien‹- oder bürgerlichen Kalender begründet hat:[33] Wenn man zwischen einem Jahr von 360 und einem
von 366 Tagen schwankte und dieses vom Archon geregelt werden
konnte, ist die Einführung eines politischen Jahres nicht zu bezweifeln; es sollte die Ausweitung des staatlichen Spielraumes mit sich
bringen.

Zweites Kapitel

Das klassische Griechenland

Die historischen Gegebenheiten

Für Athen ist das 5. Jahrhundert, nach den Schrecken der persischen Invasion, ein Jahrhundert des Friedens. Als heldenhafte Kämpferin in den Perserkriegen und siegreiche Streiterin für die Kultur gegen die »Barbarei« – das bevorzugte Thema der Preislieder – wird Athen zur politischen und kulturellen Metropole des Griechentums und zum Mutterland für Kolonien und Inseln. Hier sammeln sich immer mehr sichtbare Zeichen des Wohlstandes, die Athen zu einem Symbol seiner Größe gestaltet, vor allem im Bereich der Architektur. Unter Perikles, der das ›Jahrhundert‹ (470–433 v. Chr.) prägt, wird der Schatz des Seebundes von Delos auf die Akropolis überführt. Die ausgedehnte Friedensperiode vom Sieg über die Perser bis zum Peloponnesischen Krieg fördert die Freizeitkultur. Platon hat in den *Gesetzen* 694e und 832d den Zusammenhang zwischen Frieden und Muße hervorgehoben, ein Gedanke, der sich als Konstante durch das ganze antike Staatsdenken zieht; so schreibt Aristoteles in seiner *Politik* (VIII, 1341a 28), daß der Sieg über die Perser den Griechen generell eine »stärkere Neigung zur Muße« beschert habe.

Mit dem Jahrhundert geht auch die athenische Vorherrschaft zu Ende, die vom spartanischen Militarismus gebrochen wird. Dieses Ereignis ist nicht nur politisch relevant, sondern spiegelt die Auseinandersetzung zwischen zwei Geistesrichtungen: Die Philosophen lassen es sich nicht nehmen, eine Kultur der Muße und des Vergnügens im Bereich von Feier, Tanz und Festmahl dem am Krieg orientierten Staat gegenüberzustellen, in dem das Mußebedürfnis dem Staatsdenken untergeordnet wird.

Der große Schrecken der Perserkriege hat die Entwicklung urbaner Zentren gefördert und eine Stadt entstehen lassen, die gegen Invasionen und Einfälle Schutz bietet.[1] Die ländlichen Feste verstädtern oder verkümmern allmählich. Trotz einer noch begrenzten Laisierung, die in den Schulen der hellenistischen Zeit viel deutlicher in Erscheinung

treten wird, bleiben die Feste deutlich eingebunden in die religiösen
und staatlichen Strukturen. Das soziale System, das die zu harter Arbeit gezwungenen Bauern und Handwerker (die *banausoi*) von den
für Politik und uneingeschränkte kulturelle Betätigung freigestellten
eleutheroi absetzt, bringt – bei dem in Athen herrschenden Reichtum
– gleichwohl eine Art Demokratisierung des politischen Lebens und
des Schauspielbereichs mit sich; zu denken ist an die verschiedenen
Formen der Aufwandsentschädigung wie *triobolos* oder *diobolos*. ›Liturgien‹, wie die Choregie, verpflichten die Reichen, für die Kosten
der Staatsfeste aufzukommen. Deutlich beginnt sich so etwas wie ein
»Recht auf Freizeit« abzuzeichnen.

Das urbane Aufblühen Athens in den Jahrzehnten nach den Perserkriegen ist die entscheidende Voraussetzung für die Herausbildung
der »griechischen Muße«. Mit dem Ausbau des klassischen Athens
haben schon Peisistratos und die Peisistratiden den Anfang gemacht
(von 561 v. Chr. bis zur ›Revolution‹ von Harmodios und Aristogeiton im Jahr 514). 566/65 sind die großen Panathenäen eingerichtet
worden. Peisistratos[2] wird die Errichtung des Hekatompedos der
Athena auf der Akropolis zugeschrieben, die Anlage der Unterstadt,
mit der alten Orchestra des Kerameikos, das Olympieion und das Py-
thion im Südosten der Akropolis, die Ausschmückung des Haines des
Akademos und die Ausstattung des Lykeion-Hanges. Schließlich fällt
die Verlegung der Agora vom westlichen Fuß der Akropolis zum
nördlichen Fuß des Areopags in diese Zeit.[3] Nach Thukydides
(VI,57,1) und Aristoteles (Ath. pol. XVIII,3) war der Markt des Kerameikos der Ausgangspunkt für den Panathenäenfestzug. Die Orchestra des Marktes war damals Hauptschauplatz der großen Dionysien. Man vermutet, daß der Tempel des Dionysos Eleutheros im
Südosten der Akropolis, der das spätere Theater im Süden flankiert
haben muß, ebenfalls aus der Zeit des Peisistratos stammt (das erste
Drama des Thespis soll 534 aufgeführt worden sein). Auch wenn der
»Tyrann« die Stadtentwicklung durch die Anlage einer Wasserleitung
zum Neunröhrenbrunnen (*Enneakrunos*) begünstigt hat, ist damit
noch nicht sicher, daß er auch das Gymnasium am Lykeion begründet
hat.[4]

Nach dem Sieg über die Perser haben zwischen 477 und 461 v. Chr.
Kimon und seine Freunde für die Ausschmückung Athens eine bedeutsame Rolle gespielt. Zwischen 500 und 497 war die neue Orchestra des Dionysos Eleutheros, das spätere Theater, errichtet worden. Während es Themistokles mit dem Bau der Langen Mauern vor

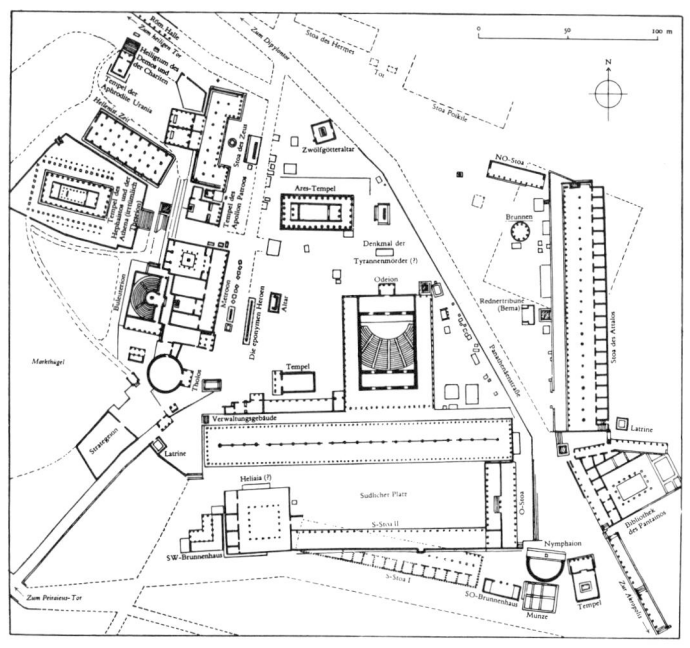

Die athenische Agora. Lageplan von E. Meyer (1965)

allem um die Sicherheit der Stadt gegangen war, hat der Feldherr Kimon viel für die Verschönerung der Stadt getan.[5] Plutarch erwähnt, daß Kimons Verwandter Peisianax der alten Stoa Basileios die Stoa Poikile zur Seite gestellt habe, die mit Gemälden von Polygnotos, Mikon und Panainos ausgeschmückt war; sie hat der Stoischen Schule später ihren Namen gegeben (Diogenes Laertios VII,1; Pausanias I,15). Plutarch schreibt ihm auch die Gestaltung der Bürgeranlagen beim Theseus-Heiligtum um 475 zu (Plut. Thes. XXXVI,1–2; Plut Kim. VIII,6). Kimon selbst hat sich als Stadtgestalter betätigt, indem er seine herrlichen Gärten für das allgemeine Publikum öffnete, den Marktplatz mit Platanen bepflanzte und den Hain des Akademos mit Spazierwegen ausstattete (Plut. Kim. VIII–XIII). Das Athen des Kimon und des Perikles wird bei Aristophanes zur Bühne seiner Komödien.

Festkalender

Zum attischen Kalender[6], der mit anderen derartigen Feierlichkeiten auf der griechischen Halbinsel und in der Ägäis übereinstimmt, gehören folgende Monate (mit ungefähren heutigen Entsprechungen):

Der Gamelion (Januar), der den jonischen Lenaion ersetzt hat; die von den ländlichen Dionysien unterschiedenen Lenaia bilden den festlichen Höhepunkt dieses Monats.

Der Anthesterion (Februar) ist der Monat der Anthesterien, die am 11., 12. und 13. des Monats zu Ehren des Dionysos der Sümpfe im Limnaion (Thukydides II,15) abgehalten werden. Diese Feierlichkeiten verbinden über etwas mehr als zwei Tage den Kult des neuen Weines und den Totenkult.

Der Elaphebolion (März) ist vom 9. bis zum 13. dem Festzug der städtischen (großen) Dionysien gewidmet; ihnen folgen die Pandia, die zu Ehren des Zeus gefeiert werden, mit Spuren eines alten Heroenkultes (Pandion).

Der Munichion (April) verdankt seinen Namen dem Kult der Artemis Munichia, der mit dem Sieg bei Salamis verbunden wurde (am 19.); die Peisistratiden des 6. Jahrhunderts haben diesen Monat dem olympischen Zeus geweiht, wovon noch die Olympieia zeugen.

Der Thargelion war mit den Thargelia, den Reinigungs- und Sühnefeierlichkeiten im Mai/Juni, Apollon (am 7. Mai) und Artemis gewidmet; die *pharmakoi* symbolisieren den Doppelcharakter von Befleckung und apotropäischer Unheilsfixierung.

Der Skirophorion (Juni) ist von den Skirophoria am 12. des Monats bestimmt, einem Fest der eleusinischen Göttinnen Demeter und Kore.

Der Hekatombaion (Juli), der zunächst wegen der Kronia am 12. des Monats Kronion hieß, ist der Monat der Panathenäen, und zwar der großen Panathenäen, die seit 566/65 alle vier Jahre im 3. Jahr des olympischen Zyklus stattfanden, und der alljährlich gefeierten kleinen Panathenäen. Theseus soll das Fest zu einem Symbol der Einigung Attikas gemacht haben.

Der Metageitnion (August) wird vom Apollonkult beherrscht.

Der Boedromion (September) zu Ehren des Apollon Boedromios, des Helfers im Kampf, ist nach den Perserkriegen der Monat der militärischen Festveranstaltungen geworden (Plataä, Marathon, Naxos); sein feierlicher Höhepunkt war die Prozession (am 19. des Monats) nach Eleusis.

Der Pyanopsion (Oktober) mit den Pyanopsia am 7. des Monats war dem Helios, den Horen und dem Sagenkreis um Theseus (Theseia) gewidmet, mit *lampas* (Fackellauf) und anderen, sich anschließenden Wettkämpfen, an denen sich bewaffnete Epheben beteiligten. Vom 11. bis 13. fanden die Thesmophorien statt, Feierlichkeiten, die mit den Skirophoria zu Ehren von Demeter und Kore in Verbindung standen: es war ein Fest der Frauen, die mit ihren »Tabus« zur Zeit der Saat die Fruchtbarkeit der Äcker erneuerten.

Der Maimakterion (November) mit dürftig ausgestattetem Ritual, das die Leere der Wintermonate und die Furcht vor Unwettern in sich schließt.

Der Posideon (Dezember), der dem Poseidon (am 8. des Monats) geweiht ist und von den ländlichen Dionysien bestimmt wird, in zeitlicher Übereinstimmung mit den Festen in Sunion und den Dionysien in Piräus.

Dieser Festkalender bringt nicht nur den althergebrachten athenischen Partikularismus zum Ausdruck, sondern auch einen Panattizismus, der durch militärische Zusätze bisweilen panhellenische Züge erhält. Natürlich kann man in Übereinstimmung mit den aitiologischen Mythen eine Vorrangstellung Athenas vor Poseidon feststellen: Athena Hygieia, Athena Polias, Athena Nike usw. Die ländlichen Dionysien des Monats Posideon werden in den attischen Demen, die

Ausschnitt aus dem Westfries des Parthenon.

Theseus durch kulturelle Einigung hatte zusammenschließen wollen, mitgefeiert (Acharnai, Aixone, Ikaria, Kollytos); zur gleichen Zeit werden sie auch in Jonien, in Sinope, Smyrna, Delos und Mykonos begangen, denn im Zuge der Kolonisation wurden auch die Feste exportiert.[7] Die Art, wie die Siege über die persische Barbarei in den Festkalender eingehen, wird durch den Hegemonie-Kult bestimmt: so wurde die Salamis-Feier vordatiert, um sie mit den Munichia der Artemis zu verschmelzen. Auch in der Kultordnung zeigen sich historische Spuren, insofern Peisistratos das Ritual des Dionysos aus Eleutherai auf die städtischen Dionysien übertragen hat.[8]

Die attischen Feste wollen beispielhaft für das Griechentum sein; auf dem Parthenonfries verleiht die offizielle Kunst den Panathenäen Unsterblichkeit, während die attische Keramik, in Verbindung mit den Komödien des Aristophanes, Bilder von der Volksbelustigung des Komos über das ganze Mittelmeergebiet hin verbreitet.[9] Das geweihte Opferfleisch gab auch der Küche der Menschen eine gewisse Weihe; denn an den Panathenäen wurde es nicht nur an die Prytanen, Archonten und Festausrichter (*hieroporoi*), sondern auch unter das einfache Volk auf dem Kerameikos verteilt, desgleichen der Wein.[10] Das von den esoterischen und selektiven Initiationsfeiern wohl unterschiedene volkstümliche Fest betont das Miteinander innerhalb des sozialen Gefüges: die Sklaven sind bei den ländlichen Dionysien, bei den Kronia[11], den Choen (Kannenfest) und den Pithoigien (»Faßöffnen«) der Anthesterien mit beteiligt, und die Metöken nehmen als Skaphephoren (Wannenträger) am Panathenäenzug teil.

In den attischen Festen sind volkstümliche Ausgelassenheit, Obszönität, die zu Lebensfreude und Lebenskult untrennbar dazugehört, und die Vorliebe für Wettkampf und Höchstleistung miteinander verbunden.[12] So findet im Verlauf der Panathenäen das nächtliche Fest der Pannychis statt; danach steht der festliche Umzug (Pompa) im Zentrum, es gibt Tanz und Gesänge der Jugend auf der Akropolis, und schließlich gehören auch noch sportliche Wettkämpfe dazu. Die Dionysien haben dagegen für die Verbreitung von Komödie und Tragödie gesorgt, wobei Autoren und Publikum in unmittelbaren Kontakt kamen. Der ›literarische‹ Dialog zwischen Aristophanes, seinen Konkurrenten und seinem Publikum[13], liefert dafür ein eindrückliches Beispiel.

Bacchantische Szene auf einer Lekythos des Eretria-Malers.

Das Athen des Aristophanes: ein Zentrum der Festlichkeit[14]

Aristophanes hat im *Frieden* offenbar für einen Pazifismus Partei ergriffen, der Überfluß und »Kontemplation« begünstigt, mit Opora, der Göttin des Erntesegens, und Theoria, der Gottheit der Festveranstaltungen (523 ff.). Man erlebt mit, wie die Verbündeten Athens in den *Acharnern* (635 ff.) von dem »strahlenden Athen« und dem »veilchenbekränzten Volk« sprechen. In den meisten Aristophanesstükken, die in die Zeit der Periklesherrschaft und des Peloponnesischen Krieges fallen,[15] bleiben die archaischen und ländlichen Feste durchaus lebendig.[16] Die ländlichen Dionysien, die zunächst sehr schlicht gefeiert wurden, werden allmählich um szenische Darbietungen erweitert. Dikaiopolis[17], der Held der *Acharner*, den der Krieg in die Stadt verschlagen hat, wird Zeuge von Theaterwettbewerben, Unterhaltungen auf der Agora und dem öffentlichen Bäderbetrieb (Prolog, 1–26). Symbolisch feiert er seine eigenen Dionysien, und zwar die »vom Lande« (250): voran seine Tochter als Kanephore mit dem Opferkorb, gefolgt von zwei Sklaven, die den Phallos aufrecht tragen; er selbst marschiert hinterdrein und singt dazu das Phallos-Lied, während seine Frau vom Dach aus die Zuschauerrolle übernimmt. Diese Feier verrät die Sehnsucht nach der verlorenen Heimat. Das ganze Stück, das die Leiden des Krieges und die Freuden des Friedens einander gegenüberstellt, ist von den dionysischen Festen der Stadt

beherrscht: es ist die Zeit der Kannen und Töpfe, der Trinkwettbe-
werbe und der Begräbnisriten während der Anthesterien (1076). An-
timachos ist mit der Choregie für die Lenäen beauftragt (1155); an
diesen, im Lenaion gefeierten Festlichkeiten, über die uns die lenäischen Vasen[18] unterrichten, durften Frauen teilnehmen. Ihre »Orgien«
wurden von Flöten, Kastagnetten und Tamburinen musikalisch begleitet, und es wurden Thyrsen und Fackeln geschwungen. Der Tanz
spielte dabei eine große Rolle.

Die *Acharner* bezeichnen gewissermaßen die Hinwendung des
Landbewohners zu den Freizeitvergnügungen der Stadt. Nachdem
Dikaiopolis sich zunächst spöttisch über eine Kriegspolitik ausgelas-
sen hat, die sich von den Nöten irgendwelcher »Huren« bestimmen
läßt (523 ff.), wird er sich dem reizvollen Treiben der bevorstehenden
städtischen Dionysien ergeben, zu denen die Verbündeten kommen
und ihren Tribut entrichten (505; 643). Wir befinden uns beim Agon
im Lenaion. Ein Bote lädt ihn zu den Festlichkeiten ein:

> Zum Festmahl komm
> Sogleich mit deinem Korb und deiner Kanne!
> Der Priester des Dionysos läßt dich laden.
> Nur schnell! Die andern warten längst auf dich,
> Und alles ist schon fertig zugerichtet,
> Als: Tische, Polsterkissen, Teppiche,
> Festkränze, Salben, Naschwerk, Freudenmädchen,
> Lebkuchen, Fladen, Sesamstritzel, Krapfen
> Und Tänzerinnen, das ›Schätzchen des Harmodios‹.   (1085 ff.)

Bald darauf kommt Dikaiopolis auf zwei Dirnen gestützt nach
Hause, wobei er, den Phallos tragend, ihre prallen Reize rühmt, wäh-
rend gleichzeitig, in einem bedeutungsvoll kontrastierenden Bild, der
Kriegsheld Lamachos humpelnd aus dem Felde heimkehrt.

Dieses Stück ist in seiner derb-komischen Mischung von soziologi-
schem Interesse. Es zeigt die Hauptstadt des attischen Seebundes, die
seit 426 den Tribut in der Orchestra des Theaters öffentlich ausstellt,
und es zeigt den Zustrom einer Landbevölkerung, die sich von der
Demagogie foppen und von den Schauspielen berauschen läßt. In dieser Komödie aus dem Jahr 425 kündigt sich bereits etwas von dem
politischen Umgang mit dem Schauspiel an, wie er 411 unter dem
Demagogen Kleophon einsetzt, der eine Theaterkasse, das Theorikon[19], eingerichtet hat, aus der dem Volk pro Festtag zwei Obolen als
»Schaugeld« gezahlt werden sollten.

In den *Wolken*, einem Stück, das von kulturellen Gegensätzen wie Stadt und Land, Reitsport und sophistischer Wissenschaft geprägt ist, rühmt der Chor das perikleische Athen als Metropole der Muße und des Festes, die nicht voneinander zu trennen sind:

> ... wo sich das Heiligtum
> Öffnet am Feste der Weihe den Schauenden,
> Dort, wo Geschenke, Bilder und ragende
> Tempel die himmlischen Götter verherrlichen,
> Festliche Züge der Frommen, der Seligen,
> Jubel der Blumenbekränzten und Schmausenden
> Wechseln im Reigen des Jahres,
> Dort, wo man feiert im Lenze des Bromios Fest,
> Fröhlich mit Tanz und Gesang um die Wette zum
> Volltönenden Klange der Flöten!   (306 ff.)

Das Fest des Bromios, ein Beiname des Dionysos, bezeichnet die großen Dionysien mit ihren Wettbewerben von tragischen und komischen Chören.

In dieser Komödie attackiert Sokrates als ein etwas absonderlicher Naturgelehrter (144 ff.) den nichtsnutzigen Verein von Geistesgrößen, als deren göttliche Schutzpatrone er die Wolken bezeichnet, die »uns Gedanken, Ideen, Begriffe und Dialektik verleihen und Logik und den Zauber des Wortes und den blauen Dunst, Übertölpelung, Floskeln und Blendwerk« (316 ff.);

> Sie ernähren die Sophisten, die vielen,
> Quacksalber, Propheten echt thurischen Stammes, brillant-
>   ringfingrige Stutzer,
> Dithyrambischen Schnörkelversdrechsler zuhauf, stern-
>   schnuppenbeguckende Gaukler:
> Sie füttern sie alle, das müßige Volk, das ihnen zu Ehren
>   lobsinget.   (332 ff.)

Die Satire nimmt eine regelrechte geistige Boheme aufs Korn, wie sie nach der römischen Eroberung im *Curculio* des Plautus wieder in Erscheinung treten wird.

Das Rededuell zwischen der alten und der neuen Bildung (934 ff.) bringt deutlich die Beschwerden der »älteren Athener« zum Ausdruck: die heruntergekommenen Waffentänze an den Panathenäen, die Vorliebe für das Treiben auf dem Markt und in den öffentlichen Bädern. Die »Gerechte Sache« rühmt die Segnungen der attischen Jugend:

> . . . auf dem Turnplatz wirst du dich tummeln,
> Kein verschrobener Schwätzer und Witzling des Markts . . .
> Lustwandeln wirst du im friedlichen Hain Akademos'[20],
>   im Schatten des Ölbaums,
> Mit schimmerndem Laube die Stirne bekränzt, an der Seite
>   des sittsamen Freundes.
>
>   (1002 ff., alle Übersetzungen von Ludwig Seeger)

Sie richtet sich gegen die verzärtelnden warmen Bäder, die überfüllt sind, während die Palästren verwaisen. Dagegen redet die »Ungerechte Sache« einer siegreichen Rhetorik im Dienste von Eigennutz und Genußsucht das Wort; nachdem sie das Marktleben mit dem Hinweis auf die homerischen Marktredner verteidigt hat, zählt sie auf, wie viele Lebensfreuden um der Sittsamkeit willen entbehrt werden müssen: »die Knaben, die Weiber, Schmaus und Becherspiel und Wein und Spaß und Lachen«. Das neue Athen verwirft das staatliche militärische Erziehungsmodell, das auf dem Athletentum beruhte, und stellt sich dar als eine Lebensform des Mußevergnügens.

Die *Ritter* (1325 ff.) zeichnen ebenfalls ein Athenbild, in dem der politische Alltag und die großen Feste abwechselnd das Leben bestimmen. Das Stück wurde an den Lenäen des Jahres 424 in dem von spartanischer Besatzung befreiten Attika aufgeführt und steht im Zeichen der Wiederaufnahme des Kampfes in Pylos und der Vorherrschaft des Demagogen Kleon. ›König Demos‹ wird umschmeichelt, an der Nase herumgeführt und mit Hilfe des Triobolon für die Politik gepäppelt. Den Rahmen der Handlung setzt die Großstadt mit ihren Festlichkeiten und dem johlenden Treiben auf der Agora. Der Dichter karikiert mit einem nicht übersetzbaren Wortspiel die »Maul-Athener« (1260 ff.); und nachdem er Spelunken und schmutzige Ausschweifungen beschrieben hat, besingt er auf demagogisch-ironische Weise das »alte, veilchenbekränzte Athen« und das jauchzende Rufen der Menge bei der Öffnung der Propyläen (1322 ff.). Die persönliche Parabase zeigt, wie so oft, den tyrannischen Theatergeschmack des Volkes und die Qualen des dramatischen Dichters, der die Menge unterhalten muß, um später doch zum alten Eisen geworfen zu werden (514 ff.).

Das Theater im perikleischen Athen

Auch wenn Aristophanes die Probleme, die mit dem Freizeitvergnügen des Volkes zusammenhängen, nicht dramatisiert hat, fügt sich das von ihm gezeichnete Bild doch vorzüglich in die Kulturpolitik des Perikles. Dieser hatte die Stadt mit einer Prestigearchitektur ausgestattet,[21] die von seinen Verleumdern verschwenderisch und ruinös genannt wurde, die aber auf das soziale Leben und die Freizeitbeschäftigungen ausgerichtet war: das bezeugen die Propyläen und der Parthenon.

Die Perikles-Biographie des Plutarch bestätigt den Bericht des Thukydides im 2. Buch seines *Peloponnesischen Krieges*. Perikles wurde für den Verfall der Sitten infolge einer auf Bequemlichkeiten ausgerichteten Politik verantwortlich gemacht (so soll er das Volk dazu gebracht haben, »Landlose, Theaterbesuchsgeld und Soldzahlungen« zu verteilen, und »das früher bescheidene und arbeitsame Volk zu Verschwendung und Genußsucht verführt haben« – Plut. Per. IX). Der Biograph läßt all diese Großzügigkeiten gelten, hebt auch die Bedeutung des Theorikon (»Theaterbesuchsgeld«) hervor. Die Gegner des Perikles machen ihm allerdings seine umfangreiche und prunkvolle Bautätigkeit zum Vorwurf, mit der er gegen die Nichtstuerei anging und die ganze Bevölkerung mit Arbeit eindeckte (Plut. Per. XII). Plutarch leugnet dieses Bemühen um Popularität nicht: »stets wußte er in der Stadt irgendein feierliches Schauspiel, einen öffentlichen Schmaus oder Aufzug zu veranstalten und den Athenern gediegene Unterhaltung und Belustigung zu bieten«. Perikles, der Stratege, ließ auch erstmals ein Odeion errichten, nach dem Vorbild des persischen Königszeltes (Plut. Per. XIII), und er führte einen musikalischen Wettbewerb bei den Panathenäen für Gesang mit Flöten- oder Leierbegleitung ein. Plutarch muß freilich auch die verheerenden Folgen einer demagogischen Blendwerkpolitik zur Kenntnis nehmen (im Blick auf die sizilische Expedition, Plut. Nik. XII,1; Alk. XVII,3).

Auf dem indirekten Weg über Perikles' berühmte Leichenrede (II,38) hat Thukydides die Bilanz dieser sorgfältig abgestimmten Politik gezogen: »und auch zur Erholung des Geistes von der Arbeit haben wir die besten Vorkehrungen getroffen. Wir feiern nämlich Kampfspiele und Opferfeste, die über das ganze Jahr hin verteilt sind, wir richten unsere Wohnungen stattlich und schön her und haben unsere tägliche Freude daran, durch die Gram und Mißstimmung ver-

Die Akropolis von Athen.

scheucht werden.« Noch zeichnet sich nicht die Vorstellung ab, daß der Blick auf eine Hauptstadt kultische Bedeutung haben und zum politischen Gemeinschaftsgefühl beitragen kann. In derselben Rede wird nachdrücklich festgestellt, daß in Athen »mit seiner ungebundenen Lebensweise« die Erziehung dieselben militärischen Erfolge erzielt wie eine harte Dressur – ein Plädoyer also für die athenische Jugenderziehung gegenüber der spartanischen Dressur (II,39,1).

Die persönliche, vom Chorführer vorgetragene Parabase[22] vermittelt interessante Details über das Publikum des Aristophanes und über das, was es bewegt. So gestatten sich die Schauspieler Einwürfe, in denen vielfach das Publikum aufgefordert wird, seine Aufmerksamkeit auf das Stück zu richten, z. B. in den *Rittern*, im *Frieden* und in den *Wolken*. Die im Theater versammelte Menschenmenge sitzt offenbar dicht beieinander: Nach Aristophanes, *Plutos* (1083), bot das Dionysostheater in Athen 13 000 Zuschauern Platz; das entspricht dem Fassungsvermögen eines mittelgroßen Amphitheaters in römischer Zeit. Publikum, Schauspieler und Chor bilden eine Einheit, ein gewisses Einverständnis stellt sich zwischen ihnen ein (*Thesmophoriazusen* 391). Wenn man die eine oder andere anstößige Aufforderung an das Publikum soziologisch interpretiert (*Frieden* 150 ff.; *Vögel* 753 ff.), wird deutlich, daß die Truppe auf der Bühne aufnimmt, was der Menge Sorgen macht; man möchte, daß sich die Zuschauer am Bühnengeschehen freuen (*Ritter* 36). Die fiktive Geschichte der *Vögel* (753 ff.) lädt das Publikum ein, in dem märchenhaften Ausflug »sein Leben froh mit den Vögeln hinzuspinnen«. Die ernste Spannung verbreitende Tragödie kann das Volk mitunter langweilen – der Chorführer desselben Stückes schlägt vor, daß man derweil zum Essen gehen kann. Das Verpflegungsproblem spielt bei den Vorstellungswettkämpfen, die sich ewig in die Länge ziehen und offenbar auch Chorwiederholungen enthalten, eine große Rolle (*Frieden* 1358). Im *Frieden* (1115) wird das Publikum symbolisch zu einer gemeinsamen Mahlzeit geladen. In eben diesem Stück singt der Chor für die festlich versammelten Menschen im Theater ein Loblied auf die Mußefreuden in Friedenszeiten:

> O wie schön, o wie schön,
> Den Helmbusch bin ich nun los.
> Die Zwiebeln und auch den Käs!
> Denn ich bin kein Freund des Kriegs!
> Aber wie selig ist's,

> Wein zu nippen, Schluck um Schluck,
> Froh gelagert um den Herd
> Mit dem Freund, trocknes Holz,
> Noch vom letzten Sommer dürr,
> Zuzulegen und dabei
> Sich Kastanien bei den Kohlen
> Und die Eichel aufzuwärmen,
> Und zu schäkern mit der Magd,
> Wenn die Frau im Bade sitzt!
>
> (1127 ff., übers. von Ludwig Seeger)

Ein Traum von häuslicher Behaglichkeit und freundschaftlichem Bei-sammensein, dem verlockende Zügellosigkeit ihre besondere Würze gibt.

Der Zwang, der im Theater herrscht, ist allerdings hart. Die Wett-kämpfe verlaufen nach einem festen Ritual. »Herr Demos« ist Mit-spieler und Richter zugleich. In den *Ekklesiazusen* (1140 ff.) wird, wie auch sonst bezeugt, das Publikum aufgefordert, sich als Jury zu ver-sammeln und über die zum Wettstreit Angetretenen zu urteilen.

Die Situation des Publikums, wie sie uns Aristophanes darstellt, entspricht der gesellschaftlichen Realität und den sozialen Unter-schieden im ausgehenden 5. Jahrhundert.[23] Ein Vergleich mit den Pla-tonischen Dialogen drängt sich auf.

Platon hat, wie später Aristoteles, die »Theaterherrschaft des Publi-kums« verworfen (*Gesetze* 701a). Der athenische Gesprächsteilneh-mer kritisiert scharf die Tyrannei einer ungebildeten Masse[24], die ih-ren Vorlieben und ihrem musikalischen Geschmack mit Pfiffen, Ge-schrei und Lärm Geltung verschafft; mit beifälligem Geklatsche fällt sie ihr Urteil. Auf die Entartung der Musik, die dadurch in Gang ge-setzt ist, wird immer wieder verwiesen; durch die gesamte Antike bis in die Kaiserzeit bei Quintilian und Lukian ist diese Entwicklung ge-genwärtig. Die »Aristokraten« im Umgang mit der Musik, die schweigend zuzuhören pflegten, verloren ihre Herrschaft auf den Rängen an eine Menge, die sich, ganz im Sinne der Demokratie, sach-verständig dünkte, die Existenz eines musikalischen Ordnungsgefü-ges leugnete und die Lust zur Richtschnur des Schönen erhob: »als ob es in der Musik überhaupt keine rechte Ordnung gebe, sondern die Lust dessen, der Freude daran hat, möge er nun besser oder schlech-ter sein, am richtigsten entscheide« (700e). Keiner ist mehr in der Lage, die Erzieher, die Kinder und die Masse des Publikums zur Ordnung zu rufen. In seiner *Politik* (VIII,1341b) beklagt Aristoteles,

Das Theater von Epidaurus. (Hirmer Fotoarchiv, München)

daß die Musiker nicht auf ihre eigene Vervollkommnung bedachte Laien, sondern auf die Wettbewerbssituation fixierte Berufsmusiker sind, die darum zu »ordinären Künstlern« werden. Ihr Spiel ist auf das Vergnügen der Zuhörer, auf ein niedriges Vergnügen also, ausgerichtet. »Der Hörer ist ordinär und beeinflußt die Musik, so daß er auch die Künstler so werden läßt, wie er es wünscht, und ebenso werden die Körper durch die Bewegungen.« Die Verrenkungen der Flötisten stellt Aristoteles auch in der *Poetik* als vulgäres Bemühen, den Diskuswurf nachzuahmen, dar.

Die »ungebildete, lärmende Menge« kann das Schauspiel herabwürdigen und so mit seinem Geschmack das Theater beherrschen. Sie drängt auf moralisch engstirnige Lösungen des Handlungsknotens und erwartet, daß in den Stücken für die Guten alles gut endet (*Poetik* XIII,1453a). Allerdings kann das Publikum seinerseits durch die erotische Freizügigkeit der Darbietungen moralisch haltlos werden; man bedenke nur, daß nach Aristophanes ja offenbar auch Frauen und Jugendliche bei den komischen und tragischen Aufführungen zugegen waren (*Wolken, Frieden* usw.). Die Platonischen *Gesetze* (VII,817c) bezeugen zweifelsfrei die Anwesenheit der Frauen, auch wenn Skeptiker entgegnen, daß in den *Ekklesiazusen* (214 ff.) das schöne Geschlecht auf häusliche Vergnügungen beschränkt ist und in den *Thesmophoriazusen* das Theater zu einem männlichen Zeitvertreib gemacht wird.

Aristophanes übermittelt uns vom athenischen Theater Bilder harmloser Ungebundenheit – eine jubelnde Menge, die vom Wettbewerbsteilnehmer gerne um Unterstützung gebeten wird: »So wahr ich mit den Stimmen aller Richter und allen Volks zu singen wünsche . . .« (*Vögel* 444; *Ekklesiazusen* 1154 ff.). Bei Platon erscheint das Theater dagegen als ungehobelte, turbulente Festivität. Die derbe Komik mancher Szenen kann das bestätigen[25]: Der Schauspieler Parmenon konnte vorzüglich ein Schwein darstellen; Hund, Eule und Schaf werden bei Aristophanes nachgeahmt und auch die verschiedenen Geräusche nicht vernachlässigt: mit Furzen sogar wird in den *Wolken* an den Donnerschlag erinnert.

Die antike Politologie und das Theater

Die Verfasser einer Abhandlung über den »Staat der Athener«, Pseudo-Xenophon und später Aristoteles, haben darauf verwiesen, welche Bedeutung Schauspielveranstaltungen innerhalb einer politischen Struktur zukommen. Pseudo-Xenophon zeichnet die Stufen einer Entwicklung nach. Anfänglich soll das Volk sportliche und musikalische Betätigungen und die, die damit befaßt waren, herabgewürdigt haben. Gleichwohl stellen die »Künstler des Dionysos« (trotz Const. Ath. I,13) eine alte, eng verbundene Gruppe dar, wie die Rhe-

torik des Aristoteles und die Epigraphik bezeugen.[26] In augusteischer
Zeit erwähnt Strabon ihren Sitz im kleinasiatischen Lebedos und ihre
»Panegyrien«. Das Volk, das sein eigenes Unvermögen erkannte, hat
dann eingewilligt, die Organisation der Choregie, der Trierarchie und
der Gymnasiarchie den Reichen zu übertragen und selbst die Arbeitskräfte zu stellen.[27] Es handelt sich um eine unentgeltliche Arbeitskraft
im Rahmen eines Euergetismus (»Wohltätigkeit«) – dieses Modell ist
von der klassischen Polis auf die hellenistischen Monarchien übergegangen und wird später zum Kennzeichen des Cäsarismus. In einer
späteren Phase, gegen Ende des 5. Jahrhunderts, akzeptiert die Menge
der Amateure eine staatliche Entlohnung für »Gesang, Wettlauf und
Tanz«; den Choregen und Gymnasiarchen obliegt die Auszahlung,
und manch eine Parabase des Aristophanes zeigt, daß sie nicht immer
großzügig gewesen sind.[28] Immerhin stimmt das Zeugnis des Pseudo-
Xenophon mit dem des Annalisten Philochoros und dem der Perikles-Biographie von Plutarch überein. Aristoteles verweist im *Staat
der Athener* (54,7) auf die Bedeutung der Beamten, die mit der Ausrichtung der Dionysien beauftragt waren.

Inplatonischer Zeit hat die Massenarmut dazu geführt, daß das
Freizeitangebot in den Bereichen Religion, Sport und Theater in die
Hände des Staates gelangte. Während die Reichen eigene Gymnasien,
Bäder und Umkleideräume besaßen, profitierte das Volk in besonderer Weise von den Gemeinschaftseinrichtungen. Ohne die volkstümlichen Schauspiele grundsätzlich in Frage zu stellen, weisen Platon und
Aristoteles in ihren politischen Schriften nachdrücklich darauf hin,
daß diese in eine staatlich verantwortliche, kulturelle Bahn gelenkt
werden müssen. Platons *Gesetze* (816d) wenden sich gegen Laien als
Schauspieler, weil das dem Staatskörper Schaden zufügen könnte; er
empfiehlt darum, wieder auf Spezialisten zurückzugreifen, auf »Sklaven und angeworbene Fremde«. Wenige Jahrzehnte später wird Aristoteles in der *Rhetorik* (III,2) die zwielichtige Stellung dieser »Arti-
sten« beleuchten, die in der Folgezeit boshaft als »Liebediener des
Dionysos« karikiert werden (Athenaios, Deipn. XII,538c).

Das klassische Denken überläßt die Ausführung der szenischen
Darstellung und des Gesanges spezialisierten *banausoi*; die freien
Bürger beteiligen sich dagegen nur, weil sie sich amüsieren wollen
oder die kathartische Wirkung des Rausches suchen (Pol. VIII,
7,1341b 38).

Zu Beginn der hellenistischen Epoche, in der königlicher Euergetismus die Demagogie der Schauspiele abzulösen beginnt, hat Aristo-

teles über Massenzeitvertreib und Kultur dokumentarisch Bilanz gezogen. Er fußt dabei nicht unwesentlich auf seinem Lehrer Platon,
von dessen Ablehnung der Publikumsherrschaft im Theater schon die
Rede war.

In der politischen Philosophie der *Gesetze* nimmt der kulturelle
Dirigismus einen festen Platz ein. Der Staatsdenker fordert »einen
Beamten, der für die gesamte Ausbildung der weiblichen und männlichen Jugend zu sorgen hat« (VI,765d) und dabei »glückliche Natur«
und »gute Erziehung« in Einklang bringen soll; es geht darum, »das
gottähnlichste und sanfteste Wesen« heranzubilden. Um dieses Zieles
willen müssen alle kulturellen Möglichkeiten zusammenwirken. Ausbildung und Wettkampf im Bereich von Musik und Gymnastik unterliegen der Zuständigkeit von Behörden. Bei der Wahl der »Kampfrichter« darf nur »Sachverstand« ausschlaggebend sein (765b); dabei
soll es verschiedene Kampfrichter für »Einzelgesang« (Rhapsoden,
Sänger zur Kithara und Flötenbläser) und für den Chorgesang geben.
Auch mit den Choraufführungen der Knaben, Männer und jungen
Mädchen beschäftigt sich der philosophische Gesetzgeber.

Trotz der problematischen Situation des Theaters hält Platon noch
an einem erbaulich-belehrenden Chorgesang fest. Drei Chöre, ein
Knaben-, ein Jugend-, und ein Erwachsenenchor, haben die Aufgabe,
die Verdienste der großen Männer zu preisen (666a ff.). Bei der Beteiligung von Laiensängern aus der Bürgerschaft kann es Engpässe geben, insofern sich die Älteren möglicherweise schämen, singend im
Theater aufzutreten und »wie die Chorsänger, die sich um den Sieges-
preis bemühen, . . . vom Üben abgezehrt und hungrig ihre Stimme zu
erheben«. Mit mäßigem Weingenuß sollte hier die Singbereitschaft
unterstützt werden. Die *Gesetze* sind, wie schon bei Solon und Lykurg, von dem Bemühen geprägt, das Vergnügen in geordnete Bahnen zu lenken. Der athenische Gesprächspartner in diesem Dialog ist
außerordentlich darauf bedacht, alles Lasterhafte aus Freizeit und
kulturellem Angebot zu verbannen. Den Chorreigen definiert er als
»Nachahmung von Charakteren, wie sie sich bei mannigfachen
Handlungen und Geschicken zeigen« (655 f.); Worte, Melodien und
Tanzfiguren können zu einer Darstellung führen, die zwar »lustvoll,
aber schlecht« ist. Darum fordert er Gesetze für die Ausbildung im
musischen Bereich und für die Spiele. Ein Großteil des Dialogs ist
von der Frage beherrscht, welche Rolle die Musik für die moralische
Ausbildung oder die Verderbnis eines Charakters spielen kann. Auf
welche Weise soll es einer Gesellschaft erlaubt sein, die Vergnügen

Pyrrhichischer Tanz. Schale des Poseidon-Malers.

einzuschränken (734a ff.)? Die Kontrolle über Tanz und Zecherei steht im Zentrum der Debatte.

Schon vor Athenaios liefert uns Platon eine vollständige Aufstellung[29] über den griechischen Tanz, den »ernsthaften« wie den »gemeinen«; beide Tanzarten werden zweifach unterteilt (814–815). Zur ernsten Tanzart gehören der kriegerische Waffentanz Pyrrhiche und der friedliche Tanz. Der kriegerische bildet offensive und defensive Bewegungsabläufe nach, »wie man allen Hieben und Würfen dadurch entgehen kann, daß man sich wendet und nach allen Seiten ausweicht und in die Höhe springt und sich duckt . . ., wie man den Bogen schießt, den Speer wirft und auf alle mögliche Weise dreinzuschlagen versucht«. Beim friedlichen Tanz werden Lustgefühle beherrscht, und er unterscheidet sich von »allen Tänzen der Bacchantinnen und ihres Gefolges, mit denen man, wie man behauptet, unter dem Namen von Nymphen und Panen und Silenen und Satyrn Berauschte nachahmt«. Trotz der rituellen Bedeutung dieser dionysischen Ausdrucksform, die den frühen ausgelassenen Spielen der Komödie und den Bocksprüngen der Satyrn in Menschengestalt[30] verpflichtet ist, bleibt Pla-

Tanzendes Mädchen. Rotfiguriger Krater um 420 v. Chr.

ton ihr gegenüber zurückhaltend. Er stellt ihr einen anderen sakralen Tanz, »mit dem man die Götter und die Kinder der Götter ehrt«, gegenüber, und zwar den, »bei dem man aus irgendwelchen Mühen und Gefahren in einen glücklicheren Zustand entronnen ist« (eine Würdigung der *emmeleia*, des friedlich schönen Tanzes der Vorfahren). Im Umgang mit dem Tanz empfiehlt Platon eine Politik, die die Tänze angemessen in den Rahmen der Feste und Opferhandlungen einfügt (816b ff.).

Für die Denker des 5. Jahrhunderts ist die Welt des Theaters und der Feste Ausdruck einer göttlichen und menschlichen Notwendigkeit: aus Erbarmen »über das zur Mühsal geschaffene Geschlecht der Menschen« wurden sie eingerichtet und dienen dem notwendigen Wechsel von Anstrengung und Entspannung (*Gesetze* 652a–653e). Allerdings vertieft die durch Demagogie gefährlicher gewordene Theaterpraxis die Kluft zwischen dem Idealstaat und dem zeitgenössischen griechischen Staat (*Staat* V,17,471c ff.); sie produziert die reinsten »Theaterrenner«, »leidenschaftliche Zuhörer«, »die nicht einen Chor bei den Dionysien in Stadt und Land versäumen wollen«. In den *Gesetzen* weist Platon Komödie und Tragödie einen legitimen Platz zu, verkennt aber nicht die Antinomie zwischen der Bildung der großen Masse, die nur oberflächliche Neugier zu erregen versteht, und der Philosophie, die zur Wahrheitsliebe im Dienste des Allgemeinwohls erzieht. In der Synthese von Spiel und Bildung, von freizeitorientierter Lebensführung (*schole*) und einer Erziehung, die auf die Vollendung des ganzen Menschen ausgerichtet ist (*paideia*), gipfeln die Staatsüberlegungen der Gesetze (VII,806–807). Der athenische Individualismus fordert, daß die Mußezeit auf die Vollendung der persönlichen Bildung verwandt wird.

Müßiggang auf den Straßen Athens

Ein ungünstiges Vorurteil haftet an denen, die »auf der Agora herumflanieren«, den *agoraioi*, die der Platonische Protagoras mit der ungebildeten Masse in einen Topf wirft (347c). Sie verstehen sich besonders auf ordinäre Gastmähler, offenbar weil sie ihre Tischgesellschaft auf Straßen und Plätzen zusammensuchen. Aristophanes, der im *Frieden* und in den *Acharnern* den starken Zuzug vom Land innerhalb der Langen Mauern bezeugt, urteilt über diese Müßiggänger der ›Jeunesse dorée‹ mit den Worten des Demos: »Die Bürschchen mein ich, die beim Salbenmarkt beisammensitzen und Lappalien schwatzen: ›Der Phaiax kann's, der ist nicht umzubringen, er spricht präzis, energisch, sentenziös, sarkastisch, logisch, rhythmisch, tropisch, drastisch, kein Zwischenrufer bringt ihn aus der Fassung!‹«[31] Diese Stelle in den *Rittern* (1375 ff.) karikiert die prätentiöse Sprache der Pseudointellektuellen. Schon früher hatte sich ein Dichter der Alten Komödie, Pherekrates, für diese flanierenden Scharlatane interessiert. In den *Fröschen* (1006 ff.) läßt Aristophanes Aischylos den Vorwurf gegen Euripides erheben, eine ganze Generation verkorkst und lauter »Hasenpanierpatrioten«, »Pflastertreter«, »Gaukler« und »Schwindler« herangezogen zu haben.

In der *Kyropädie* (I,2) schildert Xenophon die griechische Agora mit ihrem Geschäftstreiben, ihrem Geschrei und ihren Grobheiten als abstoßendes Gegenbild. Aristoteles trennt in seinem idealen Staats-

Liebesszene auf einer Oinochoe des Schuwalow-Malers.
Ende 5. Jh. v. Chr.

entwurf die geschäftliche Agora von der »freien Agora«, die der Körpererziehung der Bürger (mit Gymnasien) und der freien Muße vorbehalten sein soll.[32] Diese Ansichten wenden sich gegen die Bilder strotzenden Lebens und verführerischer Warenvielfalt, wie sie etwa Aristophanes in seinen Komödien verbreitet (Ach. 872 ff.).

Auch die *Ritter*, in denen das Friedensglück Gegenstand der Satire ist, beschwören ein anziehendes Bild vom Leben in der Stadt Athen herauf. Die Straßen in der Stadt bieten Schutz für leichte Eroberungen und käufliche Liebe. Die Kurtisanen, die meist aus Lesbos, Korinth oder Megara stammen, schlendern mit Vorliebe dort herum.[33] Manche spielen Flöte und tanzen, wie ihre Abbilder auf der Vasenmalerei.[34] Den beiden ›Eroberungen‹ des Dikaiopolis sind sie weit überlegen und ebenso dem Mädchen des Sklaven in den *Wespen*, das sich weigert, »als Stute des Hippias« herzuhalten. Häufig sind sie Nichtgriechinnen oder Sklavinnen, deren unehrenhafte Konkurrenz die freien Frauen nur zu gerne beseitigen würden (Ekkles. 721 ff.). Die *Thesmophoriazusen* (1177 ff.) schildern eine seltsame Straßenszene, in der ein wachhabender Bogenschütze einen Lärm vernimmt, der an die ländlichen *Komoi* erinnert: Eine Kurtisane tanzt zum Spiel der Flöte, und Euripides, den der Komiker für den Vordenker der neuen Moral hält, entkleidet sie, um den Wächter, der sie auf seinen Schoß nimmt, recht aufzureizen; sie tanzt schließlich nackt und verschwindet dann für eine Drachme mit ihm.

Doch sind in einer Stadt, in der die Muße großgeschrieben wird, nicht alle Streifzüge mit Festivität und Ausschweifung verknüpft. Im Athen des ausgehenden 5. Jahrhunderts gibt es auch ein intellektuelles Spaziervergnügen; Freiheit und freigewählte kulturelle Betätigung kennzeichnen diese Lebensform, die der Athener der *Gesetze* verkörpert.[35] Sokrates und seine Zuhörer bummeln durch die Stadt genauso, wie sie sich am Sport in den Palästren beteiligen. In den Platonischen Dialogen betonen dieser ehrwürdige Meister und seine Schüler oft die Notwendigkeit von freier Zeit als Bedingung für das Denken.[36] Ein solches Leben stellt er spaßeshalber dem »sklavischen Leben« entgegen, um seine langen, unentgeltlichen Ausführungen zu rechtfertigen. Im *Theaitetos* wird diese Sicht beibehalten und der Menschentyp am höchsten bewertet, der »in Freiheit und Muße erzogen« ist. Auch in den *Gesetzen* (VIII,832d) findet sich diese »Freiheit« und »Muße« verbindende Vorstellung; sie unterstreichen auch die Bedeutung des Spielvergnügens für das Heranreifen des Mannes (643d). Sokrates versteht sich durchgängig als Persönlichkeit, die Spaß und Ernst in Einklang bringt, ein Image, das für die Herausbildung der Freizeitethik in Rom eine bedeutsame Rolle spielt.[37] Die athenische Erziehung als Erziehung in Muße und Spiel ist von der »Freiheit« und ihren Errungenschaften nicht zu trennen; dieser Gedanke taucht auch in der unechten, den Gesetzen dieser Gattung aber entsprechenden Leichenrede im *Menexenos* (239a) auf. Neben den Übungen im Gymnasium pflegt Sokrates mit Vorliebe zu flanieren und sich umzutun. Wenn er auch Verpflichtungen und sogar militärischem Heldentum nicht aus dem Wege geht – das im *Symposion* (220e ff.) von ihm gezeichnete Bild zeigt ihn selbstsicher und kampfbereit –, so kostet er diese Freiheit des Müßiggangs doch voll aus. Am Schluß des *Symposion* (223d) wird beschrieben, wie er sich ins Lykeion, das Gymnasium des Apollon Lykeios am Ufer des Ilissos, begibt. In anderen Einleitungsszenen hält Platon ihn ebenfalls bei Spaziergängen fest, wenn er, im *Euthyphron*, vom Lykeion kommend zur Königshalle neben der Agora unterwegs ist, oder, im *Euthydemos*, das Lykeion mit seinem Umkleideraum und seinem überdachten Wandelgang in eine philosophische Rednerbühne verwandelt: hier wird sein Interesse für Vergnügungen und Sport von den beiden Meistern des Pankration gefesselt. Im *Lysis* wird ebenfalls der Spaziergang vom Lykeion zur Akademie beschrieben und die neue Palästra, wo sich Sokrates besonders für die dort stattfindenden Gesellschaftsspiele interessiert (206e). Natürlich schlägt Sokrates nicht immer harmlose Wege

Knabenliebe auf einer Schale des Brygos-Malers. Ende 5. Jh. v. Chr.

ein, sondern sucht mit Vorliebe Orte auf, wo schöne Jünglinge versammelt sind.[38]

Das schönste Zeugnis findet sich in der Einleitungsszene des *Phaidros*. Der Schüler möchte vor der Stadtmauer spazierengehen, nachdem er längere Zeit bei Lysias gesessen und seinen Ausführungen gelauscht hat. »Auf den Rat unseres gemeinsamen Freundes Akumenos – eines Arztes[39] – mache ich meine Spaziergänge jeweils den Straßen entlang; er behauptet nämlich, das sei belebender als in den Wandelhallen.« Sokrates erinnert sich daraufhin an Herodikos, einen Arzt und Gymnastiklehrer, der an der Mauer entlang bis nach Megara und zurück zu wandern pflegte. Die beiden Gesprächspartner nehmen sich vor, barfuß dem Wasserlauf oder vielmehr dem Rinnsal des Ilissos zu folgen, »der so recht dazu angetan ist, daß Mädchen daran spielen« (229b), wie in der homerischen Nausikaa-Szene. Als Ziel des Spaziergangs winkt schließlich eine Platane: »Dort ist Schatten und ein mäßiger Wind, auch ein Rasenplatz, wo wir uns setzen oder, wenn wir lieber wollen, uns ausstrecken können.« So läßt der städtische Zeitvertreib den Reiz ländlicher Unternehmungen nicht in Vergessenheit geraten.[40]

Die Sehnsucht nach den ländlichen Freuden

Was in der Neuen Komödie der hellenistischen Zeit zum literarischen Topos wird, scheint zur Zeit des Aristophanes als sehr facettenreiche Wirklichkeit zutiefst erlebt worden zu sein. Trotz der Plagen, über die der Bauer in den *Acharnern* klagt, dem Lärm der Nachtschwärmer und der Rauchbelästigung (971 ff.; 1048 ff.), steigert die Stadt natürlich die materiellen Lebensfreuden. Im *Frieden* werden sie nahezu physisch spürbar, wenn der Bauer Trygaios ruft: »Jubelt laut und lacht; denn nun könnt ihr ausfahren (zu Handel und Vergnügen) oder auch zu Hause bleiben, könnt liebend oder schlafend die Nacht verbringen, könnt zu den großen Versammlungen oder zum Schmausen gehen und Kottabos spielen, könnt wie die Sybariten leben und juhu, juchheißa schreien« (339 ff.). Im Gespräch zwischen Hermes und Trygaios wird Theoria mit dem Duft, den sie verbreitet, als weibliche Gestalt verdeutlicht: »Bei ihr riecht es nach Erntefrüchten, freundlichem Empfang und Dionysien, nach Flötenspiel, Tragödien, sophokleischen Liedern, nach Drosseln und den Verschen des Euripides« (530 ff.). Und begeistert führt der Landbewohner Trygaios dieses Gegenbild weiter aus: »nach Efeu, süßem Most und blökenden Lämmern, vollbusigen Frauen, die auf den Feldern herumlaufen, betrunkenen Mägden, umgestürzten Krügen[41] und nach allem, was das Herz begehrt«. Die Anziehungskraft der heimatlichen Erde ist überwältigend und weckt die Erinnerung an das verlorene Landleben und seine Freuden: »Wie sehn ich mich jetzt wieder heim aufs Land, um nach Jahr und Tag meinen Acker umzugraben mit dem Karst. Männer, denkt der alten Zeiten, da uns die Friedensgöttin ein behagliches Leben bescherte, denkt an die getrockneten und die frischen Feigen, an die Myrrhen und den jungen süßen Wein, denkt an die Veilchenkissen am Brunnen und die Oliven, die wir so vermissen« (569 ff.). Der Abschnitt beschwört die mit dem bäuerlichen Leben verbundenen Freuden des kleinen Landbesitzers herauf (587 f.), die bescheidenen, »billig und angenehmen« Freuden, die Vergil in seinen *Georgica* besingt. Der Dikaiopolis der *Acharner* macht das Ideal des glücklich Verwur-

Reiterszene auf einer Schale des Euphronios. Um 510 v. Chr.

zelten, zu dem auch Autarkie gehört, sehr schön deutlich; zur Volks-
versammlung geht er lustlos, nur um die Zeit totzuschlagen: »ich
seufze, gähne, strecke, lüfte mich, sinniere, kritzle auf dem Boden
herum, rauf' mir die Haare und notiere meine Ausgaben; ich schau'
ins freie Feld hinaus, sehnsüchtig nach dem Frieden, fluche der Stadt
und denke: wär' ich nur daheim, in meinem Dorfe: dort hört ich niemals: Kauft! Kauft Kohlen, Essig, Öl! Da wächst in Fülle das alles,
und zu kaufen braucht man nichts« (28 ff.). Landwirtschaft, die wahre
Muße und beglückende Arbeit in Einklang bringt, ist nicht Tätigkeit,
sondern eher eine menschliche Berufung und Lebenskunst.

Es ist nicht verwunderlich, daß das Ideal des »gentleman-farmer«
am Übergang vom 5. zum 4. Jahrhundert an Boden gewinnt. Ökono-
mische Traktate, wie der des Xenophon, geben darüber Auskunft.

Im *Oikonomikos* rühmt der Autor das Leben des Landbesitzers,
dessen Hauptzeitvertreib die Jagd ist; ihr hat Xenophon mit dem
Kynegetikos eine eigene Abhandlung gewidmet. Er glaubt zwar, daß
die Jagd zu Pferde, wie überhaupt die Reitkunst, eine hervorragende
Ausbildung darstellt (*Hipparchikos* VIII,10), praktiziert aber auf seinem Grund und Boden die Jagd zu Fuß, bei der Wildschwein und
Hase im Netz gefangen werden. Den städtischen Zeitvertreib beur-

teilt Xenophon nach Maßgabe landwirtschaftlicher Produktivität und Moral als Laster. Er wendet sich gegen Dirnen, die Leib, Seele und das ganze Haus (I,13) zugrunde richten, gegen Würfelspiel und schlechten Umgang, gegen Trunksucht und ausschweifendes Leben (I,20 ff.). Vergnügungen dieser Art sind »betrügerische Herren«. Ischomachos, das mustergültige Vorbild eines ausgefüllten Lebens (XI,14 ff.), geht nur in die Stadt, wenn er etwas Wichtiges zu erledigen hat, und benützt dies gleich als Spaziergang. Den Weg aufs Feld legt er zu Fuß zurück, »was sicher bekömmlicher ist als ein Spaziergang unter den Säulenhallen eines Gymnasiums«. Im Gespräch mit Kritobulos bemängelt Sokrates die Belastungen, die der Euergetismus im Freizeitbetrieb mit sich bringt: Pferdehaltung, szenische Chöre, Vorsitz im Gymnasium (Fackellauf). Das Volk in der Rolle des Herrn erwartet dergleichen Großzügigkeiten seit Perikles (II,5 ff.). Halb Land-, halb Stadtbewohner, steht Kritobulos früh auf und legt einen weiten Weg zurück, um die Komödie zu sehen, die er, wie auch die Tragödie, ganz laienhaft genießt (III,7 ff.). In diesem Textabschnitt, der das Zeugnis der *Wolken* über die Pferdeleidenschaft des Pheidippides bestätigt,[42] ist auch von dem Aufschwung der Pferdehaltung und der Rentabilität der Pferdezucht die Rede.

Wenn der Reiche in der Stadt ausgesogen wird, so ist der Mittellose doch keineswegs besser dran. Der freie Arbeiter (III,4), der *banausos*, ist kaum weniger beklagenswert als ein gefesselter Sklave:[43] »Die Handwerksberufe sind verschrieen. Sie schwächen nämlich den Körper des Arbeiters und des Werkmeisters, da diese zu sitzender Lebensweise und zum Stubenhocken gezwungen werden, oder sogar dazu, den ganzen Tag am Feuer zu verbringen. Vor allem aber lassen diese handwerklichen Berufe keinerlei Zeit, sich um Freunde oder um den Staat zu kümmern« (IV,2 ff.). Antike Muße bedeutet also staatliche und gesellschaftliche Verfügbarkeit.

Konservativ wie er ist, möchte der Verfasser des *Oikonomikos* auch die Frauen in ihren Mußestunden bevormunden. Dem ehelichen Vergnügen wird zwar nicht abgeschworen, aber der Frau doch von Koketterie und Schminke abgeraten. Überwachung des Gesindes und Sorge um die Hauswirtschaft können für die Hausfrau zum Spaziergang werden (X,1–11). Die Beschäftigung im Haushalt regt den Appetit an – und führt zu einem frischen Teint. In demselben Bemühen um Zweckmäßigkeit auch in der Landwirtschaft werden unmäßiger Weingenuß, übermäßiges Schlafbedürfnis und seelische Labilität als unvereinbar mit der Ausbildung eines Landverwalters dargestellt (XII,11 ff.). Xenophon verwendet hier das anschauliche Gleichnis

von den beiden Reisenden: »Während der eine rüstig nach dem ge-
steckten Ziel ausschreitet, ruht sich der andere leichten Sinnes bei
Quellen und im Schatten aus, schaut sich die Gegend an und freut sich
der milden Luft« (XX,18).

Trotz der rühmenden Worte für die Gärten des Kyros[44] (IV,18 ff.)
ist das Lob der Landwirtschaft zu Beginn des 5. Kapitels in erster Linie wirtschaftlich und politisch bestimmt. Allerdings bereitet die Beschäftigung mit der Landwirtschaft ein gewisses Wohlbefinden (*he-
dupatheia*), und wenn die Schilderung der Reise auch zu bedenken
gibt, daß die Stunde des Naturalismus noch nicht gekommen ist, so
rühmt doch der *Oikonomikos* unter dem Stichwort »Mußestunden
auf dem Lande« den Aufenthalt dort im Sommer, mit Wasserläufen,
frischer Brise und Schatten (V,9), und die häuslichen Annehmlichkeiten im Winter, »das kräftige Feuer und die warmen Bäder«. Das Land
sieht anders aus als bei Hesiod; das Bild eines ländlichen Paradieses
zieht nun in Griechenland herauf.[45]

Das Festmahl

Das athenische Symposion vollzieht sich als Teil des gesellschaftlichen
Lebens und unterscheidet sich darin von dem militärischen Charakter
der spartanischen Syssitien. Es beginnt mit einer gemeinsamen Mahlzeit (*syndeipnon*), auf die ein Umtrunk (*sympotos*) folgt. Über Trank-
opfer, Trinksprüche, Gebete und Gesänge entwickelt sich dann eine
Unterhaltung, die zum Kernpunkt der Veranstaltung wird. Die Speisen in der Akademie galten als kärglich. Die versammelte Gesellschaft
ernennt sich einen Präsiden und legt das Trinkprogramm sowie die
»intellektuelle« Tagesordnung fest: dazu trägt jeder seinen Teil in
Form einer Rede bei. Des weiteren stehen die nicht immer seriösen
Zwischenspiele zur Debatte. Mit den Kynikern, die »schöne Exem-
plare« beiderlei Geschlechts hinzuziehen, tritt das Problem einer
mehr oder weniger verfeinerten Erotisierung auf (Athenaios,
Deipn. IV,162c, der auch über die Reihenfolge der Trinksprüche Auskunft gibt).

Platon liefert uns, besonders im *Protagoras*, die Gegenüberstellung
von kulturell anspruchsvollem Essen und gewöhnlichem, eher »spie-
ßigem« Gastmahl, bei dem Flötistinnen, Kitharaspielerinnen und
Tänzerinnen zu Diensten sind. Aber auch bei den erlesenen Teilneh-

Gastmahlszene auf einer Schale des Duris. Um 470 v. Chr.

mern an Xenophons Gastmahl wird nicht anders verfahren. Es werden Trinklieder oder »Skolia« gesungen, zu denen man sich auf der
Lyra begleitet. Große Dichter wie Pindar oder Simonides haben zuweilen ganze Liederfolgen komponiert. Athenaios vermutet
(XV,701e), daß der Päan ursprünglich ein Trinklied gewesen ist. Dazu
ist zu sagen, daß diese Lyrik gern erbaulich und belehrend war, wie
die »pathetischen« Lieder zum Preis der ehrbaren Armut. Als Gesellschaftsspiel gab man sich kleine Rätsel auf oder spielte Personenraten.
Die *Wespen* des Aristophanes enthalten wertvolles Anschauungsma-
terial dazu (1205 ff.).

Im *Protagoras* führt Platon eine strenge Deontologie für das Gastmahl ein und unterscheidet dabei zwischen gebildeten und ungebildeten Teilnehmern:[46] Die »gebildeten Trinkgenossen sind sich zur Unterhaltung selbst genug, mit ihrer eigenen Stimme und ohne diese
Possen und Spielereien. Geordnet gehen ihre Wechselreden reihum,
auch wenn sie recht viel Wein getrunken haben.« In Wirklichkeit ging
es jedoch viel gemischter zu. Jedenfalls unterscheiden sich die Mehrzahl der »gewöhnlichen« Gastmähler im 5. Jahrhundert wenig von
dem Hochzeitsessen des Makedoniers Karanos, über das Athenaios
im 4. Buch berichtet.

Gastmahl mit Musik auf der Sambyke. Kelchkrater des Malers von Athen.

Es handelt sich um ein makedonisches Hochzeitsmahl, zu dem zwanzig Gäste geladen sind. Diese erhalten gleich zu Beginn, wenn sie sich zu Tisch gelegt haben, silberne Trinkschalen und goldene Stirnbänder. Im Laufe der endlosen, bis zum Tagesanbruch sich hinziehenden Mahlzeit werden auf Platten (aus »korinthischer« Keramik und aus Silber) zunächst Brot und Geflügel (Huhn und Ente) gereicht, in einem zweiten Gang eigenartig geformte Kuchen aus Gänse-, Hasen- und Ziegenfleisch. Handwaschbecken gehen herum, und man bekränzt sich für das Trinkgelage mit Girlanden; ein gewisser Proteas trinkt etliche Gläser hintereinander. Von da an wird die Mahlzeit immer wieder von unterhaltsamen Einlagen (mit Verteilung von Duftstoffen) unterbrochen: Flötistinnen, Sänger und Sambyke (dreieckige Harfe)-Spielerinnen aus Rhodos treten in leichten Gewändern auf. Als nächstes wird, wie später bei Trimalchio, ein »falscher« Schweinebraten aus ungewöhnlich zusammengestellten Speisen wie Drosseln, Enten, Erbsenpüree und Austern aufgetischt. Als Zwischenspiel erscheinen Nachtschwärmer vom Kannenfest, ithyphallische Tänzer und Possenreißer, woraufhin eine neue Trinkrunde beginnt (mit Thasos-, Mende- und Lesbos-Wein): Proteas übertrifft sich selbst und begnügt sich mit einem Teil des Kanneninhalts. Kleine

mythologische Szenen vor allem von Nereiden und Nymphen werden choreographisch dargeboten, ehe man Wildschwein serviert und
schließlich zum Nachtisch diverses Gebäck.

Auch in Platons *Gastmahl*, das auf die Darstellungen allgemeiner
Trunksucht bei Aristophanes Bezug nimmt, erlebt man mit, wie
Nachtschwärmer oder auch Komasten[47] plötzlich in eine tafelnde Gesellschaft einbrechen, um maßvolle Trinkgelage in eine Orgie zu verwandeln (Symp. 212c ff.). Alkibiades, geistiges Ziehkind des Sokrates,
unfreiwillige Hauptfigur bei dem Hermenfrevel und glückloser Befehlshaber auf Sizilien, repräsentiert die ›Jeunesse dorée‹: »Kurz darauf war von der Vorhalle her die Stimme des Alkibiades zu hören.
Der war mächtig betrunken und ließ sich lautstark vernehmen . . . Da
faßte ihn die Flötenspielerin unter dem Arm, und sie und einige andere aus dem Gefolge führten ihn zu den Gästen herein. An der Tür
blieb er stehen mit einem dichten Kranz von Efeu und Veilchen bekränzt und mit einer Menge Bänder um das Haupt und rief: ›Seid ge-
grüßt, ihr Männer, mögt ihr einen betrunkenen, ja schwer betrunkenen Mann als Trinkgenossen bei euch aufnehmen?‹« Gegen Ende des
Dialogs dringt noch eine weitere Gruppe von Nachtschwärmern in
das allgemeine Durcheinander ein und läßt sich zwanglos auf den La-
gerstätten nieder.

Daß der Philosoph in seiner Rolle als Gesetzgeber die Gastmähler
zu verfeinern strebt, ist durchaus verständlich. In dem Streitgespräch
zwischen dem Lakedaimonier Megillos und dem Athener (*Gesetze*
I,635b ff.), das von den Gefährdungen durch die Dionysien beherrscht ist (650a), geht es um die Vereinbarkeit von Trinkgelage und
militärischer Kraft. Der »Einrichtung der gemeinsamen Mahlzeiten
(Syssitien) und der Leibesübungen« hält der Athener unter Hinweis
auf historische Beispiele – Milet, Böotien, Thurioi – entgegen, daß sie
Bruderzwiste fördere. Die Kreter hätten den Mythos von Ganymedes
erfunden, um Festgelage und lustvolles Treiben »gegen die Natur«
durch das Vorbild des Zeus zu rechtfertigen (636c–d). Megillos rühmt
dagegen die spartanische Gesetzgebung über die Lustgefühle und
nennt sie viel besser als die von Knossos: »Denn unser Gesetz hat die
häufigste Ursache, weswegen die Menschen den größten Lüsten und
dem größten Frevel und jeglicher Unvernunft zum Opfer fallen, aus
ihrem ganzen Gebiete entfernt, und weder auf dem Lande [ein Hinweis auf die ländlichen Dionysien] noch in den Städten, soweit die
Spartiaten etwas zu sagen haben, dürftest du Trinkgelage sehen mit
alledem, was in ihrem Gefolge mit Macht alle sinnlichen Lüste her-

Detail eines Dionysoswagens auf einer Pelike des Pasithea-Malers.

vorruft. Und jeder ohne Ausnahme, der einem begegnet, der betrunken herumschwärmt, wird diesen sogleich gehörig durchprügeln. Und nicht einmal die Dionysosfeier wäre ein Vorwand, ihn laufen zu lassen, so wie ich einmal bei euch in Athen Leute auf Karren sah, oder in Tarent, in unserer Kolonie, zuschaute, wie die ganze Stadt an den Dionysien betrunken war.« Die »Karren« erinnern an die dionysischen Wagen, die so oft auf der Keramik dargestellt sind. Der Athener verteidigt daraufhin einen vernünftigen, der Sitte entsprechenden Umgang mit der Trunkenheit. Diese habe keineswegs die militärische Kraft so kriegerischer barbarischer Stämme wie der Skythen, Perser, Karthager, Kelten, Iberer und Thraker gemindert (637d–e). Ein geordnet verlaufendes Trinkgelage könne sich vielmehr günstig auswirken: »Wenn der Mensch getrunken hat, so macht ihn das zunächst sogleich heiterer, als er vorher war, und je mehr er davon kostet, um so mehr erfüllen ihn gute Hoffnungen und vermeintliche Kraft« (649a).

Die ganze Debatte über das Gastmahl fügt sich in die viel weiter reichende platonische Antinomie von Muße und Kultur. Die erdachte »Verfassung« basiert auf der Hypothese »größter Muße« (632d); die Feste und Spiele im 8. Buch der *Gesetze* erläutern die Freizeitrege-

lung. Aber ist das, was die Mußezeit erfüllt, schon die Muße selbst?
Diese Antinomie wird in einer gehaltvollen Darlegung von dem
Athener behandelt (VII,806e ff.).

Er geht von einer Situation aus, in der die Landarbeit von Sklaven
und das Handwerk von Arbeitern verrichtet wird. Was das tägliche
Leben der Gemeinschaft betrifft, setzt er für alle gemeinsame Mahlzeiten an, wobei Männer und Frauen an getrennten Tischen sitzen
(mit männlichen bzw. weiblichen Vorsitzenden und Trankopfern für
den Gott, dem der jeweilige Tag oder die Nacht geweiht ist). Bei einer
solchen Lebensführung ohne Pflichten besteht allerdings die Gefahr,
daß »Menschen wie Mastvieh« und ein schwacher Staat entstehen.
Schon hier zeichnet sich all das ab, was später gegen die Muße im
Sinne träger Untätigkeit vorgebracht wird und in der hellenistischen
und römischen Welt zur vollen Entfaltung kommt. Die freie Verfügung über die Mußezeit soll nicht vom olympischen Kampfgeist und
dem »Drang, bei den Pythischen oder Olympischen Spielen unbe-
dingt siegen zu müssen«, aufgezehrt werden, sondern sie soll ein ganz
»eigenständiges« Leben eröffnen, »das sich einzig und allein darum
bemüht, die Tüchtigkeit an Leib und Seele zu erwerben« (807c). Der
Gesetzgeber schwankt zwischen einem Liberalismus, der der menschlichen Natur vertraut, und der unguten Neigung zum Dirigismus.
Diese Antinomie wird aufgehoben durch die kulturelle Entwicklung
in der hellenistischen Zeit, wo der Etatismus weitgehend in den
Dienst individueller Bedürfnisse tritt.

Die Bäder

Im klassischen Griechenland gab es vornehmlich religiöse Waschun-
gen, die zu Ehren einer Göttin, der Hera oder der Artemis, der Göttin der Quellen und des Badewesens, vorgenommen wurden. Die
Hymnen des Kallimachos zeigen, wie lebendig diese Tradition bis in
hellenistische Zeit geblieben ist. In der Dichtung wird vielfach das Baden der Frauen in freier Natur behandelt, etwa bei Theokrit oder
Moschos. Probleme der Wasserzufuhr, die im klassischen Griechenland nicht zufriedenstellend gelöst waren, erklären einen bestimmten
sportlichen Verhaltenskodex. Im *Phaidros* gehen Sokrates und Phaidros mit den Füßen ins Wasser des Ilissos.[48]

Das Bad ergänzt die körperliche Ertüchtigung, hängt also mit dem

Vorbereitung zum Bad. Schale des Onesimos. Nach 500 v. Chr.

Betrieb im Gymnasium unmittelbar zusammen.[49] Dieses befand sich meist nahe am Meer, wie in Iasos und auf Kos, oder an einem Fluß: die athenische Akademie lag in nächster Nähe des Kephisos, das Lykeion und das Kynosarges unweit des Ilissos.[50] In Sparta stieg man beim Verlassen der Palästra in den Eurotas. Mit der Verbreitung der transportablen Wanne entwickelt sich das *loutron* (Schwimmbecken), und damit wird auch das Baden bequemer.

Zur athletischen Ausbildung gehört das kalte Bad. In seinem *Staat* (VI,761c) läßt Platon das warme Bad nur für die Alten zu, eine Tradition, die auch noch von Plutarch (*Amatorius* 752a) bezeugt wird. Diese gesetzgeberische Maßnahme geht allerdings darauf zurück, daß sich das Badeleben nicht mehr auf die mit der athletischen Ausbildung verbundene Hygiene beschränkt.

Die technische Ausstattung bleibt natürlich behelfsmäßig. In einer öffentlichen Badeeinrichtung,[51] die Eintrittsgeld kostet, schleppen »Badeknaben« Kannen mit heißem und kaltem Wasser heran, mit denen sie die Badegäste übergießen. Gegen Ende der klassischen Zeit gibt es jedoch ziemlich großzügige Badeanlagen in Rundbauten (*tholoi*) mit kräftigem Wasserfluß. Auch hypokaustische Anlagen sind, beispielsweise in Olympia, zu finden (mit unterirdischer Heizung). Das Badehaus wird, wie in Gortyn, durch eine Säulenhalle betreten. Warmes und kaltes Wasser wird gemischt (Aristoteles, Probl. VIII, 11). Das kalte Bad (*psychrolutein*), auf das die Reformer so viel Wert legen, bleibt in seiner strikten Form nur in Sparta erhalten; Alkibiades läßt sich aus politischen Erwägungen in Sparta darauf ein (Plutarch, Alk. XXIII).

In Platons *Staat* (761) sind heiße Bäder auch für Kranke vorgesehen, und es gibt eine ganze medizinische Literatur von Hippokrates bis Galen, die auf der Hydrotherapie basiert.[52]

Der Peloponnesische Krieg hat den Geschmack an Vergnügen und Wohlleben geweckt, was sich auch in den Badehäusern niederschlägt. Diese wurden im klassischen Athen an den Rand der Stadt verlegt, außerhalb des Dipylon, zum Beispiel in den Kerameikos.[53] Bei Athenaios ist in severischer Zeit von dieser Anweisung die Rede, die offenbar auch in römischer Zeit noch Geltung hatte (Deipn. I,18b). Daraus geht hervor, daß diese Einrichtungen, die zwei Kupferstücke Eintritt kosteten, einen ziemlich zweifelhaften Ruf hatten. Der klassische Bademeister (*balaneus*) kann dabei nicht gerade zu Vermögen gekommen sein. Er lebt von seiner Hände Arbeit, erhält ein kleines Entgelt und führt die Aufsicht. Nach Aristophanes werden die Bäder von der arbeitenden Bevölkerung besucht und von Müßiggängern aller Art: in erster Linie der ›Jeunesse dorée‹, die nach dem Zeugnis der *Wolken* aus »Jugendlichen, die den ganzen Tag mit Geschwätz verbringen«,[54] besteht, von gesellschaftlichen Randgruppen und Problemfällen jeder Art. Der *balaneus*, der sich gerne mit Freudenmädchen umgibt – die vornehmeren Frauen baden nämlich von alters her zu Hause –, muß, wenn man den *Rittern* (1403) Glauben schenken darf, ein Auge auf unerwünschte und unverschämte Leute haben und sie gegebenenfalls vor die Tür setzen (*Plutos* 955 f.). Zu Beginn der hellenistischen Zeit führt Theophrast in seinen *Charakteren* solche ›Unverschämten‹ vor (IX,8; XIX,6; XXX,8). Wegen der gesellschaftlichen Mischung in diesen Badehäusern, die auch mit Parfümerien ausgestattet sind, werden soziale Kontakte, Galanterie und Gaunereien begünstigt; Aristoteles weist darauf hin, daß auf Diebstahl im Bad die Todesstrafe stand![55] Erst in hellenistischer Zeit entwickelt sich die Badekultur zu einer Massenerscheinung.

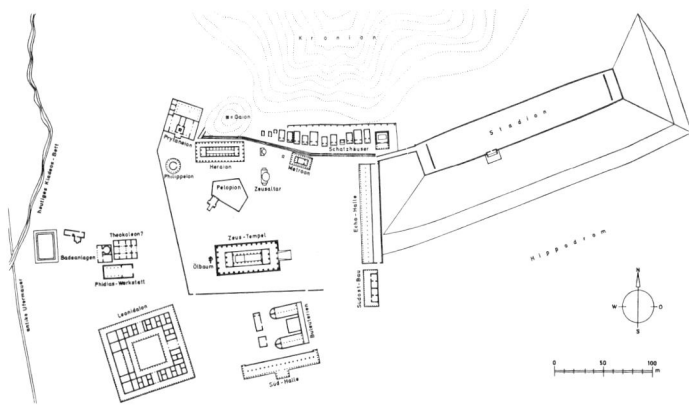

Plan des Festbereichs von Olympia. 4. Jh. v. Chr. Nach H.-V. Herrmann.

Die Olympischen Spiele und der panhellenische Reiseverkehr

Im 5. Jahrhundert, der Zeit, über die der berühmte Papyros von Oxyrhynchos[56] Auskunft gibt, haben die olympischen Festlichkeiten einen gewissen Höhepunkt erreicht. Im Rahmen des allgemeinen Veranstaltungsangebotes verkörpern sie ein elitäres Ideal, weil sie tief in dem religiösen und kulturellen Phänomen der ›Panegyris‹ verwurzelt bleiben. Noch im darauffolgenden Jahrhundert rühmt Isokrates in seinem *Panegyrikos* (§§ 43–44) »die gemeinsamen Gebete und Opfer«, die dem athletischen Agon sakralen Charakter verleihen, sowie die innige Harmonie zwischen der Siegesanstrengung der Wettkämpfer und der bewundernden Betrachtung der ›Laien‹. Die athletische Anstrengung begründet die ›Theorie‹, die Festgesandtschaft.

Die Olympischen Spiele, die in der ganzen griechischen Welt von den *theores*[57] angekündigt und in den Schutz eines ›heiligen Friedens‹ gestellt werden, ziehen alle vier Jahre, zu jeder Olympiade, eine beachtliche Zuschauermenge[58] an die Ufer des Alpheios. Aber auch die Pythischen Spiele in Delphi und die Isthmischen bei Korinth sind nicht schlechter besucht.

Das Prytaneion empfing die Ehrengäste, Proxenoi oder Theores, und die offiziellen Mannschaftsbegleiter. Am Altar des Zeus Horkios vor dem Buleuterion legten die Athleten ihren Eid ab. Die Zuschauermenge, die nach Xenophon (Mem. III,13) in aller Regel zu Fuß angewandert kam, besichtigte andächtig und neugierig zugleich die ehrwürdigen Heiligtümer: den Zeustempel mit der berühmten Statue des Phidias, dessen Werkstatt in Olympia gefunden worden ist, und das Heraion. Auch die Kultstätten der Heroen, wie das Pelopion, und die mit Weihegeschenken gefüllten Schatzhäuser haben die Aufmerksamkeit angezogen.

Die Wettkämpfe fanden zwischen dem 11. und dem 15. Tag des Mondmonats statt, nach dem Eid. Der 16. Tag war dem festlichen Umzug und dem großen Opfer vorbehalten. Die Eröffnungs- und Abschlußfeierlichkeiten mit Herolden und Trompetern boten ein prächtiges Schauspiel.

Nach der Überprüfung der Zulassungsbedingungen für die Athleten (griechische Abstammung, freie Geburt, keine Verurteilung) unterzogen sich diese einem intensiven dreißigtägigen Training im großen Gymnasium und in den Palästren des Bezirkes. Die Wettkämpfe fanden entweder im Stadion oder im Hippodrom statt: der Wettlauf am 11., der Fünfkampf am 12. Tag usw. Die Siegerstandbilder und Inschriften der Olympioniken[59] und Pindars Oden aus dem beginnenden 5. Jahrhundert belehren uns über die einzelnen

Diskuswerfer mit Dreifuß (möglicherweise als Preis).
Tetradrachmon aus Kos. (Hirmer Fotoarchiv, München)

Disziplinen: Pferderennen (1. Olympische Ode für Hieron), Wagenrennen (2. Olympische Ode für Theron), Wagenrennen mit Maultier
(5. Olympische Ode für Psaumis von Kamarina), Faustkampf (7. Olympische Ode für Diagoras von Rhodos), Ringkampf (8. Olympische
Ode für Alkimedon von Ägina) usw.

In den *Epinikien* des Pindar tritt der religiöse Charakter der Olympischen wie der Pythischen, Isthmischen und Nemeischen Spiele
deutlich hervor. Für den Dichter wurzeln die Wettkämpfe von Olympia in den Sagen von Pelops, Herakles und den Dioskuren. Pausanias, der Reiseschriftsteller aus der antoninischen Zeit im 2. Jahrhundert n. Chr., liefert im 5. Buch seiner *Perihegese* eine Archäologie der
Olympischen Spiele. Er zeigt, wie die Führer (Exegeten) Geschichte und Legenden der Tempel und Schatzhäuser erläutern.[60] Diese
Schatzhäuser, deren Zahl sich vom 6. zum 4. Jahrhundert vervielfacht
hat, bezeugen die Einheit der durch die Zufälligkeiten der Kolonisation bis zu den Städten Großgriechenlands, Siziliens und der Kyrene
verstreuten griechischen Welt. Das religiöse und archäologische Interesse muß schon zu Pindars Zeiten lebendig gewesen sein, wie seine
Aitiologien vermuten lassen.

Die Festversammlung zog auch die Intellektuellen an, weil alles,
was bedeutend und talentiert war, dargeboten wurde. So ergaben sich
literarische Festspiele, bei denen Geschichtsschreiber, Dichter, Redner
und Sophisten unter freiem Himmel aus ihren Werken lasen. Von Lukian wissen wir, daß Herodot aus seinen *Historien* in Olympia vorgelesen hat. Rhapsoden trugen ihre Gedichte vor (Diog. Laert. VIII,63).
Zu Beginn des 5. Jahrhunderts werden Olympia und die Olympischen Spiele von den Sophisten häufig als Inbegriff von Anstrengung
und Erfolg angeführt. Nach Philostrat (Vit. Soph. I,9) soll Gorgias
bei den Pythischen Spielen mit einer ›Pythischen Rede‹ und in Olympia mit einer ›Olympischen‹ hervorgetreten sein, in denen er die Ausrichter der Festversammlungen und die panhellenische Einigkeit
rühmte. Antiphon besaß eine Liste der Olympioniken, die er, wie
auch Hippias, sehr bewunderte.[61]

In Olympia strömten auch zahlreiche Begleitpersonen, Verwandte
und Freunde der Athleten,[62] aus allen Teilen Griechenlands zusammen. Die Auftraggeber für Pindars Siegeroden sind Aigineten
(11. Ode), Sizilier (15. Ode), Thebaner (4. Ode), Thessalier, Korin-
ther und Lokrer. Freunde und Betreuer (*aliptes*, *paidotribes*) kampier-
ten recht und schlecht in der Gluthitze der Alpheiosebene. Wie alle
Veranstaltungsorte von Spielen verwandelte sich Olympia in einen

wahren Jahrmarkt mit Händlern, Gauklern und Vagabunden. In einem berühmten, bei Cicero überlieferten Fragment (Tusc. V,3) deutet Pythagoras die Pracht der Spiele und das Zusammenströmen von ganz Griechenland als Sinnbild der menschlichen Gesellschaft: »Die einen erstreben mit trainierten Körpern den Ruhm und die Ehre eines Kranzes, andere werden mit Aussicht auf Gewinn und Profit durch Kauf und Verkauf angelockt ... die Vornehmsten aber streben weder nach Beifall noch nach Gewinn, sondern sind um des Schauens willen und um ihre Wißbegier zu stillen, gekommen.« Mit dem panhellenischen Gemeinschafts- und Wettkampfgeist erzeugen Olympia, Delphi und Korinth auch eine Art Massentourismus. Wenn die Olympischen, Pythischen und Isthmischen Oden den Ruhm der heiligen Stätten in alle Himmelsrichtungen tragen, verbindet diese Siegeslyrik mit dem Lob der Wettkämpfer auch das ihrer jeweiligen Heimat. Die 2. Olympische Ode preist etwa Pelops, »der an den Ufern des Alpheios wohnt, und den Strom von Besuchern an diesem besonders verehrten Altar«; die Oden rühmen jedoch auch »das fruchtbare Sizilien«, Syrakus und die Lage von Kamarina (Ol. V,20 ff.). Die 6. Olympische Ode (156 ff.) singt ein Lob auf Syrakus, Ortygia und die Demeter- und Korefeste, während die 7. Ode die Schönheiten von Rhodos preist, »als Aphrodites Meerestochter« und Herrschaftsgebiet des Helios. So steigert die olympische Lyrik indirekt die Verlockung der Inseln und die Reiselust.

Gesellschaftsspiele

Es wäre müßig, zwischen Spielen für draußen und drinnen zu unterscheiden, denn ein und dieselben Spiele können bei einem festlichen Zusammensein mit Freunden oder in speziellen Spielhallen, wie sie Aischines in seiner Rede gegen Timarchos beschreibt,[63] oder aber in den Palästren und auf dem Stylobat, dem Säulensockel der Tempel, gespielt werden. Geldspiele und Wetten waren nach griechischem Recht nicht verboten.

Eins der einfachsten Spiele ist das ›Gerade – Ungerade‹ (*posinda paidzein*), in dem es darum geht, die Anzahl versteckter Gegenstände zu erraten. Bei anderen Spielen, wie der römischen *micatio*, tritt neben den Zufall die Wahrscheinlichkeitserwägung. Sehr geschätzt sind auch Tierkämpfe, die im Freien wie im Haus stattfinden können;

Das Kottabos-Spiel. Nach Ch. Daremberg, E. Saglio, É. Pottier.

noch beliebter als die gelegentlich abgebildeten Kämpfe zwischen Hund und Katze sind die Hahnenkämpfe. Auf griechischen Münzen, in der Vasenmalerei und auf Mosaiken sind sie bildlich dargestellt. Sie wurden von Themistokles auf Kosten der Staatskasse eingerichtet. Die Kampfhähne stammten von berühmten Züchtungen auf Delos und Rhodos. Um ihre Angriffslust zu steigern, wurden sie mit Zwiebeln und Knoblauch gefüttert. Ihre Besitzer stacheln sie an oder halten sie zurück. So entsteht ein blutiges Schauspiel, denn die Hähne tragen Bronzestacheln an ihrem Sporn.

Unter den Spielen beim Bankett, die von beiderlei Geschlecht gespielt wurden, tritt der Kottabos[64] besonders hervor, bei dem man Spritzer einer Flüssigkeit, zumeist vom Wein, auf eine Metallscheibe oder in eine sehr flache Schale schleudern mußte; Flugbahn und Treffer wurden dabei amourös gedeutet. Auf einer Vase des Phintias sind zwei Hetären zu sehen, die einen Skyphos am Henkel halten und gerade den letzten Tropfen Wein herausschleudern wollen.

Hinter den Glücksspielen, bei denen Geldstücke und Spielbretter Verwendung fanden, steht das Bedürfnis, Zahlen, denen eine magische Bedeutung zugeschrieben wurde, in den Griff zu bekommen, und ebenso das Verlangen, zu siegen und zu gewinnen.

Das Knöchelspiel mit Aphrodite und Pan. Bronzespiegel aus Korinth.
Um 350 v. Chr.

Beim Würfelspiel wurden viereckige *kuboi* benützt,[65] die man in einen oben verengten Würfelbecher legte und dann herauswürfelte. Ihre sechs Seiten waren mit Zahlen von eins bis sechs versehen. In der Regel spielte man mit drei Würfeln, die auf das Spielbrett geworfen wurden. Sieger war, wer am meisten Punkte dabei erreichte (*pleistobolinda*). Einzelheiten des Spiels sind aus dem *Onomastikon* des Redners Pollux bekannt, das aus antoninischer Zeit stammt (VII,206; IX,95 und 117). Der höchste Wurf war dreimal die Sechs (*tris hex*).

Das Knöchelspiel (*astragaloi*)[66], von dem Aristophanes (*Wespen* 295) sagt, es sei besonders bei Kindern beliebt, war doch vor allem ein Erwachsenenspiel. Stammten die Knöchel zunächst von Ochsen, Ziegen oder Schafen, so wurden die Astragale später aus Metall, Elfenbein oder Stein gefertigt. Die Punkte werden nach der Lage des Wurfes gezählt (Pollux, Onomast. IX,99). Der Knochen hat zwei breite und zwei schmale Längsseiten; von den breiteren ist die eine konkav (*hyptia*), die andere konvex (*pranes*), von den schmaleren die eine eingekerbt (*koon*), die andere glatt (*chion*). Gespielt wird mit vier Knöcheln, die jeweils vier verschiedene Seiten haben, deren Wert numeriert ist. Der ›koische‹ Wurf ist der seltenste und zählt sechs, der ›chiische‹ dagegen eins. Fünfunddreißig mögliche Kombinationen sind überliefert. Es gab eine regelrechte Nomenklatur der Würfe und eine Art Fachsprache, in der zum Beispiel der schlechteste Wurf (viermal *chion*) »Hundewurf« hieß. Die beste Kombination, bei der jeder Knochen auf eine andere Seite fiel, wurde »Alexanderwurf«, eine andere »Berenikewurf« genannt. Aristophanes witzelt in den *Fröschen* (970) über den *chios* und den *koos* und verspottet dabei Theramenes; wo aber von Achill die Rede ist, »der zwei As und vier geworfen hat« (*Frösche* 1400), kann es sich nur um ein Würfelspiel mit *kuboi* handeln.

Das Schachspiel (*petteia*), das auf die Frühzeit zurückgeht, wird auf einem mit Linien in Spielfelder eingeteilten Brett oder *plinthion* gespielt (Pollux, Onom. IX,98), auf dem mit den Spielsteinen, *pessoi* oder *kynes*, gezogen wird. Als strategisches Spiel erfordert das *petteia*-Spiel Konzentration, wie auf Abbildungen der Vasenmalerei zu beobachten ist. Die einfachen oder vornehmeren Spielfiguren können sich mehr oder weniger weit auf den Linien oder auf den Spielfeldern vorwärts bewegen. Es geht darum, die gegnerischen Steine zu fangen oder zu blockieren.[67] In klassischer Zeit gibt es eine Variante dieses Spieles, bei dem es auf Berechnung und auf Glück ankommt: auf einem Brett mit zwölf Linien und vierundzwanzig Feldern wird nach der Summe eines Würfelwurfs vorgerückt. In Griechenland ist auch ein Spiel mit fünf Steinen auf einem Brett mit fünf Linien bekannt.[68]

All diese Brettspiele werden in Rom mit geringfügigen Änderungen übernommen.

Zusammenfassung

Das klassische Athen erlebt mit dem Zeitalter des Perikles eine Blütezeit unmittelbar vor dem Niedergang. Zur selben Zeit, da Isokrates in seinem *Panathenaikos* (339) die kulturelle und religiöse Einheit der griechischen Welt und die Vorrangstellung des Volkes der Athena rühmt, verliert das von Sparta bereits besetzte Athen bei Chaironeia seine Freiheit. Athen kommt unter makedonisches Recht, unter das Recht des militärisch überlegenen »Barbaren«. Nur in der Freizeitkultur sind die Griechen noch vereint. Im Augenblick des Niedergangs hat sich die athenische Demokratie einer Gewissensprüfung unterzogen und ihren eigenen Verfall in eine Geschichtsphilosophie eingebracht, die in der hellenistischen Historiographie und in der

Idealisierung der »altrömischen Gesinnung« weiterleben wird.[69] Dieses im Blick auf die Muße unbehagliche Gefühl, dem wir in den Platonischen *Gesetzen* und im *Staat* begegnet sind, beherrscht die politische Rhetorik des Demosthenes und die Festreden des Isokrates. Im *Staat* und in den *Gesetzen* spitzt Platon seine Kritik an der Freizeitkultur zu. Vernachlässigung und Auflösung des Bürgersinns werden bei ihm zu einem »Kind des Müßiggangs und der Trägheit«[70], und er führt den Verfall der Staatsformen, dessen typisches Merkmal für ihn die Demokratie ist, auf die vergiftende Freizeitmoral zurück, die luxuriöses Leben, Müßiggang und Umsturz hervorbringt (*Staat* 422a). Der Aristotelesschüler Theophrast rühmt die euergetischen Möglichkeiten des Reichtums, wie »Prunk und Ausrichtung volkstümlicher Unterhaltungsveranstaltungen«. In seiner Schrift *Über den Reichtum* vertritt er einen rein sozialen Euergetismus, unabhängig von seinen politischen Konsequenzen. Dagegen hat Aristoteles in einem berühmten, bei Cicero überlieferten Fragment (de off. II,16,56) betont, daß »ungeheuerlicher Aufwand und maßlose Kosten« ein demagogisches Ziel hätten; die Ergötzung der Menge sei aber nur kurz und flüchtig[71] und Ausdruck der allgemeinen Oberflächlichkeit, schließlich »erlösche mit der Sättigung auch die Erinnerung an das Vergnügen«. Demosthenes und Isokrates haben dieselben Warnungen an die späteren Verlierer von Chaironeia gerichtet, die so sehr an ihrem *Theorikon*[72] hingen und so unbekümmert gegenüber der makedonischen Gefahr waren. Unter anderen Schmähreden gegen Muße und Luxus seien hier nur die 1. und 3. Philippische und die 3. Olynthische Rede angeführt. Der *Areopagitikos* des Isokrates stellt das zeitgenössische Athen diptychonartig der Stadt des Solon und Kleisthenes gegenüber. Zum Abschluß der Rede (§§ 29 ff.) prangert er den verschwenderischen Aufwand bei Festen und Opferfeiern an und übt Kritik an der politischen Abstinenz der Reichen: Wurde die Mußezeit früher für die Staatsgeschäfte eingesetzt (26), so wird jetzt das luxuriöse Leben auf dem Lande bevorzugt (52). In den Jahren zwischen Thukydides und Xenophon einerseits und Isokrates andererseits hat Attika als Antithese zu den militärisch geprägten Gesellschaftsformen städtischen Müßiggang und ländlichen Lebensgenuß hervorgebracht.

Drittes Kapitel

Die hellenistische Welt

Politische und kulturelle Entwicklung

Die Epoche der hellenistischen Kultur wird zwischen dem Tod Alexanders des Großen (323 v. Chr.) und der Übernahme Ägyptens als römische Provinz (30 v. Chr.) angesetzt. Die Aufteilung des Reiches unter die Diadochen garantiert einen nahezu uneingeschränkten Sieg der monarchischen Staatsform in der griechischen Welt Europas und Asiens. Das makedonische Königreich, das auch Athen beherrscht, das seleukidische in Syrien, das Reich der Lagiden in Ägypten und das Attalidenreich in Pergamon – sie alle sind auf absolute Monarchie und Theokratie gegründet. Demokratische Staatsformen halten sich auf Rhodos, in den autonomen Verfassungen der großen Städte Asiens und in den Bündnissystemen auf dem griechischen Festland, den Sympolitien der Achaier und der Aitoler. Nach der aristokratischen Verwaltung durch den Philosophen Demetrios von Phaleron als makedonischem Aufsichtsbeamten erfährt Athen zu Beginn des 3. Jahrhunderts vorübergehend eine demokratische Erneuerung unter Demetrios Poliorketes. Monarchische Gewalt folgt wesensmäßig auf diese ›Demokratie‹, die Platon, Aristoteles und seine Nachfolger als einen Irrweg sehen möchten, zu dem Demagogie und Tyrannei der »zügellosen Begierden« verführt haben.[1] Der als Priesterkönig in Syrien und als lebendiger Gott in Ägypten kultisch verehrte Herrscher repräsentiert und verkörpert das Gesetz. Seine zentralisierte Macht vereint, nach dieser Herrschaftsideologie, providentielle Gewalt und aufgeklärte Sittlichkeit. Daher rührt die Doktrin vom königlichen Euergetismus[2], dem in der Beamtenschaft der freien Städte, auf Rhodos, in Smyrna und Ephesos, ein städtischer Euergetismus entspricht, in dem die Tradition der ›Liturgien‹ weiterlebt. Die rühmenden Inschriften in den Städten, die Zeugnisse der Huldigung in den Monarchien, die auf Inschriften und Papyri dokumentierten Proskynesen heben »Wohlwollen« und »Wohltaten« der Herrscher und der Reichen hervor.[3]

Die ehemaligen politischen Metropolen, wie Athen, werden genau wie die Königsstädte zu Zentren der Unterhaltung und Kultur. Der städtische Ballungsprozeß, der nicht rückgängig zu machen ist und von den großen Monarchien im hellenisierten Osten geradezu angestrebt wird, beschert den alten Hauptstädten einen kulturellen Aufschwung, Pella in Makedonien, Antiochia im seleukidischen Syrien und Pergamon im Attalidenreich. Die neugegründeten Hauptstädte, wie das ägyptische Alexandria, das an die Stelle der zu Museen und heiligen Stätten gewordenen Hauptstädte der Pharaonenzeit Theben und Memphis getreten ist (Strabon, *Geographie* XVII, p. 807 ff.), sind von vornherein als Zentren der Macht, der Kultur und der Festlichkeiten konzipiert. Das politische Leben, das auch in den Städten immer mehr auf die Veranstaltung von Festen und Schauveranstaltungen reduziert ist, läuft in wachsendem Maße im Rahmen panegyrischer Versammlungen ab: Neben dem Buleuterion fungiert vor allem in Asien das Theater gelegentlich als Bürger- und Gerichtszentrum. Am Beispiel des hellenistischen Athen, das zwar seine Archonten und Prytanen nominell behält, wird die Einbuße an politischer Freiheit zugunsten der kulturellen Bedeutung sehr anschaulich. Den hellenistischen Königen liegt nämlich durchaus an der Verschönerung dieser Stadt[4]; so führt Antiochos IV. Epiphanes das Olympieion des Peisistratos weiter, Eumenes und Attalos von Pergamon versehen die Stadt mit Säulenhallen: Eumenes errichtet einen Portikus als Zugang zum Dionysostheater und Attalos den großen, nach ihm benannten Portikus an der Agora. Im gleichen Maße wie Rom die hellenistischen Königreiche erobert, Makedonien zwischen 197 und 168 und die pergamenischen Staaten im Jahr 133 v. Chr., wird Athen von den unabhängigen Herrschern weiter ausgeschmückt: Bis in augusteische Zeit hinein bezeugen Ehreninschriften die Fortdauer eines königlichen Euergetismus (Juba II. und Ptolemaios in Mauretanien; Archelaos in Kappadokien; Antiochos III. in Kommagene).[5] Die königlichen Wohltaten betreffen im wesentlichen die kulturelle Ausstattung. Insofern Rom die ›Freiheit‹ der Städte und Völker gegen die makedonische Tyrannis und den seleukidischen Despotismus verteidigt, trägt es zum Wiedererstarken des städtischen Lebens bei. Aufgabe des Imperiums wird es sein, die unterschiedlichen kulturellen Einflüsse lokaler und regionaler Art zu kanalisieren und auf diese Weise mit ihnen zurechtzukommen. Unter dem Schutz der römischen Republik lebt die hellenistische Zivilisation im zweiten und ersten vorchristlichen Jahrhundert weiter. Rom macht zwar in Griechenland auch kulturelle und

Das Olympieion in Athen. 2. Jh. v. Chr. und später.
(Hirmer Fotoarchiv, München)

künstlerische Beute – die Bibliothek des makedonischen Königshauses nach der Schlacht von Pydna und die griechischen Kunstschätze im Zuge der Zerstörung Korinths 146 v. Chr. –, gleichwohl kann es sich rühmen, die Schätze der Vergangenheit in Athen 200 v. Chr. gegen den Vandalismus Philipps V. verteidigt zu haben (Livius XXXI,24 ff.).

Trotz lokaler Konflikte zwischen rivalisierenden Bündniskonstellationen und trotz regionaler Ambitionen der Diadochen stellt sich die hellenistische Welt im großen ganzen doch als Friedensära dar. Poetische Zeugnisse, von Theokrit bis Kallimachos, und das Theater der Neuen Komödie preisen den Frieden, der durch die griechischen Rivalitäten gefährdet ist. Zum Schauplatz militärischer Gewalt wird nur das kontinentale Griechenland. Die Armee ist kein Bürgerheer mehr, und während Athen auf seinen Friedhöfen vergangenes Heldentum in Erinnerung ruft,[6] werden die königlichen Armeen zu Söldnerheeren.

Die Neue Komödie zeichnet von dem Soldaten als Söldnerführer unter den Ptolemäern oder Seleukiden ein markantes Bild. Das bezeugen die typischen Figuren bei Plautus und Terenz.[7] In Attika und den anderen Vergnügungszentren tritt diese Söldnergestalt mit ihrem verschwenderischen und großspurigen Wesen häufig auf.

Die Ephebie ist bestehengeblieben,[8] doch hat sie ihre paramilitärische Funktion verloren und ist eine Schule freier Mußegestaltung geworden. Der Ephebendienst ist nicht mehr obligatorisch; die Mitgliederzahl schrumpft von 500 bis 600 um 330 v. Chr. auf lächerliche neunundzwanzig um 250 v. Chr. Auch die Söhne reicher Ausländer werden in diese College-ähnlichen Anstalten aufgenommen, in denen einzelne militärische Paradeübungen erhalten bleiben.

Führung und Kontrolle der Jugend gehören zu den wesentlichen Zielsetzungen des hellenistischen Königtums, vor allem in Ägypten.[9] Unter den zahlreichen Bevölkerungsgruppen dieses Landes wird die Ephebie zu einem Mittel der Hellenisierung und bereitet allenfalls am Rande auf den Dienst im Söldnerheer vor. Durch die Zugehörigkeit zur Ephebie unterscheiden sich die Griechen von den *Aigyptioi* oder Barbaren. Als Institution untersteht sie der städtischen Verwaltung: Das Gymnasium, eine für die ganze hellenistische Welt charakteristische Einrichtung, wird vom Gymnasiarchen geleitet, dem in Athen der *paidotribes*, in Ägypten der *kosmetes* zur Seite steht. Militärisches Training und Manöverübungen treten in den Hintergrund; statt dessen zielt das Gymnasium auf die Entwicklung einer athletischen Kul-

tur. Im 2. Jahrhundert wird die sportliche Erziehung in der Epheben-
ausbildung durch ein elementares Angebot von Literatur und Philosophie ergänzt. Seit der Einrichtung des Museions kommen philosophische und medizinische Schulen nach Alexandria. Das Universitäts-
leben ist für die Antike eine Art freier, aller Arbeitsverpflichtung ent-
hobener Mußebeschäftigung.[10]

Diese intellektuelle Konzentration betrifft zwar nicht alle Bereiche,
wie ein Blick auf die Neue Komödie zeigen wird, sie erklärt jedoch,
daß das ptolemäische Ägypten ein bevorzugtes Reiseziel wird. Allerdings sind es noch nicht die von den ersten Lagiden angeregten
archäologischen Forschungen, etwa des Manetho von Sebennytos
über die pharaonischen Dynastien und das ägyptische Pantheon, von
denen die Reisenden angezogen werden. Allenfalls besteht, wie bei
Poseidonios von Apameia, ein Interesse für die Nilschwemme. Das
hellenistische Ägypten verdankt seine relative Vorrangstellung in dieser Zeit vielmehr der königlichen Herrschaft der Muße. Ein Mimos
des Herondas rühmt in der ersten Hälfte des 3. Jahrhunderts Ägypten
als ein Paradies, »mit seinem blauen Himmel, seinen Sportmöglich-
keiten und Theatervorstellungen, seinen Philosophen und seinem
Museion, mit seinen feurigen Weinen und seinen Frauen« (I,21–63).
Auf dem großen Mosaik in Palestrina (Praeneste) werden zu Beginn
des ersten Jahrhunderts Bilder exotischen Reichtums und Lebensge-
nusses in Unterägypten und im Nildelta sichtbar[11] (vgl. Abb. S. 108).

Bei der beherrschenden Rolle des alexandrinischen Ägyptens dür-
fen die anderen Großstädte nicht unberücksichtigt bleiben: Antiochia
mit seinem Luxusvorort Daphne, Ephesos, Pergamon, Smyrna, Milet
und Rhodos. Sie alle sind Zentren für individuelles und kollektives
Freizeitvergnügen. Sie wurden nach einem geometrischen städtebauli-
chen Konzept entworfen oder umgestaltet, das von Hippodamos von
Milet stammt. Dieser Zeitgenosse des Perikles hat kaum in Athen ge-
arbeitet, wohl aber den Plan für den Piräus entworfen. Aristoteles
(*Politik* II,8) verweist auf seine Bedeutung zu Beginn der hellenistischen Epoche.[12] Der schachbrettartige Plan sieht im Zentrum der
Stadt einen öffentlichen Bereich vor und weist Plätze für öffentliche
Gebäude aus: Gymnasien, Palästren und verbindende Säulenhallen,
die zum Spazierengehen und Flanieren gedacht sind. Im Vergleich zur
Agora verbleibt das Stadion eher am Rande.[13]

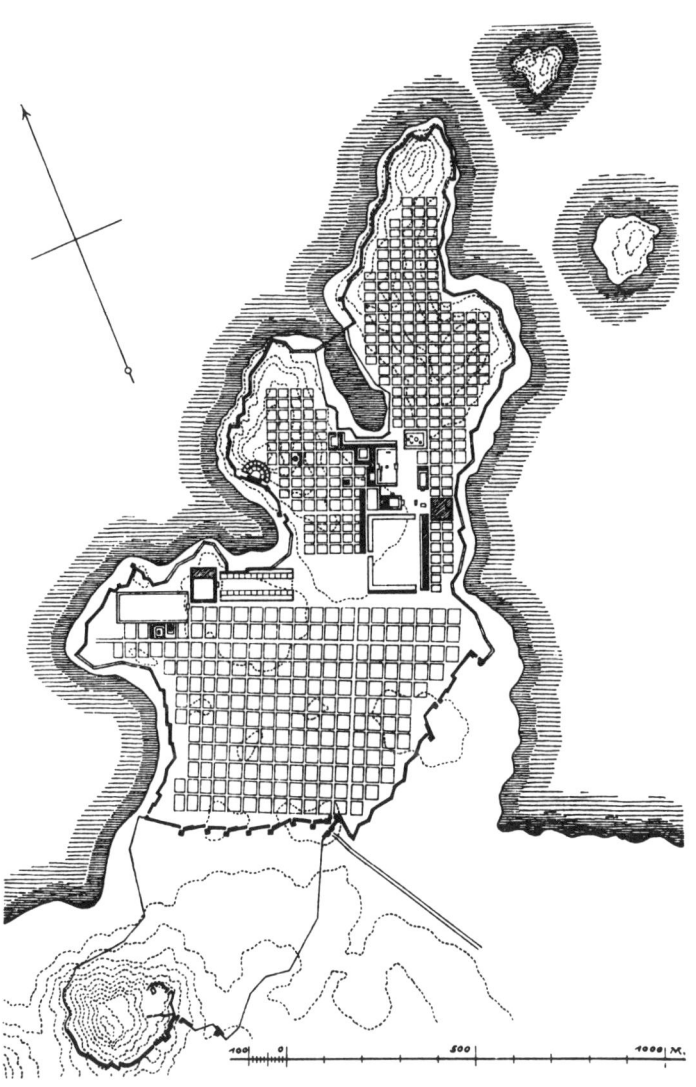

Stadtplan des Hippodamos für Milet. Nach 479 v. Chr.
Rekonstruktion von A. von Gerkan.

Die zentralen Bauten

In der hellenistischen Zeit sind die architektonischen Grundmuster für Freizeit und Unterhaltung, für Theater, Gymnasien, Portikus und Stadien nahezu vollständig fixiert, sei es in Attika oder in der Argolis, auf Sizilien oder in Asien. Um 330 v. Chr. hat Lykurgos das Dionysostheater vollendet[14] und dabei die unteren Ränge aus parischem Marmor errichtet. Im Ardettos hat er auch das Stadion mit 50 000 Plätzen, Säulenhallen und Ehrenlogen gebaut. Eine kurzgefaßte Übersicht über Bauwerke, die dem Freizeitbetrieb dienen, scheint hier angebracht.

Das Theater

Vitruv[15] (De arch. V,6–7) hebt die charakteristischen Kennzeichen des hellenistischen Theaterbaus hervor: Wenn der Architekt auch die Einfügung der *cavea* in das natürliche Gelände, am Hang eines Berges oder Hügels, nicht mehr als Vorschrift aufrechterhält, so beharrt er doch auf dem geometrischen Grundmuster. Das Theater besteht aus zwei Teilen, dem Auditorium und dem Schauspielplatz. Bei dem griechischen Bauschema ist die Orchestra auf einer über den Durchmesser hinausgehenden Sehne errichtet, so daß sich die gesamte Anlage mit der *cavea* und den eingefügten Zuschauerrängen der Form eines Ovals nähert. Die unterschiedliche Nutzungsweise erklärt auch die spezifischen Proportionen des griechischen *proskenion*, das fast doppelt so schmal, dafür aber höher als sein römisches Äquivalent ist: in Griechenland wird nämlich die Orchestra für Lied und Tanz des Chores gebraucht. Zu Beginn der hellenistischen Zeit (Lykurg) wurde die Orchestra des Dionysostheaters der Hufeisenform angepaßt. Die Wand des griechischen Bühnenhauses ist mit drei Toröffnungen versehen, wie bei dem Marmormodell im römischen Museo Nazionale.[16] Die beiden im rechten Winkel vorspringenden Seitengebäude (*paraskenia*) lassen das Ganze als zusammenhängenden, zweckmäßigen Gebäudekomplex erscheinen. Die zunächst den jeweiligen Bedürfnissen entsprechend aus Holz errichtete *skene* wird im 4. Jahrhundert von der aus Stein abgelöst.

Die hellenistische Zeit paßt das Theater vollends in die Architektur des Stadtviertels ein: Als Zugang und Ausgang werden Säulenhallen errichtet, wie die des Eumenes in Athen oder das Stratoniceum in

Das Theater von Priene in Kleinasien. 2. Jh. (vor 135) v. Chr.
Rekonstruktion von A. von Gerkan.

Smyrna (Vitruv V,9). Die hellenistischen Techniker haben sich einge-
hend mit den Problemen der Akustik beschäftigt und auf den anstei-
genden Sitzreihen Resonanzkegel angebracht.[17]

Der Portikus

Der überdachte Portikus gehört zum Theater und ist von beiden Par-
odoi aus zugänglich. Die Säulenhalle soll das Publikum vor plötzli-
chen Regengüssen schützen und scheint der Choregie[18] auch als zu-
sätzlicher Kulissenraum gedient zu haben. Ein Portikus besteht aus
einer rückwärtigen Mauer und einer einfachen Säulenreihe. Der des
Eumenes war zweistöckig und diente als Wandelhalle. Die Säulenhalle des Attalos[19] auf der Agora von Athen beherbergte auf jeder
Etage einundzwanzig Läden. Mit der Säulenreihe auf der Mittellinie
des rechteckigen Grundrisses von 116 x 20 m und einer vorgeschobe-
nen Säulenreihe entstanden im Untergeschoß zwei Schiffe, während
das obere Stockwerk einschiffig war. Die Säulenreihen in den beiden

Die restaurierte Stoa des Attalos II. in Athen.

Geschossen waren verschieden, die untere dorischer, die obere joni-
scher Ordnung.

Die Säulenhalle ist nicht allein ein Merkmal von Theateranlagen,
innerhalb deren sie schmal und langgestreckt ist. Mehr und mehr fügt
sie sich in das quadratische Grundmuster der Agora oder der Palästra
des Gymnasiums ein, während der längsgerichtete Portikus als Wandelhalle oder Verbindungsbau durchaus weiterbesteht. Im hellenistischen Städtebau, der tief in das romanisierte Asien hineinreicht,
ist die Säulenhalle in unterschiedlichster Gestalt immer häufiger zu
finden.[20]

Das Gymnasium

Es ist schwierig, das *gymnasion*[21], das in allen bedeutenden Städten
des hellenistischen Asiens verbreitet war, in Absetzung von der Palästra zu definieren. Das Gymnasium hängt mit der Ephebie zusammen und bezeichnet in den Textzeugnissen entweder die Sportanlage
oder die staatliche oder private Institution. Neben der klassischen Beschreibung bei Vitruv (Arch. V,11), der Palästra die gesamte Anlage

des Gymnasiums nennt und die entsprechenden Architekturregeln der hellenistischen Zeit überliefert, verfügen wir heute über archäologische Funde aus Priene, Olympia und Pergamon, allesamt aus dem 2. Jahrhundert. In Olympia unterscheiden sich Gymnasium und Palästra durch ihre Größe und Funktion: hier Speerwurf, Diskuswerfen und Laufen – dort Ringkampf und Boxen. Ehe sich das Grundmuster des hellenistischen Gymnasiums zugunsten der Integrationsmöglichkeit in eine Thermenanlage verändert (Ephesos; das Hadriansgymnasium in Athen), ist der – von J. Delorme herausgearbeitete – Grundriß ziemlich klar; nur in der Koordinatenausrichtung und der Geländeanpassung kann es Abweichungen vom Grundtyp geben (Gefälle und Felsvorsprünge, die eine terrassierte Anlage erforderlich machen, wobei dann die Rennstrecken schräg zur Palästra liegen, wie in Priene und Pergamon).[22]

Die Palästra ist ein von Säulenhallen umgebener Hof, ein viereckiges Peristyl also. Auf drei Seiten ist der Portikus einfach, an der Nordseite hat er dagegen eine doppelte Tiefe, mit zwei Säulenreihen; dahinter befinden sich eine Reihe von Räumen, in deren Mitte das Ephebeion, der Versammlungsraum der Epheben, liegt. Zu diesen Räumen gehört auch die Anlage für die kalten Bäder (*loutron*) und die Schwitzbäder. Die Exedren der einfachen Säulenhallen, die mit Sitzplätzen ausgestattet sind, bieten Raum für Zusammenkünfte und Diskussionen. Das Rechteck des Gymnasiums im engeren Sinn erstreckt sich, außer in Priene, mit seinen Laufbahnen (*dromos* und *stadion*) in der Achsrichtung der Palästra. Nach den bei Vitruv überlieferten Regeln liegt im Norden die überdeckte Laufbahn (*xystos*) für die Laufübungen bei winterlicher Witterung; ihr Portikus steht auch Spaziergängern offen. Daran schließen sich von Norden nach Süden zwei offene Alleen (*paradromides*) zwischen Baumgruppen und Platanen an. Die doppelte Säulenhalle im Süden, die ebenfalls *xystos* genannt wird, mißt in der Länge offiziell ein Stadion, d. h. 600 Fuß bzw. 177 m, und kann für den Doppellauf genutzt werden. Nach dem Schema Vitruvs scheint ein Stadion das Gymnasium in Querrichtung verlängert zu haben. Die Piste selbst ist nicht ein Stadion lang, wenn der Gesamtumfang inklusive der Palästra zweimal die Länge eines olympischen Stadions beträgt. In Pergamon ist eine Sportanlage ausgegraben worden, die aus drei übereinanderliegenden Gymnasien mit gemeinsamen Propyläen besteht; die Stadien von unterschiedlicher Ausdehnung sind entsprechend ausgerichtet. Es handelt sich um Pa-

Die Palästra von Olympia. (Hirmer Fotoarchiv, München)

lästra-Stadien (auf der oberen Ebene 74 x 36 m). In Priene wird die
Palästra von 34 bis 35 m seitlich von einer 191 x 18 m großen Piste
verlängert, ganz entsprechend der Beschreibung bei Vitruv.

Die Wettkampfanlagen

Große Stadien und Hippodrome gibt es nur in den panhellenischen
Zentren und hellenistischen Metropolen. Die großen Stadien, von denen im Reisebericht des Pausanias in römischer Zeit die Rede ist
(Olympia: VI,20; Epidauros: II,27), haben ihren ländlichen Charakter
und ihre ursprüngliche Einfachheit bewahrt: eine Laufbahn (*dromos*),
von Erdwällen umgeben, für die gegebenenfalls natürliche Böschun-
gen ausgenützt wurden. Nur für den Magistrat, Staatsfreunde und

Festgesandtschaften gab es reservierte Plätze. Die Bahn war in der Regel langgestreckt, mit der Tendenz, allmählich immer breiter zu werden (Olympia). Die Laufstrecke von 177 bis 191 m war durch zwei weiße Kalksteinplatten, die Start- und die Zielschwelle, markiert und besaß 18 bis 20 nebeneinanderliegende Bahnen. Im hellenisierten Asien ist zu beobachten, daß allmählich Holzaufbauten für die Zuschauer errichtet wurden. Die Kapazitätsunterschiede sind erheblich, von 7 000 in Delphi rundum auf der Böschung (Stufen in römischer Zeit) und 45 000 in Olympia bis etwa 76 000 in Ephesos.

Das Hippodrom der großen Spiele war, wie auf dem Berg Lykaion in Arkadien, 105 m breit und etwa 240 m lang; in Olympia sind die Verhältnisse größer, bleiben aber etwa bei zwei Stadien Länge auf ein Stadion Breite. Hippodrome gab es im ptolemäischen Alexandria nach Strabons Auskunft am äußersten Rand der Via Canopica und in Antiochia auf der Orontos-Insel.[23]

Die großen Feste

In der gesamten hellenistischen Welt und ganz besonders im Ägypten der Ptolemäer wuchs die Zahl der Feste außerordentlich schnell. Es ist deutlich zu beobachten, wie sich die Feste des griechischen Kontinents ausbreiteten und einbürgerten, wobei die Herrscher das eine oder andere besonders bevorzugten, und wie die neue theokratische Ordnung diese »klassischen« Feste mit ihrem Herrscherkult überzog.

Im lagidischen Ägypten wurden Könige und Königinnen nicht nur nach ihrem Tod heroisiert, sondern seit Ptolemaios III. Euergetes und Berenike II. auch zu Lebzeiten schon kultisch verehrt;[24] sie hießen *Theoi Euergetai*, so wie ihre Vorgänger *Theoi Adelphoi* genannt wurden. Zum ehrenden Gedächtnis an Ptolemaios I. Soter begründete sein Nachfolger Philadelphos 279/78 die ›Ptolemäen‹. Der König schickte eine Festgesandtschaft zu dem Kykladischen Bund, um die Modalitäten dieses Festes zu bestimmen, dem er ein dem olympischen ähnliches Statut geben wollte; dabei sollten die Sieger der Wettkämpfe entsprechende Privilegien erhalten wie die Olympioniken. Die Wettkämpfe sollten im Fünfjahresrhythmus stattfinden und athletische Übungen, Musik und Reitsport umfassen; auch konnten Festgesandtschaften zu diesem Anlaß abgeordnet werden. Generell bestand die Neigung, die panhellenische Zielgruppe dieser neuen Feste dadurch zu erweitern, daß man sie als »isoolympisch«, »isopythisch«

Kamee von Ptolemaios III. und Berenike II.

oder »isonemeisch« darstellte. Die kulturelle Vorherrschaft Alexandrias bekundete sich auch in dem Bemühen, für die Feste des klassischen Griechenlands, soweit sie übernommen wurden, einen wiederentdeckten ägyptischen Ursprung geltend zu machen. Die alexandrinische Forschung klopfte unter diesem Gesichtspunkt den archäologischen Befund ab. Herodot (II,171) wurde herangezogen, der eine ägyptische Quelle für Demeter zutage gefördert hat, wie unter Ptolemaios Soter Hekataios von Abdera die Eumolpiden von Eleusis und ihre Mysterien aus Ägypten hatte stammen lassen. Auf diese Weise sollte die Echtheit der eleusinischen Feste von Kanobos, der Vergnügungsstadt im Nildelta, erwiesen werden. Strabon bemerkt, daß die Tradition dieses Festes in augusteischer Zeit noch lebendig ist. Der monarchische Darstellungsdrang rechtfertigte jede Neuerung, etwa die Arsinoeia, die zu Ehren der Königin Arsinoe eingerichtet wurden.

In dem Bemühen, die religiösen Feste Griechenlands zu vereinnahmen, wird allerdings eine besondere Spielart des Dionysischen sichtbar.[25] Der Gott des Weines und des Lebens verdankt seine herausragende Stellung im ptolemäischen Ägypten der Tatsache, daß er mit

Osiris, dem getöteten und auferstandenen Gott, verschmolzen ist.
Die große Pompa, die von Philadelphos um 270 v. Chr. veranstaltet
wurde, stellt den Dionysosglauben dem Kult aller Götter und der
Verehrung des Ptolemaios Soter zur Seite. Der Lagide hat in besonderer Weise die »Dionysischen Künstler« unterstützt, die, nach den Inschriften, ebenfalls im Dienst der »Adelphischen Götter« standen.
Über den gigantischen Festzug des Philadelphos berichtet der Chronist Kallixeinos von Rhodos[26], und Athenaios hat diese Überlieferung
benützt (Deipn. V,196 ff.). Übergroß ragte die Statue des Dionysos
heraus. Als Zeitzeuge der Feste des Philadelphos betont Theokrit in
seinem Preisgedicht auf Ptolemaios (XVII,112 ff.), daß dieser die
Spiele zu Ehren des Dionysos außerordentlich gefördert habe.

In der Pompa des Philadelphos zogen zwischen dem Gefolge des
Morgensterns und dem des Abendsterns die vergöttlichten Herrscher
und die Götter in langem Zug hintereinander durch das Stadion. Der
dionysische Festzug, dem Silene und Satyrn voranschritten, führte
golden geflügelte Siegesgöttinnen mit und einen doppelten Altar; einhundertzwanzig Jünglinge, in purpurfarbene Tuniken gekleidet, fünfzig goldbekränzte Satyrn. Im Festzug mittendrin der Dichter Philiskos und der Verein der »Dionysischen Künstler«. Die Statue des
Gottes, die auf einem vierrädrigen Karren von einhundertzwanzig
Männern gezogen wurde, war vierzehn Ellen (sieben Meter) hoch
und befand sich in einer nischenartigen Laube, die mit Efeu, Wein
und Früchten geschmückt war. Es folgten die Bruderschaften der
Priester und Kultdiener und die makedonischen Bacchantinnen. Auf
einer fahrbaren Szenerie wurde die Mythologie dargestellt: das Zimmer der Gottesmutter Semele zum Beispiel, oder eine von fünfhundert Männern gezogene tiefe Höhle, in deren Schutz sich Dionysos
und die Nymphen befanden, zusammen mit Tauben und Turteltäub-
chen aller Art. Zu den Besonderheiten dieser Pompa gehörten auch
Gespanne, die von Elefanten, Ziegenböcken, Gazellen, Büffeln, Anti-
lopen oder Kamelen gezogen wurden. Für alle Götter, vor allem aber
zu Ehren von Zeus wurden dergleichen Festzüge veranstaltet.

Die Prozession des Philadelphos war ein einziges Spektakel. Wie
die Bilder bei Theokrit zeigen und Athenaios in seinem Bericht hervorhebt, war die Menge an der mit königlicher Prunk- und Machtfülle in Szene gesetzten Anbetung beteiligt. Hatte nicht gerade erst
Aristoteles das ordinäre, auf spektakuläre Schaustellungen gerichtete
Erholungsbedürfnis der banausischen Menge charakterisiert?[27]

Noch deutlicher verrät der aufsehenerregende Pavillon des Phil-

adelphos die Gesetze dieser »Schaustellungspolitik«. Läßt man die luxuriöse Innenausstattung dieses von Säulen umstandenen Festpavil-
lons hinter sich, so gewahrt man die prunkvolle Gartenanlage ringsum, in der die gesamte lokale Flora zu finden ist, insbesondere Myrte
und Lorbeer. Der Pavillon enthält auch eine Skulpturenausstellung
mit hundert an Säulen gelehnten Statuen, die die lebhafte, mit Pergamon wetteifernde Tätigkeit der Kopierwerkstätten in der Hauptstadt
bezeugen; auch eine Gemäldegalerie befindet sich dort mit oftmals
frivolen Bildern aus der Schule von Sikyon. Die dekorative Malerei,
die der Menge Vergnügen und Zerstreuung bieten soll, spiegelt in einer Art Tiefenkomposition das Bild des königlichen Festes, das mit
der königlichen Herrschaft des Festes untrennbar verbunden ist: Szenen beim Festmahl sowie Bühnenbilder für Tragödie, Komödie und
Satyrspiel.

Das Eindringen der Politik in die Festveranstaltung läßt sich für
das Athen der hellenistischen Zeit auch am Benehmen des Demetrios
Poliorketes illustrieren, das bei Plutarch in der Demetrios-Biographie
(XXVI–XXVII und XXXIV) überliefert ist.[28]

Wie die Art, Feste zu begehen, und loyales Verhalten in ein Span-
nungsverhältnis geraten können, zeigt die Anekdote über den Peripatetiker Demetrios (Lukian, Calumn. 16): Ptolemaios verfolgte ihn,
weil er Wasser zu trinken pflegte und sich weigerte, in tarentinischem
Gewand zur Zimbel zu tanzen!

In Alexandria werden die traditionellen griechischen Feste weiter
gefeiert, auch wenn die Ptolemäer versuchen, sie an sich zu ziehen
oder umzugestalten. Olympia und Athen bleiben zwar die Hauptan-
ziehungspunkte, aber es zeigt sich auch, wie lebenskräftig die regionalen Kultur- und Religionszentren sind. Die Soteria in Delphi, die Me-
gala Asklepeia in Kos, der Heimat des Hippokrates, und die Museia
in Delphi wetteifern um den Vorrang mit den zahlreichen Festveranstaltungen in Asien, den Didymeia in Milet, den Leukophryena in
Magnesia am Mäander, den Nikephoria in Pergamon, den Athenaia
und Eumeneia in Sardes oder den Koreia in Kyzikos – sie alle verbinden althergebrachte Festgepflogenheiten mit der neuen Form dyna-
stischer Feierlichkeiten. Festgesandtschaften (*theores*)[29] streifen durch
Griechenland, Kleinasien und die Inseln und rufen überall Feste und
Spiele aus. Eine solche Bekanntmachung ist notwendig, weil es in der
griechischen Welt immer noch keinen einheitlichen Kalender gibt.

Das Fest in der Neuen Komödie und in der Dichtung

In der Neuen Komödie[30] spiegelt sich die Festbereitschaft, die in der gesamten hellenistischen Welt herrscht. Ihre von der Suche nach Liebe und Glück gesteuerten Intrigen sind auf dem griechischen Festland oder in Asien angesiedelt; der Ort der Handlung ist also nicht mehr selbstverständlich Athen. Einige Handlungsabläufe spielen in Ätolien, in Sikyon oder in Epidauros. Manche Stücke beruhen zwar auf dem Kontrast zwischen der Stadt Athen und dem ländlichen Attika, aber es existiert auch ein *Ephesios* von Menander, in dem ein alter Hagestolz als vornehmer Genußmensch und Abbild des asiatischen Schlendrians dargestellt ist. Der *Emporos* von Diphilos spielt in Korinth, wo man offenbar auf verschwenderische Freßsäcke und ihr parasitäres Gefolge ein wachsames Auge hatte. Das hellenisierte Ägypten ist keineswegs unbeteiligt an dem Wiederaufleben der Komödie: nach Athenaios hat ein gewisser Machon in Alexandria gelebt und für sein dortiges Publikum geschrieben. Schauplatz der *Panegyris*, eines Stückes des Philemon, ist die Hauptstadt der Ptolemäer, die um ihrer Festivitäten willen berühmt war.

Die Auseinandersetzungen zwischen den Diadochen können die pazifistische Grundstimmung kaum beeinträchtigen.[31] Athen ist unterworfen und lebt in friedlicher Nachbarschaft mit den Korinthern, den Megarern und den Euböern – brüderlich vereint bei festlichen Banketten; dieses utopische Bild des Apollodor von Karystos, eines Komikers zur Zeit Menanders, hat sich teilweise erfüllt (fr. 5, Kock). Bei Philemon, einem anderen Komiker, heißt es: »Der Friede schenkt Feste, Reichtum, Gesundheit, Brot, Wein und Vergnügen« (fr. 71, Kock). Man muß zwischen privatem und religiösem Fest unterscheiden.

Die religiösen Zentren mit ihren jeweiligen Festen werden bei Menander und seinen Nacheiferern häufig erwähnt. Neben den Banketten werden auch diese Feierlichkeiten mit dem Handlungsablauf verknüpft. Jedenfalls hat die Heldin in Menanders *Samia* ihren Geliebten im Freudentaumel der Dionysien in Athen kennengelernt. Moschion hat auf die Tochter des Phanias ein Auge geworfen, während sie sich als Deipnophore beim Opfermahl im Artemision in Ephesos betätigte. Im Verlauf eines gemeinsamen Spaziergangs einer Mutter mit ihrer Tochter ist bei Menander von dem Tragödienwettbewerb bei den Eleusinischen Festen (in Eleusis) die Rede. Die Wallfahrten zu der medizinisch-religiösen Kultstätte in Epidauros haben die Begeg-

nung zwischen Periphanes und Phidippa in der griechischen Vorlage
vom *Epidicus* des Plautus ermöglicht. In den szenischen Milieuschil-
derungen des Alkiphron, die stofflich der Neuen Komödie entsprechen, tauchen Kanephorenumzüge und Oschophorien auf. Die jubelnden Menschen auf den Theaterstufen lieben eben auch Jubel und
Festlichkeit auf der Bühne.

Unter den Festen verdient die Pannychis (s. Kap. II) als nächtliche
Festzeremonie besondere Erwähnung, weil sie auch vornehme junge
Mädchen veranlaßt, am heiligen Vorabend des Festes auszugehen.
Diese Situation findet sich bei Menander so häufig (*Epitrepontes*; *Plo-
kion* usw.), daß Aelian in den »jungen Leuten aus dem Volk, die
durch die Pannychis-Feiern auf die schiefe Bahn geraten sind«, ein
gesellschaftliches Charakteristikum sieht. Nachtleben und Trunkenheit führen dazu, daß den jungen Mädchen Gewalt angetan wird, wobei die griechischen Vorbilder wie ihre lateinischen Nachahmungen
darin ausdrücklich »Exzesse der Lustbarkeit« sehen: so etwa beschreibt der Menedemus im *Heautontimorumenos* von Terenz das lasterhafte und auf Liebeleien ausgerichtete Treiben.[32] Im wesentlichen
ist die Neue Komödie jedoch von Nachsichtigkeit durchdrungen und
huldigt dem süßen Leben »griechischen Müßiggangs«, womit die Genußsucht gemeint ist,[33] die im politisch bedeutungslos gewordenen
Athen gerade durch das politische Desinteresse und den Frieden gefördert wird. Die nachsichtige Einstellung zu einem solchen Leben
bei einer Jugend, für die die Ephebie keine paramilitärische Funktion
mehr hatte, spricht aus einem Fragment des *Hypobolimaios* von Menander: »Betrachte diese Zeit als Fest oder Sommerfrische: die Menge,
das Flanieren auf dem Markt, Diebereien, Würfelspiel und Zeitvertreib« (fr. 481, Kock).

Die Gedichte Theokrits zeigen Ausgelassenheit und Festesfreude,
die Kennzeichen der Herrschaft des Philadelphos, auf ihrem Höhepunkt.

In dem Preislied auf Ptolemaios entspricht der Beschreibung des
himmlischen Festmahls, bei dem Alexander und Soter mit Herakles
zu Tisch sitzen, die Verherrlichung des Herrscherpaares auf Erden,
der Berenike, Aphrodites Schützling, und des Ptolemaios Soter. Die
vergöttlichte Berenike entfacht, wie ihre Beschützerin, »zarte Liebes-
wonnen«; in dieser Zeit ist der Gott Amor geschaffen worden und die
Herzenslyrik entstanden. Der Thronerbe, »der tapfere Ptolemaios«
(Philadelphos), ist der Hüter des Friedens. Dank des siegreichen Königs (*Enkomion* 77 ff.) kann man in der Nilebene und den volkrei-

chen Städten »in Frieden seiner Arbeit nachgehen«. Das Gold der Lagiden wird den »ruhmvollen Tempeln der Götter dargebracht«.
Theokrit preist den königlichen Euergetismus, weil der Reichtum unter die machtvollen Fürsten, die Städte und die Gefolgsleute verteilt
wird. »Niemals auch kommt zu Dionysos' heiligen Spielen ein
Künstler, kundig, hellen Gesang zu erheben, dem er nicht eine Gabe
verehrt, die würdig der Kunst, sie gebührend zu lohnen. Auch besingen die Priester der Musen im Lied Ptolemaios deshalb für seine
Wohltat.« Diese heitere Friedensstimmung beherrscht das 3. Jahrhundert vor der römischen Eroberung; sie klingt auch bei Kallimachos,
am Ende seines Demeterhymnus (134 ff.), an. Der Dichter bittet die
Göttin um Frieden und damit um Gedeihen des Viehs, der Früchte
und des Korns.

Die von gelehrten Musen inspirierte hellenistische Dichtung findet
in der Rückbesinnung auf religiöse Feste einen Pilgerpfad zu den
Quellen des Griechentums; eine solche Dichtung über die Ursprünge
wird Aitiologie genannt. Kallimachos hat diesen Einfall zur Unterhaltung der Gebildeten in seinen *Aitia* ausgesponnen. In der *Hymne auf
das Bad der Pallas* läßt er den Festzug der Athene in Argos wieder
aufleben. In der Hekale-Dichtung ersteht das bäuerliche Athen des
Theseus[34], die erwachende, aus dem Schatten der Nacht heraustre-
tende Stadt. Ein Fragment aus dem *Festmahl bei Polis*[35] besingt den
Zauber der Anthesterien mit der Öffnung der Fässer und dem Kannenfest, »dem heiteren Tag für die Sklaven«. Polis hatte die Choen
nicht versäumt, die Epikur zur gleichen Zeit in seinem Freundeskreis
beging.[36] Die Erwähnung der Sklaven rückt uns ins Bewußtsein, daß
die Lebensbedingungen der Sklaven in Athen annehmlicher waren als
ihr nomineller Status, der ihnen, wie wir bereits sahen, jegliche »Freizeit« absprach. Diesen soziologischen Tatbestand bezeugt auch die
Neue Komödie. Wie in der gelehrten Lyrik der Alexandriner werden
in ihren Genrebildern volkstümliche Freude und Ausgelassenheit
überhöht.

Die »königliche Rolle« des Theaters

Da die Feste in Alexandria und in der hellenistischen Welt immer
häufiger wurden, erhielt auch der Schauspielbereich immer berufsmä-
ßigere Züge. Sicher hat Aristoteles seinem Schüler Alexander einen

gewissen Vorbehalt gegenüber den Vergnügungskünstlern vermittelt, die »den einen Teil ihres Lebens betrunken und den anderen im Elend verbringen; beides erzeugt Vulgarität« (*Problemata* XXX).[37] Und doch haben die großen Schauspieler des 4. Jahrhunderts, wie Thettalos, Neoptolemos oder Aristodemos, am makedonischen Königshof Karriere gemacht.[38] Polos aus Aigina, der uns durch eine Ehreninschrift aus Samos bekannt ist, hat sich der Wiederaufführung des Sophokles verschrieben, besonders des *König Ödipus* und des *Ödipus auf Kolonos*.[39] Unter anderen Zeugnissen haben ihn die Wandmalereien von Herkulaneum als wahren Schauspielerkönig unsterblich gemacht.[40] Sein Ruhm zeigt sich noch bei Plutarch (Demost. XXVIII) und einige Jahrhunderte später bei Aulus Gellius (Noct. Att. VI,5: in der Rolle der Elektra).

Auch ein glühend verehrter Schauspieler war eingebunden in die Berufsorganisation der »Dionysischen Künstler«[41], die ihn schützte und zugleich strikten Verträgen unterstellte. Aus den Jahren 294 bis 288 sind Verordnungen aus Euböa überliefert, in denen die Festveranstaltungen und die Künstlerverträge geregelt waren: Die von der Gilde ausgewählten Darsteller müssen sich bis zum »Ausschreibungstermin« nach Chalkis begeben (»drei Aulosspieler, drei Tragödienspieler, zwei für Karystos«); ihre beträchtliche Entlohnung (600 Drachmen für Flötisten, 400 für Schauspieler) ist auf »Verpflegungszuschüsse« abgestimmt; auch die Kinder- und die Männerchöre sind in die Verordnung mit eingeschlossen. Nichterfüllung und Rücktritt vom Vertrag wurden streng geahndet mit Geldstrafen bis zur doppelten Höhe des Gehaltes, Verhaftung oder Einziehung des mobilen Eigentums.

Der soziale Rang der Schauspieler wird durch Privilegien und verschiedene Immunitäten bestätigt, besonders im ptolemäischen Ägypten.[42]

Die Neue Komödie liefert selbst den Beweis für die Popularität der tragischen Dichtung, insofern diese die Kenntnis der Mythologie aufrechterhält. Der Syriskos aus der *Samia* des Menander hat die Geschichte von Zeus und Danae durch die Tragödien kennengelernt. Entsprechend verbreitet waren die Abenteuergeschichten von Pelias und Neleus. Die Tragödie erobert die attischen Kleinstädte. In den *Epitrepontes* droht Sophron seinem Gesprächspartner an, ihm einen ganzen Euripides-Monolog herzusagen.

Abgesehen von seiner bewahrenden Funktion für die Welt der Mythologie ist das Theater in hellenistischer Zeit auch ein geistiges Fo-

Danae und der Goldregen. Hydria des Malers von Neapel. Ende 4. Jh. v. Chr.

rum,[43] auf dem moralische Grundsätze weitergegeben werden, die einem toleranten Humanismus entspringen; dieser ist durchdrungen von dem Bewußtsein der Begrenztheit menschlichen Wissens, verschmäht jedes Vorurteil und schöpft seine Toleranz gegenüber den menschlichen Fehlern und Schwächen aus einer umfassenden Anthropologie, die auf der dreiteiligen Psychologie des Platonismus basiert. Zur Zeit Menanders belehrt die Komödie und amüsiert zugleich; metaphysische Probleme wie die Vorsehung der Götter oder die Rolle des Zufalls und der Determination werden aufgeworfen. Mit ihrer Lehre vom höchsten Glück und von der inneren Ruhe hinterlassen die großen Philosophenschulen, besonders die epikureische und der Peripatos, ihre Spuren in der Neuen Komödie.

Die öffentlichen Bäder

Der zivilisatorische Fortschritt im Hellenismus ist unverkennbar, doch bleibt das Badewesen mit der sportlichen Betätigung eng verknüpft. Das berühmte Gymnasium im kleinasiatischen Priene weist ein *loutreion* auf, dessen Ausmaße im Vergleich zu den sportlichen Anlagen, dem Stadion und dem Hippodrom, äußerst bescheiden sind. Und doch besaß es einen gewissen Luxus, denn das Gymnasium wurde im Winter beheizt. Attalos I. hat auf Chios ein heizbares Gymnasium mit einem *kapnisterion*, einem Schwitzbad, errichten lassen. In Rom wird das saunaartige Luftschwitzbad später für eine spartanische Erfindung gehalten, wie das *laconicum* in den Thermen des Agrippa zeigt, das bei Cassius Dio (Hist. rom. LIII,27) beschrieben ist.

Bäder wie Gymnasien bleiben zwar noch der Ephebengemeinschaft vorbehalten, gleichwohl zeichnet sich nach Aristoteles' *Staat der Athener* eine gewisse Demokratisierung solcher Einrichtungen ab.[44] Im Bereich des medizinischen Badewesens bilden sich soziokulturelle Freizeitzentren als Teil der therapeutischen Anlagen der Asklepeia aus. Am bekanntesten ist das Asklepeion von Pergamon, dessen kulturelle Einrichtungen (Theater, Bibliothek) sowie die Kuranlage und das Heiligtum (der Tempel des Asklepios mit einer Kuppel wie beim Pantheon) aus antoninischer Zeit stammen.

Die öffentlichen Bäder im hellenistischen Athen müssen beachtliche Einrichtungen gewesen sein. Isaios, der Lehrer des Demosthenes, spricht von einer Investition von 3 000 Drachmen für eine solche Badeanlage, und ein ägyptischer Papyrus aus dem 3. Jahrhundert nennt es eine schlechte Ausbeute, wenn 400 Drachmen im Jahr erwirtschaftet werden. Die erhobenen Gebühren zeugen von einem blühenden Wirtschaftsleben. Besonders gut sind wir über die Bäder im ptolemäischen Ägypten unterrichtet, die vielbesucht und bis in die kleinsten Dörfer verbreitet waren: sie waren die sozialen Zentren. Buchführungsbelege bezeugen eine häufige Nutzung: von drei Bädern innerhalb von zehn Tagen bis hin zu beinahe täglichen Badesitzungen. Die sich abzeichnende »Demokratisierung« der Bäder bereitet die Fusion des *balaneion* mit den römischen *thermae* vor: die Frauen, die in Ägypten die öffentlichen Bäder aufsuchen, sind – neben den Kurtisanen – einfache Arbeiterinnen. Die Freizeit ist also zunächst einmal der physischen Entspannung in Verbindung mit körperlicher Hygiene gewidmet.

Doch wird die soziokulturelle Seite der hellenistischen *balaneia* noch durch weitere Zeugnisse bestätigt. Die Armen und die Außenseiter der Gesellschaft kamen gegen ein geringes Entgelt im Winter zum Aufwärmen dorthin. Wie die Notleidenden bei Aristophanes schlief der Kyniker Teles im 3. Jahrhundert sommers in Tempeln und winters in Badehäusern. Als Zeuge für athenische Verhältnisse hebt Theophrast die freizeitlichen Tätigkeiten in den Bädern hervor, in denen Kampfarten trainiert (das Bad ist ein Anhängsel an die Palästra) und Neuigkeiten ausgetauscht werden. Auch Kottabos wird gespielt, bei dem Wein oder Wasser in eine Schale gespritzt und das Ergebnis dann ausgedeutet wird – ein Spiel, das im 5. Jahrhundert vor allem bei Festgelagen gespielt wurde (vgl. Abb. 24).

Die griechische Welt bereitet sich auf die Thermenkultur vor, die als wesentlicher Bestandteil der Romanisierung begriffen wird. Die römerfreundliche Oberschicht der Gesellschaft besucht immer häufiger die öffentlichen Bäder: Vor Ptolemaios Euergetes II. geht der syrische König Antiochos Epiphanes, ein leidenschaftlicher Anhänger alles Römischen, zu den Hauptbadezeiten in die Bäder und ergeht sich in philanthropischen Scherzen (Polybios XXVI,1,12; Athenaios, Deipn. V,194b).

Der Aufschwung des olympischen Gedankens in alexandrinischer Zeit

Die Entwicklung der athletischen Wettkämpfe schreitet voran, und wenn Olympia auch den Vorrang behält, so entstehen doch andere Wettkampfzentren in Europa und Kleinasien.

Das griechische Athletentum entwickelt sich in panhellenische Richtung: Rhodier wie Aristomenes, der 156 v. Chr. Sieger im Ringkampf und im Pankration war, oder wie der 152 v. Chr. siegreiche Leonidas sind nicht zu unterschätzende Wettkampfgegner, ebenso die Ägypter. Dennoch bleibt die Stellung der Athleten vom griechischen Kontinent unerschüttert. Im Jahre 212 trägt Caprus von Elis im Ringkampf den Sieg davon und bezwingt den berühmten Kleitomachos, dessen vielfache Siege in der *Palatinischen Anthologie* IX,588 besungen werden, im Pankration. Doppelsiege sind allerdings selten und werden als Wunder betrachtet. Die Spezialisierung ist eines der wichtigsten Kennzeichen hellenistischer Agonistik, die von Meister-

Ringerszenen auf einer attischen Preisamphore. Ende 6. Jh. v. Chr.

schaftsstreben und hartem Training bestimmt wird; Epiktet erkennt darin den unerbittlichen Anspruch einer professionell ausgeübten Tätigkeit.

Mit dieser Entwicklung ist das Zurücktreten des aristokratischen und weniger ehrgeizig betriebenen Laiensports eng verbunden. In seiner *Nikomachischen Ethik* (XI,1116b) stellt Aristoteles den Athleten und den *idiotes*, den »Nichtfachmann« und »Laien«, einander gegenüber. An anderer Stelle beklagt er die Gier und das Nicht-genug-bekommen-Können (*polyphagia*) der großen Wettkämpfer.[45]

Die Athleten neigen dazu, von einem Wettkampf zum anderen zu fahren, um ihre Medaillen zu kassieren: Solon soll für die Olympischen Sieger 500 Drachmen und für die Sieger der Isthmischen Spiele 100 Drachmen ausgesetzt haben. Die Reisekosten, für die die Städte aufzukommen haben, sind beträchtlich, ebenso die Zulagen. Ein Boxer aus dem 3. Jahrhundert hat für einen Monat zwei Unterhaltszahlungen von 180 Drachmen gefordert. Etwa zur gleichen Zeit gibt Hermopolis in Ägypten für denselben Posten 50 000 Drachmen in einem einzigen Jahr aus. Solche Pensionsgelder sind übertragbar und werden vererbt, ein Zeichen für die Professionalisierung im Sport. Wenn ein Olympischer Sieger es wagt, 30 000 Drachmen für seine

Teilnahme an einem regionalen Wettkampf in Kleinasien zu verlangen, so bleibt das freilich eine Ausnahme. Im 2. Jahrhundert weisen die Finanzbelege von Aphrodisias 500 Drachmen für den Pentathlon und 3 000 Drachmen für das Pankration aus. Die städtischen Haushaltsbudgets sind jedenfalls in hellenistischer Zeit durch Sportausgaben stark belastet. Manches spricht dafür, daß sich die hellenistischen Athleten etwa seit 150 v. Chr. in Vereinigungen nach dem Vorbild der »Dionysischen Künstler« zusammengeschlossen haben.[46]

Der Panhellenismus weitet sich nach den Eroberungszügen Alexanders von Griechenland über Asien bis zu den hellenisierten Barbarenvölkern aus. Dabei sind die Publikumsreaktionen bei den Wettkämpfen keineswegs immer frei von Chauvinismus und Fremdenhaß. Wie sich herausstellt, sind die alexandrinischen Athleten auf dem Vormarsch. Zwar kann man unter den Ptolemäern noch nicht von einer staatlichen Organisation der Gymnasien sprechen, doch gab es schon Kosmeten und Gymnasiarchen, die die Ausbildung der Jugend überwachten. Natürlich waren die Gräko-Ägypter leistungsstarke Wettkämpfer. Einer von ihnen, der Boxer Apollonios, wird im Jahr 93 v. Chr. einen olympischen Sieg verfehlen, weil er an allen Spielen Kleinasiens teilgenommen hat. Ptolemaios V. Epiphanes hat sich sehr um die Ausbildung seiner Wettkämpfer gekümmert. In einem Bericht des Polybios, XXVII,9, erlebt man mit, wie er bei den Olympischen Spielen den Boxer Aristonikos gegen den berühmten Kleitomachos unterstützt. Die Menge tobt, den Alexandriner feuern seine Anhänger an, woraufhin Kleitomachos das Publikum beschwört und ihm vorwirft, einen ausländischen Athleten zu begünstigen, der seinen Ruhm und seine Siegeskrone nach Ägypten entführen und dessen Herrscher Ehre machen werde, anstatt sich für einen Kämpfer aus dem griechischen Raum, einen Thebaner und Boioter, stark zu machen.

Die philosophische Reflexion über Freizeit und Fest

Im Hellenismus entstehen große Schulen, die dieses Zeitalter prägen: die von Aristoteles begründete peripatetische, die stoische und die epikureische Schule. Sie alle müssen sich mit den politischen und kulturellen Phänomenen in einer veränderten Welt auseinandersetzen; die Polis und die »demokratischen« Herrschaftsformen sind untergegangen, die hellenistischen Monarchien erstarkt. Die beiden erstge-

nannten Schulen, die sittliche Tüchtigkeit und Glück als Lebensziel
propagieren, schließen die Möglichkeit einer rein individualistischen
Muße aus und treten für eine Beteiligung am staatlichen Leben,
für ein »politisches«, ein »praktisches« Leben ein. Sie unterscheiden
beim Menschen eine Zweckbestimmung zum Handeln und eine
Zweckbestimmung zur Muße. Deutlich anders sieht es in der epikureischen Lehre aus, weil hier das Bemühen um Weisheit und innere
Heiterkeit in ein betont apolitisches, ja akulturelles Mußeleben verlegt wird.

Die epikureische Lehre, die – entgegen anderslautenden Meinungen – keine demokratischen Züge aufweist, fügt sich außerordentlich
gut in das makedonisch beherrschte Athen des 3. Jahrhunderts. Im
»Garten« wurde der festliche Umgang mit Freunden gepflegt[47], etwa
bei dem Gedenkmahl zur Erinnerung an den Freund Metrodoros.
Wie das Lykeion und die Akademie ist auch der Garten ein Ort kulti-
scher und kultureller Musenverehrung. Das Bankett, das zur Vermei-
dung von Trunkenheit und Erotik einem besonderen Reglement unterliegt, wird als angemessene Festveranstaltung betrachtet (*euochei-
sthai*). Nach einem Grundsatz Epikurs »gehören das Lachen und das
Philosophieren zusammen«, muß »lächelnd Philosophie betrieben
werden«[48], ganz nach dem Bild der Götter, die zwar fern sind, aber
doch Freude und innere Ruhe als Ziel vor Augen stellen. Der Garten
ehrt die Götter des Staates um ihrer Glückseligkeit und ihrer Voll-
kommenheit willen;[49] Epikur nimmt an all ihren Festen teil, feiert mit
dem Volk das Choenfest und läßt sich sogar in die »Mysterien der
Stadt«, in den Dionysoskult einweihen (Brief an Phryson aus dem
Jahr 288 v. Chr.). In den Abhandlungen *Über die Frömmigkeit* und
Über die Musik des Philodemos von Gadara, wie überhaupt in der
späteren Tradition aus dem römischen Umfeld, lebt die Vorstellung
weiter, daß mit Musik und Festlichkeit die Götter geehrt und die
Menschen dabei erfreut werden. Bevor man dem Epikureismus jedoch eine Art Mußemonopol zuspricht, muß die Zurückhaltung dieser Schule gegenüber der freien Bildung und der bildenden Kunst
klargestellt werden.[50] Die Dichtung vermittelt nach dieser Lehre eine
mythische Vorstellung von den Göttern und dem Tod und erweckt
mit ihrem zauberischen Lied metaphysische Furcht (dafür steht das
Bild des Odysseus und der Sirenen); und die politische Rhetorik verbreitet in den panegyrischen Reden irrige Vorstellungen, die nur am
ästhetischen Vergnügen orientiert sind. Allmählich schwächt sich
diese kritische Einstellung zur Kultur jedoch ab. An dem alexandrini-

schen Aufschwung der Wissenschaft ist Epikur zwar nicht beteiligt, doch hat er in seiner Kontroverse gegen den Platoniker Herakleides Pontikos versucht, dem Leben der homerischen Phäaken seine physische Qualität der körperlichen Lebensfreude wieder zukommen zu lassen. Neben den Freuden des Bauches und der Liebe hat er akustisches Vergnügen und die angenehm erregende Wirkung ästhetischer Wohlgestalt gelten lassen (Usener, *Epicurea*, fr. 67).

Die konkurrierende Schule der Stoa, die den schönen Künsten auch nicht gerade aufgeschlossen gegenübersteht, verficht die im Hellenismus eher unzeitgemäße Idee der Beteiligung am politischen Leben; dabei wird die monarchische Verfassungsform akzeptiert, weil man in ihr die Herrschaft des »leitenden Prinzips« der Vernunft oder Vorsehung im politischen Bereich erkennt. Jede Art von Euergetismus läßt sich daraus ableiten, doch liegt das Schwergewicht in der Mittleren Stoa auf den großen Unternehmungen, die der Menschheit Nutzen bringen, und nicht so sehr auf einer »geschickten Vergnügungsbereitstellung« – nach der Theorie des Poseidonios, die von Seneca (Epist. 88,21 ff.) aufgenommen wurde. In der Stoa läßt sich allerdings ein grundsätzlicher Konflikt zwischen der »Muße zu wissenschaftlicher und kosmischer Erkenntnis« und der »Muße zur Zerstreuung« feststellen, durch den vor allem in der mittleren Periode des antiken Denkens ein elitäres Mußebewußtsein genährt wird. Bei ihrer monarchischen Grundeinstellung rechtfertigt die Stoa seit der Zeit des Chrysipp auch das »Hofleben«, allerdings soll verantwortlich mit der Macht umgegangen werden, damit Untaten der Tyrannis, Exzesse der Gewalt und Auswüchse der Vergnügungssucht vermieden werden. Die hellenistischen Geschichtsschreiber, unter denen einige von der Stoa geprägt sind,[51] wie beispielsweise Poseidonios in seinen Historien[52], werden die Genußsucht der hellenistischen Herrscher anprangern, die *tryphe*, die das fehlgeleitete Verlangen nach Luxus freisetzt, und alle »ausschweifenden Leidenschaften«[53]. Während die ältere Stoa ein »Leben für die Gelehrsamkeit« als Egoismus ablehnt, weil sie für die Einheit von Handeln und Erkennen im vernunftgemäßen Leben eintritt, erkennt die Mittlere Stoa des Panaitios, dessen Gedanken in Ciceros Schrift *De officiis* popularisiert sind, das bloße Erkenntnisstreben als Lebensform an. Unabhängig von den Paradoxien, in denen das Fest verinnerlicht und das Leben des Weisen als Fest der Sittlichkeit, das sich in der Seele abspielt, begriffen wird, läßt die Stoa – vornehmlich in der mittleren Periode – doch Raum für eine soziologische und religiöse Theorie des Festes. Davon zeugen die Musiktheo-

rien des Diogenes von Babylon.[54] Dieser ist von der Universalität der
Musik und der Spontaneität musikalischer Empfindsamkeit überzeugt und behauptet daher, daß die »institutionelle« Musik »die Götter verehren und freie Menschen heranbilden« will; Begriffe wie
»theoretische Funktion«, *theates* oder Zuschauer und »Theater« spielen hier eine Rolle. Die Musik ist mit dem Göttlichen verbunden, und
sie fließt ein in die Vergnügungen im Theater und Gymnasium oder
auch in staatliche Unternehmungen wie den Krieg (*Stoicorum veterum fragmenta* III,66–67). Der erbauende Gesang findet also Gnade
in den Augen dieses Denkers aus dem 2. Jahrhundert.

Am besten ist die Mußetheorie von der peripatetischen Schule entwickelt worden, von der sie die Mittlere Stoa teilweise übernommen
hat. Obwohl Aristoteles das Ideal vom politischen Handeln beibe-
hält, hat er doch eine kontemplative Aufgabenstellung definiert, die
die Naturwissenschaften und die Mathematik einschließt. Er und
seine Schüler, etwa Theophrast und Straton, haben die Forschung in
allen Bereichen der Physik und der Biologie vorangetrieben. Der Peripatetiker Demetrios von Phaleron war an der Gründung des Museions beteiligt, zu dem auch die berühmte Bibliothek gehörte. Als Zentrum literarischen Schaffens und wissenschaftlicher Forschung hat das
Museion die Entwicklung der Astronomie, der Medizin und der an-
gewandten Physik gefördert. Die aristotelische Definition einer
»scholastischen« Lebensform ist dafür ebenso entscheidend gewesen
wie die intellektuelle Schirmherrschaft des Ptolemaios Soter. Der Euergetismus hatte allerdings auch seine Schattenseiten: Ptolemaios
VIII. Euergetes II. hat die Mitglieder des Museion zur Flucht veranlaßt. Doch haben sich, nachdem der Anstoß einmal gegeben war, solche Gelehrtengemeinschaften in Pergamon, Smyrna und Rhodos neu
zusammengefunden.

Das peripatetische Denken hat auch eine Ideologie des Festes und
der Muße entworfen. Die *Politik* des Aristoteles[55] übernimmt eine
alte, wahrscheinlich auf die Pythagoräer zurückgehende Theorie über
Festmahl und Feier, die Entspannung (Spaziergang, Baden und Festessen) und im Opfer veranschaulichte göttliche Präsenz miteinander
verbindet. Trunkenheit (*methe*) und Entspannung (*methienai*) sind in
einigen spekulativen Entwürfen nicht zu trennen. Der Götterkult
zielt ebenfalls auf das Ausruhen der Menschen von ihren Mühen und
will sie mit Freude erfüllen.[56] Aristoteles hat aber auch und vor allem
eine natürliche, »soziologische« Mußetheorie hinterlassen, die mit
staatlichem Dirigismus gepaart ist. Nach der Definition der *Nikoma-*

chischen Ethik (X,6), die darin mit der Populärphilosophie (des Anacharsis) übereinstimmt, ist die Ruhe mit der Wiederherstellung der Arbeitskraft verbunden. Die absolute Muße wäre eine gesellschaftliche Utopie (*Politik* VIII,3), während die anarchische Muße verderblich ist (das veranschaulicht das Bild vom Rost, Pol. VII,14). Dem Staatsoberhaupt obliegt es darum, Freizeit so zu organisieren, daß dem gesellschaftlichen Anspruch des Festes und dem anthropologischen Gesetz der Entspannung Genüge getan ist. Der Gesetzgeber (*nomothetes*) soll Unterricht im guten Umgang mit der Freizeit erteilen (Pol. VII,14,1334a 1ff.; VIII,2,1 ff.). Das religiöse, von Musik rhythmisch begleitete Fest schafft einen kollektiven Begeisterungszustand, der als volkstümliche Form der Kontemplation angesehen wird. Zwei Zweckbestimmungen der Muße, zwei Ebenen der Kontemplation, zwei Arten von Kunst müssen unterschieden werden: bloßer Zeitvertreib (*paidia*) und kulturelle Bereicherung (*paideia*); »wie es zwei Arten Publikum gibt, die gebildete Oberschicht und die niedere Klasse der Arbeiter, Theten und anderer vergleichbarer Elemente, müssen auch für diesen Teil der Menschheit Wettkämpfe und Massenvergnügungen veranstaltet werden« (Pol. VIII,7,1342a 16 ff.). Aristoteles hat also in der Zeit des monarchischen Euergetismus und zu Beginn der alexandrinischen Kultur einen elitären und einen dirigistischen Freizeitbegriff entwickelt.

Die der Demokratie wenig gewogene Lehre Platons sieht in den »faulen« Trieben des einzelnen wie der Gesellschaft die Basis der Tyrannis (*Staat* 572a ff.). Wie wir schon bemerkten, wendet er sich gegen eine von Vernunft und Maß losgelöste Lebensform. Muße ist dem freien Menschen vorbehalten, der »in Freiheit und Muße erzogen ist« (Theait. 175d). Ganz entsprechend wird in der *Politik* des Aristoteles Muße dem Sklaven vorenthalten (Pol. VII,1334a 20), wobei dieser Erbe Platons die soziokulturellen Unterschiede zu einer Zeit erläutert, in der die staatliche Wertordnung bereits ins Schwanken geraten ist. Im 7. und 8. Buch der *Politik* gibt es einen ganzen Katalog von »freien« und »des freien Menschen nicht würdigen« Beschäftigungen: Lesen, Sport, Musik und Zeichnen sind als »frei« charakterisiert, aber die berufsmäßige Ausübung der Schauspielkunst und des Gesanges ist – außer im Rausch oder Spiel – »banausische« Handwerksarbeit (Pol. VIII,5,5–8). Der platonische Sokrates bleibt auch in hellenistischer Zeit ein Lehrmeister der Muße, mit seiner unabhängigen, zwischen Pflicht und Zerstreuung ausgeglichenen Lebensweise und seinen den Geist befruchtenden Gesprächen (vgl. die

Darstellungen im *Menon* 94e, im *Phaidon* 58d, im *Phaidros* 261b und 276b usw.).

Aristoteles[57], der zögert, welcher Lebensweise, der politisch aktiven oder der kontemplativen, der Vorrang zu geben ist, hat dieses Dilemma seinen Schülern Dikaiarch und Theophrast hinterlassen.[58] Gleichwohl hat er zu einer höheren Bewertung des »scholastischen Lebens« und der individuellen Form der Muße beigetragen. In der *Nikomachischen Ethik* (X,7,1177a ff.) ist die kontemplative Tätigkeit eine Lust, und diese wird mit dem Glück der Muße gleichgesetzt. Allerdings bedeutet der »scholastische Status« bei Aristoteles Muße zur reinen Erkenntnis und geistigen Schau, ein Ziel, das mit der Lebenssituation der Gelehrten im Museion verwirklicht wird. Die Musik findet Anerkennung bei Aristoteles zum Zweck der »Erziehung« und der »Reinigung« (Pol. VIII,6,1341b), aber das Leben für den Genuß hat der Stagirite scharf verurteilt als Ausweitung des Vergnügens und der Lust, wofür ihm die Herrscher des hellenisierten Ostens als Beispiel dienten. Die hellenistischen Geschichtsschreiber Theopomp, Timaios und Duris haben die Genußsucht (*tryphe*) der sizilischen Tyrannen entsprechend dargestellt.

Freizeitvergnügen der Könige

Die königlichen »Clubs«

Die Trinkgelage des Ptolemaios Soter und seiner Genossen waren berühmt, und von Ptolemaios IV. Philopator[59] weiß man (Athenaios, Deipn. VI,246c), daß er eine Trinkgemeinschaft gebildet hat, deren Teilnehmer er *geloiastai*, »Possenreißer«, nannte. Dergleichen parasitäre Gestalten und gerissene Burschen der Antike bezahlten ihren Zechanteil in Form von Witzen, wie jener Tischgenosse des Ptolemaios Soter, der die üblichen Tischgespräche parodiert, indem er das Dilemma des Betrunkenen formuliert (Deipn. VI,245 f.): »Bin ich betrunken oder sind es die Dinge, die sich um mich drehen?« Bei den Ptolemäern, diesen gekrönten Soldatenhäuptern, wird sehr schnell die Tendenz sichtbar, bei Festlichkeiten vulgär zu werden und sich im Schaustellermilieu gemein zu machen. Im Laufe eines zu einer Orgie ausartenden Banketts wird Antiochos Epiphanes (Deipn. V,195 f.), der für seine Verrücktheiten bekannt war, zu einer Gruppe von Pan-

tomimen geführt, die gerade eine Ballettaufführung beendet hatten;
da beginnt er, zur großen Entrüstung der Anwesenden, nackt zu tanzen und mit den Possenreißern herumzuwitzeln.

Am berühmtesten von diesen Genießervereinen werden die *ami-
metobioi*, die »unnachahmlichen Lebenskünstler«, die sich gegen
Ende der lagidischen Monarchie in Alexandria um Antonius und
Kleopatra scharen. Den Boden dafür haben jedoch die Ptolemäer mit
ihrem ordinären Betragen bereitet, die sich mit Musikern, Possenreißern und Gauklern umgaben. Einige ägyptische Herrscher haben
bloßstellende Beinamen erhalten, »Auletes« zum Beispiel, der »Flö-
tist«. Sie kennzeichnen den jeweils charakteristischen Zug der hellenistischen Machthaber im 2. Jahrhundert, die genußsüchtig, feist und
durch Zechgelage moralisch verkommen sind. Der Stoiker Panaitios
von Rhodos war über sie entsetzt und sah in ihnen eine Karikatur der
Macht, genau wie Platon die Tyrannis beschrieben hatte, in der alle
räuberischen Mittel zur Befriedigung der Begierden recht sind.

Tryphe

Plutarch hat das Leben des Demetrios[60] und des Mark Anton verglei-
chend beschrieben und dabei die Entartung der »königlichen« Muße
untersucht. Der makedonische Herrscher stirbt mit vierundfünfzig
Jahren nach einem abenteuerreichen Leben, in dem er militärisches
Genie bewiesen und daneben den »ausruhenden Krieger« verkörpert
hat. Er bekennt sich zum Dionysoskult, den er in Trinkgelagen, Ausschweifungen und offenkundiger Polygamie festlich begeht. In dieser
Religion steckt das Geheimnis der kriegerischen Gewalt und ebenso
die Gabe, den »Frieden in Freude und Lust zu verwandeln« (Plutarch, Dem. II). Mag er Athen, »die Warte der Welt«, auch vorübergehend befreien, die Akropolis verwandelt dieser makedonische Prinz
und Zeitgenosse des Ptolemaios Soter doch in ein großes Freuden-
haus. Athenaios (Deipn. XIII) und Plutarch (Dem. XXIV–XXVII)
haben die Kurtisanen des Poliorketes in ihrer Schamlosigkeit und ihrem aufreizenden Luxus beschrieben. Die Feste und Ausschweifungen der Lamia, einer Flötenspielerin reiferen Alters, die Demetrios
bei heiligen Wettkämpfen auftreten zu lassen wagt, erregen Ärgernis.
Der Hof des Demetrios wie der des Lysimachos, die sich gegenseitig
mit Spott und Hohn überschütten (Plutarch, Dem. XXV), bilden ein
Sammelbecken für Schmeichler, Trinker und Schmarotzer. Athenaios

stilisiert diese Fürstenhöfe als tragische und als komische Theater-
truppe.[61]

Der hellenistische Potentat und nachweisliche Kriegsheld erstrebt
eine Muße nach eigenem, tyrannischen Belieben. Abgesehen von seinen Ausschweifungen im Parthenon (Plutarch, Dem. XXIII,4–
XXVI,1) nimmt sich Demetrios für die Ruhezeit zwischen den Feld-
zügen vor, den athenischen Kalender nach seinen Bedürfnissen abän-
dern zu lassen, um die eleusinischen Weihen zu erlangen: und das
entwürdigte Volk faßt tatsächlich im Monat Munichion die Feste aus
dem Anthesterion und aus dem Boedromion zusammen!

Im Alexandria des Philadelphos und im Athen des Demetrios ist
zu beobachten, wie Politik spektakulär in Szene gesetzt wird. Diese
Entwicklung erreicht mit Antonius und Kleopatra ihren Höhepunkt.
Mark Anton[62], der seit 42 v. Chr. Mitregent in Ägypten und für das
östliche Reich zuständiger Triumvir war, ordnet sich in die Reihe der
hellenistischen Herrschergestalten ein. Auch wenn der Feldherr schon
in den Jahren 44/43 wegen seiner berüchtigten Zechgelage bekannt
war (Cicero, *Philippica* II, 6.42.63 ff.105; Plutarch, Ant. IX), betont
sein griechischer Biograph, daß er von den »asiatischen« Lastern angesteckt worden sei. Man erlebt mit, wie Antonius und Kleopatra in
Samos eine Generalversammlung der »Dionysischen Künstler« einbe-
rufen, wie Antonius, noch vor der Begegnung am Fluß Kydnos, die
römische Eskorte durch einen Schwarm von Kitharoden, Flötenspie-
lern und Tänzern ersetzt und in Ephesos, der Stadt des offiziellen
Einzugs der römischen Statthalter in den Osten, in Begleitung von
Bacchantinnen unter dem Zeichen des »Dionysos, des Gottes der
Freuden und des Friedens«, einzieht. Antonius hat sich also bereits
vor Nero durch die spektakuläre Inszenierung seiner Politik um charismatische Ausstrahlung bemüht.

Die Vergnügungsschiffahrt

In hellenistischer Zeit sind bei den Herrschern schwimmende Paläste
und traumhafte Kreuzfahrten[63] in Mode gekommen. Athenaios hat
diese Meereswunder im 5. Buch seiner *Deipnosophisten* beschrieben.
Sicher muß man Abstriche machen, vor allem bei der übertriebenen
Zahl der Ruderbänke, aber die Ausmaße dieser Schiffe sind gleichwohl verblüffend. Die Ptolemäer haben sich besonders hervorgetan.
So besaß Ptolemaios Philopator (Athenaios, Deipn. V,204e–206d) ein

Schiff, das mit einer Länge von 420 Fuß dreimal so lang war wie eine athenische Triere und 56 Fuß von Brücke zu Brücke maß. Es war mit doppeltem Heck, doppeltem Bug und prächtigen Galionsfiguren versehen, mit Malereien verziert und mit Elfenbein ausgeschlagen. Außerdem hatte Ptolemaios ein »Flußschiff«: Im Mitteldeck befanden sich Räume für Bankette, im unteren und oberen Deck doppelte Wandelgänge, wobei der untere einem Peristyl nachgebildet war, der obere einem Peristyl mit Zwischenwänden und Fenstern. Die Wohnräume waren ungeheuer reich ausgestattet mit korinthischen Säulen, deren Kapitelle aus Elfenbein und Gold gefertigt waren. Zwischen den Schlafräumen waren Kultstätten (für Aphrodite) eingerichtet, von denen eine dem Dionysos geweiht und mit bacchantischen Bildern ausgeschmückt war. Der eigentliche Festsaal war aus indischem Marmor.

Hieron II., der letzte Tyrann von Syrakus (306–215 v. Chr.), hatte von Archimedes einen schwimmenden Palast bauen lassen, der »Syracusa« und später »Alexandria« (Athenaios, Deipn. V,207b ff.) hieß. In einer auf hellenistische Geschichtsschreiber gestützten Beschreibung werden drei Decks aufgeführt. Im mittleren Deck befanden sich Kabinen für die Besatzung und mit Mosaikszenen aus der *Ilias* geschmückte Wohnräume. Darüber lag ein Gymnasium mit Spazierwegen, zu dem auch Gartenanlagen mit pavillonartigen Lauben gehörten, die von Efeu und Weinranken beschattet wurden. In diesem Punkt wollte Hieron, wie auch mit dem Aphroditesaal, die Ptolemäer nachahmen. Die Lauben sind denen auf dem Mosaik in Palestrina nachgebildet und sollen die »süßen Freuden von Kanobos« wachrufen. Als ein der Muße und dem Zeitvertreib geweihtes Schiff besaß die »Alexandria« auch eine reiche Bibliothek mit fünf Lesebetten und ein Bad mit drei Bronzebecken.

Die Galeere von Kleopatra VII., auf der sie den Kydnos[64] hinauf- und dem Antonius entgegengefahren ist, muß ein Hochseeschiff gewesen sein. Nach Plutarch war es ein einziges Schauspiel; von der Mündung an folgte man dem Schiff an den Ufern entlang oder kam aus der Stadt herab, um es anzuschauen: ein goldenes Heck, purpurfarbige Segel und versilberte Ruder, die sich zum Schall von Flöten bewegten; dazu nicht endende Musik von Schalmeien und Kitharen (die Vorliebe der Alexandriner für die Musik ist bekannt). Die als Aphrodite gekleidete und geschmückte Kleopatra lag ausgestreckt unter einem goldbestickten Baldachin, von Pagen im Amorkostüm und den schönsten Dienerinnen umgeben, die einen am Ruder, die anderen an der Takelage. Wunderbare Düfte von vielerlei Räucher-

Das Mosaik von Palestrina. Vermutlich aus Sullanischer Zeit.

werk mischten sich in die Klänge der Musik, um den Sinnen ein Fest
zu bescheren (Plutarch, Ant. XXVI).

Die Feier auf dem Fluß, die Kleopatra-Aphrodite für Antonius-
Dionysos veranstaltet, gibt einen Vorgeschmack auf die Bankette der
»unnachahmlichen Lebenskünstler« in Alexandria und die »süßen
Wonnen« von Kanobos.[65]

Kanobos und die Badekultur

Das Mosaik von Palestrina zeigt Kanobos als eine architektonisch
sichtbare Mischung von Zerstreuung bietendem Badeort und religiösem Zentrum (zur Verehrung von Isis und Serapis); doch kamen auch
Kranke nach Kanobos, die hofften, auf wunderbare Weise geheilt zu
werden, etwa durch »Inkubation« in den Tempeln. Strabon schildert

vor allem die profanen Festivitäten, die über das kultische Geschehen hinausgingen (*Geographie* XVII,1,17): »Bemerkenswert aber ist vor allem die Menge derer, die von Alexandria auf dem Kanal Lustfahrten dorthin machen; denn alle Tage und Nächte ist er voll von Männern und Frauen, welche sich teils auf den kleinen Nachen mit der äußersten Ausgelassenheit in Flötenspiel und zügellosen Tänzen ergehen, teils in Kanobos selbst am Kanal gelegene und für dergleichen Zügellosigkeit und Schwelgerei geeignete Herbergen haben.« Es wird also unterschieden zwischen dem Ansturm der Bevölkerung aus Alexandria, die in den antiken Texten durchweg als schaulustig, musik- und theaterbegeistert geschildert wird, und den Zweitwohnsitzen der Vornehmen und ihren »wasserumspülten« Häusern direkt am Meer. Kanobos war für musikreiche Feste und Orgien wie geschaffen; kein Wunder, daß es bei Seneca zum Inbegriff für Ausschweifungen wurde und in den Epigrammen des Martial entsprechend verschrien war.[66] Vielleicht waren die Gartenpavillons nicht so groß wie der von Kallixeinos von Rhodos beschriebene des Philadelphos (Athenaios, Deipn. V,196 ff.), aber daß hier die Architektur (Säulenhallen), die Ausstattung (Gemälde, Skulpturen und phönizische Tapeten) und die dekorativ einbezogene Natur aufs engste miteinander verbunden waren, ist doch deutlich zu erkennen (im Pavillon von Alexandria gab es einen aus Myrrhe und Lorbeer stilisierten Garten).

Die Lustbarkeiten von Kanobos sind durch mancherlei, vor allem um Antonius und Kleopatra kreisende Anekdoten hinreichend bekannt. Da der siegreiche, der Königin erlegene Feldherr gern in den Kanälen angelte, ließ Kleopatra von Tauchern kleine Fische an seiner Angel befestigen. Die Lebenskünstler des königlichen Clubs veranstalteten, mit dem Thyrsosstab in der Hand, einen bacchantischen Festzug oder führten nautische Chorreigen wie das Ballett der Nereiden auf: dabei stellte Munatius Plancus, der spätere Gründer von Lyon, in einem tiefblauen Badekostüm, mit Schilf im Haar und einem Fischschwanz hinter sich, den Meeresdämon Glaukos dar.[67]

Die Jagd

Im klassischen Griechenland war man kaum über die mittlere Jagd, die dem Wildbestand entsprach und mit der bäuerlichen Wirtschaft eng verbunden war, hinausgegangen; das ist, wie wir sahen, dem *Oikonomikos* des Xenophon und anderen vergleichbaren Abhandlungen

Löwenjagd Alexanders des Großen und seines Generals Krateros.
Kieselmosaik aus Pella. Ende 4. Jh. v. Chr.

zu entnehmen. Platon strebt in den *Gesetzen* (VII,824a ff.) eine aristokratisch geprägte Jagd an, die der Ausbildung der Jugend förderlich sein soll; er lehnt dabei die faule Jagd ab, bei der Netze die Arbeit des Menschen übernehmen, und hält an »Jagd und Fang von Lauftieren« fest, an der Jagd »mit Vierfüßlern, bei der man neben dem eigenen Körper Pferde und Hunde einsetzt«. Herodot nennt diese Jagd *persikos tropos* (›persische Art‹).

Alexander hat die persische Jagdtradition aufgenommen.[68] Quintus Curtius Rufus (VIII,2) beschreibt, wie er eine ungeheure Treibjagd in den eingefriedeten Waldrevieren von Bazeira veranstaltet hat. In Baktrien stand der König plötzlich aus lauter Übermut ganz allein einem Löwen gegenüber (Plutarch, Alex. XL), woraufhin man ihm nach persischer Sitte eine Eskorte von Freunden aufdrängte. In Syrien, Ägypten und Makedonien haben die Diadochen die von dem Eroberer übernommene orientalische Tradition weitergeführt: so war es am Hof von Makedonien königlicher Ritus, sich im Kampf einem Keiler zu stellen. In Syrien jagten die Seleukiden wilde Tiere, die ihre wildparkartigen »Paradiese« füllten. Antiochos VIII., der prachtvolle Jagdveranstaltungen haßte, erlegte nachts, in Begleitung nur weniger Diener, Löwen, Panther und Wildschweine. Die Lagiden machten in Ägypten Jagd auf Flußpferde und Raubtiere und veranstalteten in Äthiopien Treibjagden auf Elefanten. Ihre Jagd sollte vor allem die

königlichen Menagerien füllen, die bei Festveranstaltungen vorgeführt wurden. Ptolemaios Soter, der Begründer der Dynastie, war ein
hervorragender Jäger. Die hellenistische Dichtung verleiht der Jagd einen Adelsbrief, wenn sie die göttlichen oder legendären Glanzleistungen von Apollon und der jagenden Artemis[69], von Theseus und Teire-
sias[70] rühmt. Wenn man der Auflistung in den Büchern XXXIV und
XXXV der *Naturalis historia* des Plinius Glauben schenken darf, hat
die bildende Kunst die Erfolge bei der Jagd allgemein bekannt gemacht; so ist die bei Plutarch erzählte Jagdszene, in der Alexander
und Krateros einen Löwen erlegen, in Delphi von Lysippos und Leo-
chares in Stein gehauen worden (Nat. hist. XXXIV,64), und Euthy-
krates, ein Schüler des Lysippos, hat in Thespeia eine Skulptur von
Alexanders Jagd angefertigt. Die hellenistischen Kunstwerke werden
auch zur Verbreitung dieser Mode im Römischen Reich beitragen.

Die Jagdlust verbindet sich in hellenistischer Zeit mit einem neu-
gierigen Interesse an der Welt der wilden Tiere. Die Herrscher unterhalten Menagerien, an denen sich die Menge nicht satt sehen kann.
Unter Philadelphos spielt die Ausstellung wilder Tiere eine besondere Rolle. Im Festzug wurden zweitausendvierhundert indische,
hyrkanische und molossische Hunde von ihren Jägern mitgeführt;
dann folgten fünfhundert Männer mit Bäumen, die – in möglichst
sorgfältiger Abbildung der fremdländischen Natur – Tiere und Vögel
beherbergten, vor allem Fasane und äthiopische Vögel. Schließlich
folgten noch Büffel, Zebus, Leoparden, Schakale, ein Eisbär, eine Giraffe und ein Rhinozeros.

Athen, Zentrum des Müßiggangs und der Liebe: Theophrast und Epikur

Die von Makedonien unterworfene und den Launen seiner Statthalter
preisgegebene Stadt des Theseus bleibt dennoch ein lebendiges kulturelles Zentrum. Hier ist, wie wir schon sahen, im 4. und 3. Jahrhundert die Neue Komödie entstanden, die nicht mehr politisch orientiert
ist, sondern um das alltägliche Leben mit seinen Absonderlichkeiten
und seiner Moral kreist. Wir müssen uns das Publikum der Neuen
Komödie äußerst vergnügungs- und glücksbegierig vorstellen. Der
Dialog zwischen Autor und Publikum ist allerdings im ganzen zerstört. Nur mit Hilfe der Schriftsteller Alkiphron[71] und Athenaios[72],

denen noch der ganze Textbestand bekannt war, können wir uns ein
Bild von dieser Welt der kleinen Leute machen, die sich im übrigen
nicht wesentlich von der bei Aristophanes unterscheiden dürfte.

Der Aristotelesschüler Theophrast hat *Charaktere* geschrieben, ein
Werk, das hinter der Typenzeichnung zahlreiche gesellschaftliche Beobachtungen vermittelt. Bei aller vulgären Geschwätzigkeit ist die Bedeutung der Feste und ihre Vorrangigkeit im städtischen Leben zu erkennen. Der »Redselige« etwa kann den Vergnügungskalender an den
Fingern aufzählen, die Mysterien des Dionysos[73] (September/Okto-
ber), die Apaturien (Oktober/November) und die ländlichen Dionysien (Dezember/Januar). Der »Unverschämte« ist so gewieft, für seine
Gastfreunde Theaterkarten zu kaufen und selbst mit zuzuschauen,
ohne seinen Teil zu bezahlen. Es sei daran erinnert, daß es die ›Zu-
schauerkasse‹ aus der Zeit der athenischen Machtfülle in dem nunmehr verarmten und ausgebeuteten Athen nicht mehr gab.[74] Theateraufführungen sind teuer und erfordern Beitragszahlungen: Der
»Knausrige« (XXII) drückt sich um Beitragszahlungen und freiwillige Abgaben; nach einem Sieg im tragischen Chor weiht er dem Dionysos nur eine einfache Binde. Für den »Geizigen« (XXX) ist der
festreiche Monat der Anthesterien ein Unglücksmonat; wegen der
vielen Feiertage schickt er seine Kinder erst gar nicht zu den Lektio-
nen, um das Schulgeld zu sparen. In einer Zeit, in der man um Sittlichkeit beim Bankett und überhaupt im gesellschaftlichen Leben bemüht ist (die neuen Philosophenschulen sind damit befaßt), gilt das
Interesse des Moralisten dem Verhalten des Zuschauers; für Theophrast, der die Gedanken seines Lehrers Aristoteles aufgenommen
hat, ist das Benehmen vom Grad der Bildung abhängig. So charakterisiert es den »Flegel« (XI), daß er im Theater klatscht, wenn die anderen aufhören, und die Darsteller auspfeift, die die anderen gerne sehen. Der »Gedankenlose« (XIV) bleibt beim Theaterbesuch allein
schlafend zurück. All diese Beobachtungen betreffen Korrektheit und
Anstand, auf die die Neue Komödie damals hinzuwirken suchte.
Beim Zuschauen liebt man es komfortabel und bringt sich Sitzkissen
mit ins Theater (II).

Aber auch von primitiverem Zeitvertreib ist in den *Charakteren*
überall die Rede. Der »Bäurische« (IV) kommt in die Stadt und läßt
sich durch kein Gedränge davon abbringen, stehenzubleiben, um das
Vieh in den Straßen zu begucken – jedem seine besondere Art der
Kontemplation, hieß es bei Aristoteles. Er verträgt viel Alkohol,
schäkert mit der Köchin und singt laut im Bad. In der Stadt, die im-

mer noch der Inbegriff des leichten Amüsements geblieben ist, betreibt der »Bedenkenlose« (VI) alle schimpflichen Gewerbe: bei
Schaustellungen sammelt er das Geld ein und scheut dabei keine rabi-
aten Auseinandersetzungen; er betätigt sich als Wirt und betreibt
Kuppelei. Übereinstimmend mit dem Zeugnis der Neuen Komödie
und des Alkiphron unterstreicht Theophrast die Bedeutung bezahlter
Galanterie: Ausschweifung verbindet sich beim »Taktlosen« mit einer
Aristophanes überbietenden Grobheit analer Witzeleien und mit vul-
gärer Festlichkeit. Es bedarf nur eines Zeichens seitens der Gäste,
dann läuft der Sklave ins Bordell und holt ein Mädchen, »damit es
uns allen etwas vorflöte und uns ergötze«. Die Bankette zu Ehren der
agoraioi (›Pflastertreter‹) bestehen fort.[75]

Und doch herrscht besonders in Athen Langeweile. Der Stadt ist
der politische Logos abhanden gekommen, den Thukydides bei erfolgreichen Unternehmen für unabdingbar hielt; geblieben ist das
hohle, unverbindliche Redevergnügen, das den Römern zum Inbegriff »griechischen Müßiggangs« wird. Theophrast hat zwei Hauptty-
pen unterschieden, den »Schwätzer« (VII), der in den Schulen und auf
Sportplätzen herumschwatzt, daß der Unterricht behindert wird, und
der seine Mitzuschauer im Theater stört, und den »Gerüchtemacher«
(VIII), der als Produkt des allgemeinen Müßiggangs gelten kann: er
treibt sich den ganzen Tag über in den Wandelhallen, den Geschäften
und auf den Märkten herum und geht dabei seinen unfreiwilligen Zuhörern gehörig auf die Nerven. Schließlich hat Theophrast noch den
»Spätgebildeten« (XXVII) charakterisiert, der – ähnlich wie der »jugendliche Greis« in der Neuen Komödie – den Vergnügungen der Jugend nachjagt, auf Sportplätzen, beim Reiten, wo er auf die Nase fällt,
und in der Badeanstalt, wo er mächtig angibt. Nach Theophrast ist die
moralische Geographie in Athen vom städtischen Müßiggang beherrscht.

Die Hauptstadt bietet Unterhaltung für jeglichen Geschmack. Als
der Dichter Menander sich weigert, einer Einladung des Ptolemaios
Soter zu folgen und nach Alexandria zu fahren, da stellt er in einem
bei Alkiphron (IV,18) an Glycera rückdatierten Brief den Schätzen
des Ptolemaios das ästhetische Kapital Athens gegenüber, zu dem er
das jährliche Kannenfest (Choen), die Lenäischen Theaterfeste, das
Gymnasium im Lykeion, die erlauchte Akademie, die Festzüge bei
den städtischen Dionysien, den Kannenmarkttag, den Kerameikos,
die Agora und die schöne Akropolis zählt. Den Kerameikos kennt
man bei Alkiphron allerdings wegen der Mädchen, die dort, im Be-

zirk Skiros (*Briefe* II,22; III,5; III,12; III,28) leicht zu haben sind. Die
Parasiten holen sich von dort Mädchen wie Klymene und Hyazinthis.
Nach den *Hetärenbriefen* (IV,14) tafeln diese Damen aus dem Kera-
meikos mit ihren Liebhabern bei den Dionysien; vom Wein be-
rauscht, entkleiden sich Thryallis und Myrrhine, um ihre natürlichen
Vorzüge zu vergleichen. Häufig sind die Hetären Musikerinnen und
lassen sich sogar von der Philosophie verlocken. In einem Brief
(IV,17), den Leontion an Lamia, eine andere Hetäre, schreibt, deren
Name an die Geliebte des Demetrios Poliorketes erinnert, ist von
Epikur und seinem »Garten«, aus dem sie verbannt worden ist, die
Rede: Epikur, der einundsiebzigjährig gestorben ist, erscheint hier als
kränklicher Achtziger. Leontion tröstet sich damit, daß sie nun nicht
mehr »die Grundwahrheiten über die Natur« und seine trockenen
»Anweisungen« zu verdauen habe (sie bringt die Schrift *Über die Na-
tur* und die *Maximen* durcheinander).

Diese Darstellung entspricht ganz der Natur der Sache; denn anders als die Lehrer des Lykeions und der Akademie ließ Epikur auch
Frauen, ja sogar Hetären an seinen Gesprächen teilnehmen.[76] Unter
den Schülern in Epikurs Garten lassen sich eine Mammarion, eine
Erotion und eine Hedeia ausmachen. Während nach der Darstellung
der Neuen Komödie die Mädchen zu dieser Zeit verunglimpft, geschlagen und verkauft wurden, hat Epikur ihre menschliche Würde
wiederhergestellt. Die Leontion bei Alkiphron hat tatsächlich existiert[77] und eine Zeitlang sogar die Führung des Gartens innegehabt.
Der Brief vermittelt ein lebendiges Bild vom Alltag in den Schulen,
die als Lebensgemeinschaften oder »Clubs« angesehen wurden. Tim-
arch hat um Leontions willen das Lykeion, »seine jugendlichen
Freunde und ihre Gesellschaft« verlassen. Nahezu alle Schüler Epikurs kommen in diesem Brief vor. Der Meister war nachsichtig gegenüber den Bedürfnissen des Fleisches (Aphrodite), solange sie dem
Geist nicht die entstellenden Zwänge der Leidenschaft auferlegten
(Eros). Metrodoros schrieb dem von heißem Verlangen geplagten
jungen Pythokles, daß er dieses durchaus befriedigen könne, ohne die
Gesetze zu übertreten, die guten Sitten zu verletzen, die Nachbarn zu
stören und die eigenen Kräfte und das eigene Vermögen zu erschöp-
fen.[78] Die dem Garten befreundeten Hetären mochten diese Bedingungen erfüllen. Allerdings erklärt sich aus diesem Zusammenhang,
daß der »epikureische Mußegenuß« in Athen seit dem 3. Jahrhundert
entstellt und als Sinnenfreude karikiert wurde, wobei die festlichen
Mahlzeiten mit den Freunden zu galanten Orgien verzerrt wurden.[79]

Private Feiern finden in Form von Banketten statt. Die fragmentarische Überlieferung der Neuen Komödie wird durch die atmosphärischen Beschreibungen erhellend ergänzt, die Plautus und Terenz nach diesem Vorbild gestaltet haben. Im *Miles gloriosus* des Plautus erweist sich der Epikureer Periplectomenus, der dem *Ephesios* des Menander nachgebildet ist,[80] als aufmerksamer und liebenswürdiger Gast; der Junggeselle, der Weib und Wein nicht verachtet, legt im 3. Akt seinen Verhaltenskodex dar: er grapscht nicht nach der Freundin eines anderen und reißt den anderen Gästen keine Platten und Schüsseln aus der Hand; nach Art der Parasiten kümmert er sich um die Nahrungsmittel, sorgt für gute Stimmung und unterhält die Gesellschaft gekonnt mit lasziven Tänzen aus Jonien – es wurde nämlich bei den Banketten der Neuen Komödie viel getanzt, wie Athenaios festgehalten hat.[81] Wer um Anstand und korrektes Benehmen bemüht ist, darf die Mitgäste nicht belästigen und ihnen nicht ins Wort fallen (man muß sprechen und man muß schweigen können, 646), darf nicht spucken und nicht kleckern. Periplectomenus verkörpert ein Ideal asiatischer und griechischer Gesittung, das gerade dann besonders wichtig ist, wenn es allzu viele unerzogene Hetären gibt, die sich betrinken und über die Speisen herfallen, sich die Backen vollstopfen und die Trinkschalen in einem Zuge leeren.

Auch das Bankett der unteren Bevölkerungsschichten erscheint klar umrissen, wenn man den 5. Akt des *Stichus*[82] von Plautus heranzieht: ein Festmahl unter athenischen Sklaven, das offenbar vorbildlich abläuft (671). Die von Stichus geladenen Gäste bringen ihren Wein selbst mit, jeder mit einem eigenen Gefäß: schifförmige Schalen (Skaphen), Henkelbecher (Kantharoi) oder silberne Opferschalen (Batiaken). Das Mahl ist einfach und besteht aus Nüssen, Bohnen, Feigen, Oliven, kleinen Wolfsbohnen und etwas Gebäck. Die Anzahl der Becher, die getrunken werden sollen, wird, wie bei den »richtigen« Banketten, festgelegt. Auch ein Flötenspieler ist dabei, dem man zu trinken gibt, um dann eine sinnliche Melodie von ihm zu erbitten. Die beiden Sklaven wollen mit ihrer gemeinsamen Freundin Stephanium tanzen, wobei Segarinus jonische Tanzschritte vorführt. Man vergleiche dieses volkstümliche Festmahl mit einer anderen Festlichkeit aus der hellenistischen Zeit, mit der Hochzeit des Karanos nämlich, die bei Athenaios (Deipn. IV,128a–130e; vgl. dazu S. 104 ff.) überliefert ist.

Naturverbundenheit und Kultur: Theokrit

In Theokrits idyllischer Dichtung hat die Muße ebenfalls ihren Platz.
Es wäre oberflächlich, sie nur als gewöhnliche Hirtendichtung zu
deuten, in der die amourösen Rivalitäten der Hirtensänger und ihr
musikalischer Wettstreit besungen werden, in einem paradiesischen
Sizilien, dem Tyrannenherrschaft und Völkereinwanderung noch
fremd sind. Das Augenmerk des Dichters wandert häufig von Sizilien
zu den großen Festen der griechischen Welt und vom Land in die
Stadt. In den *Syrakuserinnen am Adonisfest*[83] wird anschaulich geschildert, wie die Menschenmenge durch Alexandria zieht und Praxinoa und Gorgo inmitten dieser wogenden Menge zum Palast des
Ptolemaios (Philadelphos) gelangen. Die Königin Arsinoe Philadelphos veranstaltet ein Fest zu Ehren des Paares Adonis und Aphrodite, und von den Vorbereitungen des Festes hat Praxinoa einen Geschmack bekommen: »Bei den Reichen ist alles reich . . ., wer müßig
ist, hat immer Festtag« (Syr. 26); aus solchen Bemerkungen spricht
der Gegensatz zwischen dem Alltag des Volkes und dem Mußeleben
der Mächtigen. Aber das ameisenartige Gewimmel verläuft geordnet,
und die Straßen sind sicher, weil Ptolemaios die Räuber und Spitzbu-
ben vertrieben hat. Im dritten Bild wird der Palast mit seinen mythologischen Tapisserien gezeigt, vor allem das Bild des Adonis, »wie rei-
zend auf silbernem Stuhl er sich hinlehnt, ersten Flaum auf den Wan-
gen, der von den Schläfen herabsprießt«. Das Fest gipfelt in dem de-
klamatorischen Gesang einer heimischen Corinna (Syr. 100 ff.), einer
gune aoidos, zu Ehren des Adonis, der als Statue in seiner natürlichen,
orientalischen Umgebung dargestellt ist.[84] Die Hymne an Kypris gibt
Gelegenheit, die von ihr beschützten Herrscherinnen Berenike und
Arsinoe zu rühmen. Im übrigen tritt die Stadt aber eher zurück vor
dem Land, das der poetische Naturalismus so stilisiert, daß es üppig
und warm, mit Schatten und kühlender Frische des Wassers erscheint.
Die 7. Idylle (die *Thalysien*, dem Erntefest der Deo-Demeter gewidmet) spielt auf der Insel Kos. Läßt man die kunstvolle Rahmenerzäh-
lung mit ihrer den gebildeten Leser ansprechenden Geographie beiseite, so zeichnet das Gedicht einen Spaziergang nach. Theokrit und
seine Freunde begegnen dem originellen Geißhirten und begnadeten
Dichter Lykidas. Das Gespräch entwickelt sich zu einem regelrechten
Sängerwettstreit, und unterdessen nähert man sich langsam dem
»schattigen Hain« von Phrasidamos und Antigenes, den Gastgebern.
Mußegenuß auf verschiedenen Ebenen ist das einigende Thema dieses

lyrischen Stückes, das ein Gedicht im Gedicht enthält – für die Gelehrten ein unauslotbares Kunstwerk, das in einem rühmenden Lied auf das Fest gipfelt:

> Wir gingen zum Hofgut des Phrasidamos,
> Wo wir sodann auf schwellendem Lager von duftenden Binsen
> Und auf soeben geschnittenem Weinlaub fröhlich uns streckten.
> Oben zu unseren Häupten, da rauschten die Pappeln und Ulmen
> Reich an Zahl. In der Nähe rieselte heiliges Wasser,
> Welches aus einer Grotte der Nymphen plätschernd herabfloß.
> In den beschattenden Zweigen waren die sonnenverbrannten
> Dunklen Zikaden emsig beim Schwatzen. Und in den dichten
> Hecken des Dorrengestrüppes quakte von fernher der Laubfrosch.
> Lerchen und Finken sangen ihr Lied, und es gurrte die Taube,
> Und um das Wasser der Quelle flogen und summten die Bienen.
> Alles roch nach gar fruchtbarem Sommer, es roch nach der Ernte ...
> Vier Jahr alter Verschluß ward oben gelöst von den Krügen.
>
> (131 ff., übers. von F. P. Fritz)

Der Bericht gerät zu einem Hymnus an die Freude über das Landleben, wobei sich zum ersten Mal in der mediterranen Poesie das ländliche Glück an die Natursehnsucht bindet: Schatten, sprudelndes Wasser und fruchtbare Fülle. In der 5. Idylle von *Geißhirt und Schäfer* (die vor dem Hintergrund der Karneen, des dorischen Festes zu Ehren Apollons als des Hüters der Herden, spielt) beschwört die Aufforderung des Komatas bei Lakon denselben Traum herauf (45 ff.), und auch der verliebte Polyphem entwirft in der Idylle *Der Kyklop* ein entsprechendes Paradies für Galatea, mit schattiger Höhle und dem »ambrosischen Trunke« kühlen Wassers (42 ff.).

Doch benennen die alexandrinischen Idyllen auch die Verlockungen, die für die bäuerliche Bodenständigkeit von der städtischen Zivilisation ausgehen. In Theokrits *Hirten* bekommen wir in Aigon einen Hirten zu sehen, dem der Athlet Milon mit olympischen Siegesträumen den Kopf verdreht hat. Die Szene spielt in der Nähe von Kroton; Aigon hat seine Syrinx, das Symbol des Hirtenglücks, zurückgelassen und ist nach Pisa in Elis aufgebrochen. Dieses Detail bezeugt die wachsende Sucht nach Wettkämpfen und die Gewohnheit, die Sieger zu Kultfiguren zu stilisieren. Amüsanterweise hat sich der ›Faustkämpfer‹, der nun auf Herakles' Spuren wandeln soll, mit dem Verzehr von achtzig Kuchen im Wettkampf der Vielfresserei hervorgetan, einer ›Disziplin‹, die auch von Aristoteles und später von Galen von Pergamon (XVII B 417, Kühn) verzeichnet worden ist. Ein weiteres Beispiel ist die Simaitha in der *Zauberin*, die es offenbar besonders schätzt, für einen, der ständig in der Palästra von Kos herumhockt, dahinzusiechen. Dieser Verstädterung der Bukolik steht der Traum, aufs Land zu entfliehen, gegenüber, wie er etwa in der *Liebe der Kyniska* (14. Idylle) als Landpartie in Sizilien (12 ff.) gestaltet ist. Zur gleichen Zeit hat die Neue Komödie das Land jedoch nicht als Ort der Entspannung angesehen, sondern, ungeachtet der ländlichen Szenen bei Alkiphron, als Schauplatz eines arbeitsreichen Lebens.

Reisen

Die hellenistische Zeit ist von dem Aufschwung der Handelsschifffahrt und des internationalen Warenaustausches geprägt. Mittlere und Neue Komödie beschreiben zwar nicht eigens diese berufliche Tätigkeit, liefern aber einige darauf verweisende Titel, wie *Emporos*, der Handelskaufmann, oder *Naukleros*, der Schiffsherr. Zahlreiche Geschäftsreisen halten die Protagonisten zwischen Attika, den Inseln und Kleinasien in Atem;[85] man begibt sich auf eine Insel, um Familienvermögen zu verwalten oder eine Erbschaft anzutreten, und nach Ephesos, um als Gläubiger eine Forderung einzutreiben. Allerdings sind solche Reisen im 4. und 3. Jahrhundert durch die Umtriebe der Seeräuber zu einer unsicheren Angelegenheit geworden. Redner wie Demosthenes und Isokrates betonen immer wieder deren Greuel. Im Jahr 343/42 v. Chr. stimmten sich Philipp von Makedonien und Athen mit ihren Unternehmen gegen die Seeräuber ab.

Lateinisch überlieferte Stücke lassen erahnen, daß von ihren griechischen Vorbildern das neugierige Interesse an fremdländischen Verhältnissen in Persien oder dem karthagischen Afrika genährt wurde. Philemons *Panegyris* weckt Interesse für Alexandria und seine festlichen Veranstaltungen. Der Komiker Machon, den Athenaios gründlich kannte (Deipn. XIII,664–679), hat in Ägypten gelebt und geschrieben und es in seinen Stücken offenbar zu einem Land paradiesischer Genüsse gemacht; dabei hat er dem Leben der Hetären besondere Aufmerksamkeit geschenkt. Durch Herondas haben wir Ägypten schon als besonderen touristischen Anziehungspunkt kennengelernt, was durch die Grabinschriften für Reisende bestätigt wird.[86]

Handelsreisen sind, nach dem Zeugnis der Komödie, mit vergleichender Gastronomie verbunden – jedenfalls weisen darauf die Fragmente des ›mittleren‹ Komikers Eubulos (fr. 53 und 54).

In der Welt der Neuen Komödie zeichnet sich allerdings eine ziemlich provinzielle Mentalität ab; die Landschaften auf dem griechischen Festland werden in der Regel zugunsten von Attika herabgewürdigt, welches immer noch als Inbegriff des »süßen Lebens« gilt. In einem Fragment des Apollodoros von Karystos werden die athenischen Ritter eingeladen, »einen zehntägigen Ausflug nach Korinth zu machen und dort, bekränzt und parfümiert, an Festgelagen bis zum frühen Morgen teilzunehmen«. Das hellenistische Korinth galt nämlich als Feinschmeckerstadt.

Nimmt man die in hellenistischer Zeit weitgereisten[87] und oftmals in der Ferne verstorbenen Ärzte einmal aus, so sind begrenzte Ausflüge, Überlandfahrten, wie sie Alkiphron beschrieben hat (IV,14), und kleinere Reisen an der Küste entlang bei weitem beliebter. In einem Brief erzählt Alkiphron (I,15), wie Pamphilos einen Kahn mietet, um darauf herumzuschippern und am Fischfang teilzunehmen. Auf dem Deck ausgestreckt läßt er sich von einer Flötenspielerin Schatten spenden, während sich seine Begleitung mit Gesang die Zeit vertreibt.

Ausblick

Das Freizeitvergnügen in Rom dürfte eigentlich nicht als hellenistisches Erbe im strengen Wortsinn bezeichnet werden, vielmehr müßte von einer fortgesetzten Beeinflussung die Rede sein, da doch die hellenistische Epoche schon vor der römischen Eroberung begonnen und unter der Herrschaft Roms weiter bestanden hat.

Wie sich zeigen wird, verdankt Rom dem klassischen wie dem hellenistischen Griechenland eine Fülle von Formen für die Zerstreuung, insbesondere das literarische Schauspiel mit Tragödie und Komödie, Gesellschafts- und Glücksspiele und natürlich die Theorie der »freien Muße« und ihre Praxis. Der griechische und der hellenistische Euergetismus vermitteln der hellenisierten Adelsschicht der römischen Republik neben dem Sinn für ihre persönliche Mußegestaltung die von der griechischen Philosophie systematisch durchdachte Idee, den Freizeitbereich überhaupt politisch zu organisieren. Der vom griechi-

schen Euergetismus genährte Caesarismus verdankt dem hellenistischen Osten die Doktrin von der Macht und Güte des Monarchen.
Allerdings sollte das Vorbild des »monarchischen Festes« wie eine
Hypothek auf dem Mußeverhalten des Herrschers und auf dem
volkstümlichen Vergnügungskult lasten, weil Griechenland das Beste
wie das schlechteste an Rom weitergegeben hat: mit dem kulturellen
Fortschritt, der zur Muße gehört, auch die gesellschaftlichen Belastungen, die die unterhaltenden Massenveranstaltungen mit sich
bringen.

Viertes Kapitel

Das frühe Rom und die römische Republik

Zur Archäologie der lateinischen Muße

Die Römer haben aus den Anfängen einer kleinen Gruppe von Aben-
teurern und Hirten, den Gefährten des Romulus,[1] ein Weltreich geschaffen, und so stellen sie sich vor der Geschichte als Volk der Tat
dar, das stolz ist auf seine kraftvollen Lebensregeln und seine weltbe-
herrschenden Erfolge. Römische Redner wie Cicero und Historiker
wie Sallust und Livius haben in republikanischer Zeit und die Agrarschriftsteller bis in die späte Kaiserzeit hinein immer wieder auf die
Reinheit der Anfänge, auf *virtus* und *industria* der Vorfahren, verwiesen.[2] Gnädige Fügung und Klugheit der Gründer (Cicero, *De re publica* II; Livius, *Römische Geschichte* I) lassen im frühen Rom eine
sehr dynamische bäuerlich-militärische Kultur entstehen,[3] unter der
die latinischen Hirten und die sabinischen Ackerbauern zu einem
Volk vereinigt sind:[4] Diese ethnographische Situation findet ihren
Ausdruck im historischen Mythos von dem kollegialen Königtum des
Romulus und des Tatius und dem regelmäßigen Wechsel zwischen
latinischen Königen, die Hirten und Kriegführer waren (Romulus,
Tullius Hostilius), und sabinischen Königen, die für Seßhaftigkeit,
Frömmigkeit und ländlichen Frieden stehen (Numa Pompilius, Ancus Martius[5]). Die Einwanderung der Toskaner und die Errichtung
einer etruskischen Dynastie von Tarquinius Lucumo bis zu dem als
Tyrann bezeichneten Tarquinius Superbus werden für die frühgeschichtliche Ethnographie und die »Aitiologie« der römischen Freizeitkultur gleichermaßen bedeutsam.
    Dem Stand der römischen Eroberung entsprechend geht Rom beim
hellenistischen und klassischen Griechenland in die Lehre und läßt
dabei einen beträchtlichen kulturellen Rückstand erkennen. Erst nach
einem halben Jahrtausend besitzt die um 753 v. Chr. gegründete Stadt
eine eigene, den griechischen Gattungen nachgebildete Literatur.[6]
Dies wird von Sallust, im Prolog zum *Catilina*, und von Cicero, in
den Proömien seiner philosophischen Dialoge,[7] freimütig bekannt,

und der Rückstand, der in den synchronen Aufstellungen des Velleius Paterculus (Hist. rom. I,5–8) noch verschärft hervortritt, wird mit der vorrangigen Bedeutung der Tat und der Wirkung hartnäckiger Vorurteile gegen den Genuß individueller Muße und gegen die literarische und philosophische Kultur[8] in Verbindung gebracht.

Die römische Muße gehört von Anfang an, im Königreich wie in der Republik, zu einer sehr frühen Gesellschaftsvorstellung, um deren Rekonstruktion sich die klassische Dichtung, etwa des Lukrez, Horaz und Vergil, mit Hilfe antiquarischer Autoren[9] bemüht: Bei dem Versuch, das frühzeitliche Rom aus der Legende herauszukristallisieren, spielt Varro, der Polyhistor der späten römischen Republik, eine bedeutende Rolle; er hat zur archäologischen Rekonstruktion der Taten, Sitten und religiösen Bräuche auch die Grammatik herangezogen.[10]

Eine frühgeschichtliche Soziologie der römischen Muße sollte die religiöse Archäologie berücksichtigen, die ihrerseits mit den allmählich hinzutretenden Komponenten ethnographischer Art verbunden ist. Sind erst die aitiologischen Mythen überwunden, so wird eine Überlagerung der soziologischen Rhythmen des kollektiven Lebens (ländliche und militärische Rhythmik des Handelns) und der religiösen Normen für das Handeln sichtbar werden, die auf dem Kalender, den *fasti*, vermerkt sind;[11] diese epigraphisch sehr lückenhaft überlieferten Kalender sind von Dichtern wie Ovid schwungvoll in Verse gefaßt worden.

Ausgangspunkt sei die bei den antiquarischen Gelehrten, den Agrarschriftstellern und den augusteischen Dichtern, überlieferte sagenumwobene Aitiologie[12], die von einer Reihe soziologischer Archetypen geprägt ist.

Dem Realismus der Römer widerstreben die idyllischen Bilder vom Goldenen Zeitalter. Lukrez lehnt diesen Mythos ab (*De rerum natura* V,907 ff.), nimmt aber an, daß die Natur der Frühzeit »freigebig« (816 ff.) war, und sieht in der pastoralen Muße (*otia dia*) eine erste Zivilisationsstufe. Die Schilderung des Lebens in der Frühzeit (925 ff.), das von natürlicher Kraftentfaltung, primitiver Ernährungsform (Eicheln, Erdbeerbaumfrüchte) und bäuerlicher Unerfahrenheit bestimmt ist, berührt auch den harten Überlebenskampf gegen Unbilden der Natur und wilde Tiere (966–998). Die auf den Katalog der technischen Fertigkeiten folgende Soziologie der Künste (1379 ff.) beschwört die Freuden der Hirten, die *otia dia*[13] herauf, improvisierte Verse, Klagemelodien auf der Flöte und Eingebungen der »ländlichen

Muse«, die später zur schöpferischen Ader der Bukolik wird; dem primitiven Naturalismus entspricht das Ambiente, »dichte Wälder, Haine, Weiden und abgeschiedene Orte, wie die Hirten sie lieben«. Varro, der auch ein – leider verlorengegangenes – Werk über das Leben des römischen Volkes verfaßt hat, schreibt in seinen von Dikaiarch (s. Kap. I) beeinflußten *Res rusticae*, daß die Menschen der Frühzeit »ein Hirtenleben führten und die Kunst des Ackerbaus, des Säens und des Beschneidens der Bäume noch nicht kannten« (I,2,16).

Vor Horaz und Vergil und vor den augusteischen Elegikern rekonstruiert Varro in seinem Werk *De vita populi Romani* und in seinen *Antiquitates* ein glückliches Landleben[14], das von dem jährlichen Arbeitsrhythmus und dem monatlichen Kranz von Festlichkeiten bestimmt ist. Wie die *laudatio temporis acti* in den Schulen und die *laudes ruris* in der Poesie besingt eine Reihe Menippeischer Satiren das gesunde, ruhige und beglückende Leben des Bauern und die schlichte Freude an der Arbeit und der wahren Religion.[15]

Die Frühgeschichte der Freizeitkultur in Italien scheint von einer relativ engen religiösen Deontologie abzuhängen. Die *fasti* enthalten Feiertagszyklen,[16] nach denen das Handeln geheiligt oder gesühnt wird, und zwar entsprechend dem Rhythmus der Natur: so begann der Arbeitsrhythmus im März/April und das Opferritual für die Kriegszüge im März. Negativ gesprochen gründen sich beide Teile der bäuerlich-militärischen Kultur auf die Leere der Wintermonate, die für die Ackerbau und Landwirtschaft betreibenden Latiner sowie für die Schiffahrt[17] ausfallen und in denen die Kriegszüge alljährlich unterbrochen werden. Der frühzeitliche Kalender läßt das »staatstheologisch« begründete religiöse und politische Jahr im März beginnen. Alljährlich wiederkehrende Handlungen werden mit Eröffnungs- und Reinigungsriten verbunden, die das göttliche Wohlwollen sichern (*pax deum*[18]) und den Erfolg garantieren sollen. Jedes landwirtschaftliche, militärische oder gerichtliche Unterfangen muß sich in ein wahres Netz von Freistellungen und Beschränkungen einfügen, die das Handeln abergläubisch eingrenzen (*fasti* und *nefasti dies*). Ehe wir die Rhythmik des gesellschaftlichen Lebens untersuchen, scheint ein Blick auf die Geschichte der Fasten angezeigt.

Aspekte des Kalenders

Der römische Kalender soll das Maß für die gesellschaftliche Zeit setzen und dabei besondere Vorkommnisse markieren; er bildet damit
die Grundlage für die Chronik (*fasti consulares, annales maximi*
usw.[19]). Die ältesten Kalender sind, wie die *fasti Antiates veteres*[20], in
Stein gemeißelt und enthalten eine Einteilung des Jahres und der Jahreszeiten nach »Monaten«, die von Varro als Mondperioden dargestellt werden. Die astronomischen Bezüge des Kalenders verändern
sich mit dem fortschreitenden wissenschaftlichen Erkenntnisstand.
Die *Saturnalia* des Macrobius aus der späten Kaiserzeit stellen dem
Mondjahr des Romulus, das 10 Monate oder 304 Tage umfaßt, das
Kalendersystem des Numa gegenüber, das aus einem Mondjahr mit
354 Tagen besteht, wobei zwei Monate, der *Ianuarius* und der *Februarius*, zusätzlich eingeschoben sind. Bei Livius ist die Reform des
Numa entsprechend überliefert (Hist. rom. I,19). Abgesehen von den
recht verzwickten technischen Problemen wird man feststellen, daß
bis zur julianischen Kalenderreform die Hauptsorge darin bestand,
den jährlichen Kalender und seine Unterteilungen mit dem sichtbaren
Sonnenjahr in Übereinstimmung zu bringen. Darum wurden Schalt-
monate und -tage erfunden: in den lunisolaren Kalender des Numa
mit seinen 354 Tagen z. B. schaltete man alle zwei Jahre den Monat
Merkedonius[21] ein. Aus eben diesem Grund hat Caesar unter Mitar-
beit des Astronomen Sosigenes im Jahr 46 v. Chr. die letzte Kalen-
derkorrektur vorgenommen. Aber auch nach diesen astronomischen
Angleichungen bleiben auf dem Lande die bäuerlichen Kalender in
Geltung, beispielsweise der Colotianische und der Vallensische in der
Kaiserzeit.[22]
    Die alten Kalender enthalten die Ankündigung religiöser Feste (*fe-
riae*) in Großbuchstaben und das Verzeichnis der Werk- und Feiertage; daneben vermerkt der Kalender von Antium – in kleinen Buchstaben – noch religiöse Tagesereignisse (die Weihung eines Tempels
zum Beispiel). Zwischen der Zeit der Götter und der Zeit der Menschen, dem Sakralen und dem Profanen, wird unterschieden.[23] Das
System von *fasti dies* und *nefasti dies* ist insofern kompliziert, als innerhalb der Aufschlüsselung von 109 *nefasti* und 235 *fasti dies*, die bei
den antiquarischen Autoren schriftlich niedergelegt sind (Varro, *De lingua latina* VI,29–31; Macrobius, *Saturnalia* I,16,2 ff.), auch noch Tage
unterschieden werden, die für Gerichtsverfahren freigegeben sind
(235), »politische« Tage oder Tage für die Volksversammlungen (*co-*

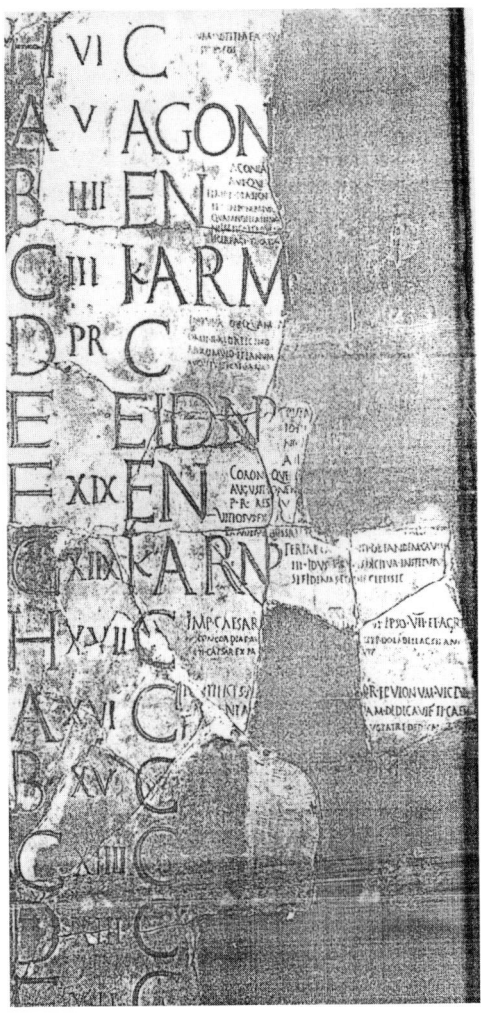

Ausschnitt aus den Fasti Praenestini (8.–21. Januar)

mitiales, 192) und »gemischte« (*intercisi* oder *fissi*, 11), die als »den
Göttern und den Menschen gemeinsame Tage« definiert sind. Über
lange Zeit sind die Priester die Hüter der Fasten und beherrschen so
das rechtliche und das politische Leben; die Tätigkeit der Volksver-
sammlung kann darüber hinaus auch noch durch divinatorische Zeichen eingeschränkt werden.

Die Herausbildung beständiger Traditionen führte zur Festlegung
des Monatskalenders im astronomischen Zyklus; dabei haben die Namen der Monate gewechselt: mal entsprechen sie einem Zyklus, der
sich auf die Weihung und Reinigung im sozialen Leben bezieht (Ianuarius, Monat des Janus, des Gottes des Beginnes; Februarius, Monat
des Februus, des Gottes der Reinigungen[24]), mal gehören sie zu einer
älteren Zählweise: *Quintilis*, später *Julius*, und *Sextilis*, später *Augustus*, sind vom 1. März, dem früheren Ausgangspunkt her, als fünfter
und sechster Monat zu verstehen. Das religiöse Jahr des Numa beginnt mit dem 1. Januar, aber das bürgerliche Jahr des Staates fängt
erst seit 154 v. Chr.[25] mit diesem Datum an. Einige liturgische Zyklen
haben nicht denselben Ausgangspunkt: das Agrarjahr der Arvalbrü-
der (*Arvales fratres*), das an ihre so bedeutsamen ›Akten‹ geknüpft
ist[26], erstreckt sich von den Saturnalien im Dezember bis zu den folgenden Saturnalien als rituell immer neu vollzogener Fruchtbarkeits-
zyklus.

Die Feiertagszyklen stehen im Einklang mit rein soziologischen,
bäuerlichen wie militärischen, Rhythmen. Varro hat die Auffassung
vertreten, daß zunächst die »menschlichen Institutionen« dagewesen
seien und das Göttliche als eine Übertragung ins Sakrale zu verstehen
sei.[27]

Die bäuerlich-militärische Kultur der Anfangszeit ist auf ein zwei-
faches Musterkönigtum gegründet, das von der Annalistik und der
»klassischen« Geschichtsschreibung (nach Cicero) erläutert wird: Romulus steht für das kriegerische Beuteleben, Numa Pompilius für die
friedliche Bearbeitung des Landes.[28] Entsprechend stellen die Katego-
rien der Annalistik (*domi, militiae / domi, foris*) das seßhafte, ländliche Leben der Winter- oder Waffenruhezeit den militärischen Unternehmungen gegenüber.[29] Die erste literarische Erwähnung des *otium*
findet sich bei Ennius, im Chor der *Iphigenie*.[30] Die Soldaten im Chor
sind keineswegs nach griechischem Vorbild gestaltet, sondern verkörpern die römische Seele der Frühzeit; aus der Stadt verbannt und zu
bloßem Nichtstun verdammt (*otium otiosum*), beklagen sie, *neque
domi ... neque militiae* zu sein. Die sozialen Rahmenbedingungen

sind aus den Fugen geraten: sie träumen von einer friedlichen Muße, die sich durchaus in Gestalt bäuerlicher Arbeit verwirklichen könnte. Dieser Chor stützt die Hypothese vom militärischen Ursprung des *otium*-Konzeptes. Die Berichte der Annalistik, die Livius übernommen hat[31], zeigen, daß die Stadt, bei ihrer Nähe zum Land, seit der Königszeit die Sehnsucht des bäuerlichen Soldaten auf sich und ihre sozialen Kontaktmöglichkeiten gezogen hat, auf die Vergnügungen und Zerstreuungen, die sich hier bieten.[32]

Die soziologischen Rhythmen des Landlebens verdecken nicht den Gegensatz von *dies festi* (*feriae*) und *dies profesti*, von ›heiligen‹ oder ›verwünschten‹ Tagen[33] und ›Werktagen‹. Die Landwirte versuchen listig zurechtzukommen mit den heiligen Verboten, indem sie kleinere bäuerliche Aufgaben auf die *feriae* legen: Cato (De agr. II,4) und der Vergil der *Georgica* (I,268 ff.), die bei Columella (Res rust. II,21,1–3) als Gewährsleute zitiert werden, halten Instandsetzungsarbeiten (Umfriedung, Gräben, Bäche) für vereinbar mit der religiösen Gewissenhaftigkeit (*religio*). Der profane Rhythmus auf dem Lande steht im Zeichen des Gegensatzes von Arbeit und Entspannung. Der freie Mann, dem die *feriae* Rechtsgeschäfte untersagten, konnte die Freizeit der *nundinae* (wörtl. ›jeder 9. Tag‹) alle acht Tage dazu benutzen, seine Geschäfte in der Stadt zu erledigen und vor allem auf den Markt zu gehen.[34] Die Frage, ob an den *nundinae* Rechtsgeschäfte erlaubt waren, kann positiv beantwortet werden, mit der Einschränkung allerdings, daß jede »Tätigkeit« sich mit dem Rechtskalender sakralen Ursprungs vertragen soll.[35] Die *nundinae* ermöglichen auch die fröhlichen ›Sauftouren‹ der Landbewohner in die Stadt, an die Columella erinnert (Res rust. X,309). Der Mann vom Lande hat also, genau wie der Soldat, die Reize des *otium urbanum* entdeckt.

Der »städtische Zeitvertreib« befindet sich damit im Schnittpunkt zwischen dem militärischen Leben und dem Landleben. Ob nun religiöse Rücksichten, die die Leere der Freizeit und die »Tabus« für das Handeln verbinden, im Spiel sind oder nicht, in beiden Fällen ruft das *otium urbanum* die sittenstrengen altväterlichen Vorbehalte auf den Plan und hält sie lebendig. In Rom gibt es also von Anfang an ein der griechischen Mentalität fremdes schlechtes Gewissen gegenüber der Muße.

Bankett-Szene aus der Tomba dei Vasi Dipinti in Tarquinia. 520 v. Chr.

Etruskische und griechische Einflüsse

Bei den Ursprüngen des römischen *otium* darf das etruskische Substrat nicht übersehen werden.[36] Die hellenistischen Historiographen Timaios, Theopomp und Poseidonios schildern die etruskische Aristokratie, die *lucumones*, als ein durch Ausschweifung (*tryphe*) verweichlichtes Volk. Timaios stellt sie neben die Sybariten und die Jonier, und bei den augusteischen Dichtern wird die toskanische Verschwendungssucht mit der sprichwörtlichen *luxuria Asiatica* verglichen.[37] In diesen Zusammenhang gehören auch die boshaften Bemerkungen über den »Dandy« Maecenas, einen Nachfahren der alten *lucumones*. Bei Theopomp gerät die Darstellung der etruskischen Lebensweise zu einer Beschreibung der Zügellosigkeit der Frauen, die nackt mit den Männern trainieren, sich mit jedem beliebigen zum Gelage niederlassen und reichlich trinken (*Historien* XLIII nach Athenaios, Deipn. XII,517d ff.). Gemälde und Sarkophagdeckel in Tarquinia, Chiusi und Volterra bestätigen die freiheitliche Stellung der Frau und die königliche Bedeutung der Festgelage.[38] Der *Vicus Tuscus* auf dem Forum in Rom steht in äußerst schlechtem Ruf, und von Plautus wird den Toskanern eine tariflich geregelte Homosexualität angehängt.[39] In einem berühmten, bei Diodor überlieferten Fragment zeichnet Poseidonios ein diptychonartiges Bild vom militärischen

Musik und Tanz bei den Etruskern. Tomba delle Leonesse.
(Foto Anderson, Rom)

Aufschwung des etruskischen Volkes, von der Verbreitung und Wirkung seiner Geistes- und Naturwissenschaft sowie seiner Theologie und von seinem raschen Niedergang als Folge seiner Ausschweifungen und seiner Vergnügungssucht. Der grenzenlose Luxus und die Verschwendung treten bei den Tafelfreuden in Erscheinung: zweimal täglich werden die Tische gedeckt mit blumenbestickten Decken und silbernen Gefäßen.[40] Der etruskische Beitrag zur Gastronomie in Rom steht außer Frage: es ist die Kunst, Fleisch und Wild zuzubereiten, dazu gemischte, pikant gewürzte Gerichte, Pfannkuchen und mancherlei Torten.[41] Mit Musik und Tanz wird das etruskische Fest noch gesteigert, wie die Malereien in Tarquinia zeigen.[42] Ist die Neigung zu Schlemmerei und körperlicher Liebe also durch die Etrusker nach Rom gekommen? Dieses Klischee beherrscht die augusteische Literatur[43]: In seinem Geschichtswerk (I,57) stellt Livius der »züchtigen« Lukrezia die Schwiegertöchter der Tarquinier gegenüber, die in Abwesenheit ihrer Männer mit ihren Dienerinnen rauschende Feste feiern. Horaz hat hier und da gehässige Bemerkungen über Etrurien übernommen.[44]

Der Beitrag der Etrusker zum öffentlichen Leben in Rom, zu seinem Kalender und den Insignien seiner Macht ist ebenso deutlich wie ihr Einfluß auf Spiele und Schauveranstaltungen. Dem toskanischen Volk werden blutrünstige Vergnügungsarten zugeschrieben, etwa die Gladiatorenkämpfe, aber die Sache ist umstritten.[45] Nicht zu bezweifeln ist dagegen, daß Rom seine Vorliebe für den Pferdesport mit zwei- und vierspännigen Wagen teilweise Etrurien verdankt.[46] Für Pferdesport und athletischen Kampf ergänzen und erhärten die Grab-

gemälde die literarischen Zeugnisse.[47] Livius (I,35) erwähnt, daß der
alte Tarquinius in dem mit einer Ehrentribüne für die Vornehmen
ausgestatteten Circus Maximus Rennpferde und Faustkämpfer aus
Etrurien vorgeführt habe. Einer hartnäckigen römischen Überlieferung zufolge sind auch die »szenischen« Spiele aus Etrurien übernommen worden.[48]

Während die Anleihen im Bereich der Schauveranstaltungen und
Spiele unbestritten sind, gehen die etruskischen Einflüsse auf die rö-
mische Freizeitgestaltung in die Erbschaft aus Griechenland und
Asien mit ein.

Mit der *militia continuata*[49], die die Soldaten bäuerlicher Herkunft
entwurzelt und um das ganze Mittelmeer herum verstreut, gewinnen
die von der Gesellschaft bereitgestellten Möglichkeiten zu Aktivität
und Muße an Bedeutung. Die landwirtschaftlich tätigen Generäle aus
früherer Zeit, wie Fabricius, Curius und Cincinnatus, werden bei den
Agrarschriftstellern und Deklamatoren zu legendären Gestalten.[50] Im
Zuge der Punischen Kriege und der Feldzüge im Osten im 3. und
2. Jahrhundert entsteht ein neues soziopolitisches System. Die *negotia
publica*, der Soldatenberuf, der den »Beruf des Bürgers«[51] noch übertrifft, werden zur staatlichen Norm für jegliche Aktivität. Aus dem
Militärdienst erwachsen dem Legionssoldaten wie dem Imperator
Reichtum und Macht; Soldaten mit freiem Quartier betreiben im
Osten häufig Handelsgeschäfte; wenn sie dann den Militärdienst beendet haben, hat ihre Stimme in der Centuriatsordnung Gewicht
(man denke an die Soldaten des Lucullus und Pompeius, noch vor
den Veteranen Caesars[52]). Die Befehlshaber kommen durch ihr militärisches *imperium* in der Ämterlaufbahn (*cursus honorum*) voran
und haben Gelegenheit, ihr Vermögen zu vergrößern. In enger
Berührung mit den stoischen Ideen entwickelt die Aristokratie im
2. Jahrhundert v. Chr. eine Axiomatik der Aufgaben und Pflichten,
ein Wertesystem, in dem das Vaterland und der Staat vor der Familie
und der individuellen Selbstverwirklichung rangieren. Der Satiriker
Lucilius und Laelius aus dem Scipionenkreis etwa bekennen sich zu
diesem Ideal.[53] Von nun an geht *otium* nicht mehr aus einem agrarischen Tätigkeitszusammenhang und seinen »Tabus« hervor, sondern
gründet sich, wie noch zu sehen sein wird, auf die gesellschaftliche
Moral. Die militärische Moral, die *disciplina militaris*, wird als wesentlicher Bestandteil des *mos maiorum* die althergebrachten, sittenstrengen Vorbehalte gegen *otium* und *voluptas* bewahren,[54] – die
Folge einer auf *virtus* gegründeten Ethik. In der Komödie des Plautus
beispielsweise lebt die bäuerlich-militärische Moral weiter. Am wahr-

haftigsten darin ist das Bemühen, die hellenistische *militia* zu ächten und die Sehnsucht nach Entspannung der *pax Romana*, dem siegreichen Frieden, unterzuordnen.[55]

Schritt für Schritt bildet sich ein System von Muße und Tätigkeit heraus, das teils soziologisch, teils axiologisch bestimmt ist: soziologisch, insofern die Muße mit den politischen und militärischen Aktivitäten korrespondiert, axiologisch, insofern die Muße den Grundsätzen landwirtschaftlicher oder intellektueller Betätigungen entspricht.

Konnten schon griechische Geisteseinflüsse die nationalen Werte der Tatkraft und Tüchtigkeit verstärken, wie aus den politischen Reflexionen innerhalb des Kreises um Scipio Aemilianus zu entnehmen ist, so läßt die römische Eroberung ein ganz neues, moralisches und kulturelles Gleichgewicht entstehen. Der römische »Kollektivismus« reibt sich an dem griechischen Individualismus und seiner freien Mußegestaltung, zunächst in Großgriechenland und auf Sizilien (Marcellus und Scipio Africanus in den Gymnasien von Syrakus[56]); später dann auf dem griechischen Festland, wo die siegreichen Feldherren von Flamininus, dem Sieger über Philipp V. (197 v. Chr.), und Fulvius Nobilior bis Aemilius Paullus, dem Sieger von Pydna (168 v. Chr.), die blühenden Philosophenschulen entdecken, die gelehrten Bibliotheken und die archäologischen Stätten.[57] Die Generation von Pydna, die die Bibliothek des Perseus nach Rom verlegt und Mediziner und griechische Pädagogen nach Italien gebracht hat, führt in Rom auch das *otium Graecum* ein, die griechische Art des Zeitvertreibs, in der Römer aus altem Schrot und Korn sehr bald die Quelle des öffentlichen Übels erblicken werden, das ihnen in der Versuchung zu verschwenderischem Lebensstil, zu bloßer Spekulation und Ästhetizismus zu liegen scheint.[58] Catos Kämpfe gegen den Philhellenismus seiner Zeit, gegen Dichtung und bildende Kunst aus Griechenland, gegen Medizin und griechische Wissenschaft[59] beleuchten die Situation. Im 2. Jahrhundert treffen die griechischen *artes* (Seehandel, athletischer Wettkampf, Philosophie und bildende Künste) mit den römischen *negotia* zusammen (Ackerbau, Kriegführung, Rechtswesen und Beredsamkeit), eine Begegnung, aus der der Hellenismus als Sieger hervorgeht. Das im Kampf bezwungene Griechenland trägt durch seine Mußekultur über seinen ungehobelten Bezwinger den Sieg davon (Horaz, Epist. II,1,156–157). Und doch handelt es sich nicht einfach um die kulturelle Rache des Besiegten, sondern es spielt sich ein neuartiges soziokulturelles Gleichgewicht in den öffentlichen Veranstaltungen wie in den Formen der persönlichen Freizeitgestaltung ein.

Ländliche Festszene. Grabmalerei in Rom.

Ländliche Feste

Die späteren Rekonstruktionen

Die augusteischen Dichter haben in eindrucksvollen Gemälden, wie Vergil in den *Georgica*, oder in leicht hingeworfenen Bildern, wie Horaz in den *Oden* und *Briefen*,[60] das Latium der Frühzeit gepriesen als ein Paradies für Bauern und Hirten, das von glückbringender Arbeit und nicht von der luxuriösen Untätigkeit des Goldenen Zeitalters geprägt ist. Die *Georgica* (II,490 ff.) lassen eine Entwicklungsstufe fröhlicher Anstrengung erstehen, das »Reich des Saturn«, das Vergil mit dem Goldenen Zeitalter Italiens gleichsetzt. Diese »Megalographie« steht im Gegensatz zu der theologischen Sichtweise des 1. Gesanges, in dem von dem harten Gesetz der Arbeit die Rede ist, die das untätige Gedeihen der Saturn-Ära ablöst. Die *feriae* und *dies festi* lassen in dem Arbeits- und Erntezyklus noch eine glückliche Unschuld sowie den Schutz der ländlichen Götter erkennen: »Beglückt auch der Mann, welcher die Götter des Landes kennt, Pan und Silvanus, den Alten, und die Nymphenschwestern!« Die voll Inbrunst wiederentdeckte und in ein geheiligt-idyllisches Bild gemalte paradiesische Frühzeit[61] verschmilzt mit dem italischen Naturgefühl,[62] das die Gottheiten des Wassers und des Waldes verkörpern. In der beschwörenden Erinnerung Vergils sind pastorale Elemente und bäuerliches Wohlergehen in Einklang gebracht: »Er selbst (der Landmann) lebt festliche Tage, und hingelagert ins Gras, wo ein Feuer in der Mitte brennt [pastoraler Ritus der Vesta und der Vacuna] und seine Gefährten den Krug kränzen, ruft er dich beim Gußopfer an,

Lenaeus [Bacchus der Kelter], und setzt den Hütern der Schafe Wettkämpfe mit dem schnellen Wurfspieß und Preise am Ulmbaum aus.
Und sie machen ihre harten, zähen Leiber zum bäuerlichen Ringen
frei.« Für diese »Bauern von vormals«, die Horaz liebevoll als »rüstig
beim Werk und im Genuß mit kleinem zufrieden« beschreibt (Epist.
II,1,139 f.), gehört zum Fest eine bäurische Trinkerei, wie sie auch in
einer der *Satiren* beschrieben ist (II,6), mit Bekränzung des Kruges
und Messen der Kräfte im Speerwurf und Ringkampf. In seiner Archäologie der Dichtung (Epist. II,1) rühmt Horaz die Entspannung
des Körpers an festlichem Tage (*tempore festo*), »nach Bergung der
Ernte«.

Chronologischer Überblick

Der von W. Warde Fowler[63] untersuchte Kalender der ländlichen
Feste ist in den Fasten schriftlich niedergelegt, die im Rahmen der
archäologischen Forschungsausrichtung in augusteischer Zeit zum
größten Teil rekonstruiert worden sind: die *fasti Vallenses, Amiterni*
und die Fasten der *Arvales fratres*; die ländlichen Feste stehen dort
unmittelbar neben den Hinweisen auf *ludi* und den alten Kultbestim-
mungen der großen Götter. Wir folgen dem rekonstruierten Kalender, der weitgehend der Kalendertradition des Numa entspricht.

Die ländlichen Feste der ersten Jahreshälfte

Die Agonalia am 9. Januar hängen mit dem Janusritual zusammen.

Der Februar ist reich an Festen, mit den Lupercalia, den Termina-
lia, den Esquirria, ganz abgesehen von den Feralia der Toten am 21.,
die mit alten chthonischen Glaubensvorstellungen zusammenhängen.

Der März als Monat, in dem die militärische Saison beginnt, wird
beherrscht von den Salii; die Liberalia am 17., an denen Opferkuchen
feilgeboten wurden, sind mit der alten agrarischen Trias Jupiter, Liber
und Libera verbunden.

Im April wechseln Weideviehriten (Fordicidia am 15., Parilia am
21.) mit den Ackerbauriten der Vinalia und Robigalia (um den Ge-
treiderost fernzuhalten, eine Exorzismuslitanei zum Schutz aller Le-
bensformen, überliefert durch Cato, Agric. 141); es gab Wettrennen
der Alten und der Jungen. In den Fasten[64] ist auch der 28. April für
die Floralia (*ludi Florae*) vermerkt, die sich gegen »unergiebige Ern-

ten« richten. Da in der ländlichen Magie Anstößigkeit und Fruchtbarkeit eng verbunden sind, wird der Abstecher des betrunkenen Liebhabers an die Türschwelle seiner Schönen notiert, sowie die Teilnahme der Kurtisanen an dem Fest – wie bei den Vinalia im August[65] (den sogenannten *vinalia rustica* zur Einbringung des vorjährigen Weines).

Als bäuerliche Feste, die ihren Charakter bewahrt haben, obwohl sie dem Trend der Verstädterung ausgesetzt sind, müssen die Compitalia und die Consualia genannt werden. Die Compitalia wurden zwischen dem 17. Dezember und dem 5. Januar[66] an den Kreuzungen der Landstraßen zum Abschluß des Arbeitszyklus gefeiert: Ackerbaugerätschaften und »zerbrochene« Joche wurden zur Schau gestellt. Allmählich hat sich das Fest zeitlich ausgedehnt und wurde auf den Plätzen, den Straßenkreuzungen in der Stadt, mit eigenen *ludi* gefeiert[67], für deren Organisation ›Kollegien‹, also religiöse Vereine, sorgten, die, wie es scheint, zwischen 64 und 58 v. Chr. politischer Agitation erlegen sind.[68]

Consualia und Lupercalia

Einen besonderen Platz nehmen die Consualia[69] ein mit ihrer doppelten Feier im August und im Dezember, von denen die letzte und zugleich jüngere an den Tempel auf dem Aventin geknüpft ist. Die Consualia wurden nach der Ernte gefeiert und waren an den unterirdischen Altar des Consus, des Gottes der geborgenen Feldfrucht, im Circus Maximus gebunden[70]. In Kultordnung und Festlichkeit sind Ackerbau und Viehzucht vereint: im Mittelpunkt der Feier steht das Vieh, vor allem Pferde und Maultiere, die, nach Plutarch, mit Blumen bekränzt werden (das bekunden auch die Fasten: *equi et muli floribus coronantur*[71]). Auf die frühen Consualia im August hat die Sage den Raub der Sabinerinnen unter Romulus verlegt, deren Aitiologie übrigens beides, den Ertrag der Fruchtbarkeit und die anstößige Sinnlichkeit, sichtbar werden läßt. Unter Augustus hat Dionysios von Halikarnass nach dem Annalisten Fabius Pictor (Ant. Rom. VII,70–71) die Pompa, den Zirkusfestzug beschrieben: Die Pompa wurde vom Kapitol zum Circus organisiert und bestand aus einem Zug junger Männer, denen Wagenlenker, Reiter und Athleten folgten.[72]

Dieses Urbild eines Festzuges zum Auftakt der Spiele ließ viel Raum für den Tanz, die ursprünglich sakrale *saltatio*; dieser Tanz, bei dem rhythmisch auf den Boden gestampft wird, ist als Vergnügen für die Götter gedacht und zugleich der magische Versuch, die chthonischen Götter dazu zu bringen, die Fruchtbarkeit der Pflanzen- und Tierwelt neu zu beleben. Und da nun einmal Scherz und Gelächter eine schützende Wirkung ausüben, weil sie die Macht von Tod und Mißgunst entwaffnen und zugleich die schöpferischen Kräfte anregen, verbinden sich auch Ulk und Schabernack mit dem Fest.[73] Es gibt militärische Tänze, etwa den Tanz der Salier, der an die griechische Pyrrhiche (vgl. Abb. S. 51) erinnert, und burleske Tänze, an denen Silene in Felltrikots und halbnackte männliche Satyrn beteiligt sind, wobei die ›Hüllen‹ den von Varro festgehaltenen pastoralen Eindruck vermitteln. Diese grotesken Gestalten sind Stelzenläufer (*grallatores*). Ganz verwandt den Satyrn und Silenen der Griechen stellen die Faune und Silvane dieser frühzeitlichen Maskerade die natürliche Kraftentfaltung zur Schau (vgl. Abb. S. 24), genau wie die *luperci*, die Nachfolger der Wolfsmenschen, die an den Lupercalia mit Riemen auf Passanten einschlagen.[74] Fabius Pictor berichtet und die Fasten bestätigen, daß im Fest des 5. Jahrhunderts das Pferd eine große Rolle spielte; Wettfahrten von Dreigespannen sind seit dem 6. Jahrhundert bekannt. Aber im Zirkus der Frühzeit gibt es auch das groteske Gegenstück dazu, nämlich den Wettkampf der *spatiatores*: sie steigen auf alte Gäule, die unter diesen Spaßmachern dann komische Rodeosprünge vollführen.

Saturnalia

Die Saturnalien (*saturnalia*) hängen mit der frühen Agrarstruktur zusammen. Dieses im Dezember begangene Fest ist bei den kleinen Leuten besonders beliebt, weil es, wie die Compitalia, Freie und Sklaven vereint. Im Jahr 217 v. Chr. wurde es auf den 17. Dezember gelegt; es hat landwirtschaftliche Bedeutung[75], hängt aber nicht mit der Saat zusammen, sondern ehrt Saturn, der den Ackerbau nach Latium gebracht hat und das römische Goldene Zeitalter vertritt. Macrobius, ein Gelehrter aus der Kaiserzeit, hat in seinen *Saturnalia*, einem als gebildeter Zeitvertreib entstandenen Dialogwerk, die Verehrung des Saturn besonders hervorgehoben (Sat. I,10), der auftritt, »nachdem alle Feldfrüchte eingesammelt sind«. Zur Aitiologie der Saturnalien gehören das Kapitol, der Mons Saturnius, und die *nundinae* als Unterbrechung der Arbeit und Marktvergnügen.[76] Es wird zu einem Charakteristikum der römischen Gelehrsamkeit von Plutarch bis Macrobius, den sakralen Ursprüngen eines profan gewordenen Freizeitangebotes nachzuspüren. Die Saturnalien beschließen eine Periode der Arbeit und des gesellschaftlich geregelten Lebens; in der respektlosen Ausgelassenheit dieses Festes werden die Instinkte eine Zeitlang entfesselt und für die kommende Phase vernünftiger Arbeit geläutert.

In der Königszeit wird der Herrscher vorübergehend von dem ›Karnevalsprinzen‹, dem *Saturnalicius princeps* ersetzt, woraufhin das *Refugium* diesen Eindringling dann wieder vertreibt.[77] Im Anschluß an ein Opfer im Saturn-Tempel auf dem Forum wird nach 217 v. Chr. das *Io Saturnalia* als befreiender Jubelschrei ausgestoßen. Ein öffentliches Festmahl vereint dann Herren und Sklaven, die freihaben. Die *Ode* III,17 des Horaz besingt den unvermischten Wein, der das geopferte und verzehrte Schwein begießt. In einem Fragment des Tragikers Accius, das bei Macrobius (Sat. I,7,37) überliefert ist, steht, »daß überall auf dem Land und fast in allen Städten bei Festgelagen jubelnd gefeiert wird, die Sklaven zusammen mit ihren Herren«.[78] Der Sklave nützt diese »Dezemberfreiheit« aus, um seinem Herrn auch mal die Meinung zu sagen. Horaz (*Satire* II,7) erlebt, wie sein Sklave seinen Hang zu Schlendrian und amourösen Ausschweifungen auf die Schippe nimmt. Skurrile Regeln und derbkomische Vorschriften reihen sich aneinander. Etwas von dieser volkstümlich despektierlichen Stimmung ist in den Genreszenen der literarischen Komödie erhalten, etwa in den Trinkgelagen der Sklaven im 5. Akt des *Stichus* oder in den derben Drohungen des Botensklaven (*servus currens*), der sich seinen Weg durch die Menge bahnt und dabei die Erlasse des Praetors parodiert.[79] Ein Beispiel für solche Bräuche, die Autorität und Hierarchie verspotten, ist uns in der *lex Tappula* des Valerius Valentinus, eines Zeitgenossen des Lucilius (2. Jahrhundert v. Chr.), erhalten: spaßeshalber wird ein »Gastmahlerlaß« in einer Rechtsprechungsparodie vor dem Tempel des Herkules, des Schutzherrn der nimmersatten Tafelfreunde, von Pseudobeamten der »überfütterten Tribus« verkündet, und zwar von Tappo, dem Possenreißer, und den Vielfraßen (*multivori*).[80]

Das Fest der Anna Perenna

Viele Volksfeste verbinden die Erinnerung an alte Sagen (Priapus und Vesta, die erotischen Mißgeschicke von Faun und Mars) mit urwüchsiger Ausgelassenheit. So auch das »Freudenfest der Anna Perenna«[81] am Tiberufer, das noch gegen Ende der Republik gefeiert wurde (Beschreibung bei Ovid, *Fasti* III,524 ff.): das einfache Volk über die

grüne Wiese verstreut gelagert, ein jeder dicht bei der Seinen, aufge-
schlagene Zelte, Lauben aus Blattwerk, die Togen über Pfosten ge-
spannt nach Art eines Segels; Wein und Sonne erhitzen die Gemüter
der Anwesenden, »man wünscht sich so viele Jahre, wie man Becher
leeren kann«; gängige Theaterschlager werden gesungen (die *cantica*
der Komödie), und das junge Mädchen im Festkleid tanzt mit fliegen-
dem Haar.

Die *ludi* und das Theater

Geschichtlicher Überblick

Die *ludi*, die den großen Göttern dargebracht wurden[82] und allmählich den Festkalender füllen, haben zunächst einmal Votivcharakter
(*ludi votivi*). Im Jahre 212 v. Chr. wurde Apollon für die Abwehr der
punischen Gefahr mit den *ludi Apollinares* geehrt. Sie wurden auf den
13. Juli gelegt und nehmen am Ende der Republik, in Zusammenhang
mit einer Epidemie, um deren Ausrottung Apollon Medicus gebeten
wurde, acht Tage ein (6. bis 13. Juli). Die *ludi Romani* im September,
die in ciceronischer Zeit sechzehn Tage (vom 5. bis zum 19.), früher
jedoch nur einen einzigen Tag lang dauerten, sind aus einem Gelübde
an Jupiter anläßlich des Krieges gegen Antiochos im Jahr 191 v. Chr.
entstanden: ihr ursprünglicher Kern ist das *epulum Iovis*, das sakrale
Jupiter-Festmahl. Man war überzeugt, daß die Bankette zur Bewir-
tung von Götterstatuen, die *lectisternia* oder *sellisternia*, je nachdem
ob die Bildwerke in sitzender oder liegender Haltung daran teilnah-
men, tatsächlich den Schutz und die Anwesenheit des Gottes herbei-
führten. Seit den Votivfeierlichkeiten des älteren Tarquinius (Cicero,
De re publica II,20) hatte ein historischer Erneuerungsprozeß eingesetzt. Gegen Ende des 3. vorchristlichen Jahrhunderts festigen sich
Kalender und Struktur der großen Spiele: Die *ludi Plebei* sind
220 v. Chr. (am 13. November), im Jahr der Erbauung des Circus Flaminius, öffentliche Spiele geworden, die *ludi Florales* (für Flora) aus
dem Jahr 238 v. Chr. wurden seit 173 jährlich Ende April und die *ludi
Megalenses* seit 204 zu Ehren der Magna Mater (Kybele) Anfang
April gefeiert.

Die Zunahme der Feste hängt mit arbeitssoziologischen Bedingungen zusammen (die Urbanisierung befreit die Freien von landwirtschaftlicher Arbeit), ebenso mit der Religion der *dies festi* oder *religi-*

osi und den Gesetzmäßigkeiten der charismatischen Beziehungen in der Republik.[83] Im Jahr 354 v. Chr. werden bereits 175 Feiertage gezählt, ländliche Feste, sakrale Bankette und *ludi*.[84]

Die religiösen Komponenten des Theaters

Der religiöse Charakter der Feste und der *ludi* tritt zwar allmählich in den Hintergrund, weil sich eine profane und bürgerliche Ansicht über das Schauspiel herausbildet; gleichwohl wird er bestätigt durch die Entstehungs- und Organisationsform der »szenischen Spiele« in der Republik.

In der von Livius überlieferten Archäologie der szenischen Spiele[85] (Hist. rom. VII,2) wird hervorgehoben, daß das erste Schauspiel 364 v. Chr. mit dem Ziel veranstaltet wurde, während einer Pest den himmlischen Zorn zu besänftigen: etruskische Gaukler, die *ludiones*, tanzten zum Rhythmus der Flöte, ohne poetische Darbietung und ohne mimetische Dramatisierung (*sine carmine ullo, sine imitando-rum carminum actu*). Das Theater interessiert in unserem Zusammenhang nur im Blick auf das ursprüngliche Wesen der Muße, das es zu erfassen gilt; darum ist zu berücksichtigen, daß im 3. Jahrhundert zu den seit 240 v. Chr. eingerichteten *ludi* Tragödien und Komödien gehörten, die von den Wegbereitern der römischen Dichtung den griechischen Vorbildern nachgedichtet wurden; Livius Andronicus hat dabei die bodenständige derbe Komik (*saturae*) durch feingesponnene Intrigen überboten. Zu den *ludi Florales* gehörten ausschließlich Mimoi, und für die *ludi Plebei* ist im Jahr 220 v. Chr. der *Stichus* des Plautus entstanden, in dessen Verlauf die festlich versammelten Menschen, zu denen auch die Sklaven gehörten, im 5. Akt das Fest und das Trinkgelage der Sklaven auf der Bühne miterleben konnten. Auf 175 erfaßte Festtage kamen 101 Tage mit szenischen Feiern. Diese für das römische Theater günstige ›kulturelle‹ Proportion nimmt beim Übergang von der Republik zur Kaiserzeit allmählich ab.

Das römische Theaterspiel fand zunächst als Huldigung an die Götter und darum innerhalb der sakralen Umfriedung statt, in der warmen Jahreszeit in der Nähe des Göttertempels.[86] Man errichtete ein Holzpodium (*pulpitum, proscenium*) in der Nähe des Tempels der Magna Mater, des Apollon oder der Flora. Vor diesem Podium, hinter einer einfachen Absperrung, nahm das Publikum in der ursprünglichen *cavea* ohne Sitze oder Stufen Platz. Nach Tacitus (Ann. XIV,20) hat das Publikum jener Zeit beim Schauspiel gestanden.

Diese Spiele beherrscht ein religiöser Formalismus. Livius hat mehrfach vermerkt, daß gewisse Übertretungen, Nachlässigkeiten oder Versehen[87] beim Ablauf der Veranstaltung zum Abbruch und Neubeginn (*instauratio*) des Spieles führten, um die Gottheit nicht zu irritieren. In seiner Rede *De haruspicum responsis* XI zählt Cicero solche Ungültigkeitsfälle auf.[88]

Volkstümliche Ausgelassenheit und mitreißende Komik

In der naturnahen Lebensweise auf dem Lande hat sich eine geradezu folkloristische Komik angesiedelt, in der Zotenhaftes und Fruchtbarkeitsmagie eng verbunden sind. Vergil (*Georgica* II,380 ff.) bringt die ländliche Aitiologie von Tragödie und besonders Komödie in Erinnerung: Spiele der Frühzeit, mit hemmungslosem Gelächter und kunstlosem Vers, dazu aus Rinden geschnitzte Masken. Tibull (*Elegie* II,1,50 ff.) läßt die Gesänge und ungelenken Sprünge der zinnoberbemalten Bauern vor uns erstehen. Spottverse (*fescennini versus*) mit beißendem Witz wie »italischer Essig« werden abgesungen, und dabei wird vor körperlichen Schwächen und obszönen Anspielungen nicht haltgemacht. Es geht darum, ein vermessen erscheinendes Glück in den Schmutz zu ziehen und durch höhnisches Gelächter den möglichen Neid der Götter zu entwaffnen. Man denke etwa an das Bild der geschwätzigen Citeria, dieser mißgünstigen Gevatterin, das bei manchen Festen auf einem Wagen mitgeführt wurde. Der spottlustige Schwung führt im Gegenzug zu einer elementaren Form der Dramatisierung; sie ist uns im zweiten Stadium der bei Livius (VII,2) aufgezeichneten Archäologie in der *satura* greifbar, einem satirischen Gedicht in Dialogform, in das alle möglichen Vorstellungen aus dem italischen und mediterranen Unterbewußtsein einfließen, die sich eher ergänzen als widersprechen und die allesamt von der dichterischen Aitiologie untermauert werden: das ›Potpourri‹ boshafter Scherze und die Maskeraden schmerbäuchiger Bauern, die sich mit einem gehörigen Schuß an Indezenz als Bockmenschen zurechtmachen. Eine spätere Deutung hat auf die Verbindung dieses Genres mit dem griechischen Satyrspiel verwiesen, das in der Kaiserzeit mit der mythologischen Pantomime verschmelzen wird.[89]

Gleichzeitig mit dem Aufschwung der literarischen Komödie[90], der

Atellanen-Szene auf einem Glockenkrater aus Unteritalien. Etwa 330 v. Chr.

Palliata (Komödie in griechischem Gewand) und später der *Togata* (Komödie in römischem Gewand), bleibt dieses volkstümliche Spektakel in den Landstädten und Dörfern lebendig: in der Gegend um Capua der kampanische Hanswurst der sog. Atellanen-Komödie und deren groteske Figuren Maccus, Pappus und Bucco, die gefräßigen und dummköpfigen Alten, und die schauerlichen Schwänke, bei denen die Totengeister ins Groteske verzerrt werden, wie die Lamiagestalten oder der Python Gorgonius, die Schreckgespenster der Antike.[91]

Der Gegensatz von Stadt und Land: Muße und Arbeit in der *Palliata*

Die Thematisierung dieses Gegensatzes ist von der griechischen Komödie übernommen worden, von Aristophanes, bei dem er als tägliche Realität das Leben bestimmt, und von den Komikern der Neuen Komödie, die daraus eher ein literarisches Schema gemacht haben; in

Rom tritt der Gegensatz gegen Ende des 3. Jahrhunderts hervor, als die punische Invasion das italische Land teilweise verwüstet hatte und verarmte oder auch demobilisierte Bauern in die Stadt verschlagen wurden. Damals begann der Lebensunterhalt in Rom von den getreidereichen Provinzen abhängig zu werden. Zur Zeit des Cato und Plautus ist das römische Land Schauplatz zäher Arbeit; Ausdauer (*duritia*) und Sparsamkeit (*parsimonia*) kennzeichnen dieses Leben bei dem älteren Cato.[92] Daran ändert auch Cicero nichts, wenn er in der fingierten Autobiographie, die er dem Cato Maior widmet, diesen als einen Menschen zeigt, der Literatur und Musik gegenüber aufgeschlossen ist, der sich liebenswürdig und genießerisch an ländlicher Festlichkeit erfreut und dabei ein Auge für die erwachende Natur hat – wenn Cicero also das Land mit seinen landwirtschaftlichen Aufgaben sogar zu einem Ort glücklicher Zurückgezogenheit macht.[93] Die *Palliata* hat natürlich den soziokulturellen Gegensatz von Stadt und Land auf zwei Grundformen des Lebens und zwei Grundformen des Menschseins hin stilisiert. Die arbeitswütigen Typen und die menschenfeindlichen Stubenhocker (*Adelphoe*; *Heautontimorumenos*) im Theater des Terenz (zwischen 167 und 160) entsprechen griechischen Vorbildern und unterstreichen eher die Rolle der Literatur in diesem Konflikt. Darum verliert die Komödie des Plautus, die in die Zeit des 2. Punischen Krieges und der Öffnung Asiens fällt, jedoch nicht ihren soziologischen Zeugniswert.[94]

Zu dem Zeitpunkt, da Cato leidenschaftlich gegen die aus dem Osten eingeschleppte *luxuria* streitet[95] und das träge Asien und das zügellose Griechenland in einer Mißbilligung zusammenfaßt, bildet die sprichwörtlich gewordene »griechische Muße« (*otium Graecum*) das Kontrastbild für die *Romani mores* und das heroische, ebenso karge wie genügsame Leben in Rom. Das *otium Graecum* verschmilzt mit dem *otium urbanum*, dem müßigen, aber auch untätigen Leben des Stadtbewohners. Die römische Komödie zeichnet das Leben in der Stadt als ein Leben voller Feste und Gelage, das von den Söhnen aus reichem Hause und ihren amourösen Intrigen, vom begehrlichen Egoismus solcher Gestalten wie dem Periplectomenos (dem bürgerlichen Helden im *Miles gloriosus* des Plautus[96]) und von den liebestollen Ausschweifungen der Greise beherrscht wird, die nichts sehnlicher wünschen, als ihrer zänkischen Alten zu entkommen; Verführungen und Vergnügungen bietet das Stadtleben für Landbewohner, die darauf brennen, ihre ersten Erfahrungen zu machen, wie der Strabax im *Truculentus*; hier wird das »Ausruhen des Kriegers« Wirklich-

Komödienszene aus Pompeji. (Foto Anderson, Rom)

keit. In der Komödie wird dieses Stadtleben von einem gerissenen Sklaven inszeniert, dem *servus callidus*, der die Fäden der Intrige fest in der Hand hält und für das sinnliche Vergnügen sorgt. Bauern und besonders die ländlichen Sklaven, die als Muster der Tugend und Schlichtheit hervortreten, verschmähen dieses Leben. In der *Mostellaria* des Plautus wird dieser Gegensatz durch das Paar Grumio/Tranio in Szene gesetzt: »Verführ' auch noch den Sohn von unserem Herrn, den bravsten jungen Mann. Sauft Tag und Nächte durch, benehmt euch nur ganz griechisch, kauft Dirnen euch zur Lust und laßt sie frei, ernährt Schmarotzer, schmauset herrlich und in Freuden fort! ... Was mir gefällt, ist Zechen, Lieben, Freudenmädchen nachzugehen ... Liebe ist mein Beruf und Ochsenknecht zu sein der deine« (15 ff.).

Plautus stellt das amüsante Leben des Städters als Leben nach griechischer Manier dar und nennt das: sich griechisch aufführen (*pergraecari* oder *congraecare*). In der *Adelphoe* stilisiert Terenz mit der Gegenüberstellung des ländlichen Demea und des Stadtbewohners Micio das Leben in der Stadt als gemächliche Lebensweise (*vitam urbanam atque otium*, 42). Ungeachtet solcher Stilisierungsversuche und des beschönigenden Bemühens, die hemmungslose Vergnügungslust auf die griechischen Vorbilder abzuwälzen, ist Rom im 2. Jahrhundert längst zum Zentrum der Lustbarkeit und des Amüsements geworden. Cato bestätigt in seinen Polemiken die typisch römischen Bilder seines Zeitgenossen Plautus, insbesondere die Schilderung des gemächlichen Herumschlenderns in der Stadt. Die »neue«, hellenistisch geprägte Architektur wird das gesellige Treiben und den »städtischen Müßiggang« noch fördern.[97]

Die Organisation der Spiele und die Politik

Die Spiele werden in dem Maße, wie sie Allgemeingut werden, oder genauer gesagt, nur noch einen Sektor der »mythischen Theologie«[98] darstellen, zu einer öffentlichen Aufgabe sowohl für den Zuschauer wie für den Veranstalter. Cicero prangert den nicht gerade staatsbürgerlich gesinnten Egoismus der politischen Epikureer an und wirft Piso und dessen Kreis vor, daß sie sich bei den Spielen nicht blicken lassen, sondern diese den etwas ›unterbelichteten‹ Durchschnittsmenschen, den »Idioten«, überlassen (in Pis. XXVII,65 ff.). Die Spiele unterstehen den Beamten: die Verantwortung für die *ludi Romani* geht von den Konsuln auf die kurulischen Aedilen über, die auch die *ludi Megalenses* und die *ludi Florales* ausrichten; die plebejischen Aedilen sorgen für die *ludi Plebei*, und der Praetor urbanus ist für die *ludi Apollinares* zuständig. Zu dem öffentlichen Auftrag kommt, beim Anwachsen des Budgets, schließlich noch eine Dienstleistung hinzu: die *ludi Romani* werden einen Etat von 760 000 Sesterzen erreichen;[99] da der Zuschuß des Staates nicht ausreicht, übernimmt der Beamte einen Teil der Finanzierung. Das eifrige Bemühen um Popularität muß in einem System, in dem das politische Fortkommen auf Gunst beruht, zu einer gegenseitigen Überbietung von Ausgaben führen; davon hängt der *cursus honorum* (die Ämterlaufbahn) ab. In *De officiis* II,16,56 ff. macht Cicero daraus keinen Hehl. In der Rede für Murena aus dem Jahr 63 stellt der Redner den erfolgreichen Soldaten, der durch die Beute in Asien reich geworden ist, dem strengen Rechtsgelehrten Servius Sulpicius gegenüber. Murena war es unter anderem mit Hilfe einer »silbernen Bühne« gelungen, seinen Mitbewerber im Konsulat auszustechen (Mur. XIX,38 ff.). Cicero sieht in der *laetitia popularis*, der fröhlichen Stimmung im Volk, eine Triebfeder der Demokratie. So hinterläßt im Endeffekt die Republik dem Kaiserreich äußerst aufwendige Gepflogenheiten. In seinem Überblick über die römischen Schauspiele spricht Livius (Hist. rom. VII,2,13) von einem »Irrsinn, den sich kaum die steinreichen Königreiche leisten können«. Ihm sind noch die verschwenderischen Ausgaben Caesars in Erinnerung, dessen Popularität zunächst ganz auf der demagogischen Wirkung der Schauveranstaltungen beruhte, was auch Sueton kaum kaschieren kann.[100] Bei ihm finden sich, wie bei den Vertretern der *gentes* überhaupt, Leichenspiele (*ludi funebres*) mit Gladiatorenkämpfen und szenischen Darbietungen im Wechsel mit den offiziellen Spielveranstaltungen. Auch Pompeius, Caesars politischer Rivale und späterer Gegner, hat sich auf diesem Gebiet nicht zurückgehalten – sein Theater wurde 55 v. Chr. eingeweiht.[101]

Die Entwicklung der Theaterarchitektur

Die Ausweitung der *ludi circenses* oder *scaenici* führt in Rom zu einer Reihe von Bemühungen in Richtung Funktionalität und Annehmlichkeit – beide Kriterien gehören nach Vitruv in der Architektur zusammen.[102]

Zunächst wird versucht, eine Theaterstruktur zu finden. Seit 179 v. Chr. bezeugt die Annalistik[103] Censoren, also Hüter der öffentlichen Finanzen und der moralischen Tradition, die *theatrum et proscenium*, Schauplatz und Bühnengerüst, in Auftrag geben, oder aber – *scaenam aedilibus praetoribusque praebendam* – eine Bühne, die den Aedilen und den Praetoren zur Verfügung stehen soll (Livius XL,51 und XLI,32). Trotz einer gewissen Unsicherheit hinsichtlich der Terminologie betrifft der erste Auftrag den gesamten Theaterbau mit Stufen und Bühne, der zweite die Einheit Szenenwand und Bühnenpodium (*scaena*, *proscenium*), wahrscheinlich aus Holz. Es handelt sich um die »provisorischen Stufen und die improvisierte Bühne«, von denen Tacitus in seiner Archäologie spricht (Ann. XIV,20). Die Konservativen haben sich gegen die Errichtung ständiger Theater als Zeichen von Verschwendung und fremdartigem Luxus stark gemacht.[104] Nur so läßt sich die Reaktion des Pontifex maximus Scipio Nasica im Jahr 155 v. Chr. auf die von den Censoren befürwortete Auftragserteilung für ein Theater aus Stein erklären. Er ließ die Arbeiten niederreißen und führte einen Senatsbeschluß herbei, nach dem es verboten war, »Sitzmöglichkeiten aufzustellen oder im Sitzen an den Schauveranstaltungen in der Stadt und in einem Umkreis von 1000 Schritten teilzunehmen« (Valerius Maximus, *Facta et dicta memorabilia* II,4).

Allerdings war dieses kämpferische Vorgehen gegen größere Annehmlichkeit von vornherein zum Scheitern verurteilt. Die Veteranen hatten schon während des 2. Punischen Krieges die griechischen Theater in Süditalien und Sizilien gesehen. In der Komödie des Plautus, diesem Abbild der Lebensfreude im Schutz eines durch Sieg errungenen Friedens, kann man miterleben, wie die Menschen auf den Zuschauerstufen essen und trinken; im *Poenulus* (16 ff.) wird sehr lebendig geschildert, wie sich eine Zuschauermenge im Theater niedergelassen und die Herrin neben der Kurtisane Platz gefunden hat. So wurden die Verbote von der Entwicklung der Sitten einfach überholt.

Die Ausbildung der Theaterarchitektur wurde von Erfahrungen und Bedürfnissen geprägt. Die ersten Gladiatorenkämpfe haben auf dem Forum Boarium stattgefunden,[105] die ersten szenischen Aufführungen im Rahmen des Zirkus, dem Schauplatz der volkstümlichen Posse in Verbindung mit reiterlichen und athletischen Vorstellungen. Im Jahr 101 v. Chr., also in der Zeit zwischen der Reaktion von 155 und der Errichtung des ersten steinernen Theaters 55, läßt sich beobachten, wie das Forum frühzeitig für Theateraufführungen hergerichtet worden ist: Nach Varro und dem Älteren Plinius (Nat. hist. XXXV,47) hatte der Censor Maenius bereits 348 v. Chr. ständige Balkone errichtet,[106] und im 2. Jahrhundert haben die Behörden Tribünen zur Vermietung an das Publikum hinzugefügt, die C. Gracchus jedoch wieder abreißen ließ.

Gegen Ende der Republik sind zwei wichtige Neuerungen für eine funktionstüchtige Theaterarchitektur zu verzeichnen: einmal das ständige Theater und zum anderen Ansätze eines Amphitheaters.

Nach der Errichtung eines Holztheaters durch Mummius 145 v. Chr. und nach den Gewagtheiten des Aedils Scaurus, der im Jahr 58 v. Chr. ein Theater aus Holz mit einer Scaena-Wand aus dauerhaften Materialien (Marmor, Glas und vergoldetes Holz, nach Plinius, Nat. hist. XXXVI,24) erbaut hatte, hat Pompeius dem Venustempel auf dem Marsfeld ein Steintheater mit 18 000 Plätzen zur Seite gestellt. In diesem ständigen Theater (*mansura theatri sedes*) halten sich Bequemlichkeit (*commoditas*) und Funktionstüchtigkeit die Waage: im Theater des Pompeius, von dessen Einweihung im Jahr 55 Cicero in einem Brief an M. Marius berichtet,[107] wurde die glühende Hitze

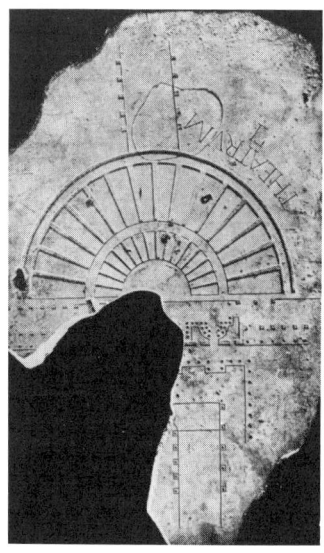

Antiker Plan des Pompejus-Theaters.

durch über Stufen rieselndes Wasser bekämpft, ein Verfahren, das von den »Wassertreppen« der Landhäuser in Pompeji her bekannt ist.[108] Der Traum von natürlicher Frische und Schatten dringt in die zweckdienliche Architektur ein und läßt die Techniken immer raffinierter werden. In der Zeit nach Pompeius erzählen Horaz und Ovid von Duftstoffen, von Balsam und Safran, die das Publikum erfrischen. Das Problem der Klimatisierung wird um so dringlicher, als die Vorstellungen gegen Ende der Republik bereits frühmorgens »vor halbverschlafenem Publikum« beginnen (Cicero an M. Marius, VII,1). Schon 78 v. Chr. hatte Catulus daran gedacht, ein Leinensegel über die *cavea* zu spannen (Plinius d. Ä., Nat. hist. XIX,6,23); Lukrez bezeugt, wie mittels eines purpurfarbenen Segels das ganze Theater in Rosa getaucht wurde (Rer. nat. IV,75 ff.). Es handelt sich dabei noch immer um provisorische Theater aus Holz. Es sei daran erinnert, daß bis zum Ende der Republik, ehe Vitruv seine Vorschriften über die Ausrichtung eines Baues verfaßt hatte, die *cavea* noch meistens der vollen Wucht der Südwinde und ihrer sengenden Hitze ausgesetzt war.[109]

Eintrittsmarken *(tesserae)* für Theater und Arena.

Die Erfindung des provisorischen Amphitheaters[110] aus Holz scheint auf Veranlassung des Curio, eines Legaten Caesars (nach Plinius, Nat. hist. XXXVI,24), zurückzugehen, auch wenn sich an der Historizität dieser Erwähnung zweifeln läßt. Curio hatte zwei nebeneinanderliegende Theater entworfen, die auf Zapfen montiert waren und durch Ausschwenken die Ellipse eines Amphitheaters bilden konnten. Zu Unrecht hat man in diesem Unternehmen die eigentliche Erfindung des Amphitheaters gesehen, denn das Gebäude in Pompeji mit seinem doppelten, symmetrisch angeordneten Stufenaufgang ist schon älter. Es geht vielmehr um eine geschickte Anwendung. Der Stein wird nämlich die provisorischen Bauelemente niemals ganz überflüssig machen; das zeigt das Holzamphitheater des Nero aus dem Jahr 57 n. Chr., das jünger ist als das des Statilius Taurus. Der innere Komfort ist ebenso wenig wie der äußere Schmuck der *scaena* an eine feste Konstruktion gebunden. Die erwähnte »silberne Bühne« des Murena schmückte ein behelfsmäßiges Theater, genau wie die Scaena-Verkleidungen aus Elfenbein und Gold, die von Plinius für Catulus und Petreius erwähnt werden.[111] Auch in den provisorischen Theatern gab es bequeme Sitzmöglichkeiten, wie sie in den Komödien des Plautus vom Publikum gelegentlich angefordert werden: zuweilen klingt etwas davon in der *Palliata* an (*Aulularia* 719; *Poenulus* 1224; *Curculio* 644 ff.).[112]

Abgesehen von den Sitzen der Senatoren, die sich in der Orchestra zwischen der Bühne *(pulpitum)* und dem Podium der ersten Stufen befanden, und abgesehen von den seit dem Gesetz aus dem Jahr 67 v. Chr. für den Ritterstand reservierten Plätzen[113] (es waren die vierzehn folgenden Stufen), hatte der Durchschnittszuschauer in republikanischer Zeit freie Platzwahl. Aus der *Ars amatoria* des Ovid wissen wir, daß Hocker, Matten und Kissen mitgebracht wurden, weil die

Stufen ziemlich niedrig waren. Zuschauer ohne feste Plätze haben sich während der Republik zunächst auf gut Glück ihre Plätze gesucht. Aber seit dem *Poenulus* des Plautus (Prolog, 19 ff.) treten *dissignatores* auf, Platzanweiser, was dafür spricht, daß Karten für die Platzzuweisung ausgegeben wurden (Plättchen aus Bronze, Elfenbein, Knochenmaterial oder Blei). Systematische Platzreservierungen hat es allerdings erst in der Kaiserzeit gegeben.[114]

Die Schauspieler

Die bodenständige Komik setzt, wie der griechische Komos, die »Jugend« ein (Livius VII,2), aber sehr bald schon spezialisieren sich die örtlichen Künstler als »Histrione«[115], um die *saturae*, opernartige Schwänke mit Flötenmusik und Tanz, zu spielen. Die *Palliata* fördert dann das Berufskomödiantentum[116]: die Magistrate haben es mit Berufsschauspielern zu tun, die vom *dominus gregis*, dem Direktor der Truppe, also dem Regisseur oder auch Hauptdarsteller, geführt werden. Er liest und wählt die Stücke aus, die die Dichter zum Kauf anbieten – Plautus und Terenz leben von ihren Stücken; zuweilen wird er dabei von einem »Leser«, wie dem Maecius Tarpa gegen Ende der Republik, unterstützt. Um das Theater spinnt sich ein ganzes Netz von Verträgen und Vereinbarungen (etwa hinsichtlich der Frage, ob das Manuskript endgültig verkauft wird oder eine Beteiligung an späteren Aufführungseinnahmen verabredet werden soll). Wenn die Gruppen auch nur aus drei bis fünf Schauspielern bestehen, so bilden sie doch einen festen Kern. Weibliche Rollen werden von Männern gespielt, mit Ausnahme der Kurtisanen, die sich in den Mimoi entkleiden.

Panaitios von Rhodos und Poseidonios haben in ihrem System der schönen Künste das Entstehen der »Schauspielkunst« (*artes ludicrae*[117] ist der bei Cicero übliche Ausdruck) erwähnt. *Digesten* III,2 zufolge betrachtet das römische Recht die Histrione von Anfang an als unehrenhaft, sofern das Schauspiel als *ars ludicra* vergütet wurde.[118] Die Schauspieler sind, wie die Musiker, das heißt die Horn- und Flötenspieler, von der Censusordnung und den normalen Centurien (der fünf Klassen) ausgenommen.[119]

Zeitweilig ist man in Rom gegen diese Berufskünstler vorgegangen.[120] Darüber berichtet Livius VII,2: Die Jugend war verärgert, daß »das freie Spiel allmählich zu einem Beruf geworden war«; sie überließ die Stücke den Histrionen und nahm selbst die improvisierten Scherzverse wieder auf, erneuerte die Fescenninen, die später in den Atellanen ihren festen Ort als *exodia* erhielten. Diese Possen wurden mit Masken, die die Anonymität gewährleisten sollten, aufgeführt und sind das Monopol der Laienspieler geblieben. Da diese nicht als ›Profis‹ galten, wurden sie zensorisch erfaßt und eingezogen. Die weitere Entwicklung des Laienschauspiels wird durch den Bühnenauftritt des Ritters Laberius beleuchtet, der von Caesar gezwungen wurde, in seinen eigenen Stücken mitzuspielen.[121]

Doch trotz ihrer sprichwörtlichen Unzüchtigkeit wurden die Schauspieler und Schauspielerinnen durchaus geschätzt. Ihr rechtlicher Status und ihre gesellschaftliche Lebenssituation klafften jedenfalls weit auseinander. So hat etwa der »Schauspieler« Roscius, den Cicero verteidigt, innerhalb von zehn Jahren sechs Millionen Sesterzen verdient, und gegenüber dem Schauspieler Aesop empfindet Cicero Hochachtung. Die Schauspielerin Cytheris, die Mätresse des Mark Anton, erregt zwar Aufsehen, ebenso wie die zu ihrem Freundeskreis gehörenden zweitrangigen Schauspieler mit ihren grellfarbenen Sänften[122], aber Cicero sitzt bei dem Ritter P. Volumnius Eutrapelus doch an ihrer Seite und macht ihr unmißverständliche Komplimente. Ein Senatsbeschluß aus dem Jahr 112 v. Chr., der einen Rechtsstreit zwischen zwei griechischen Künstlervereinigungen beendet,[123] zeigt, daß die berufsmäßigen Unterhaltungskünstler im Rom der ausgehenden Republik durchaus ernst genommen werden, auch wenn die Moralisten sie geringschätzen.[124]

Zirkusspiele

Die Gladiatoren

Angeblich sind die grausamen Kämpfe der Gladiatoren von den Etruskern übernommen worden[125] und stellten zunächst ein Blutopfer für die Toten und die Totengeister dar, vor allem für Phersu, wie er sich in den Gräbern von Tarquinia zeigt: Der Dämon hält einen Hund an der Leine, der einen mit Schurz und Kapuzenumhang bekleideten Mann angreift. Es ist allerdings nachgewiesen worden, daß die Gladiatur in Etrurien bis zum Ende des 5. Jahrhunderts unbekannt war, denn auf den Grabgemälden, den Zippi von Chiusi und den Stelen von Felsina, sind zwischen 530 und 450 Leichenspiele ohne Gladiatorendarstellung abgebildet. Die erste Gladiatorendarstellung findet sich um 390, in einem Grab in Paestum.[126] Bis zum Ende der Republik werden Gladiatorenkämpfe, die sogenannten *munera*, bei den Trauerfeierlichkeiten, den *ludi funebres*, der großen Familien veranstaltet; sie erinnern an die Opferung von Gefangenen, an Kämpfe und Selbsttötung im Zusammenhang mit Bestattungen. Die Leichenspiele in der *Ilias* werden beim ersten Blutvergießen beendet, und nach Livius XLI,20 ist das in Rom in Erinnerung geblieben. Die Gladiatur, die in Süditalien in oskosamnitischer Umgebung unter Beimischung etruskischer Elemente entstanden ist und sich auf Grabgemälden und kampanischer Keramik abgebildet findet, ist in der Folgezeit weniger ein in der Nekropole sich abspielendes Begräbnisritual gewesen, als vielmehr eine entheilige Gepflogenheit, die im bloßen Spektakel ihre Aufgabe erfüllte. Der religiöse Agon unterliegt dem Gesetz der Professionalisierung und der Profanisierung. An die Stelle der antiken, mit dem Wurfspieß eingeleiteten Kämpfe ist das Duell, der Nahkampf mit dem Schwert, getreten. Die oskosamnitische Waffenausrüstung hat der »klassischen« Gladiatur verschiedene Sorten von Helmen, Schilden und Harnischen vermacht. Die Gladiatorenpaare auf den frühen Abbildungen tragen die gleichen Waffen. Die etruskische Gladiatur, die bis in die Mitte des 1. Jahrhunderts reicht, zeichnet sich durch eine gewisse Leichtigkeit aus: den Gladiatoren fehlt der rechteckige Schild, sie haben als Waffe ein Schwert, sind nackt oder nur mit einem Schurz bekleidet und ohne Helm; manche Gladiatoren haben einen Rundschild oder werden von einem großen *aspis* geschützt, und einige Gladiatoren tragen einen Harnisch.

Seit den Gladiatorenkämpfen, die 264 v. Chr. in Rom eingeführt wurden, nahm die Zahl der Kämpferpaare schwindelerregend zu. Bei den Trauerfeierlichkeiten des Licinius 183 gab es hundertzwanzig Kämpfer und 174 bei dem von T. Flaminius gegebenen *munus* vierundsiebzig. Wie weit hatte man sich von den ursprünglich drei Paaren des Jahres 264 auf dem Forum Boarium entfernt! Im Jahr 160 haben die beiden Söhne des Aemilius Paullus, darunter der philhellenisch gesinnte Scipio Aemilianus, ein aufwendiges *munus* auf gemeinsame Kosten veranstaltet (Polybios XXXI,28,5-6). Das Volk war nach weniger als einem Jahrhundert so versessen auf das neuartige Spektakel, daß das Publikum mit Gedrängel und Tumult aus der *Hecyra*-Aufführung des Terenz davonläuft; auf ein bloßes Gerücht hin stürzt jeder los, um den Kampf mit anzusehen (Terenz, *Hecyra* 39-40). Ei-

Gladiatorenszene auf einem Mosaik aus Torre Nuova. (Foto Anderson, Rom)

nige Jahrzehnte später bezeugt der Satiriker Lucilius, ein Freund des Scipio, die große Beliebtheit der schwerbewaffneten Samniten und schildert den Kampf zwischen dem Samniten Aeserninus und dem Kämpfer Pacideianus.[127] Der Waffenkampf hat also bereits seine Superstars.

Im Zuge einer allgemeinen Professionalisierung, die alle Sparten der öffentlichen Vergnügungsmöglichkeiten erfaßt, spezialisiert sich die Gladiatur nach der Art der Bewaffnung, der *armatura*. Einer Anekdote zufolge, die Livius XXXIX,42 überliefert, gibt es seit 184 v. Chr. *Galli*: Ein Feldherr tötete bei einem Gelage einen Gallier, um seinen Lieblingsknaben, der sich gerade von der klassischen Gladiatur so weit hatte entfernen müssen, entsprechend zu entschädigen. Als große Typen bilden sich heraus: die *retiarii*, die mit einem Netz und mit einem Dreizack bewaffnet sind und deren Gesicht frei ist; die *samnites* mit schwerer Ausrüstung, nämlich Schwert, Helm und langem Schild (*scutum*), die ihrerseits in die *secutores*, die gegen die Netzkämpfer antreten, und die *hoplomachi*, die Gegner der Thraker, geteilt sind; die Thraker mit Helm, kleinem Rundschild (*parma*) und Dolch; die *murmillones* oder Gallier mit Helm, Schild und Arm- und Beinschienen.[128] Später werden noch *essedarii*, also Wagenkämpfer, hinzukommen.

Die Professionalisierung hängt damit zusammen, daß die Bedingungen der Gladiatoren rechtlich weiter gefaßt wurden. Waren die Kämpfer, die bei Bestattungsfeiern zu Duell oder Selbstmord gezwungen wurden, zunächst Kriegsgefangene, so wurden diese immer häufiger durch Freiwillige ersetzt. Allerdings werden bei dem vierfa-

chen Triumph Caesars im Jahr 46 v. Chr. Gefangenenkämpfe aufgeführt. Eine Variante stellt im letzten Jahrhundert der Republik die
Einweisung von Kriegsgefangenen in eine Schule, einen *ludus gladia-
torius*, dar, in der der Umgang mit den Waffen trainiert wurde. Der
Unternehmer (*lanista*) Lentulus Battiatus unterhielt in Capua eine
solche Schule, in der 73 v. Chr. mehrheitlich Thraker und Gallier waren.[129] Der *lanista* ist entweder von einer festen Einrichtung aus tätig
oder zieht als Zwischenhändler und Trainer umher. Zuweilen betreibt
er sein Geschäft im Auftrag höhergestellter Persönlichkeiten, die den
ludus (Schule) und die *familia* (die Gladiatorentruppe) besitzen. Der
Konsul des Jahres 58, Gabinius, scheint Eigentümer einer solchen
Schule in Kampanien gewesen zu sein. Im Blick auf den Preis, den ein
Gladiator erbrachte, um die zehn Talente zu der Zeit, als Antiochos
Epiphanes in Syrien aus lauter Romanophilie Gladiatoren einkaufte,
war das eine interessante Lösung. Es war möglich, Sklaven zu diesem
Zweck zu kaufen, und gegen Ende des 1. Jahrhunderts konnten wohl
auch Strafgefangene in solche Schulen eingewiesen werden.[130] Cicero
zählt »Barbaren«, »Sklaven« und »Taugenichtse« (*perditi homines*,
die *damnati* sind, Tusc. II,17) unter den Gladiatoren auf. Mit Ausnahme von Rittern und Adligen konnten sich Freie in republikanischer Zeit durch Vertrag, die *auctoratio*, in einem *ludus* verpflichten.[131] Eine Atellanen-Komödie des Pomponius führt einen *Bucco
auctoratus* vor, und auch die bei Lucilius benannten Kämpfer sind
Freie, die womöglich einem umherziehenden *lanista* auf den Leim gegangen sind. Sie geben eine Erklärung ab, in der sie gegen ein Entgelt
die Bestimmungen des *lanista* akzeptieren, und verpflichten sich vor
ihrer Kasernierung in einem *ludus* zu einer geradezu militärischen
Disziplin. Von nun an unterstehen sie dem Drill und den »Spielre-
geln« der Kämpfe: wer als Besiegter aufgibt, indem er die Hand hebt
oder niederkniet und Waffen und Schild ablegt, kann nicht sicher
sein, vom Spielveranstalter seine *missio*, seine Entlassung, zu erhalten,
er kann auch getötet werden; Widerstrebende werden mit Eisen und
Feuer angetrieben.

  Literarische Zeugnisse über die Publikumsreaktion fehlen für die
republikanische Zeit. Aus Ciceros Rede *Pro Sestio* (LVIII,124 bis
LIX,126) aus dem Jahr 56 über die *munera* des Metellus Scipio wissen
wir, daß sich eine »sehr dicht und bunt gemischt sitzende Menge« von
der Gladiatur angezogen fühlte. Man begeistert sich bereits für diesen
oder jenen Kämpfer, gelegentlich sind Pfiffe zu hören. Einer Satire

Szene aus einer *venatio*. Borghese-Mosaik.

des Horaz ist zu entnehmen, daß Maecenas in den vierziger Jahren an einer Wette über die Gewinnchancen irgendwelcher Zweikämpfer interessiert war.[132]

Die *venatio*

Bei der *venatio*[133], einer innerhalb eines Geheges künstlich veranstalteten Jagd, die an den kretischen Stierkampf erinnert, sind in klassischer Zeit Tierkämpfe und Vorführungen dressierter Tiere verbunden. Anfangs wurden exotische Tiere im Zirkus zur Schau gestellt, Elefanten 252 v. Chr. und Straußenvögel 197 v. Chr. Fulvius Nobilior ist 186 v. Chr. mit einer *venatio* von Löwen und Panthern zum Wegbereiter dieser Art Veranstaltung geworden. 169 v. Chr. läßt man dreiundsechzig *Africanae* (Tiere aus Afrika), vierzig Bären und Elefanten ein »Spiel« bestreiten. Die *Africanae*, die nach der Beschlagnahme der punischen Kriegselefanten Gegenstand eines schwunghaften Importhandels und gesetzlicher Regelungen werden sollten, stechen die europäischen Tiere aus.[134] Das punische Afrika hatte die in Mode gekommenen hellenistischen Tierschauen erlebt und war, wenn nicht zum Begründer des Jagdspektakels, so doch zum Lieferanten der ersten Spezialisten dieses Faches nach Rom geworden: der *iaculatores*, die Sulla 93 v. Chr. von dort mitgebracht hat.[135] Tierbändiger gehörten zur alten italischen Tradition: bei den *Cerealia* wurden Füchse mit Stroh umwickelt und angezündet, Stiere traten bei den *ludi Taurei* (unter Tarquinius Superbus) auf, ein Kälberwettlauf fand in Capua statt und dergleichen mehr. Die Vielschichtigkeit der *venatio* kommt in den militärischen Hinrichtungen zum Audruck, mit denen Aemilius Paullus und Scipio Aemilianus im 2. Jahrhundert begonnen haben: Überläufer wurden von Elefanten zermalmt oder wilden Tieren vorgeworfen, ein Vorspiel der späteren *damnatio ad bestias* (Valerius Maximus, *Facta et dicta memorabilia* II,7,13-14). Das letzte Jahrhundert der Republik zwischen 100 und 55 hat glänzende Aufführungen der kurulischen Aedilen erlebt; sie zeichnen sich durch Improvisationen und Neuerungen aus (Gefangene oder Rebellen wurden zu *venatores* gemacht): 99 und 79 v. Chr. gab es Kämpfe zwischen Elefanten und Stieren, 61 eine Jagd mit hundert Bären aus Numidien und Äthiopien; 58 hat Scaurus in einem provisorischen Wassergraben ein Flußpferd und fünf Krokodile ausgestellt. Nach den hundert Löwen des Sulla im Jahr 93 haben unter Caesars Aedilität veranstaltete *venationes* die Zeitgenossen beeindruckt: verurteilte Verbrecher traten als Tierkämpfer auf mit Waffen und einer Ausrüstung aus Silber. Die Einweihung des Theaters des Pompeius im Jahr 55 stellte, wie später der vierfache Triumph Caesars, einen Höhepunkt dar. Jeweils fünf Tage lang wurden Tierhetzen veranstaltet. Für das Jahr 55 ist die Berichterstattung sehr anschaulich (Cicero, Ad fam. VII,1; Plinius, Nat. hist. VIII,7 ff.): Die Elefanten brachen durch die Schutzgitter und trampelten Zuschauer nieder; die zum Massaker zusammengedrängten Tiere haben erstmalig so etwas wie Mitleid und Sympathie bei den Zuschauern hervorgerufen. Caesars Triumph[136] gab der *venatio* eine besondere Note durch den ersten Stierkampf zu Pferde, durch den Auftritt einer Giraffe und schließlich durch einen Elefantenkampf großen Ausmaßes, wobei eine beachtliche militärische Truppenstärke zum Einsatz kam.

Reitsport und Wagenrennen

In der archaischen Zirkuspompa, wie sie von Dionysios von Halikarnass auf der Basis des Annalisten Fabius Pictor rekonstruiert worden ist, war für die Wagenlenker und Reiter ein hervorragender Platz vorgesehen (Hist. rom. VII,70-71). Das ist im Rahmen einer Zeremonie des 5. Jahrhunderts durchaus glaubwürdig, denn Wettfahrten dreispänniger Wagen waren in Latium seit dem 6. Jahrhundert bekannt, und es gab auch eine dafür angelegte Bahn, *trigarium*, auf dem Marsfeld. Tertullian führt in seiner Schrift *De spectaculis* die Wagenrennen

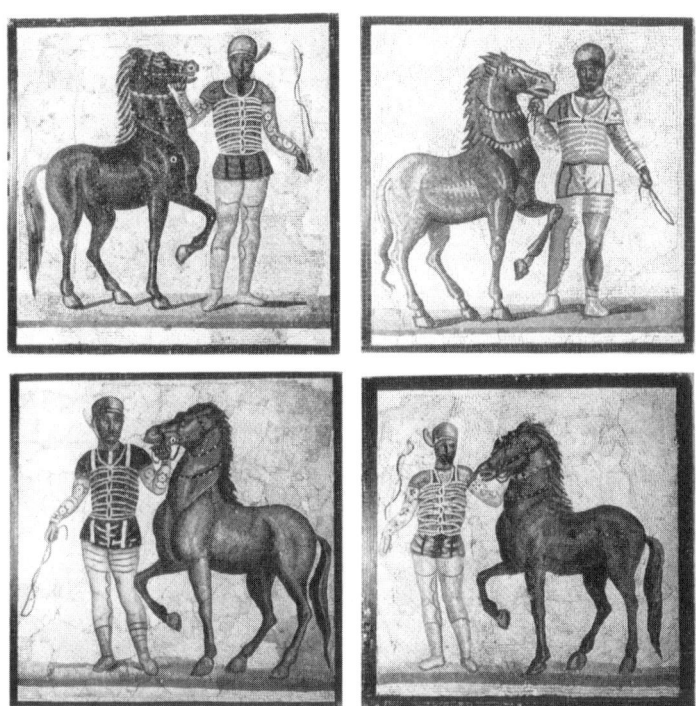

Die vier Rennparteien. Mosaik aus einer Villa an der Via Cassia bei Rom.
Um 200 n. Chr.

bis auf Romulus zurück. Der etruskische Beitrag ist hier also nicht
entscheidend (das Bigae-Grab in Tarquinia stammt aus dem 5. Jahrhundert[137]). Im 3. Buch der *Georgica* verbindet Vergil das hohe Ansehen der Pferde in der italischen Tradition mit sportlichem Eifer und
olympischem Wettkampf. Doch sind die Zeugnisse der Archäologen
darüber (Varro, *Antiquitates*, und Sueton, *Ludicra historia*) verloren-
gegangen.

Aus einer Notiz bei Ennius aus dem 3. Jahrhundert[138] erfahren wir,
wie der Konsul, als Veranstalter der Spiele, das Eröffnungszeichen
gibt und die begeisterte Menge ihre Blicke auf die Seite der Ställe, der

Wagenrennen im Circus Maximus. Marmorrelief in Foligno. (Foto DAI, Rom)

carceres, richtet, um die Wagen herausfahren zu sehen. Möglicherweise enthält dieser Text bereits einen Hinweis auf die Farben für das Rennstallschild, den Wagenbeschlag und die Jockeijacke des Wagenlenkers. Ausgehend von den ursprünglichen Farben Rot und Weiß haben sich die vier klassischen Zirkusparteien, die *factiones*, entwickkelt, von denen die Grünen und die Blauen eine Vorrangstellung erwarben. Trotz der These des Lydos[139] ist es kaum wahrscheinlich, daß die vier Farben schon auf Romulus zurückgehen.

Im Zirkus der Frühzeit waren auch Scherzvorführungen zu Pferde zu sehen: clowneske Reitkünste der *spatiatores* hoch zu Roß und virtuose Akrobatik der *desultores*: diese reiten auf zwei Pferden gleichzeitig, vollführen Kunststücke mit Waffen oder treiben rücklings auf der Pferdekruppe sitzend, kniend oder liegend reine Akrobatik. Sehr bald konzentriert sich jedoch das Interesse auf die Wagenrennen, bei denen rasende Geschwindigkeiten, unglaubliche Geschicklichkeit und spannende Zufälligkeiten zu gewärtigen waren. Es kam darauf an, seinen Gegner abzuhängen, die *meta*, die Wendemarke, ohne Berührung zu umfahren und auf keinen Fall »Schiffbruch« zu erleiden. Auf den Zirkusstufen herrschte Spannung, Wetten wurden abgeschlossen (Ovid, Ars am. I,147). Auch Frauen aus der oberen Gesellschaftsschicht kamen zu diesen Rennen, wie jene Valeria, die die Aufmerksamkeit des alternden Sulla erregte.[140] Die Anwesenheit von Wahrsagern und Propheten in den Unterbauten des Circus Maximus läßt vermuten, daß vor den Wetten die Gestirne und Horoskope eifrig befragt wurden.[141]

Militärisches Athletentum und römischer Sport

Die sportliche Tradition im alten Rom hat nichts mit unserer moder-
nen Freizeitbeschäftigung zu tun. Sie ist zuallererst paramilitärisches
Training im Umgang mit Waffen, zu Pferde und beim Schwimmen.
Die bäuerlich-militärische Tradition ist von den augusteischen
Dichtern dargestellt worden. Vergil sieht darin einen Zeitvertreib
(Speerwurf, ländliche Palästra). Im 5. Gesang der *Aeneis*[142] ist die
militärische Pause und Unterbrechung der Seefahrt in Sizilien mit
Wettkämpfen ausgefüllt, die sich in das Bild der Frühzeit einfügen
(Leichenspiele für Anchises) und schon das militärisch geprägte Athletentum bei den Römern ankündigen: Es finden eine Regatta, ein
Wettlauf, ein Faustkampf, Bogenschießen und das Reiterspiel statt,
das »Trojanische Spiel« (*ludus Troiae*) genannt wird und aus etruskischer Zeit stammt (Vergil läßt es auf Julus, den Sohn des Aeneas, zurückgehen[143]). Unter Sulla wird es wieder in Mode kommen. Bei Vergil besteht das Spiel aus einer Art Parade mit Scheingefechten, Reiter-
kunststücken und komplizierten Stellungswechseln, wie sie sich auch
im tarentinischen *ludus serpentis*, dem »Ringelrennen«, finden (drei
turma-Formationen zu je zwölf Reitern mit drei Anführern und zwei
Rittmeistern).

Die altrömische Erziehung und das Ertüchtigungsprogramm nach
Maßgabe militärischer Zucht richten sich auf das gleiche Ziel. Livius
XXVI,51 hat uns die Truppenübungen von Carthagena im 3. Jahr-
hundert überliefert: militärische Regatten auf offenem Meer, eine
Hindernisbahn über vier Meilen und Stockfechten (*rudis, arma luso-
ria*); während der Musterung der Waffen herrscht eine Art Ruhe-
pause; die *decursio* wird mehr und mehr zu einem Reitermanöver mit
Reitkunstübungen, das lassen auch die Reliefs erkennen.

Plutarch (Cato Ma. XX,6 ff.) hat uns das »sportliche Programm«
überliefert, das der alte Cato für seinen Sohn zusammengestellt hat:
Fechten, Speerwurf, Schwertspiele, Reiterkunststücke, Rossebändi-
gen, Faustkampf, Ertragen von Hitze und Kälte, Durchschwimmen
eines reißenden kalten Flusses.

Gegen Ende der Republik ist von dieser Tradition nur die individuelle oder in den Jugendclubs (*collegia iuvenum*) auf dem Marsfeld organisierte sportliche Betätigung geblieben. Auch nachdem der Campus ein Bereich für Spaziergänger geworden war, blieb, nach Auskunft Strabons (V,8), ein weitläufiges Übungsfeld für die Jugendlichen
frei: »Bewundernswürdig ist die Größe des Feldes, welches trotz ei-

ner so großen Menge von Leuten, die sich im Ballschlagen, im Reifen-spiel und im Ringen üben, dennoch zugleich für Wagenrennen und andere Reitübungen ungehinderten Spielraum gewährt.« So spielt etwa auch der noch jugendliche Horaz der *Satiren* (II,6) mit Maece-nas Ball.

Ferner behält der Schwimmsport seine Anhänger: der nahegelegene Tiber lädt zum Bade. In der *Satire* II,1 erlebt man, wie der Jurist Tre-batius, der, nach Cicero, selbst ein begeisterter Schwimmer war, als natürliches Schlafmittel empfiehlt, »mit Öl eingerieben dreimal den Tiber zu durchschwimmen«.

Am Ende der Republik werden noch immer die »griechische Art« von Weichlichkeit und Athletentum der militärischen römischen Tra-dition sehr deutlich gegenübergestellt (Horaz, Sat. II,2,9 ff.). Allen-falls werden schnelles Ballspiel und Diskuswerfen gelobt. Hygieniker empfehlen individuelle sportliche Betätigung: so nützt der Epikureer Maecenas eine Reiseunterbrechung zum Ballspiel (Sat. I,5). Vitruv, der als Militäringenieur ausgebildet ist, faßt die »republikanische« Ansicht über den Sport in seinem Werk »Über die Architektur« tref-fend zusammen; mit verächtlicher Herablassung beschreibt er V,11 die griechischen Einrichtungen: Palästren von zwei Stadien Länge mit ihren vier nach Süden hin verstärkten Säulenhallen, dem Xystos, das Ephebium in der Mitte und die weitläufigen Exedren. An anderer Stelle (IX, praef.) verwirft er den griechischen Wettkampfgeist, die außerordentlich hohen Auszeichnungen für die Sieger der Olympi-schen, Isthmischen und Nemeischen Spiele und den unnützen Ruhm eines Milon von Kroton. Doch tritt auch der Sinn für Leistung her-vor, etwa wenn die Gesetze gegen Geldspiele Wetten im Bereich des Sportes gleichwohl zulassen.[144]

Geistige Voraussetzungen der individuellen Freizeitgestaltung

Die von den griechischen Philosophenschulen ermutigte persönliche Reflexion und die Berührung mit der griechischen Freizeitgestaltung drängen den bäuerlich-militärischen Puritanismus zurück. Allerdings werden die Agrarschriftsteller noch lange ihren Bann über den städti-schen Müßiggang schleudern, weil er die Arbeitskräfte bis hin zu den Sklaven verderbe, »die lieber ihre Hände im Theater oder im Zirkus

regen als auf den Feldern oder Weinbergen« (Catos Vorrede zu den
Res rusticae). Auch Columella unter Nero nimmt die Sorte fauler und
verschlafener Sklaven aufs Korn, »die an vergnüglichen Zeitvertreib
auf dem Marsfeld, im Zirkus, in den Theatern, beim Spiel, in den
Kneipen und Spelunken gewöhnt sind« (Res rust. I,8). Die Anklage
betrifft das städtische Leben überhaupt, doch ist der Prozeß schon
verloren. Die Vergnügungslust siegt über das schlechte bürgerliche
und militärische Gewissen.[145] Die belehrenden Berichte der Annalistik über die Schlaffheit eines nur mit Gelagen und Ausschweifung
beschäftigten Militärs sind von Livius und Ovid (Fast. II) zu Beginn
der Kaiserzeit aufgegriffen worden und malen in düsteren Farben ein
Bild von der Belagerung Ardeas, die 510 v. Chr. mit der Tragödie der
Lucretia zu Ende ging, oder von dem »süßen Leben in Capua«, das
Hannibals Siegeskraft gebrochen hat.[146] Nach Cicero kommt das bei
den alten Römern verhaßte Wort »Lust« (*voluptas*) gleichzeitig mit
der Muße und der Suche nach Glück wieder zu Ehren. Die puritanischen Anwandlungen bei Catull (51) oder den Elegikern sind nichts
als Überbleibsel der altväterlichen Moral.[147]

Sämtliche Philosophenschulen stimmen immerhin darin überein,
daß sie den richtigen Umgang mit der Muße befürworten und zu ihrer Individualisierung neigen.

Der Epikureismus, der trotz der staatsbürgerlichen Züge des römischen Epikureismus als individuell und gemeinschaftsfeindlich gilt,[148]
läßt unter seinen Anhängern ›Clubs‹ und ›literarische Zirkel‹ (*sodali-
cia*) entstehen, wie den von Piso und Philodemos in Kampanien. Die
dichterische Ästhetik befreit sich von dem Kriterium der Größe, das
sich am Heldengedicht des Ennius orientierte, und die Poesie bean-
sprucht einen Status der Amoralität, der lyrische Freizügigkeiten zuläßt. Catull und die Neoteriker, die von Cicero in seiner Rede gegen
Piso angegriffenen Verfasser erotischer Epigramme, besingen die
Kämpfe und Qualen der Liebe.[149] Die »epikureischen Lebensgenie-
ßer«, sarkastisch »Schweinchen aus Epikurs Herde« genannt,[150] (Cicero und Horaz bezeugen das), befolgen ihres Lehrmeisters Anweisungen aufs Wort, die die *luxuria* im Blick auf das Physische, also Natürliche, und auf das Künstlerische wieder gesellschaftsfähig machen,
sofern sie vernünftig und differenziert praktiziert wird.[151]

Die orthodoxe Lehre des epikureischen Gartens fordert natürlich
das Gleichgewicht in der Lust und eine Auswahl der Befriedigungen,
aber die landläufige Kritik kümmert sich nicht um diese Feinheiten.
Voreingenommen wird die Lehre als »Muße und leichtes Leben des

Epikur« beschrieben (Plutarch, Stoic. rep. 2 = Usener, Epicurea 426).
Das genügt, um einen Epikureismus entstehen zu lassen, der mit fei-
ner Lebenskunst einhergeht.

Dieser gesellschaftliche Epikureismus[152] bildet ästhetische Normen
aus im Blick auf die Kleidung und die ländlichen Sommersitze (*elegantia, amoenitas*). Er schätzt die beliebten Strände an den schönsten
Orten Kampaniens; er stellt der städtischen Enge die »Gefilde innerhalb der Stadt«, die großen Gärten, gegenüber; er bildet eine Vorliebe
für Festessen und raffiniertes Tafelgerät aus (das Silber der Villa von
Boscoreale) und entwickelt einen Kunsteifer, der zuweilen mit ober-
flächlichem Dilettantismus und Sammelleidenschaft verbunden ist.

Der Epikureismus liefert seinen aristokratischen Anhängern ein
Gegenmittel gegen die verhängnisvollen Auswirkungen des städtischen Kollektivismus, der mit lärmenden Menschenansammlungen
und vom Schauspiel uniformisierten Freizeitveranstaltungen an die
Stelle des ländlichen Miteinanders getreten ist. Cicero hat diese Haltung in einem Brief an den Epikureer M. Marius, der 55 v. Chr. der
Festveranstaltung des Pompeius ferngeblieben ist, sehr treffend zum
Ausdruck gebracht, wenn er von der *ratio otii*, von »einem Leben
nach eigenem Gutdünken«, spricht. Von nun an existiert diese Lebenskunst der freien Zeitverfügung, ohne daß der Gemeinschaft darüber Rechenschaft abgelegt werden müßte (dieses Gesetz staatsbürgerlicher Moral hat Cato, nach Cicero[153], dem führenden Staatsmann
auferlegt). Man kann sich dieser Freiheit im Herzen der Stadt, weitab
von der gewöhnlichen Menge, erfreuen oder außerhalb, auf dem
Landsitz, der für ein lustvolles Leben ausgestattet ist (*voluptuariae
possessiones*, wie Cicero, Ad Att. V,2 sie nennt).

Die anderen Philosophenschulen sind für dieses individualisierte
Mußeleben ebenso empfänglich: die Lehren des Peripatos haben die
gelehrten Kreise erobert und dabei das Vergnügen am Dialogisieren
in den Landhäusern außerhalb der Stadt ausgebildet; Cicero, Varro
und Lucullus können diese Form der Unterhaltung am Stadtrand von
Rom oder in Kampanien vor Augen führen.[154]

Sogar die Stoa räumt in ihrer Herrscherethik, die sie der Generation um 160 v. Chr. auferlegt hat, der individuell gestalteten Muße einen Platz ein, was als Ergebnis der von Panaitios rehabilitierten Vorstellung von der »individuellen Natur« des Menschen anzusehen ist.
Ohne zu der universellen Vernunft und der auf den Staat bezogenen
Hierarchie der Pflichten in Widerspruch zu geraten (Vorrang des
Menschengeschlechtes, des Vaterlandes und der Familie), befürwortet

die Stoa bei der Elite auch ein Leben, das ausschließlich der »Theorie«
gewidmet ist (Cicero, De off. I,21). Die natürlichen Freizeitvergnügungen der Scipionen und ihrer stoischen Tischgefährten am Ufer
von Caieta werden in Ciceros *De oratore* gepriesen: Männer, die die
erste Rolle im Staat spielen, fühlen sich im Privatleben frei von dem
Gefühl, etwas repräsentieren zu müssen. Sie kümmern sich nicht um
die gesellschaftliche Etikette, sondern »tollen herum« wie der alte Sokrates; man sieht sie, wie sie in der Sommerfrische »wieder zu Kindern werden« und »sich wie Kinder gebärden«, wie sie bei Caieta und
Laurentum »Muscheln und Meerschnecken sammeln und sich zu jeder Ausgelassenheit und Spielerei verstehen« (De or. II,22).

Das Flanieren in der Stadt

Die Bauern der Frühzeit gingen an den Nundinen zum Stadtbummel
nach Rom und verbreiteten auf dem Land die stereotype Vorstellung
vom *otium urbanum*, wie es die *Palliata*-Komödie im 2. Jahrhundert
dargestellt hat.[155] Das Vergnügen am Flanieren durch die Stadt wird
durch die städtische Zuzugsentwicklung ebenso wie durch die aus
Griechenland importierten architektonischen Neuerungen begünstigt. Der Hellenismus hat der Baukunst die Säulenhalle und die Basilika beschert, deren Konstruktionsgesetze von Vitruv in augusteischer
Zeit niedergelegt werden.[156]

Überdachte Säulenhallen[157] treten seit 193 v. Chr. auf; sie verbinden
am Tiber entlang den neuen Hafen mit der Stadt. Die Censoren des
Jahres 179 haben eine zweite Reihe hinzugefügt. Dank des Portikus
des Octavius (167 v. Chr.) und des Portikus des Metellus Macedonicus, den Hermodoros 147 v. Chr. errichtet hat, erhielt das Marsfeld im
2. Jahrhundert den Charakter eines Promenadengeländes. Plautus
stellt im *Curculio* fest, daß es schon seit den 190er Jahren eine Basilika
gegeben habe, während Cato für sich in Anspruch nimmt, das erste
Gebäude dieser Art 184 auf dem Forum errichtet zu haben; später
folgten dann die Basiliken der Sempronia (170) und der Opimia
(121).

Das um Basiliken erweiterte Forum in Rom wurde wegen der Be-
bauungsdichte und aus Platzmangel nicht mit Wandelhallen geschmückt. Dagegen erhielten die planvoll angelegten römischen
Städte, wie die Kolonie Pompeji unter Sulla, ein von weitläufigen

Wandelhallen eingefaßtes Forum, ganz nach dem Vorbild der griechischen Städte. Dafür besitzt Rom seine Einkaufsstraßen mit den *tabernae* (den kleinen Läden, die nicht so geräumig waren wie die in den Säulenhallen) inmitten der engen, gewundenen Sträßchen in dem Viertel zwischen Tiber und Kapitol, dem Vicus Tuscus und dem Vicus Jugarius.[158] Dieses Händlerviertel zieht seit Plautus' und Catos Zeiten das flanierende Volk an, weil Geld und Vergnügen locken.

Hören wir doch, wie der *Choragus*, der Schauspieldirektor aus dem *Curculio*, das Rom der Herumtreiber und Müßiggänger in allen Farben schildert[159], wobei die Geographie des Freizeitvergnügens zugleich die des Lasters ist:

> Ich zeige euch, an welchem Ort der Stadt
> jedweder Mensch am leichtesten zu finden ist,
> damit ihr nicht lang laufen müßt, wenn ihr irgendeinen
> braucht, sei ein Halunk es oder auch ein Biedermann.
> Wer einen haben will, der falsch geschworen hat,
> den schick ich aufs Comitium. Wer einen Lügner sucht
> und Prahlhans, geh in Cloacinas Heiligtum.
> Verschwenderische reiche Ehemänner sind
> am Börsenplatz zu finden; dort trifft man auch
> die ausgedienten Huren und das Kupplervolk;
> die Picknick-Arrangeurs trifft man am Fischmarkt an.
> Ganz unten auf dem Forum gehen die guten und die
> reichen Leute spazieren; mitten, beim Kanal,
> stehen lauter Renommisten; Gecken, Schwätzer und
> Verleumder hinterm Teich! . . .
> Die Wucherer samt ihren Kunden findet man
> bei den alten Buden; dort bei Castors Heiligtum
> die, denen man zum eigenen größten Schaden traut.
> Im Tuscerviertel hausen Leute, die sich selbst verkaufen.
>
> (Übers. von W. Binder)

Nach Ausweis der Komödie spielte sich das städtische Flanieren um die Basilika (vielleicht die Basilica Porcia) und um den ›Kanal‹ herum ab, mit dem sicher der Abschnitt des Hauptkanals gemeint ist, der den Tempel der Venus Cloacina schneidet; genau hier hat es einen Markt gegeben, der 179 v. Chr. noch erweitert wurde.[160] Cato verfolgt mit seinen Sarkasmen die Spaziergänger, die sich von Rechts- und Handelsgeschäften angezogen fühlen, die *subbasilicani*, die in der inneren Kolonnade wie angewurzelt herumstehen, und die *canalicolae*,

die Dauerbesucher am Kanal. Um dem Trend der römischen Stadtentwicklung entgegenzuwirken, die die Pflasterung vorantreibt, hat
Cato erwogen, das Forum mit spitzen kleinen Kieseln zu pflastern
(Plinius, Hist. nat. XIX,6). Er verabscheute das Herumbummeln als
eine Pest für die bäuerliche Produktivität. In seiner Schrift *De agricul-
tura* verbietet er Bauer und Bäuerin diese Art des Müßiggangs (er benützt die Wörter *ambulator* und *ambulatrix*); aber auch den Angesehenen untersagt er diesen Zeitvertreib, weil er von den Staatsgeschäften ablenke. Eine Person, die herumflaniert, versieht er mit der
Bemerkung: *Tu otiosus ambulas* (»du treibst dich herum und tust
nichts!«).

Die Mißbilligung der altmodisch Gesinnten gegenüber dieser Art
städtischen Müßiggangs, die auch ihre Sorge vor festen Theatern mit
dazugehörigen Wandelhallen[161] weitgehend erklärt, kann doch nicht
verhindern, daß sich der Stadtspaziergang mehr und mehr einbürgert.
Auch in den *Captivi* hat Plautus die *subbasilicani* erwähnt. Hier beleuchtet er einen besonderen Aspekt des Flanierens, nämlich den intellektuellen Spaziergang, der aus den Säulenhallen und Gymnasien
des hellenistischen Griechenland, insbesondere Siziliens, übernommen worden ist.

Im *Curculio* (288 ff.) werden die *Graeculi* karikiert, die an den Stra-
ßenecken herumstehen und schwatzen und mit ihren Kapuzen über
dem Kopf aussehen wie Geheimbündler oder flüchtige Sklaven; der
Mimus *Dives fugitivus* behandelt dieses Thema. Die »Griechlinge«
geben ihre bedeutsamen Überlegungen im Thermopolium, in der
Kneipe beim Glühwein zum besten. Plautus beschreibt hier eine Sitte,
die im Zuge der Eroberungen in Großgriechenland und Sizilien entstanden ist. Ihre Wegbereiter waren Marcellus und Scipio Africanus
in Syrakus. Marcellus wurde vorgeworfen, daß er sich gerne griechisch unterhielt und künstlerische Interessen hatte, während es die
Hüter des *mos maiorum* Scipio verübelten, daß er »in griechischem
Gewand und in Sandalen im Gymnasium umherwandelte und sich
der Lektüre und der Palästra widmete«. In den Räumen von Gymnasium und Palästra fanden der verabscheute athletische Sport der Griechen sowie der philosophische Dialogbetrieb statt (Livius XXIX,19).

Plautus' Komödie beschreibt eine griechische oder gräzisierte intellektuelle Boheme, die ansteckend wirkt. Es handelt sich um ein »Leben für die Muße«, nicht einfach um Muße als Ausgleich zu anderen
Beschäftigungen. Diese Lebensform des unterweisenden Gesprächs
(Diatribe) wird später einmal die Frage nach dem Stand der »Geistli-

chen« aufwerfen, derer, die fern von staatlichen und beruflichen Verpflichtungen ein »scholastisches Leben« führen.

Vorerst sind solche Gestalten noch Randerscheinungen. Cato hat
das häßliche Epitheton *crassator* geprägt (oder *grassator*, von dem alten Verb *grassari* ›sich herumtreiben‹), um diese müßigen Spaziergänger herabzusetzen. Mit *crassatores* bezeichnet er einfach alles, die
»Ganovengesellschaft«, Leute, die von einem Festmahl zum anderen
eilen, und die Boheme der Dichter. Von den römischen Annalisten
werden diese Außenseiter wie Jugendliche beschrieben, die auf die
schiefe Bahn geraten und straffällig geworden sind. Sie tauchen vor
allem in der *subura* auf, die sie auf der Suche nach Spektakel und
Skandal bei Nacht durchstreifen; dieser lärmerfüllte Stadtteil am
Rande des Quirinal war berühmt für seine Spelunken und leichten
Mädchen (Livius III,13).

Zur Welt des Flanierens und des Müßigganges gehören weltmän-
nische Persönlichkeiten ebenso wie Außenseiter. Den »Mondänen«
ist der *scurra* zuzurechnen, der bei Festlichkeiten versierte Spaßvo-
gel, dessen Typus in der Plautinischen Komödie Gestalt gewinnt.
Als Schönredner von ausschweifender Lebensart und in höflichem
Gewande stellt dieser *scurra* die römische, historische Variante des
Parasiten der griechischen Komödie dar. Im *Trinummus* (203) und in
der *Mostellaria* (15) wird er vorgestellt, in Stücken also, die nach
dem Sieg über Karthago die ersten Ansätze der Hellenisierung markieren.

Von den Moralaposteln geschmäht, spielt sich das Flanieren im
1. Jahrhundert in zweierlei Gestalt ab: als freier Stadtbummel der Bürger, besonders der Dichter, oder als stilisierter Spaziergang mit philo-
sophischem Gespräch im Gymnasium des Landsitzes.

Die *Satiren* des Horaz, die noch vor der Modernisierung der
Hauptstadt entstanden sind, lassen ein städtisches Freizeitleben erkennen, in dem das Herumstreifen seinen festen Platz hat. Der Dichter geht lieber in Rom spazieren, als modebewußt in die Sommerfrische zu reisen: »Ich brauche kein Gefolge, geh' allein, wohin mich's
lüstet; frage, was der Kohl und was das Mehl gilt; schlendre abends
um den großen Schauplatz aller Beutelschneider, den Circus, oder auf
dem Markt ... Ich bleibe ruhig bis um neune liegen; drauf mach' ich
fliegende Besuche« (*Satire* I,6,116 ff.). Für den Dichter bedeutet dieses Sich-Ergehen Unabhängigkeit, und so läßt er sich von seinem
Sklaven an den Saturnalien ruhig als *erro*, als »Herumtreiber«, darstellen (*Satire* II,7). Horaz hat mehrere Spazierwege und -ziele: das

Velabrum und die verschiedenen Märkte im Tiberviertel (dieser
Strecke folgt er von der Via Sacra zum Vestatempel in der *Satire* I,9
und fällt dabei einem Schwätzer zum Opfer) oder das Marsfeld mit
seinen sportlichen Einrichtungen und seinen Bädern und schließlich
die Badestellen am Tiber am Ende der gewundenen Gäßchen. Bei entsprechender Laune macht der Dichter als Bohemien die Esquilinen
unsicher, die Maecenas hatte säubern und von ihrem ungesunden Be-
wuchs befreien lassen: »Auf dem Esquilin . . . wohnt man jetzt gesund
. . . und geht in grünen Lustrevieren« (*Satire* I,8,14 ff.). Von dort sieht
man ostwärts nach Tibur und über das Sabinerland - eine Aussicht,
die der privilegierte Maecenas von seinem auf dem Esquilin von Gärten umgebenen »Wolkenkratzer« aus genießt (*Ode* III,29). Spaziergänge, wie sie die augusteischen Elegiker auf ihrer Suche nach dem
Unvorhergesehenen und dem Liebeserlebnis unternehmen, kündigen
sich bei Horaz bereits an.

Reisen

In der römischen Republik entsteht der Sommeraufenthaltsbetrieb
am Stadtrand und an der Küste, die große Reise bleibt als reines Ver-
gnügungsunternehmen dagegen unbekannt.

   Der wahre Römer, der *vir vere Romanus*, ist Landbewohner, häus-
lich und seßhaft.[162] Er ist tief verwurzelt auf der italischen Halbinsel
und hängt an seiner kleinen Heimat: Cato an Tusculum, Marius und
Cicero an Arpinum, Vergil, trotz des Aufenthaltes in Kampanien, an
der Cisalpina seiner Jugend, und Horaz, den Sohn des italischen Südens, zieht es sogar zum Winteraufenthalt nach Tarent.[163] Reisen bedeutet im wesentlichen, in regelmäßigen Abständen in die Heimat zurückzukehren. Ohne den Grenzfall einer Reise ins Exil, wie die Ciceros 58 v. Chr. und später die des Ovid, überzubetonen, läßt sich sagen,
daß jede Reise eine Art Exil darstellte, eine Art *interdictio aqua et igni*
und eine Entwurzelung durch die Trennung vom Kreis der Familie
und den Gepflogenheiten des täglichen Lebens.

   Die ländliche Bevölkerungsschicht Italiens, die durch die mariani-
schen Reformen zu Berufssoldaten wurde, hat die militärisch be-
dingte Abwesenheit von zu Hause nicht freiwillig gewählt. Die Geschichtsschreibung ist voll von Beschwerden entwurzelter Soldaten.[164]
Die besitzende Klasse und die Befehlshaber, Senatoren oder Ritter,

kennen nur berufliche Reisen, die sich allerdings mit eingeschobenen
Mußestunden recht gut vertragen.

Zu diesen gehören die Reisen der offiziellen senatorischen Ge-
sandtschaften (*legati*), deren Aufgabe es ist, die Verträge auszuhan-
deln und das eroberte Land neu zu organisieren (vgl. die Chronik der
Bücher XXXIII und XXXIV bei Livius). In einer Rede der rhodischen Gesandtschaft aus dem Jahr 190 v. Chr. wird der Senat als eine
Versammlung von *legati* vorgestellt, die alle »die Städte Griechenlands und Asiens« gesehen haben (Livius XXXVII,54). Aemilius
Paullus, der als erster eine »archäologische Besichtigungstour« unternommen hat, wird im Herbst 167 v. Chr. eine militärische und politische Ruhepause dazu benützen, um auf dem griechischen Festland
Delphi, Chalkis auf Euböa, Athen und den Piräus zu besichtigen (Livius XLV,27). Eine große Erkundungsreise führt Scipio Aemilianus
im Jahr 136/135 v. Chr. nach Ägypten, Syrien, Kleinasien und auf das
griechische Festland, wobei die geographischen und gesellschaftlichen
Gegebenheiten im lagidischen Ägypten seine Aufmerksamkeit besonders fesseln (Diodor, Bibl. hist. XXXIII,28). Der vollständigste Bericht über eine offizielle republikanische Gesandtschaft, mit allem,
was dazugehört, findet sich in Ciceros Korrespondenz (Aufbruch
und Rückkehr anläßlich des Prokonsulats in Kilikien im Jahre 51
v. Chr., Ad Att. V,1-19). Nach den italischen Stationen von Landsitz
zu Landsitz (Pompeji, Benevent) und einem zehntägigen Aufenthalt
in Athen (Ad Att. V,10-11), der in erster Linie politischen und finanziellen Gesprächen gewidmet ist, wird der Reiserhythmus mit der
Überfahrt vom Piräus nach Ephesus beschleunigt (V,12 und 13). Von
genußvoller Mußezeit ist in dem Bericht kaum die Rede.

Unter den »amtlichen« Reisen nimmt die Reise des Horaz nach
Brindisi einen besonderen Platz ein (*Satire* I,5 im Jahre 38/37). Octavius und Agrippa wollen mit dem aus Griechenland zurückgekehrten
Antonius verhandeln. Die Delegation besteht aus den Politikern, den
beiden Diplomaten Maecenas und Cocceius Nerva, und Dichtern aus
dem »Maecenaskreis«; Plotius, Varius und Vergil stoßen in Sinuessa
dazu. Man braucht vierzehn Tage bis nach Brindisi[165], über die Via
Appia mit ihren flußbedingten Umwegen (Forum Appi – Terracina)
bis zum Beneventer Straßenkreuz und weiter über die apulischen
Straßen. Stationen bei Freunden wie Murena oder Cocceius wechseln
ab mit Herbergsunterkünften in Forum Appi, an der kampanischen
Brücke und in Benevent – bisweilen, wie in dem mit Gasthöfen
schlecht bestückten Apulien, mit einem gehörigen Schuß Glück (der

Meierhof bei Trivicum, 79-80). Lustbarkeiten machen die Reise angenehm und verzögern sie zuweilen auch: in Capua ist Maecenas mit
Ballspielen beschäftigt (49), und bei Cocceius Nerva erleben sie ein
oskisches Scherzspiel mit, eine Atellane, die das Gladiatorenwesen
auf die Schippe nimmt (Sarmentus und Messius Cicirrus). Die epikureische Haltung der Reisenden, ihr Horror vor den Unbilden der
Straße und vor den Anstrengungen (die Via Appia ist »beschwerlich
für eilige Leute«), ihre Sorge um die Grundnahrungsmittel (die Qualität von Wasser und Brot) – all das gibt dieser »amtlichen« Reise
ihren besonderen Zuschnitt und kennzeichnet ihren nur bedingt
müßigen Charakter.

Eine weitere Gruppe stellen die »Geschäftsreisen« dar, die im wesentlichen der Inspektion der Ländereien dienen. Im Zuge der fortschreitenden Eroberung liegen die großen Güter immer weiter entfernt von Latium. Während Varro sein Landgut im sabinischen Reate
mit einer Mittagspause in Crustumerium, beziehungsweise einer
Übernachtung im Winter, erreichen kann (Res rust. III,2,14-15), besitzt Lucilius im 2. Jahrhundert bereits Ländereien auf Sardinien und
Sizilien. Die berühmte, im 3. Buch der *Satiren* beschriebene »Reise
nach Sizilien« von 119 bis 116 ist genaugenommen eine Inspektions-
reise. Lucilius hat die Vor- und Nachteile einer Land- und einer
Schiffsreise gegeneinander abgewogen. In Puteoli hat er die Straße
verlassen und sich eingeschifft, um den Schlammlöchern und dem
Schmutz auf der Via Popilia (von Capua nach Regium) zu entgehen.
Von Puteoli ist er an der Küste entlang bis zum Kap Palinurus ge-
schippert und dann direkt auf die Meerenge zugefahren, wobei er
vom Meer aus Messina, die Mauern von Regium und den feuerspei-
enden Vulkan auf den Äolischen Inseln gesehen hat. Das Innere der
Insel mit ihren baulichen Reichtümern scheint ihn nicht sonderlich
beeindruckt zu haben.

Hier sind auch die Reisen der römischen Geschäftsleute zu nennen.[166] Obwohl der Seehandel von jeher verrufen und der *mercator
vagus* ständiger Kritik ausgesetzt ist, hat sich eine Klasse von Ge-
schäftsleuten herausgebildet; es sind Ritter, die die Steuerpacht in
Asien übernommen haben und jede Art Handel betreiben. Sie sind
vor dem Mithradatischen Krieg überall in Griechenland und im
Osten vertreten, auf den Kykladen, in Attika und Zentralgriechen-
land, in der Provinz Asia, in Bithynien und auf den Inseln (Chios,
Kos), und sie nehmen noch zu und gewinnen an Einfluß im letzten
Jahrhundert der Republik. Sie sind vor allem wegen ihrer Geschäfte-

macherei bekannt, woraus auch einiges für die Freizeitkultur der Römer abfällt, wie der Handel mit Buchausgaben und Kunstgegenständen zeigt, den der Cicerofreund Atticus in Griechenland betreibt und um dessentwillen er häufig unterwegs ist. Einige Handlungsreisende lassen es sich dabei recht gutgehen, wie jener Dandy, der im Kabriolett durch Asien fährt.[167] Oft ist die Provinz Sizilien Ziel der Geschäftsreisen, daher erklärt Canius bei Cicero (De off. III, 58) auch genau, daß er »zum Vergnügen und nicht um der Geschäfte willen« nach Syrakus gefahren sei.

In diesen Zusammenhang gehören schließlich die Studienreisen; die nach Griechenland gehen bis ins 2. Jahrhundert zurück. Der Satiriker Lucilius hat sich in Athen aufgehalten, und Varro weilte 82/81 zu einem philosophischen Einführungsaufenthalt in Athen.[168] Wie später auch Cicero und der junge Horaz hat er den Unterricht der Lehrer der Akademie, vor allem des Antiochos von Askalon, besucht (Cicero, Acad. post. I,3,12). Cicero hat während der Diktatur Sullas in Athen Philosophie studiert und Antiochos und die Epikureer Zenon und Phaidros gehört. Um sich als Redner weiterzubilden, ist er nach Asien und Rhodos gereist. Später setzt sein Sohn die väterliche Tradition fort, auch wenn der Korrespondenz zu entnehmen ist, daß er während seines Studienaufenthaltes in Athen ein recht vergnügliches Leben führen konnte.[169]

So zeigt die Zunahme von Handels- und Studienreisen in der Republik, wie in dem System von Tätigkeit und Muße die von den Traditionalisten in *De re publica* II geschmähte maritime Zivilisation[170] unaufhaltsam an Boden und die ›scholastische‹ Lebensweise an Anerkennung gewinnt.

Villen auf dem Land und am Meer

Im Zuge der Stadtentwicklung verlassen die Grundbesitzer ihre Höfe (*villae rusticae*) und ziehen in ein Stadthaus (*domus*). Die Zeiten sind vorbei, da man die Oberbefehlshaber als Landarbeiter hinter dem Pflug antreffen konnte, wie Fabricius, Curius oder Cincinnatus, deren Leben mit Landarbeit ebenso ausgefüllt ist wie mit den *negotia publica*, dem Krieg und der Politik. Das Land ist zu einem Ort der Zurückgezogenheit geworden, an dem der Imperiumsträger seine ländlichen Beziehungen wiederaufnimmt, wie Scipio Africanus auf seinem Landhaus in Liternum, im Norden Kampaniens, oder wie Cato in Tusculum, das in Ciceros *De senectute* beschrieben ist. Durch Senecas Darstellung wissen wir, daß das Anwesen in Liternum im wesentlichen bäuerlich geblieben ist, mit einem Olivenhain und Wäldern: »ein Landhaus, aus viereckigen Steinen erbaut, mit einer Mauer rings um den Wald, mit Türmen wie ein vorgeschobener Schutz für das Haus an jeder Seite errichtet, mit einer unter dem Gebäude und dem grünen Gelände liegenden Quelle, die die Bedürfnisse einer ganzen Armee hätte befriedigen können« (Epist. 86,4). Auch in Kampanien und an den Küsten gab es im 2. Jahrhundert v. Chr. *villae rusticae*.[171] »Das Haus des Laelius in Puteoli, das des Cornelius in Misenum, des Aemilius Lepidus in Velia waren nicht etwa Häuser, die dem Vergnügen dienten, sondern Güter, die einen Ertrag erwirtschafteten.«[172]

Die schlichte Einfachheit der Häuser des Cato ist wohlbekannt; es waren Höfe, die er in reiferem Alter zur Inspektion seiner Ländereien und zur Überwachung der Wirtschaftsführung aufzusuchen pflegte.

Zur Zeit des Laelius und der Scipionen, also zwischen 180 und 130 v. Chr., widmet der urbanisierte und im politischen Leben aktive Römer den Hauptteil seiner Freizeit der Verwaltung seines Landgutes. In Ciceros *De amicitia* spricht Laelius von denen, »die ihre Mußestunden (die ihnen das politische Leben läßt) für die Abwicklung ihrer Geschäfte einsetzen«. Cato, der Censor, der als Soldat das ganze Mittelmeerbecken von Kampanien nach Sizilien und Afrika und von Spanien bis nach Griechenland durchstreift hat, erinnert sich an seine arbeitsame Jugendzeit in den »felsigen Sabiner Bergen«, an den steinigen Grund und Boden von Tusculum, wohin er auf seine alten Tage als erfahrener Landwirt zurückkehren wird.

Im letzten Jahrhundert der Republik kündigen sich allerdings Veränderungen an: Die Stadt wird mit ihrem Angebot an Komfort und Zerstreuung zum bevorzugten Lebensraum, während der ländliche Rahmen der *villa rustica*, in dem der traditionelle Römer in seiner Freizeit am liebsten herumwerkelte, allmählich verstädtert und sich gleichzeitig spezifische Sommeraufenthaltsformen herausbilden. Die *villa* am Stadtrand entwickelt sich in Rom als eine Variante der ländlichen *villa* unweit der Stadt, die mehreren Zwecken dient, und das »Haus am Meer« erobert die beliebtesten Küstenstriche im Süden von Latium und in Kampanien.

Obwohl die stadtnahe *villa* nach wie vor zu einem Landbesitz gehört, werden die Annehmlichkeiten des Lebens immer stärker be-

rücksichtigt. »Städtische« Gebäudeflügel (*membra urbana*) wechseln
mit ländlicheren (*membra rustica*) ab, in denen sich die Nutzräume,
das heißt Keller und Räume für die Obstlagerung und die Trauben-
presse befinden, etwa wie in der Mysterienvilla in Pompeji.[173] Varro
läßt in seiner landwirtschaftlichen Abhandlung, den *Res rusticae*, eine
solche Ausweitung städtischen Komforts gelten, weil dieser dazu beiträgt, die Besitzer länger auf ihren Gütern zu halten.[174] So entwickelt
sich mit den *pseudourbana* der Typus des »Landhauses nach städtischem Muster«, das Vitruv folgendermaßen definiert: »während bei
den Gebäuden in der Stadt die Atrien gewöhnlich ganz nahe den Ein-
gangstüren liegen, kommen auf dem Lande bei den Gebäuden nach
städtischer Art sofort die Peristyle, darauf dann die Atrien, die ringsum gepflasterte Säulenhallen haben, die zur Palästra und den Promenaden hinblicken« (De arch. VI,5,3). Palästren und Promenaden (*am-
bulationes* bzw. *gestationes*, die Variante für Sänften) dienen der Gesundheit und dem körperlichen Freizeitvergnügen. Aber auch das
ästhetische Entspannungsbedürfnis kommt nicht zu kurz, das zeigen
die Skulpturensammlungen, die zum Teil magaziniert sind, und die
entstehenden Pinakotheken. Berühmt waren die Sammlungen des
Lucullus in Tusculum, in denen Varro (Res rust. III,4) eine Übertreibung des feinen Lebensstils sah.[175]

Unter den Luxusräumen werden die Wildgehege, Volieren und
Fischbehälter immer zahlreicher. Allerdings dienen diese bei Varro
aufgeführten Räume (*leporaria, ornithones* und *piscinae*) vielfach auch
der Gastronomie. Im Tusculum des Lucullus wurden Vögel, mit Vorliebe Perlhuhn und Pfau, verzehrt, während das Vogelhaus auf Varros
Landsitz in Casinum nur dem ästhetischen Vergnügen dient. Dank
dieser Mode, die auch Cicero in seinem Haus in Arpinum aufgegriffen hat (Brief an Quintus III,1), konnte die im übrigen einträgliche
Aufzucht für den Luxusverbrauch mit dem Bemühen um raffinierte
Ausstattung in Einklang gebracht werden. Das gilt auch für die Wild-
parks, die das Wildbret für die Tafel lieferten (Hirsch, Wildschwein,
Reh) und zugleich das Auge erfreuten. Wenn das Horn erschallte,
wurden bei Varro Wildschweine und Rehe zusammengetrieben.[176]
Q. Hortensius Hortalus, der mit Cicero als Gerichtsredner konkur-
rierte und bekannt dafür war, daß er seine Pflanzen in Tusculum mit
Wein begoß, besaß an der lavinischen Küste bei Ostia einen mehr als
fünfzig Joch großen Wald, der in ein Jagdgehege (*saeptum venationis*)
verwandelt und mit einem Triclinium ausgestattet worden war; ein
Sklave im Orpheuskostüm pflegte dort mit einer Lyra, wie im My-

Eine Seevilla. Wandmalerei in einer Villa in Boscoreale bei Neapel.

thos, Hirsche, Eber und anderes Wild herbeizulocken. Lucullus und
Hortensius galten als gelehrige Schüler des Wegbereiters auf diesem
Gebiet, des Latifundienbesitzers in der Toskana, Fulvius Lippinus.
Fischbehälter, die mit ihren erlesenen Exemplaren das gastronomische Raffinement bereichern (Muränen, Steinbutt und Streifenbarbe),
spielen auch wegen ihrer äußeren Pracht eine Rolle. Cicero nennt die
degenerierten Nobiles, die ihre Meeräschen eigenhändig füttern, sarkastisch »Tritones«.[177]

Eine mit städtischem Komfort ausgestattete *villa rustica* erwirtschaftet am Ende der Republik kaum mehr als die Nahrungsmittel für
den Eigenbedarf; das ist jedenfalls in Latium und im Sabinerland die
Regel. Zur *villa* gehört ein Obstgarten, der snobistisch *oporotheke*
(wie das Vogelhaus *ornithon*) genannt wird, doch beklagt Varro, daß
die Früchte für den Verzehr in der *villa* auf dem Markt gekauft werden müssen.

Der stadtnahe Landsitz ist letztendlich zu einer *voluptuaria posses-
sio*, einem luxuriösen Besitz geworden, der etwa in dem Bemühen,
sprudelndes Wasser und Schatten in die Anlage mit einzubeziehen,
etwas von der Natursehnsucht verwirklicht, die die hellenistische
Dichtung genährt hatte: es handelt sich um eine stilisierte Natur, die

von der Kunst bereichert und mit architektonischen Elementen ausgestattet wird, deren Gartenmalereien (mit gestellten Landschaften,
wie sie dem dekorativen Bedürfnis entsprechen) das imaginierte Bild
der Natur festhalten.[178] Bei der Wahl des Baugeländes wird auf natürliches Ufer Wert gelegt: In Varros Garten in Casinum gab es einen
Bach, an dessen Ufer das »Museion« (der Musentempel) und die
Wandelhalle lagen; Ciceros *villa* in Arpinum lag am Zusammenfluß
von Liris und Fibrenus. In Tibur, am Fuß der Sabiner Berge, waren
die Landsitze und einstigen Höfe an die Ufer und in die Schluchten
des Anio gebaut, der sie des öfteren überflutete. Horaz, der auf dem
rechten Ufer der Licenza in derselben Gegend ein Landhaus mit einem großen Bassin und einem künstlichen Kanal (Euripus) besaß, hat
in der *Ode* I,7 die Bedeutung des Anio für diesen Sommersitz hervorgehoben.[179]

Festungsartige Landsitze hoch oben am felsigen Steilhang von
Baiae gibt es gegen Ende der Republik schon zuhauf. Sie werden
zahlreiche Umgestaltungen erfahren, und viele von ihnen werden in
den Besitz des julisch-claudischen Hauses übergehen.[180]

Die *villa* an der Küste ist zunächst mit einer weiträumigen, aus
Säulenhallen gebildeten Exedra anzutreffen, die als Landungsbrücke
dient. Die pompejanische Malerei hat diesen Typus festgehalten.[181]
Solche Villen finden sich auch bevorzugt in der Senke des Averner
oder des Lucriner Sees, wo gelegentlich Küstenlagunen oder Meeres-
arme in die Anlage mit einbezogen sind. Die Lage spielt bei der Wahl
eines Ortes eine wichtige Rolle: Baiae und die beliebten Badeorte
werden bei den Dichtern mit außerordentlichen Prädikaten bedacht
(*amoenae* meint den natürlichen Charme, *liquidae* bezieht sich auf die
glasklare Frische usw.). Noch ehe sich Tacitus an die Schilderung des
»allerschönsten Meerbusens« macht, schreibt Horaz in Brief I,1:
»Kein Golf der Welt kann den Reiz von Baiae in den Schatten stellen.« Der Geograph Mela wird im 1. nachchristlichen Jahrhundert die
geläufige Einschätzung festigen, wenn er die Badeorte am Golf von
Neapel unter dem Stichwort *amoenissima Campaniae littora* zusammenfaßt: Baiae, Cumae und Neapel.[182] Der Tourismus weitet sich
spürbar aus.[183] Man wetteifert geradezu, den Reizen der Natur Wunder der Technik geschickt hinzuzufügen. Lucullus[184] ließ Molen ins
Meer schütten und Kanäle ausheben, um das Meer durch eine künstlich aufgeworfene Hügellandschaft durchs Land zu leiten: seine *villa*,
die über das Meer hinaus gebaut war, besaß auf diese Weise einen
Strandstreifen und Meerwasserbecken. Pompeius nannte ihn einen

»Xerxes in Toga«, weil seine architektonische Maßlosigkeit an die Riesenwerke des persischen Herrschers am Athos und auf dem Hellespont erinnerte. Zu den Exzessen der zeitgenössischen Luxusentfaltung zählt Sallust die Mode, Berge zu versetzen und Gebäude auf das Meer hinaus zu bauen (*Catilina* XIII,1). Diese Bemerkung bezieht sich auf die Villen an der Küste von Kampanien. Horaz faßt diesen Irrsinn privater Bauunternehmen in einer ironischen Bemerkung (*Ode* II,18) über die zusammen, »die sich abmühen, dort, wo Baiaes' Welle rauscht, den Strand ins Meer hinauszurücken«. Besitz allein auf dem Festland erscheint als Armut! Badekultur ist bereits gleichbedeutend mit Raffinement und Zügellosigkeit jeder Art. In den Meerwasserbecken wird geschwommen, und bei Musik, Trinkgelagen und galanten Spielen segelt man aufs Meer hinaus. In der Rede *Pro Caelio* 35 faßt Cicero die Anklagepunkte gegen die ›Jeunesse dorée‹ der vornehmen Familien zusammen: »kostspielige Launen, Liebschaften, Ehebrüche, Aufenthalte in Baiae, Strandvergnügen, Festgelage, Trinkereien, Schlagersingen, Musik und Ausflugsfahrten aufs Meer«.

Kneipen und Vergnügungsstätten

Jedes städtische Ballungsgebiet führt dazu, daß rund um die besonders frequentierten Bezirke mit dem Vergnügen Geschäfte gemacht werden. Dieser Vorgang ist zwar im republikanischen Rom – etwa um die festen Theater und die damals lediglich als Bäder dienenden Thermen herum – noch nicht dokumentiert, aber es darf vermutet werden, daß die 170 Bäder in Rom, die 32 v. Chr. unter der Aedilität des Agrippa zahlenmäßig erfaßt wurden,[185] in ihrer Nachbarschaft auch kleine Geschäfte entstehen ließen, vergleichbar vielleicht dem alten *balneum* in Kampanien, über dem Seneca einmal (für eine Herbergsnacht wahrscheinlich) Quartier gemacht hat, anläßlich der Reise, von der er im 55. und 56. Brief erzählt. Dort gab es den Getränkeverkäufer (*bibarius*) und Leute, die auf Schnellimbiß spezialisiert waren oder einen Ausschank unterhielten (*popinarum institores*), und alle priesen sie lauthals ihre Produkte an.

Die Wirtshäuser lassen sich in verschiedene Typen einteilen, von der einfachen Kneipe, der *popina*, über die Thermopolien, wo es kalte und heiße Getränke gab und man auch eine Kleinigkeit essen konnte, bis zum Hotel-Restaurant, der *caupona*, wie sie in Ostia und Pompeji

zu finden ist.[186] Nach der Rechtsprechung der *Digesten* (III,2,4), in
denen von *lenocinium*, also von Kuppelei und Mädchenhandel, die
Rede ist, scheint es, als seien in den *cauponae* die Kellnerinnen mit
den Gästen durchaus freizügig umgegangen.[187] In der Bucht von Neapel muß es im Zuge des allgemeinen Aufschwungs der Badeorte (zwischen 100 und 50 v. Chr.) auch zahlreiche ländliche *cauponae* gegeben
haben, Gartenlokale, wo die Gäste sich in weinumrankten Lauben
niederlassen und etwas trinken konnten. Wie wir wissen, hat Vergil in
dieser Gegend seine dichterische Laufbahn begonnen und in einem
Copa, die »Schankwirtin«, benannten Gedicht seine Erinnerung an
eine solche Einrichtung sehr charmant festgehalten: Die Schankwirtin
Syrisca tanzt[188] leicht angeheitert in ihrer einschlägig bekannten
Kneipe, sie wiegt die Hüften zum Rhythmus der Kastagnetten und
singt, um Gäste »auf die Trinkerliege« zu locken. Sie verheißt einen
frischen Sauren, einen mit *topica* ausgestatteten Garten, Würfelbecher,
musikalische Umrahmung (mit Leier und Flöte), Rosen und ein fri-
sches *triclinium* unter einem Schatten spendenden Schilfdach – ein
Ambiente, das z. B. an das *biclinium* des Loreius Tiburtinus in Pompeji erinnert, nur daß hier ein schmaler Wasserlauf den Kanal ersetzt.
Wie in den *thermopolia*, wo diese Nahrungsmittel an der Wand abgebildet sind (etwa in Ostia), kann man hier Kastanien, duftende Äpfel,
Weintrauben und sogar »die dicke grüne Gurke« bekommen. Bro-
mius (Bacchus) und Amor sind mit von der Partie, und der Syrisca,
die von dem epikureischen *carpe diem* und der Furcht vor dem Tod
zu profitieren weiß, dienen reiner Wein und Würfelspiel als Aushän-
geschild. Der Unterschied zwischen einer solchen Schenke und einem
versteckten Bordell dürfte jedenfalls nicht allzu groß gewesen sein.

Gastmähler

Das mit dem gesellschaftlichen Leben verknüpfte römische Festmahl hat viele seiner Elemente aus Etrurien übernommen[189], etwa die
Kunst, Wild oder Geflügel mit pikanten Saucen zuzubereiten, von
denen noch Apicius unter Tiberius in seiner Rezeptsammlung
spricht,[190] oder die Kunst, die ausgiebigen Schlemmereien und Trinkereien durch musikalische und tänzerische Einlagen, ja nach dem
Zeugnis des Athenaios[191] sogar durch Gladiatorenkämpfe zu unter-

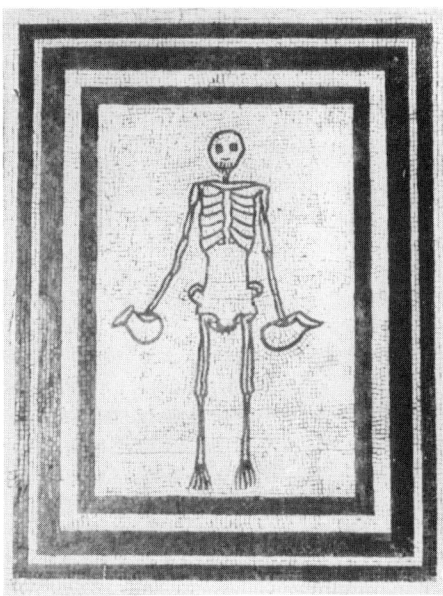

Fußboden-Mosaik in Pompeji mit der *Carpe diem*-Thematik.

brechen und neu zu beleben, oder die Bequemlichkeit des *triclinium*, die Vitruv (VI,4 ff.) eigens unterstreicht.[192]

In Ciceros *Cato maior* erinnert sich der alte Cato an die Tischgenossenschaften mit seinen sabinischen Freunden (§§ 45-46). Das römische Mahl, *con-vivium*, bedeutet etymologisch »gelebte Gemeinschaft« und nicht »Eßgemeinschaft« oder »Trinkgemeinschaft« (das wäre *compotatio, concenatio*). Cato freut sich an der von den Vorfahren eingeführten Sitte des Vorsitzes beim Gastmahl, und er schätzt es, wenn bei Tisch Unterhaltung und Trinkrunden abwechseln, im Sommer mit gekühlten und im Winter mit heißen Getränken; die Nahrung bleibt einfach, wie bei den Mahlzeiten mit »nicht gekauften Speisen« des Alten in Tarent (*Georgica* IV,125 ff.), die von Vergil gepriesen und vom Ofellus des Horaz (Sat. II,2) ebenfalls geschätzt werden.

Cicero hebt in dem Brief, der über das Mahl bei Eutrapelus berichtet (Ad fam. IX,26), den zweideutigen Eindruck der Gesellschaft hervor (die Schauspielerin Cytheris) und beschreibt die Vorsitzregelungen, aber über das Essen selbst sagt er nichts aus. Die Mahlzeiten der religiösen Bruderschaften, der »Sodalicien«, die seit dem 2. Jahrhundert von Leuten wie Cato geschätzt wurden, haben ausgefallene und kostspielige Gerichte zu Ehren gebracht: Pfaueneier und Fasanenzungen etwa bei den Essen der Salii[193], deren Üppigkeit sprichwörtlich war. Der Horazische Ofellus stellt die ländliche Ernährungsweise den städtischen Festgelagen systematisch gegenüber: Wildschwein mit starkem Wildgeruch, das für Besucher immer schon bereit ist, Huhn und Ziegenfleisch als Hauptgericht (*primae mensae*) und zum Nachtisch (*secundae mensae*) getrocknete Trauben, Nüsse und halbierte Feigen; die Städter jagen dagegen kostspieligen Fischen nach, dem Steinbutt, den Meeräschen von ansehnlicher Größe und dem Stör, und bevorzugen exotisches Geflügel, den Pfau »mit prächtigem Schweif« oder den jungen Storch. Ofellus-Horaz beanstandet schon vor Seneca das ungesunde Durcheinander von »gebratenem und gesottenem Fleisch, von Muscheltieren (besonders den äußerst begehrten Austern) und Drosseln«. Beim Souper des Nasidienus, einem Emporkömmling, der eine bunte Gesellschaft zusammengeladen hat (auch Maecenas ist dabei), werden raffinierte Köstlichkeiten aufgetischt (vgl. Horaz, Sat. II,8), die sich bei Petrons »Gastmahl des Trimalchio« noch steigern werden: zur Eröffnung Horsd'œuvre (Rapunzel, Rettich), griechische und römische Weine (Caecuber und Chios-Wein), Geflügel, Muscheln und Fische miteinander so angerichtet, daß sie am Geschmack nicht zu erkennen sind. Danach folgt ein Zwischenfall, der zu allerlei »philosophischen« Erörterungen über die Hinfälligkeit alles Menschlichen und die Grausamkeit des Schicksals Anlaß bietet: der Baldachin war auf das Hauptgericht mit Fisch (in einer großen Schüssel angerichtet eine Lamprete mit einer ausgeklügelten Sauce und ringsherum in Brühe schwimmende Hummer) herabgestürzt. Es folgen, als Wiedergutmachung, tranchierter Kranich mit Gänseleber und Feigen. Die Gesetze gegen den Luxus zur Einschränkung derartig aufwendiger Festessen bleiben wirkungslos.[194]

Von Kelten und Etruskern sollen in Rom die musikalischen, choreographischen oder auch blutig-grausamen Einlagen in den Ablauf einer Festmahlzeit übernommen worden sein. Ein Gladiatorenkampf als Zwischenspiel ist selten bezeugt, nur während des Banketts, das der Prokonsul Flaminius in Gallien zu Ehren eines schönen Knaben veranstaltete und in dessen Verlauf er, vom Alkohol erhitzt, einen vornehmen Boier ermordete.[195] Wo ein Trinkgelage in Tanz ausufert, gerät die Veranstaltung nach den üblichen Maßstäben ins Zwielicht (Cicero, *Pro Murena*). Der Tanz bleibt, unter sorgfältiger Kontrolle, Frauen und Kindern vorbehalten.[196]

Bei Festmahlzeiten und Gesellschaften (*circuli, coetus*) wird natürlich über vieles geredet: über *ineptiae*, wie sie sich in den Gazetten, den *acta*, finden: Skandal- und Ehebruchsgeschichten aus der großen Gesellschaft, wie das Eindringen des als Frau verkleideten Clodius in das Haus von Caesars Frau während des Bona-Dea-Festes (in Ciceros Korrespondenz sind all diese Klatschgeschichten überliefert).[197] Anschuldigungen gegen das lasterhafte Treiben der Politiker werden geäußert, verbunden mit pikanten Sarkasmen und obszönen Spitznamen, wie im Fall Caesars und des Königs von Bithynien, und man zieht über seine Feinde – und gelegentlich auch die Freunde her; so zögert Cicero nicht, mit seiner scharfen Zunge auch seinen großen Meister Pompeius aufs Korn zu nehmen. Ciceros Werk stellt gewissermaßen eine Anthologie der Ironie und des Humors am Ende der Republik dar, jener italischen Bissigkeit (*Italum acetum*), die die Urbanität nur ganz allmählich etwas zu glätten vermochte. Von seinem kurzbeinigen Schwiegersohn in Uniform sagt der Redner: »Wer hat meinen Schwiegersohn an dieses Schwert gebunden?« Und als eine Dame in den Fünfzigern angibt, sie sei dreißig, meint er ironisch: »Ja, richtig, ich höre das seit zwanzig Jahren von ihr!« In Ciceros Rede *Pro Caelio*, die der Klatsch über Clodia füllt – Galanterie ist in der urbanen Lebensform kaum anzutreffen – , heißt es: »In einer so verleumderischen Stadt, wer könnte da ungeschoren bleiben?«

Gesellschaftsspiele

Die Spiele wurden vielfach aus Griechenland übernommen[198] und haben über die Vermittlung der Hauslehrer Eingang in die römische Familie gefunden. Zum Teil werden sie von Erwachsenen und von Kindern gespielt, etwa das Morraspiel (*micatio*), ein kombiniertes Wett- und Ratespiel: Jeder der beiden Spieler muß die Anzahl der erhobenen Finger an der rechten Hand des anderen erraten. Auch das eine der beiden »Nüsse«-Spiele gehört dazu: über diese gibt es eine Abhandlung in Versen mit dem Titel *Nux* (›Nußkern‹), die Ovid zugeschrieben wird, bei dem die gerade oder ungerade Zahl verborgener Nüsse in der Hand des anderen Spielers erraten werden muß.

Die Mehrzahl dieser Spiele sind Geldspiele. Gesetze, die diese Spiele untersagten (»Gesetze über die Glücksspiele«, *aleatoriae*) und schon zu Plautus' Zeiten bekannt waren, sind nicht befolgt worden. Die in den *Digesten* (XI,5) zitierten und durch einen Senatsbeschluß bestätigten[199] *leges Titia*, *Publicia* und *Cornelia* setzen die Strafe auf das Vierfache des Einsatzes fest.

Gespielt wird entweder in der Öffentlichkeit (das Morraspiel war bis ins 4. Jahrhundert auf dem Forum zugelassen), in den Patrizierhäusern (die julisch-claudischen Herrscher und Augustus an der Spitze sind leidenschaftliche Spielernaturen) oder in den Hinterzimmern der Herbergen und Kneipen (*cauponae*, *popinae*), die zu wahren Spielhöllen werden. Die Karikaturen an den Mauern von Pompeji sind hier aufschlußreich;[200] auf einer sieht man zwei Spieler vor einem Spieltisch mit den Würfeln und dem Würfelbecher, den der linke Spieler hält; dieser kündigt in einer Art Sprechblase mit den Großbuchstaben EXSI eine Riesensumme (6) an; der Gegner bestreitet dies mit Wort und Geste und will nur 2 Punkte gelten lassen.

Der Spieltisch (*tabula lusoria*, *alveolus*) dient wie in hellenistischer Zeit als Spielplan; außer für das Knochenspiel kann er auch als Damebrett hergerichtet werden: in der Mehrzahl der Fälle grenzen zwölf Linien vierundzwanzig Felder ab. Ovid (Trist. II,481 und III,365) kennt auch eine verkleinerte Form, die *parva tabella* (drei Steine auf einem Feld mit drei Linien). Beim »Zwölf-Felder-Spiel« (*duodecim scripta* bekannt aus Cicero, *De oratore* I,50,217) rücken die Spieler mit ihren Spielsteinen vom ersten bis zum vierundzwanzigsten Feld vor. Zufall (Würfelsumme) und Geschicklichkeit (nach einem Plan geregelte Abfolge der Spielzüge) spielen dabei eine Rolle.

Eine sehr römische Variante, bei der das gleiche Dame- und Schachbrett benutzt wird, ist das dem Schach verwandte »Soldatenspiel« (*latrones*, *milites*). Die dreißig verschiedenfarbigen Steine des *ludus latrunculorum* werden in einfache (*mandrae*) und vornehme (*latrones*) Figuren eingeteilt. Mit einigen kann man gerade vorrücken, mit anderen dagegen Felder überspringen. Das taktische Geschick besteht darin, die Steine des Gegners entweder zu schlagen oder sie zu blockieren; dem Verlierer wird »matt« geboten (*ad incita* oder *incitas redigi*), und der Sieger heißt »Feldherr« (*imperator*).

Literatur, Philosophie und Künste

Das Phänomen des *otium litteratum* ist eng verknüpft mit der Entdeckung der griechischen Kultur auf Sizilien gegen Ende des 3. Jahrhunderts. Marcellus und Scipio Africanus gehen in die Gymnasien und Palästren von Syrakus und treiben Philosophie.[201] Sie, die bis dahin mit der einfachen Moral der römischen Gesellschaft vertraut waren, entdecken nun mit Vergnügen die Feinheiten des griechischen Denkens, die Verschiedenartigkeit der Schulen[202], bei der sich den »alten Römern« die Haare sträuben, und die geistigen Inhalte des Platonismus und des Pythagorismus, die die Glaubensvorstellungen vom Jenseits bereichern (Unsterblichkeit der Seele, jenseitiger Lohn für diesseitige Verdienste). Cato und die »alten Römer« brandmarken die von staatlichen Auflösungserscheinungen begleitete »griechische Muße« (*otium graecum*), wo mit Worten und Ideen jongliert und mit einem Übermaß an Spitzfindigkeiten disputiert werden darf (*argutissime disputare*, Cicero, *De oratore* II,18).

Im Zuge der Makedonischen Kriege kommen dann griechische Pädagogen als Sklaven nach Rom und dazu die großen Bibliotheken der Könige von Makedonien; die von Aemilius Paullus nach der Schlacht bei Pydna eingezogene Bibliothek des Perseus umfaßte die »sokratischen« Werke, Xenophon, Platon und den gesamten Aristoteles.[203] Mit der Generation um 160 beginnt die Anlage reichhaltiger Bibliotheken in den großen Adelsfamilien (*gentes*), gleichzeitig treten im Gefolge des Krates von Mallos, eines gegen 150 nach Rom gekommenen stoischen Grammatikers, immer mehr »Philologen« oder spezialisierte Kommentatoren auf.[204] Es entwickelt sich ein wissenschaftlicher Leseeifer und ein Bedürfnis nach gelehrter Information.

Noch 173 hatte man die beiden Epikureer Alkios und Philiskos ausgewiesen, weil man sie als »Lehrmeister der Lust« ansah (Athenaios, Deipn. XII,547a; Aelian, Var. hist. IX,12). Aber Kritolaos, Diogenes von Babylon und Karneades, die 155 v. Chr. in Rom mit Vorträgen aufgetreten sind, haben die römische Jugend aufs tiefste beeindruckt: ein Peripatetiker, ein mit ökonomischer Moral und Kunsttheorie befaßter Stoiker und ein Akademiker als Sprachrohr des Skeptizismus. Schon sehr bald treibt die Beschäftigung mit politischen Themen während der Mußezeit das Nachdenken über die Kultur der Rede und die angewandte Beredsamkeit (die anwaltliche Tätigkeit auf den Rostra) voran und regt zu Gesprächen über Staatstheorien sowie den Wert der verschiedenen Verfassungsformen und ihre historische Entwicklung an. Die gelehrten Diskussionen in *De oratore* und *De re publica*, denen Cicero um 55 v. Chr. in der ruhigen Abgeschiedenheit seiner Landhäuser ihre literarische Form gegeben hat, haben sich zwischen 133 und 129 abgespielt.[205] Aus ihnen tritt uns etwas von dem entgegen, was zur politischen Freizeitkultur gehört: die Überwindung des nur an der Erfahrung orientierten routinemäßigen Handelns zugunsten der Propagierung einer vorurteilsfreien Politik, die den Werten der römischen Gemeinschaft und der internationalen Ordnung Rechnung trägt, jedoch engstirnigen Pragmatismus und destruktiven Skeptizismus vermeidet. Nachdem Karneades, dessen politisches Denken auf der Antinomie von Gerechtigkeit und Weisheit beruhte, erst einmal ausgeschieden war, wurden Platonismus und Mittlere Stoa, Platon in der vom politischen Realismus der Aristotelischen *Politik* korrigierten Form und Panaitios' Abhandlung über die Pflichten, schließlich Polybios mit seinen historischen Überlegungen über die Größe und den Niedergang der Staaten zur bevorzugten Lektüre der Politiker, wenn sie von ihren Pflichten entbunden waren oder sich vorübergehend der Muße widmen konnten. Ciceros Korrespondenz belehrt uns ausführlich darüber.

Cicero hat seine diversen Landhäuser mit Büchern und Statuen angefüllt,[206] vor allem das in Tusculum, wo die Bibliothek einen ganzen Gebäudetrakt einnahm, und das in Antium, wo sogar ein hauptamtlicher Bibliothekar mit Namen Tyrannion erforderlich war; oder man denke an die Häuser in Pompeji und Cumae mit ihren Abteilungen politischer Literatur, die für die Arbeit an *De re publica* benötigt wurde. Der Briefwechsel mit Atticus, dem Verleger, der griechische Handschriften in Athen abschreiben ließ, zeigt Ciceros bibliophiles Interesse und sein ständiges Bemühen, seltene Bücher aufzutreiben.[207] Man erfährt auch, daß er häufig von seinen Briefpartnern philosophische Werke, etwa des Dikaiarch oder des Epikureers Phaedrus (Ad Att. XIII,32 ff.), ausgeliehen hat, vor allem in der intensiven Arbeitsphase zwischen 46 und 44, in der alle seine Abhandlungen entstanden sind.

Die Betrachtung von Kunstwerken[208] spielt bei der Entspannung am Rande der Stadt eine große Rolle. Die Gemäldesammlungen des Lucullus sind bereits erwähnt worden. Immer wieder erbittet Cicero in seinen Briefen an Atticus Marmorstatuen aus Megara, Hermen aus pentelischem Marmor und Heraklesfiguren zum Schmuck seiner tuskulanischen Akademie (Ad Att. I,8–11). Cicero hat selbst einem Di-

lettantismus gefrönt, den er den Sammlern und Kunstliebhabern seiner Zeit gelegentlich zum Vorwurf macht und der am Ende der Republik das einträgliche Geschäft der Antiquitätenhändler (wie des Da-
masipp in der Horaz-Satire II,3) immer neu belebt. Dabei erweist sich
dieser künstlerische Dilettantismus als formbestimmend für die literarische Ästhetik, die *eloquentia*. Die Parallele zwischen der Kunst
der Rede und den bildnerischen Ausdrucksmitteln ist von Cicero bis
Quintilian immer lebendig und nährt alle Auseinandersetzungen über
Ausdrucksform und Wirkung.

Für jeden gebildeten Römer gehört zum Lesen auch die eigene literarische Betätigung; schließlich muß Rom für alle literarischen Bereiche erst eigene Gattungen ausbilden, die nationale Geschichtsschreibung etwa und die Philosophie in lateinischer Sprache. Aus den Proömien Sallusts oder Ciceros zu ihren Werken geht deutlich hervor,
daß es sich dabei für den enttäuschten oder ausgedienten Politiker um
eine Art Ersatzbeschäftigung handelt, die der römischen Gemeinschaft dienlich ist, um ein intellektuelles Zwischenspiel oder auch um
eine völlige geistige Umorientierung.[209]

Es gibt einen professionellen Literaturbetrieb mit dazugehörigen
Kollegien, wie zum Beispiel der »Gilde der Schreiber und Schauspieler«, die auf dem Aventin im Tempel der Minerva ein »Amtslokal«
besaß und von dem Dichter Livius Andronicus im 3. Jahrhundert gerühmt wurde;[210] gelegentlich ist sie auch dazu da, die Dichter zu verteidigen. Was deren Status betrifft, so sind sie »Parasiten«, das heißt,
sie sind auf Gönner angewiesen. Noch Augustus wird den Maecenaskreis eine »Tafelrunde von Parasiten« nennen (Sueton, *Vita Horati,
De Poetis* XXVIII,5). Ennius, der Wegbereiter des Epos und der Tragödie in Rom, wurde als Dichter von den Scipionen protegiert. Die
»neuen Dichter« Calvus und Catull, die gegen Ende der Republik die
alexandrinische Herzenslyrik in Rom eingeführt haben, sind Berufs-
dichter, insofern sie – wie etwa die von Asinius Pollio geförderten
»Arkadier« – die Muße mit ihrer anarchischen Unabhängigkeit und
ihrer materiellen Unsicherheit als Lebensform gewählt haben. Horaz
wird es schließlich wagen, eine Dichtkunst zu beschreiben, die auf
Gewinn abzielt (Epist. II,2,51) und erwartet, daß ihr von einem Mae-
cenatentum Muße und Seelenfrieden garantiert werden (etwa durch
das Geschenk des sabinischen Landhauses).

Lesen ist aber auch eine Art »Musenkult«, Kult »aller Musen« (Cicero, Ad. Att. II,4 und II,5). Es wird als ehrenhaftes Vergnügen betrachtet, das in reiferen Jahren und im Alter bezaubern kann, wenn

die gewöhnlichen Freuden abnehmen, nicht aber die Pflichten gegenüber dem Staat. Lesen stellt eine Verbindung zu den Studien der Jugendzeit her, die auf diese Weise wieder aufgenommen werden (Cicero, *Pro Archia*). Aber Lesen bedeutet nicht nur bürgerliche oder geistige Weiterbildung – Trost bei Schicksalsschlägen oder Proben menschlicher Lebensbedingungen bieten die Traktate der praktischen Philosophie, wie sie Cicero für die »Gespräche in Tusculum« (Ad Att. XIII,32 und 33) herangezogen hat –, vielmehr sollen aus wahrer literarischer Muße Werke entstehen, Glanzlichter des literarischen Patriotismus. Von solcher Apologetik sind alle philosophischen Proömien bei Cicero erfüllt. Während es mit seiner Karriere aufwärtsging, nutzte er seine Freizeit zum Lesen, der erzwungene Rückzug aus der Politik bescherte ihm dagegen Zeit zum Schreiben (De off. II,1-2).

Für Cicero hat diese nicht berufsmäßige literarische Betätigung auch einen »psychagogischen« Charakter. Im Jahre 60 arbeitet er seine real gehaltenen Verteidigungsreden noch einmal zu überaus kunstvollen literarischen Plädoyers um, die er dann veröffentlicht. Später, nach seinen politischen Abhandlungen, verfaßt er eine bemerkenswerte Reihe philosophischer Dialoge (De divin. II,1). Vorübergehend hat er auch daran gedacht, historische oder geographische Werke zu schreiben;[211] in seine Abhandlungen fügt er historische Erzählungen ein (De rep. II). Von der lyrischen Poesie, die er frivol und unmoralisch findet, von jenen »Sängern des Euphorion«, unter denen er (in den *Tusculanen*) Ennius noch am ehesten schätzt, hält er sich fern und stellt seine musische Begabung lieber in den Dienst engagierter epischer Dichtung, wie das Gedicht über sein Konsulat zeigt.[212]

Auch der alte Varro hat äußerst gelehrte Werke wie die *Antiquitates*, die unter wissenschaftlichem und zugleich nationalem Aspekt zusammengestellt sind, geschrieben und daneben Menippeische Satiren. Der Diktator Caesar verfaßte in puristischer Manier einen grammatischen Traktat »Über die Analogie«, hat aber vor allem dem Gallischen Krieg durch die Niederschrift seiner *Commentarien* Dauer verliehen und dabei die Vorrangstellung des Tatmenschen in der Historiographie deutlich zutage treten lassen.

Nur die Epikureer gehen duldsam mit der leichten Muse um, lehnen dafür die epische Gattung ab, weil sie Heldenverehrung und Aberglauben für Lügen halten; sie verschreiben sich dem freizügigen

Epigramm und dichten in einer Zeit der Zweisprachigkeit mit Vorliebe auf griechisch.²¹³

Die Generation Ciceros hat eine Ethik geistig anspruchsvoller Freizeitkultur entwickelt und damit eine Basis geschaffen, auf der die Elite der Kaiserzeit aufbauen wird.

Zusammenfassung

In den sieben Jahrhunderten seines Bestehens hat Rom, wie es scheint, die Form seiner Freizeitgestaltung tiefgreifend verändert und dabei eine Theorie der Muße herausgebildet, die die praktische Entwicklung wohl nur ideologisch sanktionieren konnte.

Die ländlichen, von Ackerbau und Viehzucht geprägten Freizeitbeschäftigungen auf der Halbinsel bestehen in den ländlichen Festen und deren regionalen Besonderheiten bis in die Kaiserzeit fort, um so mehr, als der von Haus aus konservative römische Geist ihnen dank der antiquarisch interessierten Forscher und Dichter verehrungswürdige Altertümlichkeit und den poetischen Reiz vergangener Zeiten zuerkennen wird. Von seinen bäuerlichen Grundlagen her bleiben in der Tiefe des nationalen Bewußtseins die puritanischen Vorbehalte bäuerlich-militärischen Ursprungs erhalten, die die zahllosen, von Schriftstellern und Dichtern immer aufs neue angestellten Gewissensprüfungen gegenüber dem *otium litteratum* erklären und verständlich machen, warum sich das republikanische Rom mit dem Heranwachsen einer von der Politik unabhängigen geistigen Schicht so schwer tat.

Rom hat in seinem Reichsgebiet, besonders in Griechenland und im Osten, ein festes System von Freizeitangeboten vorgefunden und dieses übernommen, vor allem dann, wenn sich Übereinstimmungen ergaben, wie zum Beispiel zwischen den in republikanischer Zeit charismatisch geprägten Schauveranstaltungen und dem Euergetismus, der in den Festdarbietungen des monarchischen Orients seinen Ausdruck fand. Gegen Ende der Republik schwankt man zwischen einer theologischen (Varro) und einer soziologischen Deutung der römischen Spiele, während in der Kaiserzeit wieder der sakrale Charakter in den Vordergrund tritt.

Der Sieg des Individualismus mit seinem Bemühen, in und mittels der Muße zu persönlichem Glück zu finden, ist ein irreversibler Vorgang: Rom hat die aristokratische Moral und ihr Pflichtenpensum modifiziert und um das Recht der gesellschaftlichen Elite auf Muße erweitert. Von nun an wird sich das Freizeitverhalten der Masse in der Vorstellung wie in der alltäglichen Realität von dem vornehmen *otium* deutlich unterscheiden.

Ein zweifacher Fehlschlag hat der Freizeitkultur im republikanischen Rom einen Stempel aufgedrückt: die Niederlage des Bürgersinns, der geistige Beschäftigung in der Freizeit und Ästhetizismus rechtfertigt, und das Scheitern der agrarischen Restauration in Italien nach der punischen Invasion und den Stürmen der Bürgerkriege. Von nun an fällt Freizeit für die Menge der römischen Bevölkerung nahezu völlig mit dem *otium urbanum* der militärischen Frühzeit zusammen, während für die Elite das urbanisierte und wohl ausgestattete Landgut den Rahmen für ihre Freizeitbeschäftigung abgibt.

Fünftes Kapitel

Das römische Kaiserreich

Der politische und soziokulturelle Raum

Die kaiserliche Macht verleiht der römischen Welt politische und kulturelle Einheit; unter Rücksichtnahme auf lokale und regionale Eigentümlichkeiten, insbesondere die Eigenständigkeiten in der griechisch-orientalischen Welt, wirkt im Bereich von Kultur und Freizeit eine zentripetale Kraft. Als »Zentrum der Macht« bildet Rom den Mittelpunkt des Kaiserkultes, der sich auf die Person des Princeps und seine Familie, aber auch auf die Dea Roma richtet, die der ganzen Welt Frieden und Wohlstand geschenkt hat: Monumente im Westen, wie die Ara Pacis[1], verkünden ihren Ruhm als geistige Mutter der *pax Augusta* ebenso wie die Inschriften der griechischen Welt und die Dithyramben der Rhetoren der Zweiten Sophistik im 2. nachchristlichen Jahrhundert. Mit dem Kaiserkult, der dem religiös zunächst neutralen Principat im wesentlichen vom hellenistischen Osten auferlegt wurde, erhalten die Schauspiele wieder einen sakralen Charakter, wie am Festkalender und an den Ephemeriden deutlich wird.

Die Resakralisierung zeigt sich seit den Säkularfeiern 17 v. Chr.[2], deren »Millennarismus« die universelle Gemeinschaft begründet, in deren Mittelpunkt die ewige Stadt Rom steht. Die *lex Julia municipalis* nimmt von den städtischen Fahrverboten die Wagen für die Spiele (*plostra ludorum*[3]) aus; beispielhaft für alle munizipalen Gesetze bestätigt sie damit den religösen Charakter der öffentlichen Spiele, die wie ein Gründungsritus von allen Munizipalgesetzgebungen als Huldigung an Rom, die Kapitolinische Trias und Venus angeordnet werden.

Mit dem Principat im Westen und dem Dominat im Osten tritt das Imperium[4] ein doppeltes Erbe an, das jeweils eine auf das Volk ausgerichtete Organisation der Schauspiele mit einschließt: Zum aristokratischen Klientelwesen gehören die Sorge für die *laetitia popularis* und die Pflicht zur *liberalitas*;[5] so ist mit der herrscherlichen Ausübung der tribunizischen Gewalt ein Charisma verbunden, dessen Wirkung

sich auf die Schauspielveranstaltungen gründet – entsprechend rühmen die *Res gestae* des Augustus (besonders XXII-XXIII) die der
Plebs von Rom erwiesenen großzügigen Wohltaten. Dagegen ist Rom
mit dem Erbe der euergetischen Monarchien im Osten,[6] die aus ihren
großen Städten Alexandria, Antiochia und Pergamon Zentren für
Kultur und Festlichkeit gemacht haben, die Aufgabe zugewachsen,
vor aller Welt ein Symbol für Freizeit und Spiel zu sein. Seit augusteischer Zeit wird auch im Bereich der Architektur sichtbar, wie sich der
Grundsatz der *magnificentia publica* durchgesetzt hat.[7] Das Imperium ist eine Weltmonarchie, die von der Sorge um das Glück der
Völker geleitet ist, und »eine Demokratie, insofern sie alles im Interesse der Gemeinschaft bedenkt«.[8] Die Originalität der Reichsideolo-
gie besteht darin, den Euergetismus als Grundsatz für die gesamte
Ökumene zu formulieren und damit die Klischeevorstellung von *panem et circenses* weit hinter sich zu lassen.

Das römische Schauspiel ist Kultfeier für »Rom und Augustus«
und ist zugleich, als zentralisierte oder regionale Veranstaltung, auf
eine Zurschaustellung von Macht und Größe angelegt. Neben der
Anwesenheit des Herrschers verleiht eine für das Theater typische
Pompa manchen Zeremonien Schauspielcharakter, beispielsweise der
römischen Triumphfeier, deren Festzug immer an die *pompa circensis*
erinnert, und den kaiserlichen Begräbnisfeierlichkeiten, die als irdi-
sches Fest den Herrscher mit einer Laudatio in die Memoria eingehen
lassen und zugleich als Vorspiel zu seiner Apotheose verstanden werden.[9] Der Leichenzug des Herrschers führt, lange bevor Herodian in
severischer Zeit dessen Ritual festlegt, den tragischen Konflikt zwischen dem Bruch und der im übrigen eschatologisch begründeten
Kontinuität in der Politik vor Augen.

Das Temperament und die persönliche Mußevorstellung eines
Herrschers scheinen häufig in der jeweiligen Freizeitpolitik durch.
Seine Haltung kann von politisch motivierter Teilnahme bis zu leb-
hafter Begeisterung an den Schauveranstaltungen reichen und sogar in
der Gestalt eines politischen Schaustücks ihren Ausdruck finden. So
wird Nero, als wolle er seine auf *auctoritas* gegründete politische Le-
gitimität durch eine Berühmtheit ersetzen, die auf dem Schauplatz des
Theaters und Hippodroms erworben wird, aus seiner kaiserlichen
Dienstreise nach Griechenland im Jahr 67 eine »Periodonikenschau«
mit großer Siegerehrenrunde machen und aus seiner Rückkehr von
dort einen Triumph ganz eigener Art, der ihn als Star der Spiele
feiert.[10]

Im Kaiserreich nehmen die Schauspiele als Manifestation politischer Loyalität die ursprüngliche Rolle der griechischen Panegyris wieder auf. Die gemeinsame kaisertreue Gesinnung bringt eine – keineswegs von oben verordnete – Vereinheitlichung mit sich, aus der zwangsläufig auch eine globale Gleichförmigkeit hervorgeht. Der Herrscherkult und die daraus resultierende absolutistische Art der Staatslenkung führen zu einer für Rom und die entferntesten Provinzen einheitlichen Ausstattungspolitik.[11] Das beweist die Einsetzung von *curatores* für die lokalen und regionalen Finanzverwaltungen in Bithynien und andernorts, die durch aedilizische Aufgaben und Ausgaben in Schulden geraten waren. Eine *lex curiata de imperio*, wie die des Vespasian[12], überträgt dem Herrscher die Vollmacht im öffentlichen und privaten, im sakralen wie im profanen Bereich. So kann er, der obendrein Pontifex ist, über den öffentlichen und privaten Raum verfügen, ja sogar den sakralen oder religiösen Raum entheiligen, um aedilizische, der Freizeitkultur dienende Vorhaben zu verwirklichen. Die Geschichte der Schauspielveranstaltungen in der Kaiserzeit ist dementsprechend geprägt von der Spannung zwischen ruinösem Zentralismus und kontrollierter Dezentralisierung der Spiele.

Die Gleichförmigkeit der Spiele und des Freizeitangebots tritt ebenso in architektonischen und stadtplanerischen Strukturen wie im Programm der Spiele zutage. So exportiert Rom seit dem 1. Jahrhundert Gladiatorenkämpfe und Amphitheater nach Griechenland und in den Osten;[13] umgekehrt übernehmen die römischen Herrscher von Augustus bis Domitian die griechische Athletik. Auch wenn den Herrschern nicht verborgen bleibt, wie sehr die griechische Welt an ihren Stadien, Gymnasien und Theatern hängt, wird die Hauptstadt erst unter Domitian mit einem Stadion ausgestattet, der heutigen Piazza Navona[14], während die Thermen Elemente aufnehmen, die die Funktion von Gymnasium und Palästra erfüllen.[15]

Der staatliche und politische Raum in der Hauptstadt, der nicht, wie in den östlichen Provinzen, eine örtliche Demokratie beherbergt, verwandelt sich in einen soziokulturellen Raum. Zunächst einmal durch die Verlagerung der Zweckbestimmung, wofür der Fall der *Saepta Julia* auf dem Marsfeld und das Marsfeld selbst ein bemerkenswertes Beispiel liefern. Caesar hatte diesen neuen Bezirk für die Wahlen vorgesehen; jetzt wird er mit seinen Säulenhallen zu einem Promenadengelände, weil die Gesetze des städtischen Ballungsprozesses und der Euergetismus eine Stadtentwicklung mit Promenaden erfordern. In seiner Abhandlung *De architectura* fordert Vitruv eindringlich

etwa auch die Anlage innerstädtischer Grünanlagen aus gesundheitlichen Gründen.[16] Parks und Gartenanlagen werden so zu Gärten für
die Armen, die in den *insulae* zusammengepfercht wohnen. Diese
Sammelunterkünfte, deren gesetzlich auf siebzig Fuß begrenzte Höhe
durch die Gewinnsucht der Eigentümer häufig überschritten wurde,[17]
sind ihrerseits der sichtbare Ausdruck einer vertikalen Stadtentwicklung, wie sie sowohl durch den Mangel an bebaubarem Gelände in der
Innenstadt als auch durch die Bevölkerungsballung erzwungen wird –
in der Mitte des 2. Jahrhunderts sind es mehr als eine Million Einwohner! Im übrigen rühmt Vitruv durchaus die in die Höhe gebaute
Hauptstadt und macht sich zu ihrem Theoretiker.[18] Der Stadtspaziergang gehört nun zu den verbreiteten Freizeitbeschäftigungen.

    Von anderer Art, und zwar geplant und nicht dahingehend umge-
wandelt, ist der soziokulturelle Raum, den die Thermen darstellen,
die gleichzeitig der physischen Ertüchtigung, der künstlerischen Betrachtung, dem Lesevergnügen oder aber dem bloßen gesellschaftlichen Divertissement dienen. Während nach der Zeit des Augustus in
Rom kein einziges Theater mehr gebaut wird und nur das flavische
Amphitheater und das Stadion des Domitian als Erweiterung hinzukommen, nimmt die Zahl der Thermen bis in die Spätantike ständig
zu.[19] Von den überlasteten Stadtvierteln im Zentrum, wie dem Mars-

Diokletiansthermen. Rekonstruktion aus dem 19. Jh.

Münzbilder von Kolosseum und Circus Maximus aus flavischer Zeit.

feld oder dem Esquilin, in die sich keine Gartenanlagen mehr hinein-
zwängen lassen, werden die Neubauten an die Peripherie verlagert,
wo weitläufiges Gelände verfügbar ist; so entstehen die Thermen des
Caracalla vor der Porta Capena und die Thermen des Diokletian
hoch oben auf dem Quirinal. Münzbilder[20] machen die Entwicklung
der soziokulturellen Architektur, die Verbesserungen beim Zirkus
wie den Bau von Amphitheater und Thermen, allgemein bekannt.

Die Amtspaläste Neros und Domitians, die *Domus aurea* und die
Domus Augustana auf dem Palatin, sind in die politische Neugestal-
tung des Stadtgebietes wieder mit eingeschlossen. Auch wenn wir die
kosmische Symbolik dieser ehrgeizigen Konstruktionen einmal außer
acht lassen, der Wille, den Mikrokosmos der Macht als Nachbildung
des Sonnenpalastes[21] (Nero) oder des Olympischen Palastes (Domitian) aufzurichten, und das Bemühen, das tägliche Leben des Herrschers in ein göttliches Leben, ein olympisches Fest, zu verwandeln,
sind gleichwohl nicht ohne Bedeutung. Beide Fälle zeigen das mit
dem Absolutismus verbundene Bestreben, den Allgegenwärtigkeits-
anspruch der Macht mit dem Wunsch nach immerwährender Sommerresidenz in Einklang zu bringen. Mit seinen Gärten ersetzt der
Palast innerhalb der Stadt die patrizische *domus*, die sich an den
Stadtrand verlagert. Wie die großen kaiserlichen Paläste außerhalb der
Stadt läßt auch der städtische Palast erkennen, daß ein Ausgleich zwischen dem öffentlichen Leben, das als Last (*onus*) und schweres Opfer
(*devotio*)[22] erscheint, und den Mußebedürfnissen angestrebt wird.

Nicht weniger aufschlußreich als der geopolitische Aspekt der
Freizeitgestaltung ist die Analyse der sozialpolitischen Funktionen
des Schauspiels, wie es in der Hauptstadt und den großen Metropolen
des Reiches stattfindet. Theater, Zirkus und Amphitheater liefern den
situativen Rahmen für Meinungsäußerungen, für Zustimmung und

Beschwerden. Hier erfolgen auch die öffentlichen Hinrichtungen, die zwar das herrscherliche Recht zu strafen zum Ausdruck bringen, aber als Schauspiel doch einen zwiespältigen Eindruck hinterlassen. Die Parteien und politischen Gruppierungen, in denen Meinungsverschiedenheiten natürlicherweise ihren Ausdruck finden,[23] überlassen einer anderen Form von Rivalität das Feld, wo Autorität und Ruhm anderweitig zu gewinnen sind, nämlich den Zirkusparteien, den Amphitheaterkoalitionen und den Theaterintrigen. Dieses mit dem Freizeitprogramm der Massen verknüpfte »assoziative Leben« in der versammelten Menge, das mehr schlecht als recht in die Legalität der *collegia* eingebunden ist, tritt für die städtische Plebs, wenn nicht sogar für die Soldaten, auf Dauer an die Stelle der »Freiheit« und des politischen Lebens selbst.

Die Freizeitveranstaltungen für das Volk können freilich die Eigentümlichkeiten des »militärischen« *otium* nicht verdecken. Als Militärmonarchie schöpft das Kaiserreich einen Teil seiner Legitimation aus den »Ausrufungen zum Imperator«. Von Augustus bis Septimius Severus rühmen sich die Kaiser, die Soldaten »bereichert« zu haben;[24] auch für ihre Zerstreuung sind sie zuständig. Einige Provinzen, wie Syrien in der frühen Kaiserzeit, haben einen hohen Freizeitwert, der die *militia* dort angenehm macht, etwa durch enge Beziehungen zur Bevölkerung, Liebschaften und Trinkgelage (Tacitus, Hist. I,51 und II,80). Nach den *Principia historiae* des Fronto (11-12) zu urteilen, hält sich diese Einstellung bei der syrischen Armee bis in die Zeit der Antonine. Die vom *mos maiorum* geprägten Principes neigen allerdings dazu, das *otium* als Gegensatz zur *disciplina militaris* anzusehen.[25] Für das Heer in Rom und besonders die Praetorianer befürchten sie die ansteckende Wirkung der Großstadt; aus diesem Grund hat Seianus ein Prätorianerlager gebaut (Tacitus, Ann. IV,2). Als Entschädigung entsteht dann das militärische Amphitheater (*castrense*) in der Nähe der Porta Viminalis[26], und auch in vielen Garnisonsstädten werden Amphitheater errichtet, wie in Carnuntum an der Donau oder im 3. Jahrhundert in Dura Europos, im Osten. Es entwickeln sich eigene *ludi castrenses*, die zuweilen mit spezifischen gladiatorischen *munera* verbunden sind. Diese militärischen Spiele werden oft am Geburtstag (*natalis*) des Kaisers gegeben, was Anlaß zur Bekräftigung der militärischen Loyalität gibt, wie etwa bei Claudius und Geta, dem Bruder des Caracalla.[27] Das »Armeetheater« ist also seit der frühen Kaiserzeit bekannt (Tacitus, Ann. I,16) und wurde z. B. von Trajan für die Armee in Syrien eingerichtet (Fronto, Princ. hist. 17).

Die städtische Kultur im Römischen Reich

Die Stadt Rom – eine permanente Ausstellung

Agrippa hatte Rom zu einer Stadt mit Promenaden und ausstellungswürdigen Kunstwerken machen wollen, das bezeugen seine Maßnahmen auf dem Marsfeld. *Magnificentia* kennzeichnet für Vitruv, übereinstimmend mit Augustus, die Architektur öffentlicher Bauten.[28] Die ästhetische Betrachtung von Bauwerken, die sich bis zur Eroberung Siziliens zurückverfolgen läßt, wird vom Älteren Plinius als äußerst wichtig angesehen, aber man findet sie auch schon im Herzen der römischen Lyrik, beispielsweise bei Properz. Nach Plinius (Nat. hist. XXXVI,27) erfordert die Betrachtung von Kunstwerken »Muße und Stille«. Der Gelehrte hat in sein Verzeichnis den Circus Maximus, die Basilica Aemilia, das Forum des Augustus und den Friedenstempel aufgenommen. Die *mirabilia urbis* wurden also gewürdigt.[29]

Den Charakter einer Promenadenstadt erhielt Rom unter dem Prinzipat des Augustus.[30] Bedeutsam ist vor allem die Anlage des Marsfeldes mit ihren Säulenhallen und ihren Gärten. Der Portikus der Agrippa-Thermen, das Hekatostylon, grenzte nach Norden an einen Garten, der mit Platanen und Tierstatuen geschmückt war. Agrippa hatte die Idee, die Kunstgegenstände aus den Magazinen der großen Familien herauszuholen und dieses kulturelle Erbe der ganzen Stadt vor Augen zu stellen – in diesem Sinn hat er ein Memorandum verfaßt. Der Aufkauf dieses künstlerischen Erbes stellt in der ganzen frühen Kaiserzeit trotz euergetischer Maßnahmen ein Problem dar: man denke nur an jenen Domitius Tullus, von dem der Jüngere Plinius berichtet (Epist. VIII,1), daß er aus riesigen Lagerhäusern (*horrea*) antike Statuen für seine »reizenden Landhäuser« hervorgeholt habe.

Als Wegbereiter einer Stadtentwicklungspolitik, die auf den Umgang mit Kunstwerken zielte, hat Agrippa in seinen Gärten den »Gefallenen Löwen« des Lysipp und eine Bärin ausgestellt, von der noch Martial schwärmte. Auch Maecenas hat seine Gartenanlagen auf dem Esquilin mit Statuen bevölkert.[31]

Zu jener Zeit begannen auch die Thermen, die sich zu Gebäudekomplexen von soziokultureller Bedeutung entwickelt hatten, in ihren Exedren oder Nischen der großen Becken wie auch in den Palästren die Meisterwerke der hellenistischen Kunst aufzunehmen. So war der Apoxyomenos des Lysipp im Eingangsbereich der Agrippa-Thermen aufgestellt und das Kaldarium mit bemalten Tafeln (*pinakes*) versehen, wie Plinius (Nat. hist. XXXV,4) bezeugt.

In den Trajans-Thermen standen die Laokoongruppe von Agesandros, Polydoros und Athanodoros aus Rhodos sowie die Venus Kallipygos, in den Caracalla-Thermen der Farnesische Stier (mit der zu Tode geschleiften Dirke) von Apollonios und Tauriskos von Tralles, der aus der Sammlung des Asinius Pollio stammte, außerdem der Herkules Farnese (von Glykon), Statuen der Aphrodite, der Iole, des Okeanos, des Dionysos Hermaphroditos und ein Doryphoros.[32]

Die Stadt Rom bringt nicht nur die griechischen Kunstwerke, die Trophäen des Sieges, zur Geltung (Plinius, Nat. hist. XXXIII,3; XXXIV,37; XXXVI,27); sie ist zugleich für die nationale Kunst der Römer das Symbol der Größe und des in Stein gemeißelten Erfolges. Diese Bedeutung mißt Vitruv (V, praef. 5,104) dem Forum bei, und entsprechend empfindet Properz im 4. Buch der Elegien (IV,1) eine erhebende Heiterkeit bei der Betrachtung des Forum Romanum: Properz zeigt dem Reisenden Horos die erhabenen Ansichten der Weltstadt, die in einem antithetischen Verhältnis zur bäuerlichen Einfachheit früherer Zeiten stehen: die »großmächtige Roma«, die »goldenen Tempel«, die »erhabene Curie«. In seiner *Ars amatoria* (III,119) beschreibt Ovid den »Palatin, der gegenwärtig erstrahlt unter der Ägide von Phoebus und den kaiserlichen Herrschern«. Horaz liefert den Schlüssel für eine solche auf den Staat bezogene Betrachtung, wenn er (Carm. IV,14) die Bedeutung einer Architektur darlegt, die mit ihren in Stein gravierten Fasten, ihren »amtlichen Marmorinschriften« und ihren Triumphtitel tragenden Statuen der Erinnerung Nahrung gibt: Mit Steininschriften und Annalenlisten sollen die Zeichen der *virtus* in Erinnerung gehalten und für alle Ewigkeit verkündet werden. Später legt der Ältere Plinius, der sich gelegentlich als Antiquar und Kunsthistoriker betätigt hat, eine Sammlung der Triumphtitel an. Bei der Restauration der Monumente seit Augustus wird die Widmung der ersten Erbauer in der Regel aufgefrischt und so das kollektive Gedächtnis des römischen Volkes geschult.[33] Augustus hat sein Forum sogar mit Heldenstatuen aus der römischen Vergangenheit geschmückt, mit den *duces*, die Livius rühmend erwähnt, und er hat gleichzeitig deren Reden bekannt gemacht:[34] zu der werbenden Wirkung des Wortes kommt die Belehrung durch das Bild. Mit den Reliefs der Ara Pacis (Frömmigkeit und Größe vereint als eine der Leh-

Relief mit der Darstellung der Pietas auf dem Mark-Aurel-Bogen.
176–182 n. Chr.

ren, die die Geschichtsschreibung vermittelt) und dem inschriftlichen
Leistungsbericht der *Res gestae* am Eingang des Mausoleums ist die
Verschmelzung vollständig hergestellt. Weil das Promenieren lehr-
reich sein sollte, waren die Gärten und die Umgebung des Augu-
steums seit dem 6. Konsulat für das Publikum geöffnet.[35]

Im Laufe der kaiserlichen Regierungszeiten werden Roms Leistungen in den Stein der Triumphbögen gemeißelt; so verherrlichen die erhaltenen Reliefs auf dem Bogen des Mark Aurel Frömmigkeit, Milde
und Ansehen des Herrschers und seines Sohnes, während in den Reliefs auf dem Konstantinsbogen, für dessen Bau Teile aus den Bögen
des Domitian, des Trajan und des Hadrian wiederverwendet wurden,
das unterworfene barbarische Dakien, die hehre Schlichtheit militärischer Szenen (feierliche Ansprache des Kaisers vor den Feldzeichen
oder der Aufbruch ins Feld u. a.) oder aber, in den Medaillons[36], die
Glanzleistungen bei der Jagd in Stein gehauen vor Augen geführt
werden.[37]

Die Qualitäten der einzelnen Stadtviertel Roms

In Vitruvs Stadtbaukonzeption sorgen die in der Nähe von Tempeln und Theatern gelegenen Säulenhallen für Entspannung und Spazierwege (De arch. V,9). Wesentlich sind dabei die Grünanlagen, die das ermüdete Auge des Stadtbewohners erquicken sollen. Der Portikus der Argonauten, der Portikus Vipsania (oder – nach einer berühmten Statue benannt – Europa) und die *Saepta Julia* sind, wie das Marsfeld überhaupt, das Zentrum dieses modischen Herumflanierens (zwischen Buchläden und Luxusgeschäften). Martial zeigt, wie wenig sich in flavischer Zeit geändert hat. In seinen *Epigrammen* III,19 und 20 schildert er den Portikus der Hundert Säulen mit den Statuen wilder Tiere und beschreibt die möglichen Wege, auf denen der sich weltmännisch gebärdende Canius Rufus herumschlendern könnte: im Argonauten- oder Europaportikus, wo er die Sonne unter »lauschigen Buchsbaumzweigen« genießt. Mamurra, ein anderer Mann von Welt (Martial, Epigr. IX,59), klappert die Antiquitätenhändler der *Saepta* ab; er verschmäht die Schaufenster und durchstöbert lieber die Hinterzimmer: »Von viereckigen und runden Tischen hat er die schützenden Decken abgenommen und verlangt, ihre reich mit Elfenbein verzierten, nach oben gekehrten Füße zu untersuchen; viermal hat er Maß genommen an einer mit Schildpatteinlagen geschmückten Liege für sechs Personen, um schließlich seufzend festzustellen, daß sie zu klein für seinen Tisch aus Zitronenholz sei. Dann hat er korinthische Bronzen auf ihre Echtheit hin beschnuppert und sogar an Deinen Statuen, Polyklet, etwas auszusetzen gehabt.«

Freizeit ist dem Herrschervolk, für das der ganze Erdkreis arbeitet, insgesamt beschieden, und doch scheinen die öffentlichen Promenaden die Gesellschaft nicht in dem Maße durcheinandergemischt zu haben, wie es die modernen Straßen tun, oder wie es die antiken Schauspiele vermochten.

Martial[38] stellt den Aventin seiner Zeit nicht mehr als plebejischen Hügel dar, sondern als ein Ziel für vornehme Spaziergänger (Epigr. VII,73 und XII,18). Das bis zum Circus Maximus reichende Velabrum und besonders die Subura waren Stadtviertel von kräftig pulsierendem Leben. Exotische Typen und Außenseiter ziehen dort die Aufmerksamkeit auf sich, wie überhaupt manche römische Stadtviertel, in denen rege Betriebsamkeit herrscht, vor allem von den Dichtern wie ein interessantes Schauspiel betrachtet werden.

Im Zirkusviertel, das an das Velabrum grenzt, hausen lustige Vögel, die, wenn es dunkel wird, die Winkel des verlassenen Forums bevölkern: es sind Mädchen, die, nach Juvenal[39], auf einen Freier lauern, und »Syrerinnen von der Pfeiferzunft, Quacksalber, Bettelpriester, Tänzerinnen und Possentreiber«, von denen Horaz (Sat. I,2) erzählt. In augusteischer Zeit haben die Wahrsager ihr Gewerbe vom Zirkus auf das Forum verlegt (Horaz, Sat. I,6). Mit dem Ausbau des Esquilin, den die augusteische Stadtentwicklung den Randgruppen wieder entzogen hatte, drängte diese Unterwelt in die Subura, in Martials »lärmende Subura«, zurück. Während es über Prostitution in der Subura für die republikanische Zeit keine Zeugnisse gibt, kommen die kleineren Gewerbe hier in flavischer und antoninischer Zeit mit dem Laster eng in Berührung. Martial spricht auch von der »obszönen Subura« (Epigr. XI,61) und ihrem besonderen Viertel, dem Submemmium mit den *Summemianae uxores*, die sich mit Wachs die Beinhaare entfernen (XII,32). Der Satiriker schildert, wie eine Frau von schlechtem Ruf ihre Kolleginnen zusammenholt (XI,61), die »mitten im Suburaviertel sitzen« (VI,66). Diese auf der Lauer liegenden ›Peripatetikerinnen der Straße‹ wehren sich gegen die in Bordellen arbeitenden Mädchen, die sich in engen Gäßchen (*angiporti*) an die Freier heranmachen und dann die für sie reservierten Kämmerchen aufsuchen, »im schwülen Dunst des Bordells mit seinen zerschlissenen Tapeten« (Juvenal, Sat. VI,120 ff.). Die Bordelle in Ostia und Pompeji mit ihren erotisierenden Bildern haben etwas von der dunklen und unheimlichen Atmosphäre dieser Kämmerchen bewahrt.[40]

Zum Bild des untätigen Herumlungerns in der Stadt gehört auch eine gewiefte Sorte von Bettlern und Stadtstreichern unter den Brükken, die davon leben, Sensationen aufzuspüren, besonders an der Subliciusbrücke, wo immer wieder Selbstmörder für solche Nachrichten sorgen. Seneca und Juvenal haben dergleichen Szenen beschrieben.[41] Höchst anschaulich sind bei Martial die schwarzmarktartigen Geschäfte geschildert, die rund um das kollektive Freizeittreiben florieren: »ein Hausierer aus Trastevere, der gelblich geschwefelte Zündhölzer gegen zerbrochenes Glas tauschen will; einer, der einer Gruppe von Schaulustigen (*otiosae coronae*) gekochte Kichererbsen verkauft; ein Schlangenzüchter und -beschwörer; junge Sklaven, die zu einem Spottpreis Gepökeltes anbieten; ein heiserer Spelunkenwirt, der seine dampfenden Würstchen in heißen Töpfen herumträgt [wir finden ihn in den Thermen-Lädchen wieder, wo er sich als Händler niedergelassen hat]; ein Dichter, der ohne großes Talent das Treiben auf der Straße besingt; ein unzüchtiger Tanzlehrer aus Gades« (Epigr. I,41). Wahrlich eine Mischung aus Flohmarkt und Stadtteilfest; unstreitig gehen aber von den *vici*, den Stadtvierteln, auch kulturelle Impulse aus.[42]

Petrons *Satyricon* und seine Realität

Zwischen dem 1. und dem 4. Jahrhundert verändern sich die Elendsviertel im Kaiserreich kaum. In der »Griechenstadt« des *Satyricon*[43] treibt sich das gleiche Gesindel herum wie etwa in Antiochia oder Konstantinopel, den großen Metropolen des Ostens.

Die Stadt des Enkolp – wahrscheinlich Puteoli – beherbergt ein ausgehungertes und beschäftigungsloses Völkchen, dem immer nach Herumvagabundieren und Amüsement zumute ist. Der Erzähler sowie der verkrachte Poet Eumolp, der das Leid der reinen Poesie zu verkörpern glaubt (83), und die Wüstlinge Askylt und Giton repräsentieren solche heruntergekommenen Müßiggänger, die sich durchs Leben mogeln, wie die *Graeculi esurientes*, die »hungrigen Griechlein«, bei Juvenal (Sat. III,78). Sie vertrödeln ihren Tag, indem sie von der Rhetorikschule zum berüchtigten Absteigequartier ziehen, ehe sie, wie Enkolp, einen Trimalchio finden, der sie aufs köstlichste bewirtet. Über diese *scholastici* und Grünschnabelintelligenzen wird in den Kreisen des *Satyricon* ausgiebig gelästert. Sie vermehren die Zahl der heruntergekommenen Anwaltsgehilfen, die in Rom ihre Armut verschämt mit sich herumschleppen, die Advokaten ohne Rechtsfall, die schmarotzenden Poeten und ewig hungrigen Grammatiker, deren Scheitern und Bitterkeit Martial und Juvenal an die nächste Generation weitergeben werden.[44]

Auf ihren nächtlichen Streifzügen kommen Enkolp und seine Gefährten in ein Elendsviertel mit einer üblen Spelunke, in der nackte Prostituierte bereitstehen mit Preisschildern an ihren Kämmerchen und Freier sich verstohlen herumdrücken. Später gelangen sie auf den Markt, wo sich Hehler und allerlei korrupte Gestalten herumtreiben (12 f.), und eilen dann in ihre berüchtigte Herberge zurück, in der sie auf Saufbolde und zwielichtige Existenzen aus dem Schauspielmilieu stoßen, auf verlebt aussehende obszöne Tänzer: bei Quartillas Orgie, die das Gastmahl des Trimalchio präludiert, wirken homosexuelle Praktiken und die lüsterne Ausgelassenheit dieser ›Dame‹ eng zusammen.

Ladenschild einer *caupona* in Pompeji. Vier Phallen und ein Würfelbecher.

Petrons Realismus wird, obwohl er karikiert, von den Ausgrabungen in Pompeji bestätigt. Es ist dort nicht leicht, zwischen einer anständigen und einer üblen Herberge zu unterscheiden.[45] Ein gewisser Demetrius unterhielt an der Ecke des Menander-Wohnblocks eine *caupona*, in deren erster Etage es »Zimmer« gab. Nicht besser war der Ruf der *caupona* des Innulus, deren Besucher mit oft ausländischen Namen (Athetus, Nauplius oder Diadunus) dort obszöne Graffiti hinterlassen haben. Während Primilla und Januaria in ihren eigenen Wohnungen tätig waren, fanden Mula und Fortunata (deren bescheidener Lohn nur zwei As betrug) bei dem Obsthändler Felix Unterkunft. Das Mädchen Antis und ihr Gönner Nikopolis wohnten in dem Haus einer gewissen Quartilla. Fortunata, Quartilla . . . – Petron hat den kleinbürgerlichen Gestalten seiner Halbwelt nicht zufällig diese Namen gegeben. An anderer Stelle prahlt ein Passant auf einer Mauer damit, die Wirtin »besessen« zu haben (*futui copam*): sie wird nicht weniger zugänglich gewesen sein als die Melissa aus Tarent im *Satyricon* (61). Das Zentrum des galanten Treibens bleibt allerdings das große Lupanar des Africanus. An die achtzehn Mädchennamen sind erhalten, die entweder nach ihrer geographischen Herkunft (Attica) oder nach ihren weitgespannten Fähigkeiten (Panta) benannt sind, sofern ihre Namen nicht irgend etwas beschwören sollen (Elpis oder Nika, also ›Hoffnung‹ oder ›Sieg‹). Sehnsüchtiges Verlangen und sexuelle Befriedigung inspirieren die Liebhaber, die nicht enttäuscht wurden, zu elegischen Distichen und mehr oder weniger reinen Hexametern.[46]

Wie die volkstümliche Literatur betrachtet auch die Rechtsprechung jede *caupona* als mögliches Bordell. Eine Inschrift aus Pompeji (CIL IV,2689) läßt uns sehr lebendig miterleben, wie eine Herbergsrechnung beglichen wurde: »Herr Wirt, bitte zahlen!« »Du hast einen Sextarius Wein getrunken, dazu ein Brot: ein As; die Suppe: zwei As.« »Richtig.« »Das Mädchen: acht As.« »Auch richtig.« »Hafer fürs Maultier: zwei As.«[47]

Allerdings sind in A(e)sernia und Ostia auch Schankwirtschaften ohne Dirnen und ihr Gewerbe zu finden.

Kulturelle Zentren und ländliche Beschaulichkeit in den Provinzen

Wenn man die touristisch bedeutsamen Gegenden Italiens einmal beiseite läßt, die Seen im Norden, Kampanien, Sizilien und die bevorzugten Landstriche in der Toskana des Jüngeren Plinius, wird man feststellen, daß die großen Metropolen zugleich die Freizeitzentren des Kaiserreiches sind. Unter ihnen verdienen Athen, Antiochia und Alexandria besondere Erwähnung. Auch zeigt sich die Urbanisierung der Provinzen besonders in der Dichte der Kolonien und Munizipien auf der Iberischen Halbinsel, vor allem in der Baetica, der Heimat der beiden Seneca und des Columella.[48]

Das Athen der Kaiserzeit ist vor allem Universitätsstadt. Das bezeugt schon die lebendige Ausstrahlung seiner Philosophenschulen. Durch die Einrichtung von vier staatlichen Lehrstühlen unter Mark Aurel wird Athen in dieser Rolle bestätigt.[49] Der *Philogelos*, eine Sammlung witziger Anekdoten, enthält allerhand Geschichten aus dem Studentenleben. Doch bleibt Athen vor allem berühmt wegen seiner Feste, und die Kaiser nach Hadrian halten sich ausgesprochen gern dort auf. Während seiner drei Reisen zwischen 124 und 132[50] trägt Hadrian zur Verschönerung der Stadt bei. Er stiftet ihr ein Gymnasium, ein Panhellenion und einen Portikus mit Bibliothek. Den athenischen Festen hat er Glanz verliehen, indem er die Agonothesie, d. h. die Ausrichtung und Überwachung, der Dionysien übernahm und indem er rund um das innerhalb von sieben Jahren erbaute Panhellenion den Wettkampf der Panhellenia begründete. Damals stand die Zweite Sophistik, namentlich mit Polemon und Favorinus, in voller Blüte, und so wurden zahlreiche Vorträge gehalten. Ein angesehener Sophist mit Namen Herodes Atticus, ein Milliardär der Antike, hat der Stadt ein berühmtes Odeion gestiftet (vor 160) und das Stadion am Ufer des Ilissos auf 50 000 Plätze erweitert und mit marmorverkleideten Sesseln und Rednerpulten versehen.[51] Lucius Verus, Mark Aurel, Commodus und, gegen Ende des 3. Jahrhunderts, Gallienus haben sich mit Vorliebe in Athen aufgehalten. In allen Fällen ist klar, daß es die Herrscher weniger um ihres profanen Mußebedürfnisses willen als vielmehr wegen Eleusis und der Aussicht auf Einweihung in seine Mysterien dorthin zog. Nach den Exzessen der hellenistischen Machthaber wird nun das Bild Athens resakralisiert.[52]

Antiochia ist in der frühen Kaiserzeit[53] wegen seiner Feste berühmt, doch stammen die bedeutsamsten Zeugnisse aus severischer Zeit. Die Vorliebe dieser Stadt von 250 000 Einwohnern für Theater und Wettkämpfe ist allgemein bekannt. Im Theater von Antiochia ist Vespasian im Jahre 69 zum Kaiser proklamiert worden. Nach Strabon ist die »syrische Metropole« berühmt wegen ihrer Wandelhallen, ihrer nächtlichen Beleuchtung und ebenso wegen ihrer Kneipen.[54] Auch die Vorstadt Daphne wird schon in augusteischer Zeit bei Strabon (XVI,2,4-6, p. 750) als Teil der von Seleukos Nikator gegründeten »Vierstadt« erwähnt: mit seinen Quellen ein Ort erfrischender Kühle, an dem die Antiochier und die Bewohner ringsum ihre Feste feiern. Lucius Verus hat vor dem Beginn des Feldzuges im Osten eine Vergnügungsrundfahrt in diese Gegend unternommen und dabei die Annehmlichkeiten von Daphne und seine Festgelage in Begleitung der schönen Panthea aus Smyrna genossen (Hist. Aug., Vit. Ver. IV-VII). Herodian, der unter den Severern schreibt, schildert Antiochia als Stadt fortwährender Festlichkeiten (Hist. II,7,9 ff.). Das gleiche Bild vermittelt Ammianus Marcellinus, ein Sohn dieser Stadt. Sein Zeitgenosse Libanios, dessen *Antiochikos* uns über die Topographie des heidnischen und des christlichen Antiochia belehrt, verurteilt im 4. Jahrhundert den heruntergekommenen Pöbel von Antiochia als ein zugewandertes, heimatloses Volk eingefleischter Faulpelze, die ins Theater drängen (Or. XLI,5-11) und sich mit tosendem Beifall für die Schauspieler begeistern (Or. XXVI,17-26; XLI,7-8; XLV,20-22; XLVIII,10). Jeder wußte, daß für das römische Heer mit Antiochia als dem Inbegriff der *luxuria Asiatica* die verweichlichenden Winter-

quartiere von Daphne verbunden waren. Kaiser Julian schließlich
prangerte Antiochia und seinen Schauspielpöbel in einer beißenden
Satire, dem *Misopogon*, öffentlich an.[55]

Auch das kaiserzeitliche Alexandria gilt in Rom und im Osten als
eine Stadt, die nach wie vor von Kultur und Festlichkeiten geprägt ist.
Seit den Anfängen des Christentums beherbergt diese Stadt von
450 000 Einwohnern zudem blühende Philosophenschulen, wie Strabon (XVII,1,29; 46 u. ö.) unmittelbar nach der Eroberung beobachten
konnte. Die medizinische Tradition von Herophilos und Erasistratos
lebt dort weiter. Für die brillanteste Form geistiger Freizeitbeschäftigung steht der alexandrinische »Platonismus« im weitesten Sinn.[56] In
einer Abhandlung aus seinem umfangreichen Werk mit dem Titel *De
vita contemplativa* hat Philon von Alexandria die Gemeinschaft der
›Therapeuten‹ gerühmt, die als Einsiedler am Moeris-See die kontemplativen Orden späterer Zeiten vorweggenommen haben.[57] Der
Grammatiker und Philosoph Areios Didymos, der den *bios apolaustikos*, also die Verschwendung (*tryphe*), verwirft, sieht die Aufgabe
des Pädagogen darin, zwischen einem Leben, das der staatlichen Gemeinschaft gewidmet ist, und einem Leben, das auf geistige Erkenntnis zielt, zu vermitteln. Seine Theorie schafft eine Rechtsgrundlage
für Universitätstätigkeit und legitimiert sie in der römischen Welt
(Stobaios, Ecl. II,143-145). Das geistige Leben der Stadt tritt bei Ves-
pasians Aufenthalt in Alexandria und dem »Kolloquium« im Jahr 69
deutlich in Erscheinung.[58]

Daneben bleibt Alexandria auch eine Stadt volkstümlicher Freizeitvergnügen. Sein beliebter Strand Kanobos wird in den Seneca-Briefen
und bis zu Ammianus Marcellinus immer wieder als Ort des Wohlbehagens und als Vergnügungszentrum beschrieben.[59] Die Dichter vergleichen Kanobos mit Baiae.[60] Überhaupt werden in der ganzen Kaiserzeit die Luft und das Klima Ägyptens gerühmt, in dem medizinische Kuren gut anschlagen. Alexandria besitzt auch eine ›kaiserliche‹
Gladiatorenschule, ein Hippodrom und ein Amphitheater (wodurch
Philon von Alexandria und Flavius Josephus veranlaßt wurden, den
Irrsinn der dortigen Schauspielveranstaltungen anzuprangern[61]). Andererseits verkündet Martial (Epigr. XI,13) den Ruhm alexandrinischer Mimen wie etwa Paris. Caracallas Historiker Herodian, Cassius
Dio und der Biograph der *Historia Augusta* haben die Großartigkeit
der alexandrinischen Feste hervorgehoben,[62] mit ihrer musikalischen
Vielfalt, den Schwaden von Parfum und Weihrauch, den nächtlichen
Fackeln und der Fülle von Blumen. Der Despot, der an den Festlich-

Das Gut des Dominus Julius. Spätantikes Mosaik aus Karthago.

keiten teilgenommen und dem respektlosen Volk als Zielscheibe seiner ausgelassenen Späße gedient hatte, ließ dann allerdings ein Massaker anrichten, wobei er sich die Menschenansammlung der Spiele zu-
nutze machte.[63]

Die großen Städte Afrikas wie Karthago bezeugen, daß die *circenses* und überhaupt die Formen des dramatischen Repertoires lebendig
fortbestanden.[64] Freilich bietet Afrika mit seinen ausgedehnten Ländereien und seinen – etwa auf den Mosaiken des Bardo-Museums abgebildeten – Landhäusern, ähnlich wie das romanisierte Gallien jener Zeit, das weitgehend urbanisiert und doch »ländlich« geblieben
ist, eher Bilder eines altmodisch erscheinenden Freizeitgenusses: beglückende Arbeit, Jagd und Fischfang, kurz die *latis otia fundis* des
Vergil.[65]

Martials Spanien liefert im 1. Jahrhundert ein Hauptzeugnis für das
Freizeittreiben in der tiefen Provinz. Man erlebt, wie der von der

Großstadt enttäuscht in seine Heimat zurückgekehrte Dichter im
12. Buch der *Epigramme* die Zwiespältigkeiten der römischen Muße
zum Ausdruck bringt. Zwar vermißt der Dichter, wie Ovid in den
Tristien und den *Briefen aus Pontus*, Roms kulturelles Klima, »die Bibliotheken, Theater, Gesellschaften, in denen der Dilettantismus nicht
im mindesten nach eifrigem Studium schmeckt«.[66] (Nur barbarische
Völker im Norden können Unkenntnis szenischer Spiele als Kriterium für Freiheit und natürliche Reinheit werten!)

Aber im 12. Buch dominieren dann die Bilder vom ländlichen Frieden, in denen sich das Glück der wiedergefundenen Muße gerade
auch im Kontrast zu den römischen Ferienlandschaften spiegelt. Das
Buch wird nach Rom, »der Göttin der Länder und Völker« (XII,8),
gesandt wie ein Fremdling, der das weinreiche Kampanien (XII,17),
die Rosenpracht von Paestum (XII,31), den Lucriner See und den
Palast von Alba (XII,48) sowie das der Erholung so zuträgliche
Nomentiner Land (XII,57) zu entbehren scheint. Das *Epigramm* I,49
enthält sodann einen Freizeitentwurf für die Provinz: Licinianus soll
sich im Sommer an den Gewässern im Inneren Spaniens ergötzen und
»die stillen Wasser der Seen, das seichte Bett des Salo . . ., den goldrei-
hen Tago im Schatten seiner dicht belaubten Bäume« genießen; die
sommerlichen Bäder werden ihm guttun. Der harte Winter wird am
besten an »den sonnigen Gestaden von Tarragona« zu überstehen
sein und in den wildreichen Wäldern des Küstenstrichs: hier kann
man Damwild und Eber mit Netzen fangen und auf Hasen Treibjagden veranstalten, während die Hirsche den Bauern überlassen bleiben; am Jagdfest werden der *venator* und der bäuerliche Picador teilnehmen, wie einst in Catos Latium. So stellt Martial, dem sein »kleines Vaterland« wieder näher gerückt ist, dem italischen Eden der
Dichter eine Provinzländlichkeit voller Naturverbundenheit und
Muße gegenüber.[67]

Unter den besonders anziehenden Inseln des östlichen Mittelmee-
res, wie Lesbos, Kypros (Zypern) und Samos, nimmt Rhodos einen
besonderen Platz ein. Im kaiserlichen Rom werden die kargen und
unwirtlichen Felsen Korsikas, Sardiniens und Gyaros, die der Auf-
nahme der Verbannten vorbehalten sind, den Inseln, die einen angenehmen Aufenthalt verheißen, gegenübergestellt (Seneca, Trostschrift
an die Mutter Helvia, VI,4-5). Dion von Prusa (Or. XXXI), Kallixeinos und Philostrat verweisen auf den Reichtum und den vielfältigen
Charme der Insel Rhodos und rühmen ihre Feinbäckerei, ihre Kunstwerke, ihren Koloß und ihren Hafen. Die rhodischen Rhetorikschu-

len und Kunstakademien ziehen viele Touristen an. Tiberius hat sich von der Lieblichkeit und dem gesunden Klima der Insel zu einem längeren Aufenthalt verführen lassen (Sueton, Tib. XI,2 ff.), und Nero hat sogar zeitweilig erwogen, sich dorthin zurückzuziehen (Sueton, *Nero* XXXIV,1).

Spiele

Die politische Bedeutung der Spiele

Der Herrscher verkörpert die Verpflichtungen des Staates gegenüber dem Volk und übernimmt die Verbindlichkeiten, die daraus erwachsen. Die Organisation von Massenvergnügungen hält Maecenas, wie Augustus (Tacitus, Ann. I,54), für ein Politikum (*civile*). In dem neuen politischen Gefüge überträgt der Princeps das republikanische Charisma auf sich und seine Familie. In den *Res gestae* rühmt sich Augustus, »in seinem Namen oder im Namen seiner Söhne und Enkelsöhne« Schauspiele veranstaltet zu haben. Für die Freigebigkeiten der Familienmitglieder des julisch-claudischen Hauses kommt unter Augustus und seinen unmittelbaren Nachfolgern die kaiserliche Kasse auf: für die Aedilität des Marcellus 23 v. Chr. beispielsweise oder die Spiele des Tiberius zu Ehren seines Vaters und seines Großvaters Drusus.

Für den kaiserlichen Euergetismus ist die Beibehaltung der republikanischen Feste und Spiele ebenso Voraussetzung wie die Erhaltung der Gebäude aus der Vergangenheit. Die Frömmigkeit des Herrschers kann ein althergebrachtes Fest neu beleben, so wie es Domitian mit den Quinquatria der Minerva gemacht hat.[68]

Im augusteischen Kalender[69] sind für den Festeifer der Massen die Geburtstage der lebenden Herrscher Tiberius, Drusus und Germanicus vorgesehen; Eckdaten in der Karriere des Augustus, wie die Annahme der *fasces* 43 v. Chr. oder die Verleihung des Titels *Augustus* 27 v. Chr., werden ebenso gefeiert wie der Geburtstag des Princeps. Allmählich bürgert es sich ein, sowohl den Geburtstag (*dies natalis*) als auch den Tag des Herrschaftsantrittes (*dies imperii*) zu feiern. Der Princeps ist bemüht, seine Festlichkeiten symbolisch um einen oder zwei Monate zu gruppieren: So erinnert der Monat August (nach Augustus benannt) an den dreifachen Triumph des Jahres 29 und der mit Janus verbundene Januar an die Wende von den siegreichen Feld-

Triumphzug des Titus auf dem Titus-Bogen in Rom. (Foto DAI, Rom)

zügen zur *pax Augusta*. Commodus wird später den Versuch unternehmen, wegen seiner Herkules-Ambitionen einen Monat in Amazonius umzubenennen.[70]

Das öffentliche Leben wird, abgesehen von den Geburtstagen, dadurch bereichert, daß Ruhm und Größe auf vielfältige Weise festlich begangen werden: Da sind zunächst die Triumphzüge zu nennen, die nur dem Princeps und seinem Nachfolger zugestanden wurden, wie die des Augustus und des Tiberius (9 – 7 v. Chr.) oder der des Titus über die Juden (70 n. Chr.) und der dakische Triumph des Trajan (107 n. Chr.). Gelegentlich erfindet die Propaganda auch falsche Siege, wie für Caligula in Germanien, für Claudius in Britannien und für Domitian in Dakien[71] (89/90). Nach den einzeln oder gemeinsam begangenen Triumphfeiern von Mark Aurel und Commodus prägen sich dann mit dem Triumph des Septimius Severus im Jahr 197 Feste von solchem Glanz in das Gedächtnis der Massen ein, daß Tertullian dadurch zu seiner Schrift *De spectaculis* veranlaßt wird. Dazu kommen durch willkürliche Festsetzung neue Feste: etwa unter Nero die Juvenalia (59) und die Neronia (60), unter Domitian die Quinquennalia. Schließlich wird gefeiert bei der Einweihung von Bauten, die Herrscherfamilien für die Spiele errichtet haben: beispielsweise 12 v. Chr. das Theater des Marcellus oder 80 n. Chr. das Kolosseum.

Wie der Ältere Plinius[72] bemerkt, vermehren die Kaiser die Anzahl und Dauer der Feste, weil sie der Menge gefallen wollen. In der frühen Kaiserzeit nehmen die Saturnalia nahezu den ganzen Dezember in Beschlag (Seneca, Epist. 18). Es sind allerdings vorwiegend »Votivfeste«, die sich so unverhältnismäßig in die Länge ziehen: 100 Tage anläßlich der Einweihung des Kolosseums durch Titus im Jahre 80, 123 Tage für Trajans dakischen Triumph, Anfang 107. Es gibt kaum eine Inbetriebnahme eines öffentlichen Gebäudes ohne feierliche Weihe durch *ludi* und vor allem ein *munus gladiatorum* (etwa unter Trajan, 109[73], bei der Einweihung der Thermen, des Aquädukts und der Naumachie). Als langfristiges Ziel ist deutlich, daß jeder Herrscher – seit den *Res gestae* des Augustus – bemüht ist, im Gedächtnis seiner Zeitgenossen und in den Fasten ein Bild strahlender Festlichkeit zu hinterlassen. In seiner zu Ehren von Titus verfaßten Schrift *De spectaculis*[74] hat Martial beifällige Epigramme geschrieben, in denen die Schauveranstaltungen früherer Zeiten herabgesetzt werden: die des Nero (I,2 und I,5) und sogar die Naumachie des Augustus (I,28). Der Ruhm des Titus besteht unter anderem darin, durch die Errichtung des ehrwürdigen Amphitheaters an der Stelle des Tyrannenpalastes, der *Domus aurea*, »Rom sich selbst zurückgegeben zu haben« (De spect. I,2). Martials Epigramme sind ein einziges Loblied auf das *otium urbanum* und das Flanieren; sie besingen die Triumphe mit ihren Spielen (VII,6,8 ff.; VIII,65 und 78) ebenso wie die *ludi Florales* (VIII,67) oder die Saturnalia, deren volkstümliche, zuweilen lärmende Ausgelassenheit ihrerseits die Epigramme mit Glanz erfüllt.[75]

Alles, was den Krieg oder die Geschicke der Herrscherfamilie betrifft, liefert Stoff für Schaustellerei. Da sich im Sinne der klassischen Ambivalenz beim Tod des Princeps Tragisches und Heiteres mischen, nimmt etwa auch die bei Tacitus (Ann. XIII,4) überlieferte Leichenrede auf Claudius eine Wendung ins Tragikomische, noch ehe Seneca in der *Apocolocyntosis* daraus eine karnevalistische Satire macht. Bei den Begräbnisfeiern für Vespasian äfft der Oberschauspieler Favor den Geiz des Verstorbenen nach und mimt dessen Entrüstung über die hohen Kosten seines eigenen Begräbnisses (Sueton, Vesp. XIX,2). Der prunkvolle Verlauf offizieller Totenfeierlichkeiten ist zu Beginn des 3. Jahrhunderts von Herodian überliefert worden: Eine Totenmaske wird vom Gesicht abgenommen und ihr Abguß auf einem am Eingang des kaiserlichen Palastes errichteten Elfenbeinbett ausgestellt; dann wird das Bett durch die Via Sacra zum alten Forum getragen, wobei Tribunen an diesem Weg postiert sind; auf dem Marsfeld, das hier seine militärische Bedeutung wiedererlangt, ist der Katafalk in vier Stufen aufgeschichtet; Reiter- und Wagenvorführungen finden statt, bis der Nachfolger das Feuer am Leichenbett entzündet; in diesem Augenblick erhebt sich von der Spitze des Aufbaus ein Adler als Sinnbild für die himmlische Erhebung der Seele (Hist. IV,2,1-11). So setzt die Theatermaschinerie die Apotheose in Szene.

Die Schauspielpolitik folgt nicht bloß einem einfachen Empirismus oder gesellschaftlichen Druck; vielmehr gibt es in der frühen Kaiserzeit den deutlichen Versuch, eine ideologische Argumentation zu entwickeln.

Während die *Res gestae* des Augustus die Großzügigkeiten des Princeps undoktrinär bis ins einzelne aufführen, wird in der großen Maecenas-Rede bei Cassius Dio (Hist. rom. LII,34-35) genau bestimmt, was unter »politischer« Großmut zu verstehen sei; dabei werden der demagogische Caesarismus und der theokratische Euergetismus der *theoi euergetai* abgelehnt. In den *Res gestae*, in den Römeroden oder im 4. Odenbuch des Horaz vereinigt sich das Bild der *pax Augusta*, die der Wohltat des Princeps zu verdanken ist, mit einer Kultur des Vergnügens und des Festes.[76] Die *Bucolica* des Calpurnius Siculus (I und IV) überlassen der jubelnden Ausgelassenheit und dem Schauspielvergnügen die Herrschaft in Neros neuem ›Goldenen Zeitalter‹ (Buc. VII). In *De spectaculis* stellt Martial den Princeps wie einen lebendigen Gott dar, als den Herrn über die Natur und das Schauspiel: sein *numen* schafft das Wunder in der Arena, den flehenden Hirsch, der von den Hunden verschont wird (De spect. XXX), die Löwen, die menschliche Züge bekommen haben (X), und den Elefanten als inbrünstigen Anbeter dieses lebendigen Gottes (XVII).

Die politische Theorie des Euergetismus findet sich sowohl bei den lateinischen Schriftstellern als auch bei den griechischen Denkern, die der Zweiten Sophistik angehören. In seinen zwölf Caesaren-Biographien hat Sueton chronikartig die Schauveranstaltungen der Principes berücksichtigt, die er unter ihre *acta* einordnet; das gilt für Augustus, für den diesbezüglich eher geizigen Tiberius (Tib. XLVII-XLVIII), für Nero und Domitian, die Könige des Schauspiels, und für Vespasian, der trotz einiger ins Auge fallender Großzügigkeiten als knauserig beschrieben wird. Auf das später klassische Dilemma zwischen nutzbringender Großzügigkeit und Schauspielpolitik ist schon Tiberius gestoßen, als Provinzbewohner lieber ein Theater wollten als eine neue Straße (Tib. XXXI).

Der Jüngere Plinius hat in seinem *Panegyricus* (XXV-XXXVIII) sowie in seiner amtlichen Korrespondenz im 10. Buch der *Briefe* die Lehre von der kaiserlichen Großzügigkeit dargelegt (*munificentia*,

liberalitas, benignitas). Er stellt der wahren Freigebigkeit (*liberalitas*),
die großartig und auf die Ökumene bezogen ist (Paneg. XXV-
XXVII), den demagogischen Caesarismus der schlechten Principes
gegenüber, die »den Leidenschaften der Menge« immer neue Vergnügungen, und das sind natürlich Schauveranstaltungen, vorsetzen. Der
Euergetismus basiert auf der Lehre von der vorausschauenden Fürsorge, wobei *cura* und *tutela* (Sorge und Schutz) von der *providentia*,
der göttlichen Vorsehung, inspiriert sind.[77] Als Statthalter von Bithynien bezieht sich Plinius des öfteren auf diese Fürsorge (*providentia
principis*). Für die Städte Nizäa, Nikomedia und Claudiopolis bedeutet die herrscherliche Fürsorge eher straffe geistige Führung als verschwenderische Großzügigkeit: die öffentlichen Arbeiten müssen
überwacht und die Finanzen der Städte vor dem Größenwahn der
Aedilen geschützt werden.[78] Trajan zeigt allerdings Verständnis für
die Schwächen der *Graeculi* und ihr Bedürfnis nach Gymnasien und
Theatern. Bei Quintilian, dem Lehrer des Plinius, kündigt sich das
Bemühen um Ausgleich zwischen Euergetismus und Kultur bereits
an: er rechtfertigt den Bau von Theatern (Inst. or. III,7), widersetzt
sich aber vulgären Schauspielen[79] wie dem Mimus. Obwohl Plinius
nutzbringende Investitionen den spektakulären Demonstrationen
von Großzügigkeit vorzieht, geht er in seiner Toleranz noch einen
Schritt weiter und rechtfertigt die Gladiatur um ihres moralischen
Wertes willen als Mutprobe.[80]

Die beste Formulierung dieser Schauspielideologie findet sich bei
Fronto, dem Lehrer des Mark Aurel, in den *Principia historiae* 17.
Der Text ist darum besonders interessant, weil der Rhetor, ein begeisterter Theaterfreund, sich als Liebhaber des Zirkus entpuppt, der
ganz versessen ist auf öffentliche Spiele.[81] Trajan hat das »Armeetheater« in Syrien organisiert und dabei »Grundsätze allerhöchster politischer Weisheit« walten lassen, insofern er »die Histrionen und die übrigen Künstler der Bühne, des Zirkus oder der Arena nicht gering-
schätzig behandelt hat«. Fronto erkennt die Nützlichkeit und den
Wert von Professionalität im Schauspielbereich an. Er fügt hinzu, daß
»das römische Volk im wesentlichen durch zwei Dinge sich lenken
läßt, durch die Lebensmittelversorgung und durch die Spiele«, und
daß, was noch schlimmer ist, »die Staatsmacht genauso viel Billigung
durch Vergnügungsveranstaltungen erfährt wie durch ernsthafte Errungenschaften«, etwa den Bau von Straßen und Wasserleitungen;
»die seriösen Vorhaben zu vernachlässigen ist zwar schädlicher, aber
die Vergnügungen zu vernachlässigen ist unpopulärer«.

So beruht also der politische Konsens, die Grundfeste des Reiches, zum großen Teil auf der politischen Handhabung der Schauspiele. Die griechischen Untertanen des Kaiserreiches stimmen mit diesen Grundsätzen überein. In seinen Biographien der römischen Kaiser unterstreicht Plutarch die Bedeutung von Euergetismus und Philhellenismus. Die Denker des Kolloquiums in Alexandria, unter ihnen Dion von Prusa, legen das Gewicht auf die *pronoia* des Princeps, die sich am Interesse der Allgemeinheit orientiert. Dions Reden, besonders die dritte und vierte, die an Trajan gerichtet sind, stellen die »Liebe zu den Menschen« und die »Liebe zu den Göttern« als die beiden Säulen des Schauspieleuergetismus besonders heraus. Gegen Ende des »Goldenen Jahrhunderts« wird bei Aelius Aristides das Lob auf die *pax Romana* mit einer Ära des Wohlstands und der Festlichkeit verknüpft. Das Lob auf Rom (§§ 99-100) beschreibt eine universelle Glücksordnung im Zeichen der Philanthropie: die ganze Erde ein Paradies, in dem der Rauch ruhig aus den Häusern aufsteigt und die Lichter erglänzen. »Das Schauspiel mit seiner Anziehungskraft und eine unermeßliche Zahl von Wettkämpfen sind an die Stelle von Gewalt getreten; wie ein heiliges, unauslöschliches Feuer finden die Panegyrien kein Ende.« Rom verwirklicht auf der Planetenebene »als Mutter aller Menschen und gemeinsames Vaterland des Universums« das panhellenische Ideal von Kultur und Fest.

Der Einfluß des Volkes in den Schauveranstaltungen

Die Republik beruhte einst auf der *libertas*, auf dem Widerstreit der Meinungen und der Bewerbung um die Amtswürde. Das Principat hat diese Zielsetzungen allmählich ausgelöscht und gleichzeitig den kontemplativen Lebensstil bei der politischen Führungsschicht[82] und die Schauspiele bei den Massen gefördert. Theaterintrigen und Zirkusfaktionen bündeln nun die politische Agressivität. Schon in augusteischer Zeit ist dieses Phänomen deutlich gesehen worden, jedenfalls hat der Schauspieler Bathyllis zu Augustus gesagt: »Dein Interesse ist es, Caesar, wenn das Volk seine Aufmerksamkeit auf uns richtet« (Cassius Dio, Hist. rom. LIV,17).

Beim Schauspiel entstehen spontane Koalitionen, die manchmal von lokalen Gegebenheiten abhängig sind. Solche Gruppierungen hatten sich etwa in Pompeji um die Gladiatur gebildet und waren vom Senat für den blutigen Aufruhr im Jahre 59 verantwortlich ge-

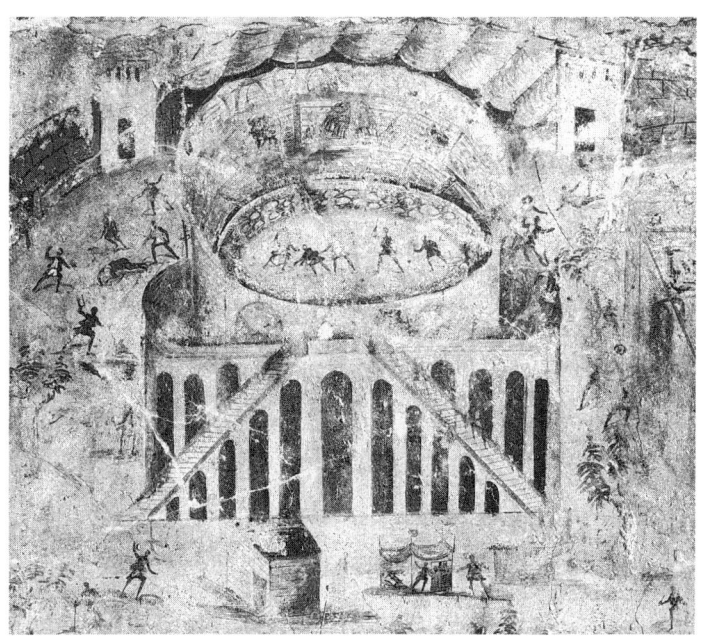

Die Auseinandersetzung zwischen Pompejanern und Nucerinern auf einem
pompejanischen Wandgemälde. (Foto Anderson, Rom)

macht worden, für die Schlägerei zwischen Pompejanern und
Nucerinern (Tacitus, Ann. XIV,17). Der Historiker spricht von *collegia*, die am Rande der Legalität, also unter Umgehung einer entsprechenden Gesetzgebung von Caesar und Augustus, entstanden
waren.[83]

Die Faktionen kanalisieren zunächst einmal die Erwartung an den
Schauspielverlauf selbst und geben dem Geschrei im Zirkus oder im
Amphitheater eine Stoßrichtung. Titus nimmt diese direkte Äuße-
rungsform im Schauspiel ernst (Sueton, *Titus* VIII,3), während Tacitus (Ann. XIII,49) und der Plinius des *Panegyricus* darin eine Verfäl-
schung der *libertas* sehen. Überhaupt entdecken hier die Historiker
und Moralisten, die an der altehrwürdigen *libertas* hängen, ein ver-
derbliches Zeichen des Niedergangs, etwa der Messala in Tacitus'

Dialogus de oratoribus, der die Ansicht äußert, »daß die eigentlich verderblichen und für die Hauptstadt Rom so charakteristischen Einflüsse schon mit der Muttermilch eingesogen werden, so die Begeisterung für das Theater [*histrionalis favor*] und die glühende Leidenschaft für Gladiatoren und Pferde [*gladiatorum equorumque studia*]«. Sogar die Lehrer der Jugend unterstützten diese Tendenz auf demagogische Weise (Tacitus, Dial. XXIX,4), denn die Schauspielleidenschaft beherrsche alle Gespräche – wie im *Satyricon* des Petron.[84]

Grabinschriften zeigen, daß die einfachen Römer das Bedürfnis hatten, ihre Zugehörigkeit zu einer Schauspielfaktion zum Ausdruck zu bringen, etwa als Parteigänger der Blauen im Zirkus oder der thrakischen Gladiatur.[85]

Zu Beginn der Kaiserzeit herrschen anarchische Zustände im Theater, die Tacitus *theatri licentia* oder *ludicra licentia* nennt. Die *fautores histrionum*, die fanatisierten Anhängergruppen der Schauspieler, werden dafür verantwortlich gemacht. So führt unter Tiberius (Tacitus, Ann. I,77) ein Krawall zum Tode von Soldaten und einem Centurio. Die mit der Aufrechterhaltung der Ordnung betraute Kohorte wird von Nero im Jahre 55 zurückgezogen, um die Praetorianer aus der Theateranarchie herauszuhalten und zugleich »den Anschein größerer Freiheit« zu erwecken; die aus dem politischen Leben verbannte *libertas* hält nun Einzug in die Schauspielveranstaltungen. Aber die Unruhen nehmen zu. In beiden Fällen war man gegen den Aufruhr, gegen die *capita factionum*, strafrechtlich vorgegangen (Sueton, Tib. XXXVII,4); Schauspieler und Unruhestifter wurden verbannt und die Auswüchse des Starkultes in Gestalt lärmender Umzüge verboten. Im Falle Neros heißt es, der Princeps und seine Umgebung hätten die Theaterrivalitäten und »Kämpfe« unterstützt, auch wenn ein gezieltes Ablenkungsmanöver nicht ersichtlich ist (Tacitus, Ann. XIII,24-25). Die *Digesten* bestätigen jedenfalls die strafrechtliche Tradition, der gemäß Anführer von Aufruhr und Zwist als Übeltäter wirkungsvoll abgeurteilt wurden.[86]

In der republikanischen Charismatradition konnte das zum Schauspiel versammelte Volk diesem oder jenem Herrscher seine Popularität bekunden. Nach Properz hat dem Marcellus schon seine Aedilität im Jahre 29 v. Chr. eine Art legitimer Anwartschaft auf die Nachfolge eingetragen.[87] Und Claudius wurde bei den Spielen als Bruder des Germanicus zugejubelt, noch bevor man ihm eine politische Bestimmung voraussagen konnte.[88] Galba haben seine Praetur und seine Spiele allgemein bekannt gemacht (Sueton, *Galba* VI,1), und Vespa-

sian ist im Theater von Antiochia vom Heer und von der Menge im
Osten des Reiches zum Kaiser ausgerufen worden.

Eine republikanische Tradition, die im Principat beibehalten wurde
und die ›Freiheiten des Volkes‹ betraf, erlaubt dem Publikum im Zirkus oder im Amphitheater, Einspruch zu erheben – und zwar nicht
nur im Blick auf das Schauspiel. So sind Bittgesuche über die Annona,
über den Getreide- oder auch über den Weinpreis vom Publikum gestellt worden, und gelegentlich hat es gegen übermäßige Steuerforde-
rungen protestiert[89] (unter Caligula im Jahre 41). Von der Meinungsäußerung zur Opposition ist es nur ein kleiner Schritt. Unter Tiberius
fordert die Menge im Theater die Wiederaufstellung einer Lysipp-
Statue, die Tiberius für sich beschlagnahmt hatte.[90]

Manche Schauspielgattungen lassen kritische Anspielungen auf den
Herrscher zu, so daß die Bühne auch eine gewisse politische Kontrolle ausüben kann. Eine Atellane aus dem Jahr 23 v. Chr. wagt es
beispielsweise, die Ausschweifungen des Tiberius öffentlich anzuprangern, die Ehemisere Mark Aurels wird in einer Farce des Tertul-
lus vorgeführt, und Schauspieler kritisieren mit ihren Spottversen den
ausschweifenden Lebensstil des Commodus.[91]

Die politischen Provokationen des Mimus und der Pantomime in
Neros Regierungszeit erklären, wie auch die amourösen Skandale –
etwa des Paris, der 83 hingerichtet wurde[92] – ihre energische Unterdrückung durch Domitian, auf die dann Maßnahmen und Gegenmaßnahmen unter Nerva und Trajan folgten;[93] unter Domitian wurde
statt dessen eine propagandistische Pantomime entwickelt, deren »Libretto« das Lob des Herrschers herausstellt.

Eine Form der Übernahme politischer Funktionen beruht darauf,
daß jurisdiktionäre Gewalt und Schauspiel eine Verbindung eingehen
können. Ob dem besiegten Gladiator Gnade gewährt und dem Veteranen die *missio* erteilt wird oder nicht, fällt in die Zuständigkeit des
Publikums. Es wird ihm auch eine Art Recht auf allgemeine Gerichts-
barkeit zugestanden. So fordert man unter Galba im Theater den
Kopf des Tigellinus (Sueton, *Galba* XV), und sein Tod unter Otho
ist, Tacitus (Hist. I,72) zufolge, durch Theater und Zirkus bewirkt
worden. Es scheint, als habe hier griechisches Gewohnheitsrecht ge-
golten. In den *Metamorphosen* (X,24 ff.) des Apuleius finden die Kri-
minalprozesse, die der lokalen Jurisdiktion überlassen waren – entsprechend der prokonsularischen Rechtsprechung – im Theater statt.

Als logische Folge dieser ›Schauspieldemokratie‹ ergibt sich, neben
anderen Überlegungen, das Argument für eine öffentliche Zurschau-

stellung von Strafe. Befürworter der Todesstrafe, wie Seneca, halten natürlich die Öffentlichkeit der Bestrafung für eine exemplarische Maßnahme.[94] Auf politischer Ebene werden unter Titus Denunzianten öffentlich vorgeführt, um das Publikum abzuschrecken. Der *Panegyricus* des Plinius (XXXIV) besteht auf dieser Zurschaustellung ebenso wie Martial gegenüber Titus.[95]

Seit claudischer Zeit hat es sich eingebürgert, aus der Urteilsvollstreckung ein öffentliches Schauspiel zu machen, besonders wenn es sich um den Straftatbestand der Räuberei (*latrocinium*) oder des Verwandtenmordes (*parricidium*) handelt. Die Vollstreckung kann in Gestalt eines abgekürzten Gladiatorenkampfes vor sich gehen, ohne vorheriges Training oder irgendeinen Schutz. Am häufigsten werden die Verurteilten jedoch wilden Tieren vorgeworfen. Caligula war schon aus ökonomischen Gründen dazu übergegangen, seine Bestien mit Verurteilten (*noxii*) zu füttern.[96] Ein zusätzliches Raffinement bestand darin, die Hinrichtung in eine tragische Szene aus dem Mythos einzukleiden. In *De spectaculis* zeigt uns Martial, wie Verurteilte den Orpheus spielen, der die wilden Tiere bezaubert und dann in Stücke gerissen wird, den Ikaros, der sich mit lächerlichen Flügeln in der Arena zu Tode stürzt, den Räuber Lareolus, der gekreuzigt und von einem Bären völlig zerquetscht wird, oder den Mucius Scaevola, der seine Hand heldenhaft auf das Kohlenbecken des Porsenna legt.[97]

Die Einwände der Moralisten bleiben ohne Wirkung; vergeblich prangert Seneca (Epist. 90,45 und 95,30) den als Schauspiel dargebotenen Tod eines Mannes an. Im Gegenteil, die lateinische und griechische Epigraphik zeigt, daß diese zur Schau gestellte Hinrichtung in der ganzen römischen Welt verbreitet war, in Benevent ebenso wie in Ephesus, wo Reliefs darüber Zeugnis ablegen.[98] In den *Metamorphosen* des Apuleius werden *damnati ad bestias* für das antoninische Griechenland in Plätäa und in Korinth bezeugt. Offenbar konnte die Schauspielpolitik sogar den *praeses provinciae* bei der Wahl der Strafe beeinflussen: so verurteilt der Statthalter von Achaia (nach Apuleius) die Mörderin zum Tod durch die wilden Tiere, obwohl die Nähe zum Meer auch die Sackstrafe (*culleus*) zugelassen hätte. Damit wird die *Constitutio* Hadrians zugunsten einer am Schauspiel orientierten Politik uminterpretiert.[99]

So scheint die weltweite Ordnung der römischen Schauspiele mit dem Frieden und Einheit bringenden Imperialismus eng verknüpft. Schon die Generationen der frühen Kaiserzeit sind der Überzeugung, daß die Überlegenheit Roms über die Barbaren zum Teil von der

Ein *damnatus ad bestias* wird von einem Panther angesprungen.
Mosaik aus Zliten.

artium praestantia, von Roms technischer und kultureller Überlegenheit, abhängt (Plinius, Nat. hist. III,39 ff.), wozu eben auch die Schauspielkultur gehört – trotz der Einwände eines Tacitus, wie sie in der *Germania* (XIX,1) und im *Agricola* (XXI,1-2) zum Ausdruck kommen.[100] Das römische Schauspiel begünstigt jedenfalls den Prozeß der politischen Vereinigung und gewinnt in Zusammenhang mit Kaiserkult und Reichsmystik einen gewissen sakralen Charakter zurück. Während einige Festveranstaltungen das römische Heidentum wieder aufleben lassen, trägt etwa das *Certamen Capitolinum* des Domitian (Sueton, Dom. IV,4 und XIII,1) zum Fortbestehen der »mythischen Theologie« bei; das Bemühen um die Quinquatria der Minerva und das Schauspiel, auch wenn es blutrünstig verläuft, wirken in die gleiche Richtung: neben den blutigen Mythen im Amphitheater bringen die sakralen Mimodramen des Kapitols, die, wie in den *ludi sacerdotales*, mit der Kulthandlung verknüpft waren, das Leben der Götter zur Darstellung. Seneca erinnert daran in einem Fragment der Schrift *De superstitione*: Er hat zugesehen, wie das alltägliche Leben der göttlichen Trias nachgespielt wurde, wie man Jupiter die Uhrzeit nannte und Juno den Spiegel reichte.[101]

Wie wir sahen, schwanken zwar die Herrscher hinsichtlich der Macht, die dem Volk beim Schauspiel zugestanden wird, zwischen kalkulierter Toleranz und Unterdrückung. Die Meinungsäußerung konnte selbst bei politischen Belangen einen amtlichen Charakter erhalten: Nach Titus und Trajan (Plinius, Pan. XXXIII,2-3) haben Alexander Severus und Gallienus im 3. Jahrhundert die Bittschriften, die Getreideversorgung betreffend, durch einen Herold einsammeln lassen.[102] Dagegen haben Caligula und Domitian die Autoren politischer Anspielungen umgebracht,[103] während Hadrian und Mark Aurel es rundweg ablehnten, sich gesetzgeberische Entscheidungen wie Freilassungen vom Publikum diktieren zu lassen.[104] Aber auf jeden Fall ist der »charismatische« Aspekt, der Ausdruck loyaler Gesinnung und des *consensus*, als ein Element des neuen politischen Paktes anerkannt worden. Wie die Praetorianer den militärischen Standpunkt versinnbildlichen und der Senat die romanisierten Elitegruppen verkörpert, so stellt das kosmopolitische Volk im Theater die ethnische und kulturelle Vielfalt im Kaiserreich dar. Martial hat richtig gesehen (De spect. III), daß mit dem Amphitheater, das die sprachlichen Barrieren ja besser überwindet als das Theater, den »Barbaren« im Norden, Osten und im Süden die Möglichkeit gegeben ist, in der Polyphonie verschiedenartig klingender Stimmen einen politischen Unanimismus zum Ausdruck zu bringen.

Die Sitzordnung in den Theatern

Die im Theater versammelte Menge bleibt eine Gemeinschaft von Bürgern: das Tragen der Toga war das ganze Kaiserreich hindurch obligatorisch. In der Anordnung des Publikums bildet sich die soziale Hierarchie ab. Sueton zufolge hat Augustus mit der Zuweisung der ersten Stufen an die Senatoren deren Vorrangstellung wiederhergestellt und die republikanische *lex Roscia* aufrechterhalten, die den Rittern die vierzehn folgenden Ränge sicherte. Wenn der Herrscher selbst im Theater nicht zugegen ist, steht sein offizielles Standbild, das des *imperator* nach der Panzerstatue von Prima Porta[105], hoch über dem Publikum, wie zum Beispiel in Orange. Augustus hat die Soldaten vom Volk getrennt, ehe Seianus den Versuch einer völligen Absonderung unternahm und der spezifisch militärische Zeitvertreib der *ludi castrenses* eingerichtet wurde.[106] Das dunkel gekleidete niedrige Volk (*pullati*) wurde, zusammen mit den Frauen, auf den äußersten Rand der *cavea* verbannt. Die auf moralische Ordnung bedachte Politik des Augustus wollte den Freiheitsdrang der Frauen zügeln; so war bei den *munera* das enge Nebeneinander von Männern und Frauen verboten (nur die Vestalinnen hatten einen Sonderstatus), und

Die Theaterwand von Orange mit der Augustus-Statue.

von athletischen Wettkämpfen waren die Frauen ganz ausgeschlossen;
an nächtlichen Feiern durften junge Leute nur in Begleitung teilnehmen (Sueton, Aug. XLIV, 3 ff.). Dieses soziale und moralische Gefüge
der Spiele wurde allerdings durch die Veränderung der sittlichen Normen ständig unterminiert. In der *Ars amatoria* (I,97 ff.) schildert
Ovid und ebenso Properz in seinen Elegien, wie die Schönen im
Theater oder Zirkus dem Liebesgeflüster ihrer Verführer lauschen,
und in der nächsten Generation erzählen Martial (Epigr. II,41) und
Juvenal (Sat. VI,69 ff.) von Damen, die fürs Theater und besonders
für die Schauspieler schwärmen.

Die *lex Roscia* muß immer wieder durchgesetzt und neu belebt
werden: Unter Nero (Tacitus, Ann. XV,32,2) wird klargestellt, daß im
Zirkus der gesamte Ritterstand vor der Plebs den Vortritt hat. Dieser
Vorrang ist, in der Hauptstadt wie in den Provinzen, Ausdruck des
sozialen Aufstiegs.[107] In Rom gibt es Versuche, sich um dieses Vor-
rechtes willen in den Ritterstand einzuschleichen. Die *licentia thea-
tralis* besteht unter Domitian darin, ungeniert die Plätze der Ritter in

Beschlag zu nehmen, aber zur großen Erleichterung Martials bestätigt
ihnen der Herrscher ihr Privileg.[108] »Hochstapler« wie Horatius
(Epigr. IV,2) müssen sich wieder auf die Plätze zurückziehen, wo die
»mit den dunklen Mänteln« (nigris lacernis) zu sitzen haben. Ein solches Bild vom Amphitheater bot sich im Jahre 57 auch dem Landbewohner im 7. bukolischen Gesang des Calpurnius Siculus: Die niedrige stadtrömische Plebs (sordida vesta), mitten darin die Frauen,
sieht immer den Ritterstand vor sich (Ecl. VII,25 ff.). Diese konkrete
Darstellung der römischen Sozialordnung sollte sich auch Fremden
und »Barbaren« aufdrängen. So ließ Augustus den parthischen Gei-
seln »über seiner eigenen Loge auf dem zweiten Rang Plätze anwei-
sen« (Sueton, Aug. XLIII,10). Charakteristischer noch ist das Erlebnis der friesischen Gesandten (Tacitus, Ann. XIII,54): Man führt sie,
die von dem eigentlichen Schauspiel nicht viel verstehen können, in
das Theater des Pompeius, »um sie die Größe des römischen Volkes
sehen zu lassen« (der Kontext betont, daß es üblich war, »Barbaren«
solche Besichtigungen mit Führung anzubieten); die Gesandten lassen
sich die Anordnung der Sitzplätze in der cavea erklären, die für sie
mit den »Unterschieden der Stände« übereinstimmt. Letztlich sollte
also das hierarchisch gegliederte Theater »die Größe des Volkes« und
damit die Überlegenheit und den Ruhm des Herrschers vor Augen
führen.

Daher wurde diese Sitzordnung auch überall durch die Munizipal-
gesetzgebung vorgeschrieben (einschließlich von Sanktionen gegen
Umgehungsversuche) und spiegelte so die römische Rangordnung
von einem Ende des Reiches bis zum anderen wider.[109]

Ludi circenses und ludi scaenici

Das Problem des kulturellen Dirigismus im Bereich der Schauspielveranstaltungen ist um so vielfältiger, als sich der Herrscher, und sei
er noch so knauserig, noch so puritanisch oder elitär gesinnt, mit den
gesellschaftlichen Kräften arrangieren muß. Bei Plinius dem Jüngeren
läßt sich dieses Phänomen gut beobachten; er steht der ewig gleichen
Banalität der Wettrennen und Zirkusleidenschaften ablehnend gegenüber (Epist. IX,6) und ist geneigt, wo es um staatliche Zuwendungen
geht, der Errichtung einer Bibliothek und der Studienförderung den
Vorzug zu geben vor »Wettspielen und Gladiatorenkämpfen« (Epist.
I,8); gleichwohl preist er im Panegyricus das Heldentum der Gladia-

toren. Die Untersuchung der Spielprogramme unter Trajan und Hadrian auf der Grundlage der Fasten von Ostia zeigt, daß die innere Ausgewogenheit zwischen den Schauspielarten zugunsten der *ludi circenses*, der Rennen, der Jagden und der Gladiatur, zerstört ist.[110]

Diese Feststellung wird durch die Theaterarchitektur im Kaiserreich bestätigt. Nach dem Marcellus-Theater ist in Rom kein weiteres derartiges Theater mehr entstanden, statt dessen drängt sich der ganzen Welt und besonders dem griechischen Osten das Modell des römischen Amphitheaters auf.[111] Nachahmungslust und Staatstreue wirken hier eng zusammen. So gibt es Amphitheater in Korinth, in Gortyn auf Kreta, im syrischen Antiochia, in Ptolemais in Ägypten[112] und das ›Kolosseum‹ in Thysdrus (El Jem), in der prokonsularischen Provinz Afrika. Lang ist auch die Liste der Theater, die für einen doppelten Zweck gebaut oder umgerüstet wurden,[113] für szenische Spiele und für die Jagd: Trajan tat dies in Rom, um seinen dakischen Triumph 123 Tage lang entsprechend feiern zu lassen, und Hadrian wagte sogar, das Dionysostheater in Athen zu diesem Zweck mit einer *conistra*, einer Balustrade, zu versehen,[114] zum großen Entsetzen der Gebildeten (Dion von Prusa, Or. XXXI). Anläßlich der Einweihung des Kolosseums beeindruckten offenbar vor allem die einfallsreichen, weitgehend technischen Neuerungen bei der Jagd. Im übrigen lassen die Fasten von Ostia zwischen Trajan und Hadrian eine schwindelerregende Zunahme von Kämpfer-»Paaren« im Rahmen der *circenses* erkennen: 1835 sind es bei den Spielen des Jahres 126! Unter Hadrian wird die *venatio* zum Blutbad (vgl. Abb. S. 153). Die aristokratische Liebhaberei paßt sich dem Volksgeschmack an. Einschränkungen durch die Herrscher aus wirtschaftlichen oder ideellen Gründen beziehen sich allenfalls noch auf die Gladiatur. Doch war diese Politik schon bei Augustus angelegt gewesen, trotz des moralischen Anspruchs des Princeps. In den *Res gestae* erwähnte er unter seinen *munera* nur die *circenses* (XXII-XXIII): 10 000 Gladiatoren und internationale Athleten; 26 Jagden und 3500 Tiere aus Afrika; Erfindung der Naumachie. Und doch hat Augustus auch das Theater des Pompeius wiederhergestellt und das letzte Theater im antiken Rom erbaut.[115]

Innerhalb der *ludi scaenici* selbst ist die kulturelle Unausgewogenheit gleichfalls zu spüren. Augustus hatte quartierweise Schauspiele mit Stücken in verschiedenen Sprachen gegeben (Sueton, Aug. XLIII,2). Wegen ihrer moralischen Bedeutung schätzte er besonders die Alte Komödie des Aristophanes, die sich für ihn allerdings nur wenig von der Neuen unterschied. Wenn man von der Entstehung der *trabeata*, einer Krämerkomödie und kurzlebigen Spielart der römischen Komödie, einmal absieht,[116] ist der Principat des Augustus durch den Aufschwung des Mimus und die Erfindung der Pantomime gekennzeichnet. Der Mimus ist eine vulgäre Komödie mit mehreren Rollen; sein Charakteristikum sind »obszöne Scherze« und um Ehebruch kreisende Intrigen: »Man sieht, wie der junge, elegante Liebhaber auftritt und die listige Frau ihren tölpelhaften Ehemann hintergeht.« Ovid, der in den *Tristien* (II,495 ff.) diese Gattung skizziert, bedauert, daß junge Mädchen, Damen, Männer, Kinder und Senatoren sich an diesen anstößigen Farcen ergötzen. Die von Bathyllos und Pylades erfundene Pantomime[117] schöpft dagegen ihren Stoff aus Götter- und Heldenmythen um Pan und Echo, Satyr und Amor. Sie begründen zwei Traditionen und haben damit Erfolg, die eine burlesk (Bathyllos), die andere eher tragisch (Pylades). In der Folgezeit erlebt dieses auf körperlichem Ausdruck, Mimik und Tanz beruhende Schauspiel, wie sich mit der Wertschätzung auch die »Libretti« (*fabulae salticae*) einstellen, ein Ausverkauf aus dem tragischen Repertoire.[118] In antoninischer Zeit versuchen Dion von Prusa und später Lukian, das tragische Erbe, Niobe und Thyest zum Beispiel, gegen diese Trivialisierung zu verteidigen. Die mythische Theologie lebt zudem in den religiösen Schauspielen weiter, namentlich in den *ludi sacerdotales*, die etwa den mittelalterlichen Mysterienspielen entsprechen. Auch hier droht eine Vergröberung, die das griechische Satyrspiel noch übertrifft: »Der ehebrecherische Anubis«, »Die versohlte Diana«, »Jupiters Testament«[119] – so lauten die Titel. Die pompejanische Malerei (Apollo und Marsyas) hat diese Gattung mit ihren vielfältigen Spielarten festgehalten. Die Schauspieler greifen zuweilen parodistisch auf tragische Darstellungsweisen zurück, wobei sie die Mimik mit Worten unterstützen; ein kritisch gesinnter Schauspieler singt beispielsweise unter Nero den Vers: »Leb' wohl, Vater! Leb' wohl, Mutter!« und mimt dabei, wie Claudius vergiftet und Agrippina ertränkt wurde (Sueton, *Nero* XXXIX,3).

Nero, der sich in der Rolle des Muttermörders Orest, des blinden Ödipus und des rasenden Herkules gefiel und die dazugehörigen lyrischen Solopartien konzertant vortrug, setzte für kurze Zeit eine kulturelle Rückbesinnung in Gang, die etwa auch die Entstehung von Senecas Tragödien begünstigte.[120] Unter Vespasian verfaßte Maternus »Praetexta«-Tragödien mit republikanischem Anstrich, einen *Cato* und einen *Domitius*. Aber griechische wie römische Tragödien verschwanden schließlich mehr und mehr aus den öffentlichen Spielen auf private Bühnenschauplätze, und in den Briefen (Epist. III,1; V,19; VII,17; IX,36) des Jüngeren Plinius ist zu verfolgen, wie die dramatische Lektüre zunehmend an die Stelle der Bühnenaufführung trat.

Das vornehme, literarische Theater lebte nur noch in einem erstarrten Repertoire weiter, während sich die Ablehnung alles Vulgären, in Rom mehr wohl noch als auf den Provinzbühnen, mit den Stimmen verband, die scharfe Kritik übten: einmal die Stoiker, die, wie Epiktet, die Tragödie als Lehrmeisterin der Illusion und Verteidigerin falscher Wertvorstellungen darstellen,[121] zum anderen die Kirchenväter, die im heidnischen Theater eine Stütze des Götzendienstes und erst recht in der Komödie eine Schule der Schamlosigkeit sehen.[122]

Organisation und Finanzierung der Spiele, Dirigismus und Dezentralisation

Theoretisch wird der Princeps mit seiner Familie zum alleinigen Ausrichter von Schauspielveranstaltungen. Die Gladiatorenkämpfe, die bei Begräbnisspielen gegeben werden, zieht er an sich und organisiert die Jagden und die Naumachien. Nach Möglichkeit überträgt er Privilegien der Magistrate auf seine Person.[123] Die zunehmende Professionalisierung im Schauspielbereich und vor allem der Preis für die Gladiatoren stellen den *fiscus*, die kaiserliche Kasse, vor Probleme. So hat Tiberius für die Einstellung von *rudiarii*, also wiederverpflichteten Gladiatoren, 100 000 Sesterzen ausgegeben, und die Tafel aus Italica[124] in Spanien verzeichnet im 1. Jahrhundert 2000 Sesterzen für einen *tiro* (einen Neuling) sowie 12 000 Sesterzen für einen *rudiarius*. Auf diese Kostenentwicklung haben die julisch-claudischen Herrscher vorübergehend mit der Abwälzung der Lasten und langfristig mit einer Art Ausbildungsmonopol für diesen Beruf reagiert.

Um die Lasten abzuwälzen, wurde die Veranstaltung von Spielen (*editio*) durch Beamte, insbesondere das praetorianische *munus*, in begrenztem Umfang beibehalten; das Recht zur *missio*, zur Beendigung der Kämpfe, wurde unter Augustus und Caligula (39) durch das Los auf Mitglieder des Magistrats übertragen. Ein Senatsbeschluß aus dem Jahr 22 v. Chr. stellt den Praetoren eine Summe zur Verfügung und verbietet deren unangemessene Überschreitung; der Rekord war das Dreifache der bereitgestellten Summe, 18 v. Chr. Ausnahmsweise werden auch private *munera* zu besonderen Anlässen und als Ausdruck loyaler Gesinnung zugelassen und dabei zwei jährliche *munera* mit höchstens 120 Paaren pro Spiel geduldet. Wenn man bedenkt, daß Augustus, der Wegbereiter dieses Systems, 10 000 Gladiatoren in acht *munera* aufgeboten hat, dann ist das Veranstaltungsmonopol kaum gefährdet (*Res gestae* XXII,1).

Durch seine Entscheidung für eine autarke Lösung wird der Princeps im Blick auf Gladiatoren und Tierkämpfer zum »größten Eigentümer von Kämpfern« (G. Ville). Ihm gehören die bedeutendsten Gladiatorentruppen (*familiae*) und -schulen (*ludi*). Caesar hatte als Erbe die *Juliani* hinterlassen, die in Capua ausgebildet waren; dieser Name bezeichnet künftig als Gattungsbegriff die kaiserlichen Gladiatoren. Nero begründete die *Neroniani*, die größtenteils *venatores* waren. Schon in der frühen Kaiserzeit gab es in Rom vier größere Kasernen: den schon älteren *Ludus Magnus*, den *Matutinus* (für Tierkämpfer), den *Dacicus* (für dakische Kriegsgefangene unter Domitian und Trajan) und den *Gallicus* (für gekaufte Gallier). Mit der Dezentralisierung entstanden *ludi* in Nîmes und Alexandria. Die dortigen Kasernen wurden von kaiserlichen Prokuratoren geleitet.[125]

Die Abwälzung der Kostenlast war, ebenso wie die Duldung von privaten Aktivitäten, ein Wagnis, denn die politischen Risiken wogen die finanziellen Vorteile auf. Claudius verbot zunächst den Magistraten die Gladiatorenkämpfe (Cassius Dio LX,5), ließ aber im Jahr 47 ein jährliches Gladiatorenspiel von dem Quaestorenkollegium ausrichten, was einer indirekten Karrieresteuer gleichkam, über die die Aristokratie empört war und die Nero wieder abschaffte, um sie dann (um 62) erneut einzurichten. Die ganze Politik des Principats richtete sich darauf, in Rom und im Reich Dirigismus und Ökonomie im Bereich der Spiele miteinander zu vereinbaren.

Seit augusteischer Zeit ist zu beobachten, daß die regionalen Oberpriester Spiele zu Ehren von Rom und Caesar veranstalteten: Gladiatorenkämpfe und Tierhetzen in Galatien; in dem seit 12 v. Chr. eroberten und romanisierten Gallien begleiteten Schauspiele die alljährliche Festversammlung im Rahmen der Bündnisfeier der Drei Gallien in Lyon; in Asien wetteiferten die Landtage, die *koiná*, in der Entfaltung von Prunk.[126] Den obersten Priestern, den Asiarchen für die Provinz Asia und den Syriarchen für Syrien (von 328 bis 360 waren es zum Beispiel Männer aus der Familie des Rhetors Libanios[127]), oblag die »Ausrichtung der Schauspiele«. Bei dieser regionalen Organisationsform ruhte häufig die Hauptlast auf der Provinzhauptstadt und ihren Notabeln. Das galt beispielsweise für Antiochia im 3. und

4. Jahrhundert: Der Syriarch kam für das Theater im Rahmen der Olympischen Spiele auf, ebenso für die Wettkämpfe und die Tierhetzen. Er war in erster Linie Wettspielveranstalter (Agonothetes), der die Feste von siebzehn Provinzstädten zu koordinieren hatte. Dabei traten die religiösen Funktionen in den Hintergrund, während sich im Westen und besonders in Italien[128] das Kollegium der Augustales, die *seviri Augustales*, darum bemühte, den offiziellen Schauspielen etwas von ihrem religiösen Charakter zurückzugeben. Auch im römischen Ägypten hatten die großen Magistrate, wie etwa die Gymnasiarchen in Alexandria[129], vor allem die Aufgabe, euergetisch und im Bereich der Spiele tätig zu werden. Es kam schließlich zur Munizipalisierung der Schauspielorganisation, bei der es einen Pflichtanteil an den Kosten gab und daneben die Möglichkeit zu freier euergetischer Betätigung.[130]

Die Munizipalgesetze regelten die *munera*-Verpflichtungen, die Abfolge bei den Schauspielen und die Einhaltung der sozialen Rangordnung.[131]

Seit augusteischer Zeit wurden beispielsweise in Pompeji *venatio* und *scaenici* vom Zweimännerkollegium, namentlich von *quinquennales* wie A. Clodius, veranstaltet. Dieser eröffnete die lange Reihe lokaler *munera*-Ausrichter, zu denen auch Cn. Alleius Nigidius gehörte, der an den Iden des Juni »Festzug, Jagd, athletische Spiele und Distributionen ... mit Sonnensegel« organisierte (CIL IV,7993), oder jener anonyme Veranstalter aus Puteoli, der Gladiatorenpaare aus der Schule des Capinius (*familia Capiniana*) aufbot (CIL IV,7994). In Puteoli selbst kündigte ein Unbekannter keine gewöhnliche *venatio*, sondern die »Stargladiatoren« aus Kampanien an (CIL X,1795). Die *munera* in Pompeji und Puteoli umfaßten drei bis dreizehn Paare pro Tag[132] und dauerten ein bis drei Tage. Auch in Ostia spielten die lokalen Spender bei Aufbau und Ausschmückung des Theaters eine entscheidende Rolle.[133]

Der städtische Euergetismus war im übrigen gesetzlich festgelegt, wie im Gesetz von Urso in der Baetica (Andalusien), das seit 44 v. Chr. den öffentlichen Schauspielbetrieb in der Kolonie regelte: Danach sollen die Duumvirn zu Ehren der Kapitolinischen Trias szenische Spiele oder ein *munus* von viertägiger Dauer veranstalten; die Aedile schulden der Trias drei gleichartige Spieltage oder einen Tag zu Ehren der Venus.[134] Die Feierlichkeiten sollen im Zirkus oder auf dem Forum stattfinden – nach alter römischer Tradition. Obwohl auch an mögliche Subventionen gedacht ist, setzt das Gesetz von Urso für die

Beamten einen persönlichen Beitrag von mindestens 2000 Sesterzen fest. Dieses die Schauspiele dezentralisierende und munizipalisierende Gesetz befaßt sich bis ins einzelne mit dem Ausgabenrahmen für religiöse Feste; weil es die lokalen Amtsträger mit belastet, gewährt es eine gewisse Autonomie im Blick auf die Veranstaltungsart und den Kalender.[135]

Allerdings führte die Dezentralisation bei den ausrichtenden Gemeinden wie bei den lokalen Einzelförderern zu prahlerischem Auftrumpfen. Die Großtuerei örtlicher Mäzene ist uns aus den Gesprächen im *Satyricon* des Petron vertraut und begegnet gleichfalls in manchen Abschnitten der *Metamorphosen* des Apuleius.[136] Was hier mitgeteilt wird, deckt sich mit der epigraphischen Wahlpropaganda in Pompeji.[137]

Die lokale Autonomie führte auf griechischem Boden und erst recht in Asien gegen Ende des 1. Jahrhunderts zu einem wahren Ausgabenwettstreit zwischen den Städten Apameia, Ephesus, Nizäa, Pergamon, Prusa und Smyrna – von Antiochia ganz zu schweigen. Die Reden des Dion Chrysostomos, der in Prusa der örtlichen Oberschicht angehörte und euergetisch tätig war, lassen das Ausmaß dieses Übels erkennen. Die Rede XXXVIII (42 ff.) prangert Rivalitäten und Eifersüchteleien an, die die griechische, durch Riten und Feste bedrängte Gemeinde ruinieren (Nikomedia, Nizäa, Ephesus, Smyrna). In den Reden XLV (15) und XL (5-10) wird das Übermaß an aedilizischen Ausgaben verurteilt, das dem Bestreben entspringt, die großen Vorfahren und ihre Prestigebauten nachzuahmen, etwa die Propyläen oder das Heraion auf Samos; auf diese Weise solle nur Eindruck auf die Reisenden und auf die römischen Herrscher gemacht werden! Dion bringt ferner Bauten und Feste miteinander in Verbindung, und er rügt die Bürger von Smyrna, Ephesus, Tarsus und Antiochia. In der Rede XLI (9-10) übt er Kritik an der Rivalität zwischen der »Kolonie« Apameia und der Stadt Prusa, die eng benachbart sind und denen eigentlich an einer engen Zusammenarbeit »bei den Götteropfern, den Festversammlungen und den Schauspielen« liegen müßte. Die Reden XLVII und XLVIII unterstreichen wiederum sowohl den unsinnigen Wetteifer zwischen Prusa, Nikomedia, Nizäa und Caesarea, besonders auf dem Gebiet der Säulenhallen (Antiochia und Tarsus), als auch die verhängnisvolle Absicht, das athenische Vorbild oder die kaiserlichen Marotten zu kopieren, zum Beispiel Neros *Domus aurea*.[138] In Rede XLVII werden schließlich die finanziellen Schwierigkeiten behandelt, auf Grund derer man sich an die kaiserliche Regierung und besonders den Prokonsul wenden muß (13 und 19). Hier zeichnet sich ein neuer Ansatzpunkt für staatlichen Dirigismus ab, der der Dezentralisierung entgegenwirkt.

Dions Zeugnis deckt sich mit dem des Cassius Dio (Hist. rom. LII,30 und 37) und mit den Briefen aus dem 10. Buch der *Briefe* des Jüngeren Plinius, das die Korrespondenz mit Trajan enthält. Plinius legt dar, welch ungeheure Summen die »soziokulturelle« Ausstattung der Städte verschlingt. Als Statthalter in Bithynien von 113-115 war er von Trajan besonders mit der Sanierung der lokalen Finanzsituation betraut worden. Die 10 000 000 Sesterzen für das Theater in Nizäa werden unter die Lupe genommen sowie Verschwendung und Schlamperei beim Bau der Bäder von Claudiopolis und Prusa aufgedeckt.[139] Bei aller Rücksicht auf die besondere Schwäche der »lieben Griechen« (*Graeculi*) für Gymnasien sind Plinius und Trajan bemüht, das extravagante Freizeitbudget einzuschränken (Epist. X,116 und 117).

Zu jener Zeit wird damit begonnen, die Städte durch Abordnung von *curatores*[140] einer Finanzaufsicht zu unterstellen, und es entsteht ein Gesetzgebungswerk, das die Ausgaben an den Richtwerten des Augustus aus dem Jahr 22 v. Chr. orientiert; Ziel ist es, die Kosten möglichst abzuwälzen.

Ein Brief Trajans, der einem Senatsbeschluß beigefügt ist, gestattet 116/117[141] den Bewohnern von Pergamon, alle fünf Jahre einen Wettkampf zu Ehren des Princeps auszurichten, unter der Bedingung allerdings, daß die entstehenden Kosten von dem Ratsherrn Julius Quadratus übernommen werden. Nach den Kostenbeschränkungen des Antoninus Pius, die zweifellos mit der Verbreitung der Gladiatur bis in den hellenisierten Osten zusammenhängen, beschreibt die große Tafel von Italica[142], auf der ein Senatsbeschluß unter Mark Aurel und Commodus aus den Jahren 176/177 eingemeißelt ist, die Krisensituation und klagt über die »katastrophale Verschlechterung der Lage in den Städten und die ruinierten Vermögen der städtischen Beamten«. Wenn der Gesetzgeber die *munera assiforana*, für die teilweise Eintritt bezahlt werden muß, auf 30 000 Sesterzen begrenzt, sind die Steuereinnahmen nicht berücksichtigt, die der Verdienst der *lanistae* mit sich bringt (und die erstmalig in einem amtlichen Text als »schmutzig« abqualifiziert werden). Wenn die Summe von 30 000 auf 40 000 überschritten wird, müssen die Leistungen geteilt werden. Der Senatsbeschluß richtet sich auch gegen die ausufernden Preise bei den Gladiatoren: 2000 für einen *tiro* gegenüber 12 000 für einen *rudiarius*.

Es werden also Verhältnismäßigkeitsregeln zwischen den privilegierten Athleten und der großen Menge der Kämpfer (*gregarii*) aufgestellt. Die Vertreter der Obrigkeit waren zu fester Entschlossenheit aufgerufen, aber die »Huld des Princeps« konnte Ausnahmen gewähren, z. B. gegenüber dem Magistrat von Minturnae (CIL X,6012).

Die im Osten wie im Westen tief verwurzelte Schauspielkrankheit hat auch Italien selbst nicht verschont. Unter Konstantin werden die umbrischen Bezirke Tuscia und Umbria über eine Regelung klagen, die sie zwingt, sich zur Priesterwahl mit *ludi scaenici* und einem *munus gladiatorium* nach Volsinii zu begeben. Die Tragweite des Textes ist natürlich begrenzt, aber die Beschwerde beim Kaiser zeigt deutlich, wie der zentralisierende Dirigismus fortbesteht.[143]

Monotonie und Innovationen bei den Spielen

Schon zu Neros Zeit hatte Seneca die sklavische Abhängigkeit von den Schauspielen als Teil der *servitus feriata*[144] angeprangert. Während Martial Titus und Domitian als Principes einer prunkvollen Schauspielwelt rühmt, beschreibt Juvenal, der Erfinder der Parole *panem et circenses*, ohne Gefälligkeitsrücksichten, wie »die Stadt von Zirkus und Theater besessen« ist. Und Petron schildert in einem satirischen Gedicht (*Satyricon* 119) den ganzen Überdruß der Weltbeherrscher: »Des Pöbels gemeine Genüsse – Freuden, die alle genießen – entbehrten jeglichen Reizes.« Das Volk verlagert seine Pferdeleidenschaft auf die Wettrennen, von deren trister Eintönigkeit Plinius spricht (Epist. IX,6), und »vertut mit dieser äußerst unnützen Beschäftigung (*otiosissimis occupationibus*) seine Tage«; seine Jagdgelüste stillt es beim Anblick der *venatio* in der »Arena, dem Jagdrevier des Kaisers und der Römer« (J. Aymard).

Neuerungen, die die erlahmende Neugier der Menge beleben und den Einfallsreichtum der Herrscher herausfordern, sind vornehmlich bei der *venatio*, diesem nach allen Regeln der Jagdkunst veranstalteten Massaker, zu erkennen. Die Überlieferung[145] enthüllt einen düsteren Tötungskatalog: Unter Augustus werden bei der Einweihung des Marcellus-Theaters 11 v. Chr. 600 afrikanische Tiere abgeschlachtet und 2 v. Chr. bei der Weihung des Augustus-Forums 260 Löwen im Circus Maximus und 26 Krododile im Circus Flaminius; unter Caligula finden 37 n. Chr. 400 Bären und ebenso viele afrikanische Tiere den Tod. Die Fasten und die Gelegenheitsgedichte beweisen, daß die hundert Einweihungsfesttage des Kolosseums unter Titus ein wahres Schlachtfest gewesen sind (etwa 5000 Tiere an einem einzigen Tag) und sich dieses Tempo unter Trajan keineswegs verlangsamt hat (Fasten von Ostia, CIL XIII,1). Verlangt wird pausenloser Nachschub an exotischen Tieren, und die Darbietungsformen reichen von der harmlosen Tierschau einer Menagerie bis hin zu erstaunlichen Dressurleistungen, dem heutigen Zirkus vergleichbar, und von der Konfrontation von Mensch und Tier bis hin zu den ausgefallensten Tierkämpfen.

Die Erweiterung des exotischen Tierbestandes ist schon unter Augustus zu beobachten, der 29 v. Chr.[146] die von den nilotischen Mosaiken in Praeneste (Palestrina) bekannte Tierwelt Ägyptens (vgl. Abb. S. 108) vollständig aufgeboten und die Römer auch mit der Giraffe, dem indischen Tiger, dem weißen Elefanten aus Siam und auch sonst allerlei merkwürdigen Tieren bekannt gemacht hatte. Im Jahre 57 führte die *venatio* unter Nero gehörnte Wildschweine (*babirussa*), einen Elch, Auerochsen, Bisons und Seehunde vor – Neuheiten, über die sich der Bauer bei Calpurnius Siculus (Buc. VII,57 ff.) begeistert äußert; Neuheit und Seltenheit waren die entscheidenden Kriterien.

Die Dressur vollbringt wahre Wunder! In seinem 85. Brief verrät Seneca trotz seines grundsätzlichen Vorbehaltes (Fortbestand der »Natur«) Bewunderung: »Es gibt besonders befähigte Dompteure wilder Tiere, die in einer furchterregenden Begegnung auch die wildesten Tiere dazu bringen, sich dem Befehl des Menschen zu unterstellen; sie begnügen sich nicht damit, ihnen ihre Wildheit zu nehmen, sondern sie zähmen sie bis zur Vertraulichkeit: der Herr legt die Hand in den Rachen des Löwen, der Tiger läßt sich von seinem Wärter umarmen, ein winziger Äthiopier befiehlt dem Elefanten niederzuknien oder auf einem Seil zu gehen.« Gelegentlich wird behauptet, unter Galbas Principat seien erstmalig Elefanten als Seiltänzer aufgetreten. Aber Plinius[147] erwähnt sie schon für das Jahr 6, bei der Trauerfeierlichkeit für Drusus; er beschreibt auch dressierte Tiere, zweifellos Elefanten, die, ohne Schaden anzurichten, zwischen den Teilnehmern eines Trinkgelages umherbalancieren. Seit der Einweihung des Marcellus-Theaters kannte Rom einen gezähmten Tiger, und Martials *Liber de spectaculis* enthält einen ganzen Katalog von Dressurwundern.[148]

Zeitweilig wird der gewöhnliche Kampf zwischen Mensch und Tier durch Tierkämpfe ersetzt: in der von Calpurnius Siculus beschriebenen *venatio* des Nero stehen sich Bären und Seehunde gegenüber.

Das Haus der Jagd in Pompeji enthält ein Gemälde, auf dem neben der klassischen *venatio* Tierkämpfe dargestellt sind: eine Antilope, die von einem Karnivoren verschlungen wird, und ein Löwe, der einen Stier mit einem weiteren wilden Tier an seiner Flanke verfolgt. Dergleichen Motive finden sich auch auf den Mosaiken im römischen Afrika des 3. Jahrhunderts. Löwe gegen Stier war die Kampfpaarung schlechthin, darauf weisen Martials Epigramme; auch der Kampf zwischen Stier und Rhinozeros ist bezeugt.[149]

Schließlich zeigt sich das Bemühen um Abwechslung, der Banalität dieser Veranstaltung entsprechend, in der Perfektionierung der Jagdszenerie im Amphitheater: die ganze Natur wird rekonstruiert, Wälder (*silvae*) werden aufgestellt, Felsen in der Arena verstreut und gelegentlich auch Wasserpflanzen, Schilf und Seerosen, eingesetzt. Eine komplizierte Maschinerie konnte dergleichen Dekorationen, die nach Vitruv zum Satyrspiel gehören, bei Bedarf aus unterirdischen Magazinen hervortauchen lassen.[150]

Die Neuerungen bei der Gladiatur reichen, je nach Stimmung des Veranstalters, von einem menschenwürdigeren Ablauf bis zur Zuspitzung der Grausamkeit. Caligula hatte Römer von Rang zur Gladiatur oder zur *venatio* verurteilt, wobei es sich um eine Substitutionsstrafe oder auch um eine blutige Laune handeln konnte (Sueton, Cal. XXVII). Dabei erlaubte ihm ein Senatsbeschluß von 38, die Verurteilten (*damnati ad gladium*) paar- und scharweise gegeneinander antreten zu lassen. Titus verfuhr mit den jüdischen Kriegsgefangenen im Osten, in Caesarea und Berythus, ebenso (Flavius Josephus, Bel. Iud. VII,3,37-39). Kaiser Claudius regelte dann 42 die Sache grundsätzlich für Sklaven und Freigelassene. Da sein blutrünstiger Geschmack ihn gleichsam an die kaiserliche Loge fesselte, war dieser von Hause aus gebildete, hier jedoch dem julisch-claudischen Atavismus huldigende Princeps unwillig über die Mittagspause bei den Spielen zwischen den normalen *venationes* und den Tierkämpfen. Er erfand darum das *meridianum spectaculum*, »während [dessen] die Zuschauer zum Essen nach Hause gehen konnten« (Sueton, Claud. XXXIV), das an die Stelle heiter-burlesker Zwischenspiele, etwa der *paegniarii*, der Waffenschaukämpfer, trat.[151] Im 7. Brief liefert Seneca eine schonungslose Darstellung dieses »reinen Massakers«, bei dem die Regeln der klassischen Gladiatur nicht beachtet werden; die Kämpfer werden nicht einmal auf Grund einer Verurteilung im *ludus* eingesetzt: »Ganz zufällig bin ich in das Mittagsprogramm des Zirkus geraten; was ich erwartete, waren Scherze und Witze und etwas Entspannung, womit sich das menschliche Auge vom Anblick vergossenen Menschenblutes würde erholen können. Das Gegenteil war der Fall; alle vorangegangenen Kämpfe waren übel, aber was jetzt, als Gipfel des Vergnügens, stattfand, war das reine Massaker: Die Kämpfer sind ohne jeden Schutz mit dem ganzen Körper den Schlägen ausgesetzt, und ihre eigenen Hiebe gehen niemals ins Leere. Die Menge der Zuschauer zieht das den üblichen, sonst beliebten Kampfpaaren vor. Warum sollten sie es nicht vorziehen? Weder Helm noch Schild weisen das Schwert ab. Was sollen Schutzvorrichtungen, was geschickte Finten? All das verzögert nur das Werk des Todes.« Der Abschnitt zeigt, daß es sich hier um eine verdeckte Hinrichtungsaktion handelt. Seneca hat das Lärmen in der sonnenerhitzten Arena festgehalten. Das Schauspiel wird mit dem Hinweis gerechtfertigt, daß es sich schließlich um einen Räuber handele (latrocinium gilt als Schwerverbrechen)[152]. Erschreckend ungerührt wirft die Menge diesen Zufallsgladiatoren vor, »sich allzu zimperlich ins Schwert zu stürzen« und »ohne Begeisterung zu sterben«. »Töte, schlag zu, brenne ihn!« brüllt das Volk und fordert tumultartig, daß man töte und mit Schwert und Feuer die Widerspenstigen in den Kampf treibe (die diesen Einsatz als Ersatzstrafe akzeptiert haben). Mangels richtiger Gladiatorenspiele wird in der Pause das reine Hinschlachten gefordert: »In der Zwischenzeit sollen Menschen ermordet werden, damit jedenfalls irgend etwas passiert.«

Noch vor den Kirchenvätern protestieren die Intellektuellen der Kaiserzeit zwar nicht gegen die Gladiatur, aber doch gegen ihre Verkehrung in eine Hinrichtungsschau. Die Einspruchsliste ist bemerkenswert. Die römischen Autoren, wie Plinius und Seneca, verurteilen die »klassische« Gladiatur nicht; anders die kaiserzeitlichen Griechen. In den Moralia prangert Plutarch mehrfach[153] solch »blutiges und bestialisches« Schauspiel als Schule der Unmenschlichkeit an. Die Rede XXXI des Dion Chrysostomos beglückwünscht die Rhodier, weil sie die Gladiatur abgelehnt haben. In Epiktets Diatriben (II,18 und II,24) wird die Gladiatur in die Verurteilung der athletischen Vorführungen mit eingeschlossen, aber ihre Grausamkeit nicht eigens hervorgehoben. Allerdings ist die Mißbilligung, vor allem unter den Rednern, nicht weit genug verbreitet, um eine generelle Meinungsänderung in Gang zu setzen.

Gelegentlich wurden auch, wie von Nero 57 im hölzernen Amphitheater, Paradekämpfe veranstaltet, bei denen niemand zu Tode kam (Sueton, Nero XII): 400 Senatoren und 600 Ritter betätigten sich als Gladiatoren oder Tierkämpfer, wobei sie wahrscheinlich mit Lederkappen geschützte Waffen, die *arma lusoria* der Fechtkämpfer, benutzten; niemand wurde getötet, nicht einmal ein »Verbrecher«. Die Episode fällt in das *quinquennium* (54-59), das im Zeichen humanitären Bemühens stand.[154] Nach Nero, der sich wieder auf den bequemeren Weg der blutigen Schauspiele begeben hatte, setzte Titus ein Beispiel, indem er in seinem heimischen Reate mit geschützten Waffen einen gewissen Alienus anläßlich der Juvenalia, der in Italien und im Reich gefeierten Jugendsportfeste, bekämpfte.[155]

Ist der auf Caligula zurückgehende Brauch, *paegniarii* auftreten zu lassen (Sueton, Cal. XXVIII,5), dem Bedürfnis nach Neuerungen entsprungen oder dem Wunsch, das *munus* zu karikieren? Während der *ludi meridiani* traten sie auf: körperlich auffallend mißgestaltete Possenreißer, die wie Bacchanten geschminkt und mit einem künstlichen Phallus ausgestattet waren. Ihre Bewaffnung bestand aus einem Stab oder anderen angriffsuntauglichen Waffen. Eine Neuerung stellten die schwarzen Frauen dar, die 66 zu Ehren des Tiridates in Puteoli als Gladiatorenkämpferinnen aufgeboten wurden (Cassius Dio, Hist. rom. LXIII,1,1-2), und später die Zwerggladiatoren, die Domitian erfunden hat: von ihnen ist bei Martial (Epigr. XIV, 213 und I,43: *pumiliones*) für die Jahre 84/85 die Rede, während Statius (*Silvae* I,6) dieses Faktum für das Jahr 89 erwähnt.

Diese verzerrenden Nachahmungen und der Geschmack, von dem sie zeugen, lassen eine gewisse Ambivalenz erkennen. Neben der nicht zu leugnenden Faszination durch das blutrünstige Schauspiel wird eine ironische Distanz sichtbar: die Mosaiken, auf denen *paegniarii* dargestellt sind, die Bilder von Zwerggladiatoren oder die Karikaturen in Pompeji zeigen das mit wünschenswerter Deutlichkeit.[156] Im *Satyricon*, das die Vorliebe der römisch-kampanischen Bürgerschaft für die Gladiatur bezeugt, erlebt man mit, wie »Homeristen« genannte, als Gladiatoren mit Lanzen und Schwertern aufgemachte Komödianten des Hausherren mit ihren Waffen herumfuchteln und sich dabei griechische Verstiraden entgegenschleudern (59).

Aristokraten in der Arena und auf der Bühne

Der Gegensatz von Berufs- und Laienbetrieb, der für alle römischen Schauspiele in der frühen Kaiserzeit galt, war in der Gladiatur und in der *venatio* besonders kraß. Der mit Laien arbeitende Zirkus rührte an soziale Verbote der Römer. Eine alte Gesetzgebung verbot es den

Senatoren und Rittern, sich in der Arena zu betätigen, und drohte dabei mit Ehrverlust und sozialem Abstieg.[157] Allerdings gab es unter Tiberius im Jahre 15 Abweichungen, eine Neigung, die schon seit 52 v. Chr. unter den Angehörigen des Ritterstandes zu beobachten ist. Man konnte die Verbote umgehen, indem man sich aus seinem Stand ausschließen ließ; doch wurden Täuschungsmanöver von Tiberius mit Exil bestraft. Caligula und Claudius behielten die augusteische Gesetzgebung bei, von der die kollektive Teilnahme der praetorianischen Kavallerie und auch Neros »weißes« *munus* aus dem Jahr 57 (400 Senatoren, 600 Ritter) nicht betroffen waren, weil es hier eher um eine Parade als um eine Gladiatur ging. Im Zuge einer globalen, die aristokratische Schauspielerei begünstigenden Politik kehrte sich unter Nero die Tendenz um.

Während Caligula Ritter-Gladiatoren noch hatte hinrichten lassen können, ermunterte Nero zu dieser Betätigung, die Tacitus und die Traditionalisten als »Befleckung« bezeichnen.[158] 59 kämpften bekannte Ritterpersönlichkeiten als Gladiatoren und Tierkämpfer. Nach Tacitus stiegen 63 mehrere Senatoren und vornehme Damen in die Arena. Juvenal (Sat. II,143-148 und VIII,199-210) schildert einen Salier, einen Priester des Mars Gradivus, der sich als Netzkämpfer betätigte. Munizipien und Kolonien folgten mit der üblichen Verspätung dem Vorbild der Hauptstadt (Tacitus, Hist. II,62).

Unterschiedliche Beweggründe können einen Nobilis in die Arena steigen lassen; zum Beispiel das dekadente Vergnügen an einer schimpflichen Minderung der Ehrenstellung (*infamia*) und die Lust, sich vulgär zu benehmen. Es sind nämlich nicht alle Abkömmlinge der großen Geschlechter (*gentes*) an der Verwaltung der Provinzen beteiligt, und nicht alle Ritter treten die Beamtenlaufbahn an. Schlechtes Vorbild und provokativer Snobismus wirken ansteckend – das ist Senecas Feststellung, der die Nachahmung übler Lebensgewohnheiten und die Ansteckung zu Grausamkeit und Genußsucht anprangert. Auch die finanzielle Verlockung ist mit im Spiel; Nero hat die Neigungen zur Gladiatur innerhalb der Ritterschaft mit Geschenken unterstützt (Tacitus, Ann. XIV,14). Besonders gefährdet sind verarmte Adlige. Verschwendungssüchtige, die sich als Tierkämpfer verdingen, werden von Seneca ebenfalls mit Tadel bedacht.[159] Solche Amateurgladiatoren können sich unter Umgehung der augusteischen Gesetzgebung durch *auctoratio* in einem *ludus* verpflichten, oder sie können an einem außerordentlichen kaiserlichen *munus* teilnehmen. Dabei spielt die Liebedienerei eine besondere Rolle, denn

Nero möchte als Herrscher der niederen Volksmassen, der auch selbst
nicht unzufrieden ist, wenn die Entwürdigung der Aristokratie deutlich zutage tritt, in dieser Hinsicht der Menge gefällig sein. Bei der
sich ständig wiederholenden und letztlich Langeweile verbreitenden
Form der Schauspiele nimmt die Menge eine solche Neuerung ebenso
begierig auf wie alle übrigen (Cassius Dio, LVI,25). Nero ist hier, wie
in anderen Bereichen, bis zur Zwangsausübung gegangen.

Trotz seiner lasterhaften Neigungen verbot Vitellius die Arena wieder für Senatoren und Ritter. Das Verbot scheint bis zu Mark Aurel
wirksam gewesen zu sein, unter dem diese Mode dann offenbar erneut auflebt: ein vom Kaiser getadelter Adliger erwiderte diesem eines Tages, »er bekäme zum großen Teil Praetoren als Gefährten in der
Arena zu sehen« (Hist. Aug., Vita M. Ant. XII). Commodus, der de-
generierte Sohn des Philosophenkaisers, hat schließlich selbst, als
Herkules verkleidet, mit einer Keule die Tiere im Amphitheater hin-
geschlachtet.[160]

In republikanischer Zeit wurden die Theaterberufe zwar grundsätzlich niedrig bewertet, gesellschaftlich konnten ihre Vertreter jedoch mit – manchmal skandalumwitterter – Bekanntheit und mit be-
neidenswerten Einkünften rechnen. Zu Beginn der Kaiserzeit gab es,
besonders unter Tiberius, Gegenmaßnahmen gegen die Schauspielwelt und ihre Mißstände. Der Kaiser wollte die übermäßige Gage der
Schauspieler begrenzen und die Intrigen und propagandistischen Ma-
chenschaften der Histrionen bremsen.[161]

Mit Nero, dem gekrönten, an Bühne und Chorlyrik gleichermaßen
interessierten Histrionen, scheint diese Schauspielwelt nun selbst an
die Macht gekommen zu sein. Nach Suetons Zeugnis trat er in Tragödien auf und spielte, wie wir schon sahen, bevorzugt die Rollen des
Muttermörders Orest, des nach seiner Untat erblindeten Ödipus und
des rasenden Herkules.[162]

Die gehobene Gattung innerhalb des Schauspielsystems förderte
Nero vor allem an den von ihm selbst eingeführten Juvenalia und
Neronia. Epiktet erinnert jedoch auch an Neros »unfreiwillige Tragödienspieler«, etwa Agrippinus, und an Kurtisanen, die gezwunge-
nermaßen in der Tragödie auftreten mußten (Diatr. I,2,12 ff.), wobei
es sich zweifellos um Feierlichkeiten im kaiserlichen Palast handelte.
Der Zwang war allerdings wohl nicht ganz so hart wie bei der Gladiatur.

Daß die gesamte Epoche unter dem Zeichen der Theaterbegeiste-
rung stand, bezeugt auch der 4. Stil der Malerei mit seiner Vorliebe

Bühnenmotive auf einem Wandgemälde im Haus des Augustus in Rom.

für Bühnenbilder, Bühnenwände und große rote Vorhänge.[163] In seinen *Satiren*, die die sich wandelnde gesellschaftliche Wirklichkeit von
Nero bis Hadrian widerspiegeln, schildert Juvenal die Damen der
großen Gesellschaft, die in die Maske, den Thyrsos (das dionysische,
zum Bacchantenthema gehörende Symbol in der Tragödie) und in
den Theaterschurz des führenden Tragödienspielers Accius geradezu
vernarrt sind (Sat. VI,69 ff.). Aus Senecas *Quaestiones naturales* ist
außerdem zu erfahren, daß in den großen Familien private Bühnen
außerordentlich beliebt waren.[164]

In einer solchen Atmosphäre wird die Debatte besser verständlich,
die unter Nero im Jahre 59 zwischen Traditionalisten und »Modernen« über das Theater und über Neros Juvenalia entbrannte. Der Bericht des Tacitus (Ann. XIV,20 f.) ist dabei von der Angst vor einer
aristokratischen Laienbetätigung im Theater bestimmt, die er entwürdigend findet; befürchtet wird auch die ansteckende Wirkung des
Theatermilieus, wo »Freizeitvergnügen« und unmoralische Liebschaften (*turpes amores*) sich eng berühren.[165] Dagegen schrieben sich

für die Theater-Sektion von Neros Juvenalia im Jahr 59 die vornehmen Bürger zuhauf als Schauspieler ein (Tacitus, Ann. XIV,14,1 ff.),
und zwar unabhängig von ihrem Alter und der Laufbahn, die sie ab-
solviert hatten – und angesehene Frauen taten es ihnen gleich. Die
Laienspieler stellten das Repertoire des »griechischen und lateinischen
Histrionen« dar – zweifellos vorwiegend Tragödien. Weil aber das
Laienspiel auch eine gewisse Unbekümmertheit mit sich bringt, wurden auch Pantomimen, das heißt erotische Choreographien über ein
mythologisches Libretto, gespielt und Mimusstücke, wie die typische
alte Posse vom Ehemann, seiner Frau und ihrem Liebhaber. Tacitus
spricht von »ganz unmännlichen Gesten und Weisen« und hat dabei
Pantomimen vor Augen, wie sie zu jener Zeit auf den Wandmalereien
in Pompeji, etwa im Haus der Gladiatoren, zu sehen waren.[166] Der
Historiker erwähnt auch Frauen, die »anstößige Rollen« aus dem lateinischen Repertoire in einer kirmesartigen Umgebung (conventicula
et cauponae) vortrugen. Es handelt sich um kleinere Stücke (exodes),
die nicht zur Palliata, sondern zur Togata, der nationalrömischen Ko-
mödienform, gehören, in denen die matrona zuweilen ein recht laster-
haftes Leben führt und dabei mit witzigem Zynismus das unter ihres-
gleichen geltende Gesetz der Treue zur Anschauung bringt; andere
Stücke schildern Landpartien mit irgendwelchen leichten Mädchen.[167]
Alles spricht dafür, daß dieses Repertoire den ausschweifenden Damen der großen Gesellschaft Gelegenheit und Vorwand bot, sich ordinär zu benehmen. Hat nicht Epiktet von den Frauen seiner Zeit behauptet, sie wendeten sich dem Platonismus wegen der Lehre von der
Weibergemeinschaft zu?[168] Müßiggang, Laster und Ausschweifung
finden in allen dekadenten Gesellschaften zueinander.

Römischer Sport und die athletische Agonistik
der Griechen

Trotz der herkömmlichen Vorbehalte gegen den athletischen Wettkampf der Griechen findet der olympische Gedanke in der Kaiserzeit
den Weg in die Schauveranstaltungen. Augustus, Nero und Domitian
haben eine römische Form Olympischer Spiele geschaffen: Die Aktia
des Augustus waren pentaeterische, mit den Olympischen konkurrierende Festspiele (mit athletischen und Reiterkämpfen sowie Regatten); die Neronia aus dem Jahr 60 waren nach griechischem Vorbild
als musischer, sportlicher und reiterlicher Wettbewerb konzipiert; für

die Capitolia des Domitian wurde auf dem Marsfeld das erste und einzige Stadion in Rom errichtet.

Doch bleibt die Auseinandersetzung zwischen dem römischen, eher paramilitärischen Sport und dem griechischen Athletenagon über lange Zeit lebendig. Augustus richtet die *collegia iuvenum*[169] im wesentlichen auf die Jagd, auf Gymnastik und Reiterübungen aus. In den *Oden* rühmt Horaz die römischen Sportler als unerschrockene Reiter und geschickte Schwimmer. Das Marsfeld bleibt unter Augustus Schauplatz für individuelle sportliche Betätigung, die aus paramilitärischem Training hervorgegangen ist. Nach Auskunft der *Satiren* wurde mit Ball und Diskus geworfen und im Tiber geschwommen. Diese ›republikanische‹ Tradition im Sport wird sich halten: das Gymnasium bei den Thermen[170] führt diese Sportarten fort, vor allem das Ballspiel, das einiger Erläuterungen bedarf.

Das aus Griechenland übernommene Ballspiel erfordert Wendigkeit.[171] Es fügt sich in den Thermenbetrieb ein, wo dafür eigens ein *Sphaeristerium* zur Verfügung steht. Ein solcher Raum findet sich auch in den Villen der flavischen Zeit. Das Laurentinum des Plinius und seine toskanische Villa sind damit ausgestattet. Als Anhänger des Ballspiels galten u. a. Augustus, Maecenas, Vestricius Spurinna und Alexander Severus. Seneca zufolge hat das Ballspielen dann besonders unter Nero Furore gemacht (*De brevitate vitae* XIII,1). Es gibt verschiedene Bälle mit unterschiedlichen Namen: am häufigsten ist das Wort *pila*. Mehr oder weniger »dick« ausgestopfte oder leere Bälle, wie die *follis*, werden besonders zum Geschicklichkeitstraining benützt, bei dem der Ball aus der Luft wieder aufgefangen werden muß oder bei dem man sich den Ball zu mehreren hin- und herwirft (Wechselball); bei dem entfernten Vorläufer des Pelotaspiels schließlich muß der Ball mit der flachen Hand auf die Erde oder gegen eine Wand geschlagen werden, damit er zurückspringt und wieder aufgefangen werden kann. Am beliebtesten ist das Trigonspiel, das zu dritt gespielt wird: man stellt sich in einem gleichseitigen Dreieck auf und fängt und wirft mehrere Bälle im Kreis herum, wobei man möglicherweise Bälle von rechts und links gleichzeitig erwischen muß, wie der Parasit bei Martial (Epigr. XII,82). Es gibt auch ein Ballspiel mit zwei Spielfeldern, die *sphairomachia*, ein Vorläufer des Fußballspiels, mit mehreren Varianten: Werfen und Fangen des Balles, um den Gegner auf eine Linie zurückzudrängen (*trames*), oder das gegnerische Feld durch Zurückschlagen des Balles überlisten, damit der Ball auf den Boden fällt, wodurch der Punkt verloren ist.

Im 56. Brief beschreibt Seneca sehr lebendig die sportlichen Aktivitäten in einem Bad mittlerer Größe, das nur aus einem Schwimmbekken (*piscina natatoria*) und einer Palästra besteht: Die Sportlichsten üben sich im Diskuswerfen; andere spielen Ball, und der darauf spezialisierte *pilicrepus* zählt die Bälle, das heißt die Zahl der geglückten Schläge gegen die Wand; außerdem gibt es noch Leute, die schwimmen. Der Text beleuchtet, wie beliebt das Ballspiel war (vgl. Umschlagabb.).

Diese Verbreitung wird auch gegen Ende der antoninischen Zeit durch die Abhandlung »Über das Ballspiel«[172] des Arztes Galen bezeugt. Ähnlich wie die Jagd ist das Ballspielen für das körperliche Training bedeutsam. Während freilich die Jagd ein gehöriges Maß an Freizeit und Ausrüstung erfordert und darum für den politisch aktiven wie für den arbeitenden Menschen schwerer zugänglich ist, kann sich das Ballspiel jedermann leisten, auch die Ärmsten, und wie die besten Sportarten trainiert es den Körper auf vergnügliche Weise.

Die Frage ist, ob dieser Individualsport in einem Umfeld, in dem das athletische Training sich mehr und mehr ausweitet, seinen Charakter unverfälscht bewahren kann. Die von Seneca beschriebenen Badbesucher kommen Wettkampf-Ehrgeiz und artistischem Komödiantentum schon bedenklich nahe: sie tun so, als seien sie von der körperlichen Anstrengung erschöpft, und vollführen spektakuläre Sprünge in das Schwimmbecken. Vor allem Kampanien ist von diesem agonalen Erbe Griechenlands geprägt. Die Augustalia in Neapel mit ihrem athletischen und reiterlichen Programm folgen einem quasi-olympischen Reglement (*Isolympia*). Zur Zeit Neros sind Gymnastik und athletische Übung noch gleichgewichtig, und auch Seneca stimmt einem gesunden Sportprogramm zu: Wettrennen, leichte Hanteln und Springen (Epist. 15), dazu Baden in kaltem Wasser (Epist. 86) und Schwimmen (in der Aqua Virgo und im Tiber) – das gesamte Programm des Trainers Pharius mit Wettschwimmen und Kunstspringen (Epist. 83). Im 15. Brief unterscheidet der Philosoph zwischen vernünftiger körperlicher Übung und strapaziösem athletischen Training. Er mißbilligt einen Snobismus, aus dem heraus athletische Wettkämpfer unterhalten werden (De brev. vit. XII,2) und man selbst schwächliche Gestalten noch zu Wettkämpfen animiert (Epist. 27). Bei der moralischen und kulturellen Klassifizierung der Betätigungen (Epist. 88) übernimmt er nicht die Kriterien Griechenlands und schließt das athletische Training aus dem Bereich der Kultur aus.[173]

Seneca steht hier nicht allein. Unmittelbar vor ihm hat der Satiriker
Persius das Treiben in der Palästra angeprangert.[174] Und nach ihm
wird unter Domitian Epiktet, der doch die Leistungen der olympischen Helden bewundert, die abgöttische Verehrung »übelriechender
Athleten« verurteilen (Diatr. II,18 und III,16).

Unter Nero wendet sich das Blatt, denn der Princeps steigt in
Olympia selbst unter die Athleten in die Arena hinab.[175] Vergeblich
bemühen sich die Verfasser von Epigrammen, wie der zweite Lucilius,
den Wettkämpfern ihr geheimnisvolles Flair zu nehmen und ihre physischen Gebrechen und ihre Schwächen karikierend aufzuzeigen.[176]

In der Zeit der Antonine kommt es dann zu einer Neubelebung
der individuellen gesunden Sportausübung (Laufen, Schwimmen, Jagen), was sich am Beispiel der Kaiser und der angesehenen Regie-
rungskreise ablesen läßt. Der stoisch gesinnte Mauricus wendet sich,
nach Plinius (Epist. IV,22), gegen den *gymnicus agon* seiner Heimat-
stadt Vienne, weil die abgöttische Verehrung der Leistungssportler
die öffentliche Gesinnung verderbe. Innerhalb des Thermenbetriebs
jedoch, der aus den großen Bädern zunehmend komplette Sportanla-
gen macht, wird der erfolgreiche Wettkämpfer ebenso glühend verehrt wie der Wagenlenker oder der siegreiche Gladiator; es genügt
hier, an die Wettkampfbilder auf den Mosaiken der Caracalla-Thermen zu erinnern.[177]

Von den Vorzügen einer gesunden gymnastischen Ertüchtigung
lassen sich also nur Individualisten überzeugen. Vergeblich versucht
Galen eine alte hippokratische Tradition wieder aufzunehmen,[178] der-
zufolge athletische Exzesse wegen Hypertonie verurteilt werden
(Protrept. log. II). Schon Celsus hatte diese Ablehnung (im Prolog
von *De medicina*, 51-53) vorgebracht. Die Vertreter der Heilkunst
finden kaum Gehör, wenn sie körperliches Training und naturgemä-
ßes Leben miteinander verbinden wollen. Während Celsus den »Spaziergang« in der Sänfte (*gestatio*) kritisiert, weisen die großen antoninischen Landsitze, die Villa Hadriana in Tibur (Tivoli) oder die des
Plinius in der Toskana, langgestreckte Alleen auf, ebenes Gelände, das
von den Arkaden des Gymnasiums umgeben ist,[179] und Plinius genießt, wie hier »städtische Verfeinerung und unverfälschte Ländlichkeit« ineinandergreifen (Epist. V,6). Doch trotz der Allgegenwart der
Natur, und zwar der gestalteten Natur (Lorbeer, Akanthus, Zypres-
sen und beschnittener Buchs)[180], hat Celsus' »Spaziergang unter
freiem Himmel« das Wandeln unter den Arkaden nicht verdrängen
können.[181]

Wie schon das Theater, das sich zwischen privater Bühnenveranstaltung und großen *ludi* bewegt, läßt auch der Sport sehr deutlich die Spannung erkennen, die zwischen der gesellschaftlichen und der individuellen Seite ein und desselben Freizeitvergnügens besteht.

Die individuelle Freizeitkultur der Kaiser

In der auf den Palatin und die Person des Kaisers hin orientierten politischen Ordnung wirft das, was der Princeps in seiner Freizeit tut, wie auch das, was ihn dienstlich in Anspruch nimmt (*onera*), ein Licht auf seine Persönlichkeit und liefert ein Kriterium für die Beurteilung seiner Regierungstätigkeit. Das kaiserliche Freizeitprogramm stellt auch so etwas wie eine Empfehlung für die Aristokratie dar und führt zu einer Art Kanonisierung.

Die in antoninischer Zeit von Sueton und Plutarch verfaßten Kaiserbiographien gehen unter der ausdrücklichen Rubrik »Über das Privatleben« (*vita privata*) oder in Gestalt eingestreuter Anekdoten ausführlich auf das Freizeitverhalten des Staatsoberhauptes ein. Panegyriken, wie der des Plinius auf Trajan, und die *Historia Augusta*, die die antoninischen Kaiser behandelt, setzen dabei Suetons Chronik, die nur die zwölf Kaiser von Caesar bis Domitian umfaßt, fort.[182]

Wenn Augustus trotz einiger orgienhafter Bankette, wie dem in Verkleidung gefeierten »Zwölfgötterfest« (Sueton, Aug. LXX,1 ff.), und trotz seines bewegten Liebeslebens einen vorbildlichen Eindruck als überbeanspruchter Princeps hinterlassen konnte, der sich nur vor seinem Tod ein paar Ruhetage in Kampanien gegönnt hat, dann verdankt er das Seneca (*De brevitate vitae*)[183] und vor allem Sueton, der die Schlichtheit seiner Vorlieben immer betont hat: er angelte gern und schätzte bei den Schauveranstaltungen die Faustkämpfer und die Boxer. Auch eine Liebe zu literarischer Bildung (*studia liberalia*)[184] stellt der Biograph bei dem Begründer der Herrscherdynastie fest, während er bei den Nachfolgern häufig ungebildetes und pöbelhaftes Benehmen enthüllt.

Die Teilnahme des Princeps an den Schauspielen ist »politische« Pflicht. Mitunter beschränkt ein Herrscher, der weniger großzügig ist und sich zum Euergetismus eher gezwungen fühlt, seine Rolle auf die Repräsentation. Tiberius liebte die Schauspiele überhaupt nicht. Bei den *ludi castrenses* in Circei ließ er sich von Capri aus nur kurz sehen

– und erlegte einen Eber. Dagegen hatten sein Sohn Drusus, der Erfinder der »drusischen Schwerter«,[185] und sein Neffe Claudius ein sadistisches Vergnügen an der Gladiatur, wobei der Todeskampf der Sterbenden ihre morbide Neugier besonders fesselte.[186] Das Schauspiel kann für den Princeps aber auch zur Schule politischer Grausamkeit werden – das jedenfalls befürchtet Seneca im 7. Brief. Ferner kann es ihn kulturell herabsetzen, wenn die schmutzige Leidenschaft der »Fans« auf ihn abfärbt. Die Principes haben reihenweise ihre schiedsrichterliche Rolle bei den Spielen aufgegeben und sich den Fanatismus der Rennställe und Intriganten zu eigen gemacht. Caligula war, wie Nero und der spätere Mitkaiser L. Verus, ein fanatischer »Grüner«.[187] Er pflegte im Stall seiner Rennpartei zu speisen! Die *Historia Augusta* (IV-VI) schildert Verus als einen verbissenen *Prasinatus* (einen lauchgrün Gewandeten), der das Vollblutpferd des Rennstalls, Volucer, im Vaticanum begraben ließ. Ähnlich wie Mark Aurels Sohn Commodus, der sich als Jäger wilder Tiere im Amphitheater betätigte, trat Nero aus lauter Begeisterung als Wagenlenker auf; das kupfergrüne Gewand trug er offen zur Schau und ließ die Arena mit Chrysokoll ausstreuen. Solcher Eifer konnte auch der Gladiatur gelten: Caligula schwärmte für die »Thraker«, die er an die Spitze seiner Leibwache stellte, wohingegen er die Bewaffnung der Murmillonen verschlechterte.[188]

Zudem hegte er für den Pantomimen Mnester eine große Zuneigung, die nicht auf das Theater beschränkt blieb; er förderte das ganze Genre. Aber hat nicht auch der ernsthafte Trajan um der Liebe zu einem Pantomimen willen die Pantomime überhaupt unterstützt?[189] Mitunter wirkten sich solche Vorlieben aber auch kulturpolitisch günstig aus: Poppaea hatte in ihrer Umgebung einen jüdischen Schauspieler mit Namen Alitur, und Nero schuf, wie schon bemerkt, als Gelegenheitstragöde ein günstiges geistiges Klima für diese hohe, von Niedergang bedrohte Gattung.[190] Die antoninischen Kaiser schätzten bodenständige Gattungen wie die Atellane (Hadrian) und die Posse überhaupt (Antoninus Pius).[191] Bei der offenen Struktur des Principats konnte ein geschickter Höfling gerade auch mittels Zirkusparteien und durch Theaterintrigen Karriere machen. Von Vitellius, der 69 vorübergehend Kaiser war, hieß es, daß er von dem »niedrigsten Schauspieler- und Wagenlenkertypen beherrscht wurde« (Sueton, Vit. XII,1). Er war ein miserabler Befehlshaber und schlechter Provinzverwalter und machte gleichwohl Karriere am Hofe, weil er die lasterhaften Eigenschaften der Herrscher auszunützen verstand (Sueton,

Vit. IV,1 ff.). Im Gegensatz zu den oben genannten Principes war Vitellius übrigens ein fanatischer Anhänger der »Blauen«, der *Veneti*,
und dieser Vorliebe verdankte er auch seinen Oberbefehl (Sueton,
Vit. VII,2 und XIV,4).

Besonders das Privatleben der Herrscher der julisch-claudischen
Dynastie bot Anlaß zu ätzendem Spott und heftiger Kritik. Claudius,
der sich mit Geschichtsschreibung und Etruskologie[192] beschäftigte,
war – nach Sueton (Claud. XXXIII,1 ff.) – unersättlich, wenn es um
große Feste ging, trunksüchtig und gefräßig; wie Tacitus (Ann. XI,29
bis 30) unterstreicht auch der Biograph Claudius' Schwäche für
Frauen. Seine Lust am Würfelspiel, ein etwas atavistischer Familien-
zug, wird gleichfalls hervorgehoben; er soll sogar einen Wagen
mit einem eingebauten Würfelbrett besessen haben (Sueton, Claud.
XXXII–XXXIII). In der Claudius verspottenden *Apocolocyntosis*
verdammt ihn Seneca in alle Ewigkeit dazu, im Jenseits mit durchlö-
chertem Würfelbecher weiterzuspielen. Schon vor seinem Amtsantritt
würzte er seinen öden Zeitvertreib durch den Umgang mit Possenreißern (Sueton, Claud. V, 2 und VIII).

Das negative Beispiel schlechthin lieferte jedoch – nach Meinung
des Tacitus[193] und einiger Biographen – Tiberius mit seinem abartigen
Freizeittreiben (*malum otium*) auf Capri. Sein Refugium zeugte, wie
sein früherer Rückzugsort auf Rhodos, von einer ungeselligen Ichbe-
zogenheit und einem krankhaften Solipsismus, wobei Tacitus und
Sueton die Rechtfertigungsversuche des Hofchronisten Velleius Paterculus (Hist. rom. II,99), daß er die Mußezeit »anständig verbracht«
habe, nicht gelten ließen. Im *otium* wurde Tiberius zu dem, der er
war: ein hemmungsloser Lüstling. Die Spitznamen, die ihm angehängt wurden, sind beredt: *Biberius*, »der Trinker«, oder *Caprineus*,
»der alte Bock von Capri« (Sueton, Tib. XLIII,2). Es wird angenommen, daß das entlegene Refugium auf Capri mit seinen zwölf adler-
horstartig angelegten Pavillons über dem Golf von Neapel,[194] deren
berühmtester die Villa Jovis mit ihrem Panoramaspeisesaal war, einzig
und allein als anregender Rahmen »für geheime Unsittlichkeiten«
konzipiert war (*sedem arcanarum libidinum*). Bei den lasziven Was-
serballettveranstaltungen seiner »Fischlein« oder den gemeinschaftli-
chen Ausschweifungen im kunstvoll arrangierten Hirtenmilieu seiner
Haine und inmitten seiner erotisierenden Gemälde wurden für Tiberius Muße und Laster eins.

Von Neros Ausschweifungen und seinen Lastern als Schauspieler
(u. a. spielte bei einer Hochzeitsparodie sein Freigelassener Sporus die

Braut in rotem Schleier) war schon des öfteren die Rede. Während sich das Volk als »Publikum und Claqueur eines Bühnenkaisers« fühlte (Plinius d. J., Paneg. XLVI,4), war die Verschwörung von 65 aus der Sicht der Offiziere nicht nur gegen den »Brandleger«, sondern auch gegen den gekrönten »Wagenlenker und Schauspieler« gerichtet (Tacitus, Ann. XV,67). Sie scheiterte freilich und verschlimmerte das Übel nur noch. Ähnlich negativ ist das Bild des Lucius Verus, Mitkaiser und Herrscher im Osten, der seinen Feldzug zu einer vier Jahre währenden Vergnügungstour, einer Kreuzfahrt zwischen den antiochischen Stätten der Lustbarkeit,[195] Daphne und Laodizäa, machte – mit üppigen Banketten und ununterbrochener Festlichkeit, zu deren Königin die offizielle Geliebte, die schöne Panthea aus Smyrna, erkoren war. Obwohl die Mißbilligung in der *Historia Augusta* maßvoll ausfällt, verunglimpfte dieser »in den Grenzen des Anstandes der Lustbarkeit, dem Spiel und der Zerstreuung sehr ergebene Princeps« (Vit. Veri II,10) doch die Staatsgewalt und das kaiserliche Freizeitverhalten an sich.

In der *Historia Augusta* sind Lucius Verus als Genußmensch und Mark Aurel als »guter Herrscher« einander gegenübergestellt. Aber kann Mark Aurel den vernünftigen Umgang mit kaiserlicher Freizeit wirklich repräsentieren? In der Korrespondenz seines Erziehers, des alten Fronto,[196] ist von dem Übermaß an Askese dieses gekrönten Weisen vor und nach seiner Thronbesteigung die Rede. Offenbar stand Mark Aurel in einer herrscherlichen Mußetradition, die viel Spielraum für die natürlichen Freuden der Entspannung ließ. Ein Brief aus dem Jahr 162 über die Ferien in Alsium, dem Ort einer kaiserlichen Villa, fällt in dieser Korrespondenz besonders auf; er beschreibt den »freien Zeitvertreib an einem Küstenferienort«. Für den nunmehr vierzigjährigen Herrscher, der sich früher auch athletisch betätigt hatte und gern auf die Jagd gegangen war, beschränkten sich die Leibesübungen auf ein mittägliches Sonnenbad, einen Spaziergang »rund um die Sümpfe, die von einer rauhen Musik erfüllt sind«, und eine Ausfahrt auf das Meer hinaus, »um den Blick auf die kleinen Buchten und die Musik der Ruderer zu genießen«; schließlich folgten Bad und körperliche Übungen im engeren Sinn, wie im Brief IX,36 des Plinius (aus der Toskana). Als Kaiser entspannte er seinen Geist beim Schauspiel, bei einem Staatsbankett oder aber beim Lesen (Brief des Fronto von 147). Zweifellos liebte er die Philosophie mehr als die Rednerlektüre, mit deren künstlicher Themenstellung, wie etwa der Deklamation »des Konsuls in der Arena«, er nichts anfangen konnte

(Epist. V, 22 und 23). Fronto, selbst ein begeisterter Anhänger archaisierender Ausdrucksweise, hat ihn mit der Alten Komödie (*Togatae* des Novius und Atellanen) und »klassischer« Beredsamkeit, »den hübschen kleinen Reden des Scipio« (Brief II,10 von 143), geradezu großgezogen. Einem Brief des alten Lehrers ist sogar Mark Aurels Lektüreprogramm während der Partherkriege zu entnehmen: »Reden, Gedichte, historische Chroniken und Weisheitsliteratur«. Der oben zitierte Brief zeigt jedoch auch, daß der von den Staatsgeschäften umgetriebene Herrscher seine schweren Sorgen mit in die Sommerfrische nahm. Der Erzieher ermahnt ihn, vor lauter wirklichkeitsfremdem Asketismus die berechtigten Bedürfnisse des Lebens und der Lebensfreude nicht zu vernachlässigen. An üppigen Gelagen fand der Kaiser allerdings keinen Gefallen.

Badeorte

Auch die Freizeit unterliegt Modetrends, die vom Vorbild der Großen und Reichen bestimmt werden – Rom hat diesen sozialen Nachahmungsdrang nicht erst erfinden müssen! Das *Satyricon* des Petron liefert dafür ein ausgezeichnetes Zeugnis. Das Gastmahl des Trimalchio parodiert die Festmahlzeiten der großen Gesellschaft, ja sogar die Festlichkeiten bei Hofe, mit ihren von Laien oder Berufskünstlern bestrittenen Einlagen: der Hausherr schmettert ein *canticum*, einen Schlager, der gerade in Mode ist, Fortunata tanzt, und Seiltänzer zeigen, was sie können.[197] Auch die literarischen und philosophischen Gespräche werden auf prätentiöse Weise nachgeahmt (55-56); sie erinnern an die Redegefechte der Philosophen an Neros Tafel (Tacitus, Ann. XIV,16,3). Viel Raum nimmt in der Unterhaltung der Euergetismus der lokalen Ratsherren ein, zum Beispiel die Überlegung, ob die gladiatorischen *munera* von Titus und Norbanus grausam oder jämmerlich zu werden versprechen (45).

Die Philosophen und Satiriker wenden sich gegen solche Art snobistischen Nachahmungsdranges, der sich von Leidenschaften und Vorlieben anderer anstecken läßt. In seinem 122. Brief hat Seneca das entscheidende Stichwort gegeben: *vivere ad exempla*, »leben, indem man Vorbilder nachahmt« (123,6). Besonders das Dandytum der *delicati* machte Schule. Nero hat in seiner Epoche dergleichen Nachahmer geradezu gezüchtet, zum Beispiel Otho und die um ihn gescharte verwöhnte Jugend. »Genußmenschen«, sagt Seneca, »möchten mit ihrem Leben Anlaß zu Gerede geben.« Seneca erzählt auch von dem Epikureer Vatia, der auf sich selbst konzentriert und zurückgezogen im paradiesischen Kampanien gelebt habe und »allein durch seine Art, in Muße zu leben, bekannt« gewesen sei (Epist. 55,3). Das Phänomen tritt auf Reisen, in der Sommerfrische und bei Banketten zutage.

In seiner Schrift *Über die Seelenruhe* zeichnet Seneca solch widersprüchliche Sehnsüchte nach, darunter auch die falsch verstandene Einfachheit, die nach Einsamkeit strebt. »Daher unternimmt man Reisen ins Blaue und durchstreift Küsten, und bald mit dem Wasser, bald mit dem Lande versucht sich die stets dem Gegenwärtigen feindliche Unbeständigkeit: ›Jetzt wollen wir nach Kampanien!‹ Aber bald bereitet das Überfeinerte Verdruß: ›Urwüchsiges wollen wir betrachten, in Bruttien und Lukanien Waldtäler durchwandern!‹ Doch sucht man in der Einöde etwas Lieblichkeit [*amoeni aliquid*], woran verwöhnte Augen von der langweiligen Unwirtlichkeit rauher Gegenden sich erholen können.« Offensichtlich träumt der vom Überdruß geplagte Mensch dieses Textes davon, an die Strände Kampaniens zurückzukehren, wo sich zwischen 62 und 65 der Hofstaat häufig aufhält[198] und Trimalchio die große Gesellschaft nachäfft. Bei Seneca ist außerdem von der Tarentbegeisterung die Rede, »von seinem vielgerühmten Hafen und seinem milden winterlichen Klima«, das Horaz aus gesundheitlichen Gründen für den Winteraufenthalt schätzte. Doch setzt sich gegen diese modischen Ferienorte schließlich der ungesunde Trend durch, seine freie Zeit großstädtisch zu verbringen, im Lärm, der in den Basiliken und im Zirkus herrscht, oder beim Schauspiel, in dem Menschenblut vergossen wird.

Die Satiriker gehen mit den immer wieder bevorzugten Sommerfrischen genauso unerbittlich um wie mit dem städtischen Einerlei. Martial verhöhnt (Epigr. IV,55) die Griechenlandreisesucht und die dazugehörige Reklame[199]: »der blaue Himmel über Rhodos« und »freie Liebe in den Gymnasien von Sparta« – die touristischen Anpreisungen klingen ewig gleich. Der Dichter unterliegt allerdings selbst lange dem Reiz von Baiae, »dem glücklichen Baiae«, »der Königin unter den Badeorten«.

Zwar richtet sich Martial in seiner »Thermalbäderliste« (VI,42) gegen den allgemeinen Trend.[200] Er stellt fest, daß an dem Modestrand, den Seneca in den beiden »Kampanienreisen« seiner Briefe als Inbegriff der *luxuria* vorgestellt hatte, die sozialen Unterschiede noch schärfer spürbar werden. Was soll in Baiae, dem Zentrum der »Lust-

barkeiten«, aus dem armen, täglich mit einem Viertel As »beglückten«
Poeten werden? Es ist ein Elend (I,59)! Gewiß stilisierte der Satiriker
den Gegensatz von ländlichem *otium*, für das die Ländlichkeit des
einst von Columella und Seneca so geschätzten Nomentum steht,[201]
und dem *otium* der Badeorte. In dem Epistelepigramm VI,43 heißt es:
»Während das glückliche Baiae Dich mit seinen Vergnügungsmöglichkeiten verwöhnt, Castricus, und die vom Schwefel seiner Gewässer hellfarbene Nymphe Dich in ihren Bassins tummeln läßt, finde ich
neue Kraft bei ländlichem Zeitvertreib in Nomentum, in einem Häus-
chen, das das umgebende Land nicht beschwert. Hier lächeln mir die
Sonne von Baiae und der liebliche Lucriner See.«

Aber hat Martial wirklich genug von der »Königin der Badeorte«
mit ihrem Vergnügungsangebot? Im 10. Buch rühmt er die weniger
mondänen Orte im Süden Latiums, vor allem Formiae und Anxur
(X,30): »O sanftes Ufer und mildes Klima von Formiae«; er nennt es
in einer Reihe mit den ländlichen, hoch im Kurs stehenden Sommer-
orten Tibur und Praeneste (Bergklima) oder Antium (Neros Heimat),
das am Meer liegt, und zählt auch »das bezaubernde Circei« mit dem
wegen seiner Muscheln berühmten Vorgebirge und Caieta dazu,
schließt aber dann die Reihe mit den *Lucrina lota*, mit der Pracht des
Lucriner Sees. Wenn er dann im Epigramm X,58 Frontins Landhaus
in Formiae rühmt und von »Anxurs ruhigen Meeresbuchten«
schwärmt, dann versäumt er nicht, auch die Nähe von Baiae zu erwähnen. Martial folgt, was die Küstenorte betrifft, einem eigenen
»Kanon«, der im Epigramm X,30,12 ff. zu erkennen ist; den stehenden Gewässern der Phlegräischen Felder zieht er eine leichte Brise,
eine »vom Wind sanft bewegte Ruhe«, vor.

Ob Senecas Überlegungen und die Angriffe der Satiriker dazu beigetragen haben, daß die Herrscher nun für ihre Sommeraufenthalte
Latium bevorzugten, ist schwer zu sagen. Trajan wählte Centumcellae, fünfzehn Kilometer von Civitavecchia im Landesinneren gelegen,
und Antoninus das Gebiet um Lorium, wozu ihn Mark Aurel be-
glückwünschte. Diesem waren wiederum für die Erziehung der jungen Caesaren der Landsitz an der Küste von Alsium (Ladispoli) und
die Villa im Landesinneren, die Signina, in der Nähe von Agnani, am
liebsten. Hadrian hatte sich dagegen 138 in Baiae aufgehalten, als er
starb.[202]

Welcher Ort auch auserkoren wurde, die von den Philosophen als
Zerstreuung und Flucht vor den Problemen des Lebens geschmähte
Landsitzmode bestimmte bis zum Niedergang der städtischen Zivili-

sation im 3. und 4. Jahrhundert die soziologischen Rahmenbedingungen für die Freizeit im Westen und in Afrika. Mark Aurel bemerkte in seinen *Selbstbetrachtungen*: »Sie suchen sich Plätze, um sich zurückzuziehen: Ländlichkeit, Strand, Gebirge. Auch du pflegst derartiges zu ersehnen. All dies aber ist recht unphilosophisch; kannst du dich doch, zu welcher Stunde du willst, in dich zurückziehen« (IV,3).

Stadtpaläste und Landvillen

Von Vitruv bis Columella bemühen sich die Fachbuch-Autoren, die an städtisches Leben gewöhnten Gutsbesitzer für längere oder kürzere Aufenthalte wieder aufs Land zu locken. In seiner Schrift *De architectura* (VI,5) zählt Vitruv die Punkte auf, die für das gesellschaftliche Leben und die in der Stadt verbrachte Freizeit sprechen: Gartenanlagen, Spazierwege, Bibliotheken, Gemäldesammlungen; gleichzeitig benennt er die Erfordernisse für eine reibungslose ländliche Nutzung: Vorhallen mit Stallungen, Läden und Lagerräume, wobei Scheune, Vorratsräume für Heu und Futter sowie die Backstuben wegen der Feuergefahr außerhalb des Gehöftes anzulegen sind (VI,6). Darüber hinaus zeigt er auf, daß der dringende Bedarf an »Helligkeit« leichter auf dem Land zu decken ist als in der Stadt, wo hohe gemeinsame Mauern oder die Enge der Straßen den Lichteinfall behindern und den Wohnraum zu verdunkeln drohen (VI,6,148). Das Bemühen um eine gewisse Eleganz, das Vitruv in demselben Abschnitt durchaus zugesteht, darf auf keinen Fall durch ästhetische Anordnung nach städtischen Kriterien zur Beeinträchtigung der landwirtschaftlichen Nutzung führen.

Was die Kultivierung des Landes anlangt, zeigt sich in der Kaiserzeit von Domitian bis Trajan eher das Bestreben, den ländlichen Charakter Italiens zu erhalten,[203] als daß sich darin der Sieg einer mit dem *otium* verknüpften Naturliebe abbildete. So übt zum Beispiel auch Quintilian in seiner *Institutio oratoria* Kritik an dem Traum von der Nähe zur Natur und dem Märchen, daß einem auf dem Lande geistige Fruchtbarkeit geschenkt werde;[204]; anders wiederum Martial, wie wir bereits sahen.[205]

Columella träumt davon, die italischen Großgrundbesitzer wieder in ein Betätigungsfeld zurückzuführen, das wenigstens halbwegs mit ihrem Landbesitz zu tun hat. Er würde sie gern durch einen »leistungsfähigen Lebensstil« daran binden und dafür auch die Bedingungen für Arbeit und Freizeit an Ort und Stelle ausnützen. Der Agrarschriftsteller beklagt, daß die Damen, die treibende Kraft der Gesellschaft, den Aufenthalt von ein paar Tagen auf dem Landgut bereits für eine unwürdige Zumutung halten (R. r. XII, praef. 9-10). Die Stadt Rom, die sogar die Sklaven verdirbt, vernebelt den Bürgern den Kopf mit ihren Verheißungen von »Luxus und süßem Nichtstun«. Es gibt wenig Eigentümer, die, wie der vom Agrarschriftsteller mit Lob bedachte Seneca, das Leben auf einem richtigen Landgut (Nomentum) zu schätzen wissen und sich dem ländlichen Lebensstil anpassen, wenn sie sich dort aufhalten (R. r. III,3,3). Zu einer Zeit, da Neros *Domus aurea* anschaulich macht, wie »die ländliche Natur in die Stadt mit eingebaut« wird, empfindet aber auch Columella, daß in der Architektur des Landhauses Zugeständnisse zugunsten eines gewissen städtischen Komforts gemacht werden müssen. Er unterscheidet (I,6) drei Bereiche: die städtische Villa, die ländliche Villa und Gebäude für die Ernte. Im »städtischen« Teil gesteht er eine funktionelle Differenzierung in Winter- und Sommerräume zu, die so ausgerichtet sein sollen, daß sie eine optimal ausgeglichene Sonneneinstrahlung garantieren. Die Bäder sollen das Licht vom Mittag bis zum Abend einfangen und die Wandelhallen »die größte Sonneneinstrahlung im Winter und die geringste im Sommer«. Seit jener Zeit hat sich die Architektur auf eine Mittellinie zwischen ländlichem Stil und städtischem Komfort eingependelt.

Das Ideal von »ländlicher Natur innerhalb der Stadt«, das der Ältere Plinius (Nat. hist. XIX,51) mit Epikur in Verbindung bringt und das überhaupt nur in einem gering bevölkerten Athen darzustellen war, würde in Rom zu seiner Verwirklichung Mittel pharaonenhaften Ausmaßes benötigen. Nero versuchte sich an diesem aussichtslosen Unterfangen, mußte aber dafür öffentliches Gelände im Zentrum von Rom mit großen Wohnkomplexen konfiszieren. Daraus wurde das kurze Zeit während (64-68) Experiment des »Goldenen Hauses«.[206] Im Zentrum der Stadt zwischen Palatin, Esquilin und Caelius gelegen, verwirklichte die *Domus aurea* einen Traum, dem reiche Privatpersonen bereits zuvor in den ländlichen Außenbezirken der Stadt (Pincio und *Collis hortorum*) oder auf einem eigens erworbenen »Niemandsland« (Palast und Gärten des Maecenas auf dem nördlichen Esquilin) Gestalt gegeben hatten. Nach Plinius verschleiert das Wort »Garten« die Existenz solcher palastartigen Villen »mitten in der Stadt«, und der Ältere Seneca beklagt: »Städtische Grundstücke besitzt ihr als Felder und füllt die Städte aus mit euren Wohnsitzen; Gewässer und Wälder werden ins Innere eurer Bauten eingeschlos-

sen« (Controv. V,5). Es geht hier um eine naturalistische Mode, die
Natur und Architektur zu verbinden sucht. Als Beispiel für die Abar-
tigkeiten, zu denen der menschliche Gestaltungswille die Natur
zwingt, führt Seneca die terrassierten Obstgärten und die künstlich
angelegten Wäldchen an, die auf den Palastdächern ihre Wurzeln
schlagen, hoch oben, wohin sie normalerweise nicht einmal mit ihren
Wipfeln gelangt wären (Epist. 122).

Nero trieb nun den Wunsch, das städtische Gelände naturalistisch
zu gestalten, auf die Spitze: »Der verhaßte Palast eines wütigen Tyrannen war leuchtend zu sehen, und schon nahm ein einziger Wohn-
sitz die Stelle der ganzen Stadt ein; da, wo das stattliche Amphitheater
gut zu erkennen aufragt, befand sich der Teich des Nero; da, wo die
vielbewunderten Thermen [des Titus auf dem Esquilin] stehen, die
durch große Freigebigkeit zügig vollendet wurden, hat ein prunkvoll
gestaltetes Gelände die armen Leute aus ihren Unterkünften vertrieben; mit den schattenspendenden, weitläufigen Säulenhallen des
Claudius [angrenzend an seinen Tempel auf dem Caelius] endeten die
kaiserlichen Bauten« (Martial, De spect. II; anders als Martial behauptet, hatte aber Nero auf dem Esquilin kaum Wohnraum des Volkes
enteignet). Der wichtigste Teil der *Domus aurea* war der unterirdische
Palast mit seinem barocken östlichen Flügel,[207] am auffälligsten darin
der achteckige Speisesaal; er wurde von einer Kuppel überspannt, die
das Himmelsgewölbe abbilden sollte: die *Domus aurea* als Palast des
Sonnenherrschers (Seneca, Epist. 115,12 – 13), des irdischen Apollon,
der kosmische Glanz als symbolischer Ausdruck der Macht und das
Leben am Hofe als Identifikation mit dem göttlichen Dasein. Als
Rahmen für »göttlichen Zeitvertreib« im Sinne der *Bucolica* des Vergil oder des Calpurnius, gehörten zur *Domus aurea* auch Ländereien:
Felder, Weinberge und ein zoologischer Garten auf dem Caelius (Sueton, *Nero* XXXI, bestätigt von Tacitus, Ann. XV,42).

Domitian verzichtete weitgehend auf innerstädtischen Naturalismus, machte jedoch die *Domus Augustana*[208] auf dem Palatin, die
heute schwer von der *Domus Flavia* zu unterscheiden ist, zum Symbol festlicher Entrückung. Neros hydraulische, in den Dienst von Lebensfreude und Ferienvergnügen gestellte Technik[209] erklärt bis zu einem gewissen Grad, wie auf den beiden wichtigsten Ebenen Nym-
phäen den Palast ausfüllen konnten: das große eiförmige Nymphäum
mit Apsiden und eingeschriebenen Rechtecken im ›Erdgeschoß‹ und
das übergroße vierfache Nymphäum des unteren Hofes, mit seinen
vier Bögen, die sich im Scheitelpunkt zwei und zwei gegenüberstehen.
Barocke und phantastische Elemente überwiegen in diesen Nym-

phäen ebenso wie in dem des Peristyls, einem Wasserlabyrinth in ok-
togonaler Form. Seiner Frische wegen wurde das Peristyl »Sizilien«
genannt,[210] ein touristisch und poetisch gängiges Etikett. Die Nym-
phäen passen zu der Mode, Wasserfeste mit Naumachien und Wasser-
balletten während der Spiele zu veranstalten, die Martial in *De spectaculis* gerühmt hat. Das Peristyl wurde durch einen riesigen Speisesaal
mit dem Namen *Triclinium Iovis* verlängert. Auch dieser Palast, den
die Hofdichter mit einem irdischen Olymp verglichen haben, bringt
in seinen gewaltigen Ausmaßen das ehrgeizige Bestreben der politischen Macht nach kosmischer Herrschaft zum Ausdruck; Staatsgewalt
und Muße gehen hier eine Verbindung ein. Es ist von symbolischer
Bedeutung, daß mit Nervas »Revolution« der Palast wieder in einen
öffentlichen Bereich verwandelt und für die Spaziergänge des Volkes
aufs neue zugänglich gemacht wurde.[211]

Trajan und Hadrian haben dann, gefolgt von der Aristokratie, die
julisch-claudische Tradition palastartiger Landsitze außerhalb der
Stadt wiederaufgenommen, wobei sie eher zu der augusteischen Villa
von Prima Porta als zu den entfernt liegenden Palästen auf Capri zu-
rückgekehrt sind.

Thermen in der Trajansvilla in Centumcellae. (Foto J.-M. André)

Kanobos in der Villa Hadriana. (Foto DAI, Rom)

Trajans Villa in Centumcellae (Civitavecchia) ist eine regelrechte Sommerresidenz, die für die Regierungstätigkeit ebenso wie für die Entspannung konzipiert war. Sie umfaßt eine Basilika, genau wie die *Domus Flavia* auf dem Palatin, was bedeutet, daß Gerichtsverhandlungen abgehalten und dem kaiserlichen Beirat gleichzeitig einige Ferientage angeboten werden konnten (Plinius, Epist. VI,31,14). Der Landsitz ist »von saftgrünen Feldern umgeben« und liegt doch unmittelbar am Meer (VI,31,15). Die unwirtliche Küste hat man zu einem Hafen ausgebaut. Der Landsitz vereint also die natürliche Landschaft mit den Annehmlichkeiten einer Küstenlage. Zwar haben die Antonine, wie wir sahen, zur Aufwertung der Residenzen im nördlichen Latium beigetragen,[212] aber wenn es um den Liebreiz (*amoenitas*) der Küste geht, ist die Generation des Jüngeren Plinius kompromißlos: man denke nur an die Beschreibung seines Laurentinums (Epist. II,17,5 und 12). Im übrigen ist die Villa mit ihren Thermen bereits eine Stadt en miniature.

Die von Hadrian nach 125 am Fuße der Hügel von Tibur erbaute *Villa Hadriana*[213] nimmt die Tradition der Sommerhäuser im Sabinerland wieder auf. Sie vereint auf »klassische« Weise Natur und Architektur. Von der Funktion her ist die Villa mit ihrem Practorium das

Nervenzentrum des Reiches, eine regelrechte kleine Stadt mit Kasernen und Thermen, und doch zugleich das geistige Refugium für den gebildeten Princeps und Ästheten Hadrian. Auch sie vereint Ländlichkeit und städtische Kultur, entscheidend aber ist, daß sie dem ständig auf Reisen befindlichen Kaiser einen äußeren Rahmen für seine Erholung bietet. Die *Villa Hadriana* umfaßt in ihrem alten Kern lateinische und griechische Bibliotheken und ein Freilichttheater; man hat auch Exedren freigelegt, die sich für Debatten eigneten, für Rededuelle zwischen Rhetoren und Philosophen, wie Hadrian sie liebte.[214] Vor allem aber ist die Villa ein Sinnbild für Muße und Reise: von seinem Biographen in der *Historia Augusta* erfahren wir, daß er verschiedene Teile seiner Villa nach berühmten Stätten der Antike benannt hat, nach dem Tempetal (in Thessalien), der »frischen Tempe« der Naturlyrik, nach Poikile, Lykeion und Akademie in Athen oder nach dem alexandrinischen Kanobos mit seinem Serapeion. So stellt die *Villa Hadriana* eine lebendige Sammlung von Reiseerinnerungen dar[215] und zeigt die ganze romanisierte Welt im kleinen.

In den späteren großen Villen, wie der des Maximianus Hercules in Piazza Armerina, wird weiterhin das Bemühen sichtbar, in der Thematik der Dekoration das *otium* des Herrschers darzustellen und zu erläutern.[216]

Reisen

Gegen Ende der Republik wurde die Sehnsucht, aufzubrechen und sich in die Ferne zu begeben, von der Dichtung entfacht, die entlegene und sagenumwobene Länder in ihrer Fremdheit heraufbeschwor und so auch für den imperialistischen Traum die Grenzen absteckte. Dagegen haben Vergils *Georgica*, die das italische Eden und die Wunderwelt des Orients diptychonartig gegenüberstellen, in augusteischer Zeit eine eher häusliche und mit der Halbinsel sich begnügende Einstellung gefördert.[217] Nachdem Augustus zur höchsten Macht gelangt war, ist er gerade einmal in den Westen, und zwar von 16 bis 13 nach Gallien, gereist. Als letzte Entspannung verordnete er sich kurz vor seinem Tod eine Reise an die Küsten und auf die Inseln von Kampanien. Er muß – in der Klischeevorstellung des Tacitus – von der Einzigartigkeit des Golfes von Neapel befangen gewesen sein, dieses *pulcherrimus sinus*, dessen Anblick auch Tiberius von seinen Landhäusern auf Capri aus genoß (Tacitus, Ann. IV,67). Bei Horaz und den Elegikern, allen voran Properz, erscheinen der Osten mit seinen märchenhaften Reichtümern und verderbten Dynastien, Asien, Arabien, der ferne Ganges und das Niltal wie Kontrastbilder zu dem blühenden, gesitteten und glücklichen Italien.[218] Orientalische *luxuria* bleibt immer eine sündhafte Verführung.

Die griechischen Romane, die im 1. und 2. Jahrhundert die Phantasie des Lesers ins hellenisierte Asien, nach Jonien und auf die Inseln (Mytilene und Lesbos in *Daphnis und Chloe* von Longos)[219], entführen, sind sicher als Einladung zum Reisen verstanden worden. So muß auch Philostrats *Leben des Apollonios von Tyane*[220], in dem die Wanderungen des Magiers durch Indien und Äthiopien beschrieben werden, die Neugier der Gebildeten erregt haben, denn der Gallier Sidonius Apollinaris (5. Jh.) bekennt, daß er bei dieser Lektüre von seiner Stube aus eine Reise ins Land der Brahmanen unternommen habe (Briefe VIII,3).[221] Die Alexandergeschichte des Curtius Rufus, die um 42 unter Claudius erschienen ist, dürfte dieselbe Rolle gespielt und mit der Beschreibung der fernen, von dem Eroberer durchzogenen Länder eine literarische Evasion nach Armenien, Parthien, Babylonien, Mesopotamien und zum Ganges ausgelöst haben, wovon allerdings der aristokratische Tourismus nicht berührt wurde. Die Reisevorhaben und Träume des Römers beschränkten sich auf den Vorderen Orient, auf das östliche Mittelmeer und ganz besonders auf Ägypten. Das Land der Pharaonen und der Ptolemäer[222] war in der Dichtung der frühen Kaiserzeit gegenwärtig, in der nilotischen Mosaikkunst und in der Malerei des 3. Stils[223], die das Publikum mit der Fauna von Wasser und Wüste (Flußpferde, Krokodile, Löwen und Panther), mit der Wasserflora und den ethnischen Kuriositäten (Psyllen und Pygmäen) vertraut machten.[224]

Schon in augusteischer Zeit war Ägypten, das der Sieger von Aktium doch kaum gewürdigt hatte, imstande, das archäologische und wissenschaftliche Interesse auf sich zu versammeln.[225] Strabons *Geographie*, Buch XVII, kann als Reiseführer gelten, ähnlich wie Buch XII für Jonien. Unter den Wundern Ägyptens (805 ff.) führt der Gelehrte die Pyramiden an (808), die Horaz[226] für baufällige Gräber gehalten hatte, die Obelisken (805) und die großartigen Inschriften (816). Besonders gewürdigt wird die Region um Theben in Mittelägypten mit etwa vierzig Königsgräbern rund um das Tal der Könige und den beiden Kolossen des Memnon, die Strabon im Morgengrauen hatte singen hören, als er mit Aelius Gallus unterwegs war

Nillandschaft in der pompejanischen Casa dei Pigmei.

(816). Diese »der Besichtigung würdigen« Wunderwerke erhalten bei
ihm eine besondere touristische Auszeichnung. Die Neugier der Leser wird auch auf absonderliche Volksstämme wie Tentyriten und
Psyllen gelenkt.[226]

Ein Zusammenhang von geographischer Lektüre und großen Reisen ist auch bei den Principes nicht zu bestreiten. Nach Aussage seines Biographen (Hist. Aug. XVII,8) war Hadrian daran gelegen, das,
was er über die verschiedenen Gegenden der Welt gelesen hatte, mit
eigenen Augen zu sehen. Zudem blieb Ägypten, dieses geheimnis-
volle und tiefgründige Land mit seiner im Niedergang begriffenen
Kultur, für die Gelehrten der römischen Welt immer ein anziehendes
Forschungsobjekt. Seneca hatte in seiner Jugend Ägypten bereist, als
Erholungsreise zu seinem Onkel Galerius, und eine Schrift über die
Lebensweise in Ägypten veröffentlicht.[227] In seinen *Quaestiones na-*
turales widmete er ein ganzes Buch dem Nil, worin er sich vor allem
mit dem Problem der Überschwemmung befaßte.[228]

Plutarch gibt zu den ägyptischen Gottheiten, vor allem Isis und Osiris, eingehende Erläuterungen.[229] Für die gebildete Oberschicht konnte jedoch nichts die unmittelbare Begegnung mit dem Land ersetzen. So weit wie nur möglich dem Lauf des Nils zu folgen und möglicherweise hinter das Rätsel der providentiellen Nilschwemme zu kommen, wurde immer wieder als sportliche Leistung und wissenschaftlicher Erfolg angesehen. Gallus, der erste Präfekt in Ägypten, hatte hier bereits eine Pionierrolle übernommen, indem er die Legionen bis in die Gegend von Assuan hinaufziehen ließ, »jenseits des großen Wasserfalles, bis wohin weder das römische Volk noch die ägyptischen Könige ihre Armeen haben vorstoßen lassen«[230].

Wissenschaftliche Expeditionszüge nilaufwärts wurden dann vor allem unter Nero unternommen, der übrigens selbst eine Reise in den Osten plante (Tacitus, Ann. XV, 36,1).[231] Die Beweggründe solcher Reisen kennt wie üblich Seneca am besten (*De otio* V): »Zu Schiffe fahren manche, und die Strapazen einer weiten Reise nehmen sie einzig um den Lohn auf sich, etwas Verborgenes und Entlegenes kennenzulernen. Dieses Bedürfnis läßt Menschen zu Schauveranstaltungen zusammenkommen, läßt sie Verschlossenes ergründen, Geheimes erforschen, Altertümer hervorholen und die Lebensweise fremder Völker erkunden.«

Wie die Nilüberschwemmung fesselten auch die Ausbrüche des Ätna und der unterirdische Verlauf des Tigris das gelehrte Publikum. Aber waren die Reisen aus geographischer Neugier wirklich so häufig? Tatsächlich unternommen wurden »Reisen auf der Landkarte«, die mit dem *otium litteratum* zusammenhingen, mit den Berichten der Forscher und vor allem den Listen ethnographischer Wunderdinge aus Indien, wie sie in der *Historia naturalis* des Plinius (VII,21 ff.) beschrieben sind (Monokoler, Troglodyten und Astomer), und ebenso aus Afrika.

Ein Wegbereiter des archäologischen Tourismus, der in antoninischer Zeit seinen Höhepunkt erreicht, ist Tacitus zufolge (Ann. II, 59–61) im Jahre 19 Germanicus gewesen, der Neffe des Tiberius und Bruder des späteren Kaisers Claudius: er wollte die »Altertümer kennenlernen«, eine Freizeitbeschäftigung, die – in Erinnerung an Scipio Africanus – als »griechische Laune« dargestellt wird. Weil Ägypten persönliche Domäne des Kaisers war, wird diese Reise in der Umgebung des Tiberius verurteilt. Germanicus fährt jedoch über Alexandria und den berühmten Badeort Kanobos nilaufwärts und besichtigt die »großartigen Ruinen des alten Theben«. Hier, in der Gegend von

Hafenszene. Relief im römischen Museo Torlonia.

Luxor und Karnak und dem Tal der Könige, entdeckt der Prinz die
»Kolossalbauten« und ihre Hieroglyphen,[232] die er sich erklären läßt;
man entziffert für ihn die Großtaten des Ramses, seine Eroberungen
und seine Kriegszüge. In der Liste der *miracula*, der staunenswerten
Dinge, führt Tacitus »die steinerne Statue des Memnon« auf, »die unter Sonneneinstrahlung zu tönen beginnt«, ferner »die Pyramiden,
die mitten zwischen verwehten und kaum gangbaren Sandwüsten von
reichen Königen in gegenseitigem Wettstreit bergehoch aufgetürmt
sind«, dann »die künstlich angelegten Seen, die das Wasser des über-
tretenden Nils aufnehmen«, und schließlich »die Stromengen und un-
ergründlichen Tiefen des Stromes, in die kein Senkblei hinabreicht.
Von dort gelangte er nach Syene und Elephantine.« Übrigens hatte
schon der Diktator Caesar den Anstoß zu solch archäologischem
Wissensdrang gegeben, als er »die beachtlichen Ruinen der in Asche
gesunkenen troischen Feste …, die edlen Spuren der von Phöbus
Apoll errichteten Mauern«, besichtigte (Lukan, *Pharsalia* IX, 961 ff.,
erinnert mit deutlichem Bemühen um Aktualisierung an dieses »archäologische Bad«).
    Die große Reise blieb aus mancherlei Gründen doch die Aus-
nahme: langwierige, von Zufallsfaktoren abhängige Überfahrten, der
mangelhafte Ausbau der Straßen und ein prekärer Zustand der Unter-

künfte wären zu nennen. Allerdings wurde die zuletzt genannte Un-
annehmlichkeit häufig durch ein Netz freundschaftlicher Gastlichkeit
ausgeglichen.[233]

Der Ältere Plinius berichtet in der *Naturalis historia* (XIX,
3 ff.), welche Zeiten bei Seefahrten anzusetzen waren: von Ostia
nach Gadeira sieben Tage; von der sizilischen Meerenge nach Alexandria sechs bis sieben Tage; von Puteoli in die ägyptische Hauptstadt neun Tage. Von Ostia konnte man das diesseitige Spanien in
drei bis vier Tagen erreichen und die Narbonensis in zwei bis drei.
Bei der Unberechenbarkeit des Meeres fiel der Winter als Reisezeit
überhaupt aus, Frühjahrsstürme machten Kursänderungen und
Notlandungen erforderlich, was, in Neros Regierungszeit, etwa die
Reise des Paulus von Lindos auf Rhodos nach Rom bezeugt (*Acta*
27). Intellektuelle wie Seneca fürchteten sich vor der Seekrankheit.
Die Seereise des Eumolp, Enkolp und ihrer Begleitung aus dem *Satyricon* hat geradezu dokumentarischen Wert, ungeachtet der literarischen Ausgestaltung (*ekphrasis*): Das Schiff ist zu groß, um bestimmte Häfen anlaufen zu können, und der Magen der Passagiere
ist tüchtig in Mitleidenschaft gezogen (101–103); zur Aufrechterhaltung der Moral werden frivole Geschichten erzählt (111–112), aber
der Sturm vernichtet das manövrierunfähige Schiff (114), dessen
Wrack mit den Überlebenden schließlich an die Küste von Kroton
geworfen wird.

Trotz der Qualität des römischen Straßennetzes[234] und der Man-
nigfaltigkeit der Gefährte, waren die Reisen zu Lande doch strapa-
ziös. Bequem waren Sänfte (*lectica*) oder Tragestuhl (*sella gestatoria*),
aber die wurden nur innerhalb der Stadt verwendet. Die Straßen waren mit ungleichen Steinen gepflastert,[235] und die Kissen konnten das
Gerüttel nicht abfedern. Leichte, zweirädrige Wagen (*cisia*) konnte
man in den Häfen oder an den Stadttoren mieten (in Ostia gab es
z. B. auch einen Berufsverband der *cisiarii*, der Wagenlenker). Die
Reichen verfügten über *carpenta*, zweirädrige, überdachte Wagen, die
aus dem Kriegswagen entwickelt waren und von zwei Maultieren gezogen wurden; dieser Wagentyp wurde vor allem von Frauen benutzt. Unter den vierrädrigen Wagen nach Art der Berlinen, den *raedae*, ist das *petorritum* gallischen Ursprungs. Es bedarf keiner ausdrücklichen Erwähnung, daß die eingespannten ein bis vier Zugtiere
(*unigae*, *bigae*, *trigae* usw.) schnell ermüdeten; vor der Erfindung des
Kummets am Widerrist kannte man in der Antike nur das Zugblatt.

Cisium auf einem Trierer Relief. (Foto Landesmuseum Trier)

Der Kaiser und die großen Staatsdiener[236], die es schafften, sich der
kaiserlichen Post zu bedienen, waren die einzigen, die mit einem gewissen Komfort reisten. Commodus besaß einen ziemlich luxuriösen
Fuhrpark, darunter Wagen, die wegen der Sonneneinstrahlung mit
Drehsesseln ausgestattet waren.[237]

Auch zweifelhafte Unterkünfte ließen Reisen nicht ohne weiteres
zu Vergnügungsreisen werden. Der fatale Ruf der *cauponae* ist allgemein bekannt.[238] In einem satirischen Vers bezeichnet Hadrian sie als
»Flohkisten« und »Stechmückennester«.[239] Ihre von Strabon für den
Osten bezeugte Häufigkeit wog jedoch ihre Mängel nicht auf. So unternahm gegen Ende des 2. Jahrhunderts der »Sophist« Aelius Aristides eine kleine Reise in der Provinz Asia, von Smyrna nach Pergamon
(Orat. XXXVII,347 ff.): Es ist ein heißer Sommerabend, die Hitze
macht ihm zu schaffen, aber er hält durch bis Larissa, wo er dann nur
ein schlechtes Quartier findet; darum setzt er seine Reise fort bis
Kyme, aber dort ist alles schon geschlossen. Also geht die Fahrt weiter bis Myrrhina, wo er beim ersten Hahnenschrei eintrifft und sich

schließlich, weil sonst nirgends Platz ist, auf einem Feldbett in einem Vorraum ausstreckt. Am Ende wird er von einem Gastfreund aufgenommen. Zweifellos war die Region mit ihren Thermalquellen und dem »dazugehörigen Lärm und Getriebe« überlastet. Anders verlief offenbar die Reise des Sidonius Apollinaris, die er als Amtsperson zu Beginn des 5. Jahrhunderts von Lyon nach Rom unternahm. Im Brief I,5, der eine Fülle geographischer, vor allem die Flüsse betreffender Beobachtungen enthält, steht nichts über die Stationen der Reise. Sidonius, der vielfach die reichen und gastlichen Landsitze seiner Freunde mit Lob bedenkt, mußte offenbar keine Herbergen aufsuchen.[240]

Unter diesen Umständen überwogen berufliche Reisen mit ihrer eigentümlichen Mischung von Tätigkeit und Muße. Die beiden Berufsgruppen, die am häufigsten unterwegs waren, die Ärzte und die Sophisten, reisten, um sich fortzubilden und ihr Wissen auszutauschen. Medizinische Reisen zwischen den verschiedenen »Schulen« Alexandria, Smyrna und Pergamon waren in der Kaiserzeit genauso häufig wie schon in alexandrinischer Zeit: als Beispiel kann Galen aus Pergamon dienen, der unter Mark Aurel und Commodus ein weitgereister Mann war.[241] Unter den Sophisten scheint Aelius Aristides besonders weit herumgekommen zu sein.[242] Er hatte den Deklamatoren in Smyrna, Pergamon und Ephesus gelauscht und sich dann in Athen aufgehalten, das sich mit seiner kosmopolitischen Studentenschaft zu einer »Universitätsstadt« entwickelt hatte, in der die geistige Elite konzentriert war. Nach seiner Ausbildung bereiste Aelius auf Vortragsreisen die Welt, und seine Reden sind gewissermaßen als wertvolle Reisenotizbücher zu betrachten. Er war auf Rhodos, dessen ländlichen Überfluß er hervorhebt, und auf den Inseln. Nach Dion Chrysostomos hat auch er das ägyptische Alexandria und den prächtigen Schmuck seiner Bauwerke gepriesen als »Zierde des Kaiserreiches, Geschmeide einer großen Dame«. Ihn hatte, wie so viele andere, die Herodotlektüre in das Land der Wunder gelockt (Orat. XXXVI,57). Er bewunderte die Pyramiden, das Labyrinth, die Tempel und Kanäle, fragte die Priester aus und machte sich ausführliche Notizen über die Bauwerke und ihre Abmessungen. Er beobachtete auch die Nilschwemme und widmete diesem Thema ein Werk mit dem Titel *Aigyptios*.[243] Von Herodot über die Kommentare der Kaiser Hadrian und Septimius Severus (Ammianus Marcellinus, Hist. XXII,15) bis zu Strabon und Aelius Aristides hat also Ägypten immer die Vorstellungskraft derer bewegt, die in die Ferne aufzubrechen bereit und in der Lage waren.

Im Gegensatz zu den Bildungs- und Geschäftsreisenden pflegten die sich vornehm gebärdenden Reichen mit großem Aufgebot auf Reisen zu gehen, mit Boten, die vorausreiten mußten, um den nächsten Halt vorzubereiten, mit Maultieren, die keineswegs bescheiden bepackt, sondern mit dem Schmuck und dem Silber des Hauses beladen waren; auch auf ihren »Unterrichtsstab« (*paedagogia*) oder ihre Luxusdienerschaft wollten sie nicht verzichten (Seneca, Epist. 123). Folgen wir aber zum Schluß Seneca selbst auf zwei Reisen in den Jahren 63 und 64, die er in den Lucilius-Briefen beschreibt[244]. Danach ist er seinerzeit am Golf von Neapel sicherlich in einem Hotel untergekommen (Epist. 56). Von dort aus unternimmt er Ausflüge in die Umgebung, auf jeden Fall in die Kuranlagen von Baiae und nach Pompeji, wo seine Unterkunft über einer Badestube liegt. Doch ehe er nach Baiae und Pompeji gelangt, macht er seine Erfahrungen mit der Küstenschiffahrt, weil er vermutlich dem Lärm der mondänen Seen entgehen wollte. Das Meer spielt ihm jedoch übel mit (Epist. 53); ein Frühjahrssturm beutelt ihn so, daß er, um einem Schiffbruch zu entrinnen und obwohl kein richtiger Hafen in der Nähe ist, von Bord geht und schließlich schwimmend das Land erreicht. Von solchen Erlebnissen gepeinigt, wählt er später (Epist. 57) den Weg über das Pausilypum, durch den Tunnel von Neapel, einer Hölle von Schlamm und Staub. Über eine zweite Reise im Jahr 64 (Epist. 70 bis 87) gibt es eher Meditationen als Reisenotizen. Seneca befindet sich in Neapel, dessen Theater er erwähnt. Nachdem er einen Tag in Puteoli herumgeschlendert ist, wo heitere Betriebsamkeit herrscht und viele Schaulustige unterwegs sind, besichtigt er die Villa des Scipio in Liternum (Epist. 86). Brief 87 erzählt von einer Zweitagestour, einer zünftigen Landpartie in einem bäuerlichen Wagen, möglicherweise einem *plaustrum*, einem schweren, von zwei Maultieren gezogenen Karren, in dem einige Sklaven und eine Matratze Platz hatten, damit auf dem Boden geruht werden konnte, und versehen mit einer mehr als spartanischen Verpflegung in Gestalt von Brot und Mehlbrei. Seneca will hier gewiß seine Zeitgenossen belehren und übertreibt vielleicht ein wenig, die Berichte über die Ausflüge sind dagegen ganz typisch.

Die Jagd

In antoninischer Zeit rückt die Jagd an die Spitze der kaiserlichen Freizeitbeschäftigungen und der Erziehung der Prinzen. Die Jagdhandbücher von Arrian und Oppian, die die *Kynegetika* des Xenophon ersetzen, stammen aus der Zeit, in der die Treibjagd einen Aufschwung erlebt.[245]

Arrian ergänzt Xenophon durch die Berücksichtigung der gallischen Jagdgepflogenheiten, besonders hinsichtlich der Hasenhatz; er bewundert den berühmten gallischen Windhund, den *vertragus*, und den ebenfalls in Gallien häufigen *segusius*. Arrian setzt sich auch für eine sportlich und fair durchgeführte Jagd ein. Besonders schätzt er die orientalische Treibjagd in Skythien, Illyrien und Mysien, die ihm schon von seiner Geburtsstadt Nikomedia her naheliegt, und rühmt die Qualität der libyschen Pferde für eine Verfolgungsjagd (Cyn. XXIV). An die Stelle der griechischen und kretischen Netzjagd tritt die Hetzjagd auf edleres Wild wie Eber und Löwe. Oppian legt in seinem Handbuch das Gewicht auf die Löwenjagd in Äthiopien und Nordafrika und beschreibt die verschiedenen Möglichkeiten in diesem Bereich (III,35 ff.).

Diese Handbücher erscheinen gerade rechtzeitig in der Regierungszeit einer sportlich eingestellten, jagdbegeisterten Dynastie. Die Herrscherethik, die in den »Königsreden« des Dion von Prusa und in den Biographien des Plutarch niedergelegt ist, stellt die mutige Verfolgung des Wildes als ein »durch Ausdauer erkauftes Vergnügen« dem feigen Gemetzel gefangener Tiere in den orientalischen Parks, den »Paradiesen«, oder im Gehege des Zirkus gegenüber.[246] In seinem *Panegyricus* (81–82) stellt Plinius die unechte *venatio*, bei der »gezähmte und durch Gefangenschaft geschwächte Tiere« geschlachtet werden, der athletischen Jagd des Trajan gegenüber: »Die Fährten sorgfältig beobachten, das Wild aus seinen Schlupfwinkeln aufscheuchen, auf riesige Bergkuppen steigen und seine Füße auf schroff aufragenden Felsen setzen, ohne die Hilfe irgendeines speerbewaffneten Sklaven oder eines Treibers in Anspruch nehmen zu können.« Eine solche Jagd gilt als ›Aktivurlaub‹, als Entspannung, die die Fähigkeiten steigert, als eine andere Art von Arbeit (*mutatio laboris*).

Alle Antonine haben sich auf diese Weise betätigt,[247] allen voran Hadrian, von dessen Jagdleidenschaft Trajan berichtet; seit seinem 15. Lebensjahr war er »bis zur Lasterhaftigkeit der Jagd verfallen«. Schon in seiner spanischen Heimat mit der Jagd vertraut, jagte er in

Gallien und Italien Eber. In Gallien verlor er 121 sein besonders ge-
schätztes Pferd Borysthenes und ließ ihm eine gereimte Grabinschrift
setzen: »Borysthenes, der Alane, kaiserliches Paradepferd, der durch
den Wind über Wasser, Sumpf und toskanische Hügel jagte, Wildschweine in Pannonien stürmisch verfolgte und den kein Keiler zu
verletzen wagte.«[248] In impressionistischer Manier werden hier die
großen Jagden in der immer wildreich gebliebenen Toskana mit den
Ausritten im Donaubecken kombiniert. Eine als Medaillon am Konstantinsbogen wiederverwendete Hadriansskulptur zeigt, wie der
Kaiser und Antoninus zu Pferde einen Eber bezwingen. Hadrian hat
auf allen großen Reisen in Thrakien und in Kleinasien immer auch gejagt und die Stadt *Hadrianotherai* zur Erinnerung an seinen Sieg über
einen Bären erbauen lassen (Hist. Aug., Vita Hadriani XX,13). Während seiner großen Ägyptenreise von 130 bis 131 erlegte er in der libyschen Wüste einen Löwen; eine Medaillonskulptur zeigt ihn mit
seinen Freunden, das tote Tier zu ihren Füßen. Diese Episode inspirierte auch den Hofdichter Pankrates (Athenaios, Deipn. XV,677 d
bis e). Die Kunst, die durch das Bild werbend Einfluß nehmen sollte,
verlieh der Freizeitbeschäftigung der Principes geradezu sakralen
Charakter. Schließlich verewigte Hadrian auch auf der Rückseite von
Münzen seine Jagden; es ist darauf zu sehen, wie er den Speer gegen
einen Löwen wirft, und dazu die Aufschrift *VIRTUTI AUG.* (»der
siegreichen Kraft des Herrschers«). Glanzleistungen bei der Jagd setz-
ten das kriegerische Heldentum fort, und das Vorbild des jagenden
Kaisers machte in seiner Armee Schule.[249]

Die nachfolgenden Kaiser waren ebenfalls leidenschaftliche Jäger.
Antoninus Pius, der den *venationes* wenig abgewinnen konnte, betätigte sich als Jäger und Angler, wenn er auf seinen Gütern, vor allem
in dem von ihm bevorzugten Lorium im Norden Latiums, war. Mark
Aurel beschreibt in einem Brief an seinen Lehrer Fronto (IV,3) einen
bei der Eberjagd verbrachten Vormittag auf dem Gut Signina und tut
dabei so, als habe er an dem Halali gar nicht teilgenommen. Der Biograph des Philosophenkaisers erwähnt jedoch, daß dieser sich in seiner Jugend mit Jagd und Vogelfang beschäftigte (Hist. Aug., Vita M.
Ant. IV,9). Später sei er davon abgerückt. Sein Mitkaiser Lucius Verus
hielt die italische Jagdtradition – in Apulien – aufrecht, gab allerdings
später in Asien den *venationes* im Zirkus von Antiochia den Vorzug.
Durch Commodus und die von ihm veranstalteten Tierschlachtereien
im Amphitheater (Nilpferde, Nashörner, Pfauen und sogar eine Giraffe zusätzlich zu den klassischen wilden Tieren) wurde die Jagd

Wildschweinjagd. Mosaik in der römischen Villa in Piazza Armerina.

endgültig von der *venatio* verdrängt, bei der sich der Kaiser nicht vom Volksvergnügen abkoppeln mußte. Die Mosaiken in Piazza Armerina[250] bestätigen die biographischen Aussagen über Gordian und Probus in der *Historia Augusta*.

Augustus hatte zwar nicht selbst gejagt, aber die Jagd als Disziplin für die sportliche Ausbildung gefördert. In den *collegia iuvenum*, die der griechischen Ephebie entsprechen, wurde neben gymnastischen und reiterlichen Übungen auch die *venatio* der Arena betrieben (Sueton, Aug. XLIII,4). In seinem Brief I,18 rühmt Horaz sie als eine Sportart, die »heilsam ist für Ruf und Lebenswandel und die Glieder stählt, erst recht, wenn man imstande ist, Hunde im Lauf und Keiler durch körperliche Kraft zu bezwingen«. Auch der Bauer Ofellus (in der *Satire* II,2) gewinnt der Jagd, der Verfolgung der Eber wie der Hasen, einen paramilitärischen Aspekt ab (*Romana militia*), und in den *Oden* gehört die Jagd zum römischen athletischen Programm. In den *Kynegetika* des Grattius, sicherlich unter Augustus verfaßt, wird zunächst das Jagdgerät behandelt, Netze für Wildschweine und Vogelscheuchen aus rot gefärbten Federn oder, speziell für die Hirschtreibjagd, aus Geierfedern. Dann geht Grattius auf die unterschiedlichen Jagdhunde ein, ihre Rassen und deren vernünftige Kreuzungen, durch die gute Eigenschaften zusammenkommen – etwa der Geruchssinn des Umbriers und das lebhafte Temperament des Galliers, die ruhige Intelligenz des Gelonischen und das Ungestüm des Hyrkanischen Hundes; das Blut des Molossers, mit dem das Gebell des Aetolischen Hundes gedämpft wird. Grattius lobt besonders den Metagon, eine Kreuzung aus Lakonier und Kretischem Hund. Der gallischen Jagd, bei der das Wild brutal aufgescheucht wird, zieht er die planmäßige Spurenfolge mit einem Spürhund wie dem Metagon vor, der im Morgengrauen die Fährte aufnimmt und, wenn er am Ziel ist, seiner Freude Ausdruck verleiht, indem er um den Schlupfwinkel im Kreis herumspringt. In neronischer Zeit schreibt dann Nemesian, der auch Bukolika verfaßte, ein gutes Jagdbuch. Mit einem aufmerksamen Blick für die Hunderassen und ihre Züchtung sowie für die Jagdgerätschaften charakterisiert dieser Hobby-Jäger im Prolog die Jagd nicht so sehr als Kampfsportart, sondern als Entspannungs- und Rückzugsmöglichkeit, durch die der Mensch der Natur wieder näherkomme. Da die Jagd zu Nemesians Zeit weitgehend darauf abzielte, die Tiere für die *venatio* einzufangen, legen seine *Kynegetika* (317 ff.) besonderes Gewicht auf afrikanische Jagdunternehmen.

Neben der Jägerei in den Provinzen erfreute sich die italische Jagd, die von den Grundbesitzern ausgeübt wurde, weiter großer Beliebtheit. Sie belieferte auch die Gesellschaften der Bankette, diesen privilegierten Zeitvertreib, wobei gastronomische Vorlieben Berücksichtigung fanden. Hirsch wird nicht sonderlich geschätzt; er fehlt auf der Tafel des Trimalchio und kommt auch nicht im 12. Buch der *Epigramme* des Martial vor, bleibt also eher ein bäuerliches Gericht. Reh, Hase und Wildschwein stehen dagegen hoch im Kurs (Petron, Satyr. 38 ff.). Die großen Adelsfamilien oder die ihnen nacheifernden bürgerlichen Familien besaßen eigene Jagdgebiete, was ihnen hinsichtlich des Wildes eine gewisse Autarkie gewährte. Martials *Epigramme* (X,37; XII,18) stimmen hier mit dem *Satyricon* überein: Trimalchio, der auf seinen ausgedehnten Gütern autark lebt, hat eine Meute von Lakoniern und eine Mannschaft, die mit Netzen und Jagdspießen ausgerüstet ist. Das szenische Spektakel von Jagd und

Halali, mit dem das Wildbret aufgetragen wird, illustriert den mächtigen Einfluß der Mode: Die gesottene Wildsau ist mit lebenden Drosseln farciert, die auffliegen und zu guter Letzt mit Leimruten wieder eingefangen werden.

Trotz einer gewissen Verknappung des Wildes in Italien blieb die Jagd auf der Halbinsel ein Zeitvertreib für große und mittlere Grundbesitzer, und als solche war sie auch in einigen westlichen Provinzen, etwa dem Spanien Martials, zwischen Domitian und Trajan von Bedeutung.[251]

Das Festmahl – Gastronomie und Zerstreuung

Die von Cato repräsentierte römische Tradition lehnte Schwelgereien ab, durch die den Gästen Sonnenuntergang wie Tagesanbruch entzogen werden, weil sie ihren Rausch ausschlafen und im Bett verdauen müssen. Seneca rief diese Tradition in seiner Liste von Verstößen »gegen die Natur« im 122. Brief in Erinnerung,[252] und in *De brevitate vitae* prangerte er die perverse Verirrung an, die in Völlerei und Unmaß der Gastmähler liegt.[253]

In der frühen Kaiserzeit ist eine Ausweitung der Gastmähler hinsichtlich ihrer Dauer, der Reichhaltigkeit ihrer Speisenfolge und der Verschiedenartigkeit der Gerichte zu beobachten, ohne daß sich darum das Gerede von den »Römern in der Dekadenzzeit« bewahrheitete. Die Essenseinladungen sind zu einem wichtigen Bestandteil des sozialen Lebens geworden, nach Seneca gehörten sie zu den »gesellschaftlichen Verpflichtungen« (*officia*).[254] Das Gastmahl bildete, wie der *circulus*, in dem man schwatzt und lästert, einen Rahmen für kultiviert verbrachte Mußezeit; allerdings fehlte dieses Element auch nicht bei den Massenvergnügungen, indem die Principes dazu übergingen, bei den *munera* einen Brotimbiß (*panaria, panariola*) oder sogar eine richtige Mahlzeit (*epula*) anzubieten.[255] Das *convivium* ließ aber neben den artistischen Einlagen immer mehr Raum für gelehrte Gespräche, ja die politische Opposition verlagerte sich geradezu an die Festtafeln wie auch in die übrigen Freizeitbereiche.[256]

Die Staatsbankette verschlangen mehr und mehr die Zeit derer, die regelmäßig bei Hofe verkehrten. Nach Cassius Dio versuchte deshalb Seneca, sich seine Zeit für Meditationen von diesen höfischen Festmählern zu »stehlen« (Hist. rom. LXI,10,5), und ein Mann wie der

Ältere Plinius ging nach alter Sitte in der 8. oder 9. Stunde des Tages zu Tisch (wie später sein Neffe Plinius der Jüngere und die Tischgenossen des Dichters Martial), um dann in Nachtarbeit (*lucubratio*) mit seinen geliebten Studien fortzufahren, im Sommer noch vor Sonnenuntergang, im Winter während der ersten Nachtstunde (Plinius, Epist. III,5,13). In antoninischer Zeit, bei Trajan, bei Plinius, bei Antoninus nahmen dann die Schwelgereien ab. Juvenal tadelt noch in seiner 8. *Satire* den aristokratischen Lebemann und sein Gelage bis zum frühen Morgen.[257] Dabei spickt er die Satire mit Beispielen der neronischen *luxuria*, deren charakteristischste Darstellung das Festmahl des Trimalchio ist.[258]

Die Wunder der Kochkunst[259]

In claudischer Zeit nahm die Zahl der Gerichte (*fercula*) deutlich zu.[260] Landprodukte und Meeresfrüchte wurden bunt gemischt, ohne Rücksicht auf die allgemeine Gesundheit, wie Seneca sagt, für den die Überernährung ein Zeichen für falsche Ernährungsweise ist: »Es sind die zahllosen Gänge, die zur Verbreitung von Krankheiten geführt haben« (Epist. 95,18 ff.). In seiner Liste schädlicher und um den Preis einer schlechten Verdauung rücksichtslos zusammengestellter Nahrungsmittel nennt der Moralist die Röhrenpilze, »ein köstliches Gift«, die Austern, »formloses, von Schlamm genährtes Fleisch«, das »Garum aus den Provinzen« und Kaviar »von schlechten Fischen«, etwa der spanischen Makrele. Die Angewohnheit, eisgekühlte Getränke zu sich zu nehmen, die dem Organismus nicht zuträglich sind, verurteilt er als modische Erfindung der neronischen Epoche ebenfalls (»Schnee essen«).[261]

Ein großes Essen besteht aus mindestens sieben Gängen, von der *gustatio*, der Vorspeise, bis zu den *secundae cenae*, dem Nachtisch. Man muß nur das Gastmahl des Trimalchio im *Satyricon* (31 ff.) noch einmal lesen und das gastronomische Durcheinander jener Zeit »mit seinen Einfällen von phantastischer Albernheit« (J. Carcopino) auf sich wirken lassen: mit Honig und Mohn überzogene Haselmäuse; eine hölzerne Henne, die Pfaueneier legt, deren Eidotter jeweils eine Schnepfe umhüllen; den Sternzeichen entsprechende Gerichte auf einem Tafelaufsatz, der den Tierkreis abbildet (auf dem Stier ein Stück Rindfleisch, auf dem Steinbock ein Seehummer usw.); ein Wildschwein mit einem Freigelassenenhut auf dem Kopf, flankiert von aus

Teig gebackenen Ferkeln, aus denen Drosseln auffliegen; gesottene
Fische in einem Miniaturteich, die von kleinen Marsyasfiguren mit ei-
ner pikanten Sauce beträufelt werden; als Höhepunkt des Mahles ein
Tablett voller Kuchen, in deren Mitte ein vom Konditor gefertigter
Priapus steht, der allerlei Sorten Früchte und Trauben in seinem
Schoß trägt. Serviert wird mit Musik und Tanz von einer eigens ge-
schulten Dienerschaft (Satyr. 34,1 und 36,1). Die *familia urbana*, die
städtische Dienerschaft, verdankt ihre bevorzugte Behandlung der
Tatsache, daß sie der großen Gesellschaft ›das süße Leben‹ darzubie-
ten hat.[262]

Die Einlagen

Die Einlagen während eines Mahles dienen der Erholung, sie erfüllen
dabei auch kulturelle Funktionen. Beim gewöhnlichen Gastmahl
spielt freilich die Trinkerei die Hauptrolle (*commissatio*), wobei der
magister oder Vorsitzende Anzahl und Maß der Trinkgefäße festlegt.
Der Zustand der Trunkenheit ist schnell erreicht, wie das *Satyricon*
zeigt, wo auch schon auf das Alter der angebotenen Weine und die
verschwenderischen Mengen verwiesen wird.[263] Schnell sind die Gäste, besonders die Frauen, berauscht. Seneca (Epist. 95,20 ff.) und der
Ältere Plinius in der *Historia naturalis* (XIV,137 ff.) haben die verhängnisvollen Folgen der Trunkenheit in ihrer Zeit und deren starke
Verbreitung beim schönen Geschlecht aufgezeigt. So tanzt auch bei
Petron Fortunata, die sich zunächst zurückgehalten hat (52), schließlich in beschwipstem Zustand mit Scintilla (70). Improvisierte Unter-
brechungen der Mahlzeit wechseln also mit vorhergeplanten ab, wobei soziale Unterschiede deutlich werden.
    Wenn es beim Gastmahl des Trimalchio auch keine lasziven Tänze
von Mädchen aus Gadeira (*Gaditanae*) gibt, wie sie von Juvenal (Sat.
XI,162–175) und in den Briefen Plinius' des Jüngeren beschrieben
werden,[264] so bieten Fortunatas Kordaxtanz und die servierende Bal-
lettgruppe doch einen gewissen Ersatz. Dafür treten hier Gleichge-
wichtskünstler auf (*petauristarii*): ein Jüngling klettert tanzend und
singend die Sprossen einer Leiter hinauf, springt durch Feuerreifen
(53), bis er abstürzt, wodurch wiederum für Abwechslung gesorgt ist.
Juvenal berichtet zudem von einem dressierten Affen (Sat. V).
    Die Parodie auf öffentliche Schauveranstaltungen ist als Einlage be-
sonders beliebt. Gladiatorenkämpfe sind aus den römischen Gast-

mählern zwar verschwunden, aber die »Homeristen« des *Satyricon*
parodieren mit ihren Pappwaffen und gegenseitigen Schimpftiraden
(59) gleichwohl eine Kampfhandlung. Ebenso karikiert der oben beschriebene Einzug des erlegten Wildschweines mit Meute und Jägern
die *venatio* (40); schließlich wird, aus lauter Langeweile, ein Kampf
zwischen Hunden improvisiert, bei dem der Molosser des Trimalchio
und der kleine Schoßhund des Croesus aufeinander losgelassen werden (64).

Einlagen kultureller Art werden mehr oder weniger geschätzt, das
kommt auf das Niveau des Hauses an. Während Theateraufführungen im Rahmen der öffentlichen Spiele rückläufig sind, werden privat
durchaus Schauspieltruppen unterhalten. Auch Trimalchio besitzt
eine, führt sie aber aus lauter Blasiertheit nicht vor (54). Der Jüngere
Plinius hat in seiner *familia* Schauspieler für Rezitationen (*recitationes*), die er gelegentlich, wie sein Zeitgenosse Spurinna, während der
Mahlzeiten auftreten läßt (Epist. III,1; V,19; IX,36). Die improvisierten Gedicht-Rezitationen gehören ebenfalls hierher, durch sie konnte
man seine Bildung ausweisen. Trimalchio sagt zum Beispiel eine gereimte Moralpredigt über die Verschwendungssucht des Publius Sy-
rus auf (55) und gibt mit Vorliebe gereimte Sinnsprüche auf das Glück
und die Hinfälligkeit des Lebens zum besten (24 und 55). Diese Gele-
genheitspoesie floriert bei den Banketten dank den Parasiten und den
zur Klientel gehörigen Dichtern: pikante Verschen, voll epigrammati-
schen Pfeffers. Martials zweitrangige Produktion, die *Xenia* und die
Apophoreta, sind Beleg dafür.[265]

Tischgespräche

Das Tischgespräch folgt den Regeln und der Mode der *humanitas*, einer Kultur, die von den sokratischen Festmahlzeiten herkommt. In
antoninischer Zeit führt Plutarch in seinen *Symposiaka* eine ganze
Liste gelehrter Gesprächsthemen auf. Viele betreffen das Gastmahl
selbst mit seinen verschiedenen Problemen: die Wahl des Symposiar-
chen und die Sitzordnung der Gäste (I); Bankettriten, wie die Gir-
lande, und Trunkenheitsprobleme, genauer die Neigung der beiden
Geschlechter zu Rausch und Erotik (III); technische Fragen über das
Filtern des Weines oder physiologische über den Heißhunger und das
Funktionieren des Magens werden häufig in den Büchern IV bis VII
behandelt. Wie auch in den *Deipnosophisten* des Athenaios klingt in

diesem Werk sogar vielfach die Tradition der homerischen Gastmähler an.

Das römische Gastmahl entwickelt sich also bis zur späten Kaiserzeit in zwei entgegengesetzte Richtungen, die einander zuweilen ergänzen: die hemmungslose Schlemmerei, wovon noch die *Saturnalia*
des Macrobius Zeugnis ablegen,[266] und das einfache Mahl der »Weisen«.

Die Bankette der Intellektuellen

Bei dem aus Griechenland übernommenen Gastmahl mit Symposi-
oncharakter, das durch die ehrwürdige Tradition des *Gastmahls der
Sieben Weisen* verbürgt ist,[267] laben sich die Tischgenossen, allen miß-
günstigen populären Karikaturen zum Trotz, mehr an Büchern und
Ideen als an irdischer Kost: sie befassen sich mit Archäologie, Alter
Geschichte in jeder Gestalt, politischen Institutionen, vergangenem
Brauchtum, etymologischen Geheimnissen und grammatikalischen
Absonderlichkeiten. Um dergleichen drehen sich die gelehrten Unterhaltungen der *Noctes Atticae*, die Aulus Gellius zwischen 150 und
175, gegen Ende der antoninischen Epoche, verfaßt hat,[268] oder der
Deipnosophistai des Athenaios.[269] Für die neronische Zeit kritisiert
dagegen Seneca die »selbstgefällige Zurschaustellung schöner Kennt-
nisse«. Die Zirkusveranstaltungen von Sulla bis Pompeius werden ai-
tiologisch untersucht (De brev. XIII), und man läßt sich weitschweifig
über die »Realitäten« des Mythos aus, zum Beispiel über die Zahl der
Ruderer des Odysseus und ähnliche Nichtigkeiten. Mythologie ist
ebenso gefragt wie »Philologie«.[270] Beliebt ist die Diskussion wissenschaftlicher Fragen, die außergewöhnliche Naturerscheinungen wie
die Ausbrüche des Ätna, die Erdbeben in Kampanien und die Über-
schwemmungen des Nil betreffen: So gibt z. B. Lukan im 10. Buch der
Pharsalia ein langes Gespräch über die Geheimnisse des Nil wieder,
das bei einem Festmahl der Kleopatra geführt wurde.[271] Auch die
Philosophie entgeht nicht einer herabsetzenden populärwissenschaft-
lichen Behandlung. Hier führt Seneca einen regelrechten Kreuzzug
gegen die Beschneidung der Philosophie auf die Bedürfnisse der großen Gesellschaft, deren Gespräche sie zieren, deren Müßiggang sie
ausfüllen soll und mit der man glaubt brillieren zu können. Ein Syllo-
gismus wird zu einem unterhaltsamen Rätselspiel, etwa der Syllogis-
mus von der Maus, der im 48. Brief vorgeführt wird: »›Maus‹ ist eine
Silbe: eine Maus aber nagt den Käse an: eine Silbe also nagt den Käse

an.« – »Wortklaubereien, Scheindiskussionen und intellektueller
Fechtsport.« Die vornehmste aller Wissenschaften, die durch ihre
Klarheit das Wohlergehen der Seele und deren Unerschütterlichkeit
durch den Sieg über Leidenschaften und Trugbilder des menschlichen
Daseins gewährleistet, sie verkommt zu einem vergnüglichen Zeitvertreib und begünstigt die Entwicklung des *otium litteratum* zum Snobismus.[272]

Obwohl Trimalchio und seine Tischgenossen einem prosaischen
Realismus und höchst primitiven Wirtschaftsgeist anhängen, fühlen
sie sich doch bemüßigt, über Philosophie zu sprechen, allerdings nur,
um sie ins ›Abseits‹ zu befördern (56) und ihr keinerlei Verdienst an
dem sozialen Aufstieg und der Lebenstüchtigkeit des Trimalchio zu-
zubilligen (71 mit dem Entwurf für Trimalchios Epitaph). In dieser
gesellschaftlichen Schicht hochgekommener Händler bekennt man
sich zu einem verflachten Epikureismus, zu dem die Achtung vor
Fortuna und ein Empfinden für die Flüchtigkeit des Lebens und aller
seiner Freuden gehören.[273] Mit den derben Auslassungen der Gäste
im *Satyricon* über Mythologie und Geschichte und mit der Art, wie
sie die Astrologie behandeln, werden die wissenschaftlichen Gespräche karikiert.[274]

Die Mittelmäßigkeit solcher Gespräche forderte vielleicht dazu heraus, sie zu parodieren und in der Banalität der Äußerungen noch zu
überbieten. Die übliche Unterhaltung kreist allerdings um die Kon-
junktur und die Schwierigkeiten des täglichen Lebens; entsprechend
bewegt sich die enge Welt des *Satyricon* zwischen kleinbürgerlicher
Zufriedenheit, mit Erfolgsberichten bei den Männern und Edelstein-
vergleichen bei den Frauen, und Nörgeleien über die Verteuerung des
Lebens. Die beherrschende Rolle der Freizeit zeigt sich darin, daß das
Gespräch vielfach, mangels besserer Themen, um die Schauveranstaltungen kreist – ein typisch kampanisches Merkmal. Man spricht von
den erfolgreichen, auf Wandgemälden abgebildeten Gladiatoren (29),
von den am Ort stattfindenden mehr oder weniger mickrigen *munera*
(45,4 und 11) und fordert sich zu Wetten über die Zirkusparteien heraus (70,10 ff.).

In gehobenen Kreisen wechseln, wie schon angedeutet, politische
Diskussionen mit der Erörterung wissenschaftlicher Probleme ab. Seneca und Tacitus führen uns den oppositionellen Charakter der Bankette vor, bei denen tyrannische Herrscher wie Tiberius und Nero
aufs Korn genommen werden.[275] Es gibt Schöngeister, sagt Seneca, die
lieber ihren Kopf verlieren, als daß sie sich eine geistreiche Bemer-

kung verkneifen. Viele sind jedoch in Ungnade gefallen und haben
Aufsehen erregt, wie Gallus unter Augustus und Iunius Blaesus unter
Vitellius, weil sie im Rausch Unvorsichtigkeiten begingen, die durch
Denunziation aufgedeckt wurden. Die Redefreiheit der antoninischen
Zeit belebt die politischen Gesprächsthemen bei den Gastmählern
aufs neue. Dafür gibt es in den Briefen des Plinius mehrere Zeugnisse,
von denen hier die Unterhaltung an der Tafel des Nerva zitiert sei: Es
erhob sich die Frage, wie es wohl dem verruchten Messalinus, dem
blinden Denunzianten des Domitian, ergangen wäre, wenn er noch
lebte, worauf ein Stoiker, der die Säuberung für mißlungen hielt, ausrief: »Er würde heute mit uns speisen!« (Epist. IV,22,5–6.)

Schöngeistiger Zeitvertreib

Bibliotheken

Seit dem Principat entwickelte sich ein kulturell gehobenes Freizeitangebot, für das es bereits den Rahmen der *ludi scaenici* gab, die beträchtliche Zuschauermengen besonders mit den kleineren Komö-
dienformen ins Theater lockten. Unter Augustus hatte Asinius Pollio
öffentliche Bibliotheken angeregt, die bis ins 4. Jahrhundert Verbreitung fanden – achtundzwanzig waren es schließlich. Zu allen großen
Thermenanlagen gehörte eine Bibliothek, und in den Caracalla-Thermen hat man zwei entdeckt, am Ende der Zisternenreihen, mit tiefen
Nischen für die Behälter der *volumina* oder *plutei*.[276]
    Daß mit lebhaftem Interesse gelesen wurde, bezeugen auch die in
Mode gekommenen reichhaltigen privaten Bibliotheken sowie der
blühende Buch- und Verlagshandel von Leuten wie Tryphon, Valeria-
nus, Secundus und Atrectus, die bei Martial genannt sind.[277] Auch
muß mit Bibliophilie als Ausdruck von Snobismus gerechnet werden:
Petrons Trimalchio besitzt drei Bibliotheken, darunter eine griechische und eine lateinische (48). Und Seneca spricht verächtlich von Bi-
bliomanie bei ungebildeten Menschen (De tranqu. IX,4). Den geistigen Modeströmungen entsprechend füllten mythologische Gedichte
und Geschichtswerke die Bibliotheken, wie sie auch die Gesprächsthemen, namentlich bei den Banketten, beherrschten.
    Die Liebe zu den Büchern ist nichts ohne eine gewisse Lesekunst.
Es hatte sich eingebürgert, *compendia* oder Florilegien zu benützen,

was beispielsweise an den Zitaten der ersten dreißig Seneca-Briefe
deutlich wird. Die Rhetorikschulen förderten die Verwendung von
Kompendien für historische Exempla und philosophische Thesen.
Seneca wehrt sich dagegen (Epist. 33) und verweist auf die lebendige
Einheit eines Werkes. Sein 2. Brief stellt so etwas wie eine »Kunst des
Lesens« dar: Man solle das Planlose, Unstete bei der Lektüre vermei-
den, das nur dem intellektuellen Schein dient, nicht die Menge der
Bücher oder deren äußeren Schmuck wählen, sondern eine kleine
Zahl von Werken, die man sich mit Gewinn zu eigen machen kann.
Der Emporkömmling Trimalchio stellt auch hier das Gegenbild zu
diesem Ideal eines gebildeten Römers dar. Wir kennen ja seine Ver-
sion der Mythologie: Von Homer sind ihm die zwölf Arbeiten des
Herkules ›in Erinnerung geblieben‹ und der Kyklop, der Odysseus
mit einer Zange den Daumen ausrenkt. Er fabriziert ein wahres Potpourri: eine ziselierte Schale soll Daedalus darstellen, wie er Niobe im
Trojanischen Pferd einsperrt! Korinth hält er für einen Mann und
möglicherweise auch Piräus (48–52 und 59).

Rezitationen

Vorträge (*recitationes*)[278] wurden in angemieteten oder für Schriftsteller und mittellose Dichter zur Verfügung gestellten Räumlichkeiten
abgehalten; sie fanden auch in den *auditoria*, den Sälen in Form eines
Odeons, der großen Familien statt, was ein Licht auf die aristokratischen Liebhabereien wirft. Zur Zeit Senecas zogen die von Asinius
Pollio angeregten öffentlichen Lesungen schon viele Leute an, und
allmählich gehörten sie, wie Plinius betont, zum gesellschaftlichen
Pflichtprogramm (*officia*). Seneca rügt freilich die unglaubwürdige
Pose der Vortragenden (Epist. 95,2), ebenso das Herunterschnurren
akademischer Poesie, in der sich eine aufgesetzte Naturverbundenheit
darzustellen suche (Epist. 122,11–12). Was Eumolp seiner Zuhörer-
schaft zumutet, zeigt das *Satyricon* (89–90). Unter den Antoninen
gab es erst recht zahllose *recitationes*, so daß sich eine gewisse Verdrossenheit einstellte: man plauderte in den Vorhallen, um dann, für
jedermann sichtbar, verspätet in die Veranstaltung einzutreten (Plinius, Epist. I,13). Unter den Zuhörern fanden sich Kunstliebhaber,
die darauf aus waren, junge Talente zu entdecken (Epist. V,17) und
das Geschmacksurteil mitzubestimmen, dem sich auch schon bekannte Dichter wie Silius Italicus, der Verfasser der *Punica*, stellten

Rezitations- oder Theaterszene. Pompejanisches Wandgemälde.

(Epist. III,7,5). Plinius selbst, der überzeugt war, daß sich die Literatur in diesen vornehmen Gesellschaftskreisen vervollkommne und festige (V,3), trug dort seinen *Panegyricus* auf Trajan und seine überarbeiteten Verteidigungsreden vor (doch wurden auch »Taubstumme« und Neider von solchen Lesungen angezogen). Während also Plinius die Fülle von Vorträgen im April als Ausdruck dichterischer Kreativität begrüßte, sah Juvenal darin einen Fluch des Monats August (Sat. III,9)!

Literaturbetrieb

Gesellschaftlich gründet sich die Literatur auf solche, die sie berufsmäßig betreiben – diese ernährt sie schlecht –, und auf die vornehmeren Leute, die sich ihr vorübergehend oder auch dauernd aus Liebha-

berei widmen und darin eine Bereicherung ihres tätigen Lebens und
eine Zierde für ihren Ruhestand sehen.

Dichter, deren Leben der Muße gewidmet ist, bleiben Kostgänger
der großen Herren, auch wenn Juvenal (Sat. III und VII) und Martial
das Bild in düsteren Farben malen:[279] in einer Stadt wie Rom, wo das
»griechische Gesindel« den Ton angibt, kann man von der Tragödie
nicht leben, wie der *Atreus* des Rubrenus Lappa beweist; Statius verkauft seine *Agave* als Libretto für eine getanzte Pantomime (*fabula
saltica*). Auch Lukan, der Autor der *Pharsalia*, hat dergleichen Literatur für den Broterwerb geschrieben. Die flavische oder antoninische
Epik mit ihren von vergilischem Dogmatismus erfüllten Achilleis-
und Thebais-Dichtungen übt keine Anziehungskraft auf die Massen
aus. Im *Satyricon* drängt der verkrachte Poet Eumolp den Spaziergängern vergeblich seine Deklamation von der »Einnahme Trojas« auf,
eine Nachahmung der *Aeneis*. Auch macht die Mode, epische Themen
für Gemälde oder Skulpturen zu verwenden, das Epos selbst nicht
populär. Darum muß sich der Dichter bemühen, woanders Unter-
haltsbeihilfe für seine geistige Arbeit zu finden. Martial, der die aus-
gehungerten und durch Veröffentlichungen finanziell unter Druck ge-
ratenen Musenfreunde beschreibt (V,18; XI,3 und 108), wünscht sich
vergeblich ein Mäzenatentum, durch das wahre Glanzleistungen hervorgebracht werden könnten. Solange der Dichter von seinen Berufs-
verbänden (*collegia*) nur unzureichend unterstützt wird, ist er gezwungen, mal mit dramatischen Kleinformen, mal mit höfischen Dithyramben, wie Statius mit seinen *Silvae*, sein Glück zu versuchen.
Gleichwohl bleibt die Poesie als Lektüre und Zeitvertreib für Liebhaber Gegenstand der Muße.

Die großen Prosaschriftsteller der frühen Kaiserzeit waren dagegen
Liebhaber, die ihre politische Tätigkeit[280] in literarischer Produktion
weiterführen. Selbst die Verfasser technischer Abhandlungen passen
in dieses Muster, wie der Ältere Plinius, der General, Admiral und
Gelehrte, mit seiner *Historia naturalis* oder der Prokurator Frontin
mit seiner Schrift *Über Wasserleitungen*. Als Historiker betätigten
sich vorzugsweise Senatoren, die ihre Überlegungen und Erfahrungen
in die »Geschichte ihrer Zeit« mit einfließen lassen. Tacitus ist dafür
ein bemerkenswertes Beispiel, neben vielen weniger bedeutenden
Chronisten, die in den Briefen des Plinius genannt werden.

Plinius machte sich das ciceronische Erbe der *humanitas* zu eigen,[281] worunter menschliche Fülle, wie sie freie Bildung verleiht, zu
verstehen ist. Wie Titinius Capito, der »Maecenas der trajanischen

Zeit«, begleitete und ermutigte er die jungen Talente und betonte in seinen Empfehlungsschreiben ihre Liebe zu geistiger Arbeit (*studiorum reverentia, amor studiorum*; Epist. VII,22; IV,28). Nach dem Vorbild Ciceros veröffentlichte er seine Reden erst nach literarischer Überarbeitung; so verlieh die mit geistiger Arbeit verbrachte Zeit dem Handeln ewige Dauer. Das *otium litteratum*, das durchweg als Zeichen der Vortrefflichkeit bei den großen Persönlichkeiten angeführt wird, das zeigt das Lob auf Piso, den Verschwörer des Jahres 65 gegen Nero,[282] blieb auch noch im 5. Jahrhundert, also über das konstantinische Zeitalter und die »heidnische Reaktion« hinaus, eine der wichtigsten kulturellen Empfehlungen des bischöflichen Schriftstellers Sidonius Apollinaris.[283]

Die Vornehmen können nach eigenem Belieben in ihrer freien Zeit auch selbst Gedichte, sogar sehr frivole, verfassen. Quintilian (Inst. or. X,1,93 ff.) hatte die elegische Lyrik wieder zu Ansehen gebracht, die zuvor als gereimte Apologie des Lasters betrachtet worden war. Nach den *Tristien* des Ovid nahm nun Plinius systematisch die Verteidigung der *lascivia*, der ungebundenen Phantasie, wieder auf und führte als Autoritäten die großen Gestalten der Republik und die Principes ins Feld (Epist. V,3,5–6): Cicero, Asinius Pollio, Augustus und viele andere. Der »Musenkult« rechtfertigte Kühnheiten, die man unter dem Einfluß der epikureischen Ästhetik als amoralisch, nicht aber als unmoralisch zu verstehen gelernt hatte. Plinius selbst schrieb alles durcheinander, neben seinen überarbeiteten Plädoyers und seinen Festreden auch recht freie Elfsilber, etwa über Cicero und seinen Freigelassenen Tiro. Das Problem war endgültig aus der Welt geschafft, als Kaiser Hadrian in der »Gedenkrede« auf seinen Freund Voconius ausrief: »Deine Poesie war freizügig, aber dein Herz tugendhaft!«

Die Amateurdichter folgten also, je nachdem wie treu sie der altrömischen Ethik und einer strengen Lebensführung anhingen, den Spuren des Epos oder der leichten Lyrik. Trajan legte in den *Dacica* den dakischen Krieg in Versen nieder, wie einst Cicero die Ereignisse seines Konsulats. Die alten Berühmtheiten aus der flavischen und antoninischen Epoche unterstützten den Trend; Verginius Rufus rühmte im elegischen Distichon seiner Grabinschrift seine Bedeutung und seinen Gemeinschaftssinn: *Hic situs est Rufus / pulso qui Vindice quondam*. Vergilius Romanus verfaßte Mimiamben in jambischen Senaren (Plinius, Epist. VI,21), und Vestricius Spurinna, dem die zweifellos apokryphe moralische Dichtung *Die Verachtung des Jahr-*

hunderts zugeschrieben wird, versuchte sich kunstvoll und bemerkenswert in lyrischen Gedichten (Plinius, Epist. III,1). Hadrian ahmte dagegen das satirische Epigramm nach; den notorischen Wirtshausbesucher Florus, der ihn in Versen angegriffen hatte, gab er der Lächerlichkeit preis: »Mit Florus möchte ich nicht tauschen, in Wirtshäusern herumlungern und, in Kneipen verkrochen, die Fliegen mit dem dicken Wanst ertragen.«[284] Er warf ihm sein berüchtigtes *otium* vor, das er von dem vornehmen abrückt. Auch die Grabinschrift für sein Jagdpferd Borysthenes faßte der Princeps in Verse, wobei er mit einem Pathos, das an das 3. Buch der *Georgica* erinnert, die Todesqualen seines ergebenen Gefährten zum Ausdruck brachte. In einem anderen Stück, das im manierierten Stil seiner Zeit abgefaßt ist, sprach er mit gewagten Diminutiven seine Seele an: *Animula, vagula, blandula . . . / Pallidula, rigida, nudula* (»Seele du, schweifende, zärtliche / Leibes Gefährtin und Gast [Anklang an Lukrez III] / nun führt ins düstere Reich / fröstelnder Schatten dein Weg«; Übertragung von Fritz Jaffé). Das poetische Spiel kann nur mühsam die Furcht vor dem Nichts verbergen.[285]

Poetische Überheblichkeit schließlich veranlaßte Balbilla, eine Hofdame der Kaiserin Sabina, in den Koloß des Memnon im Jahr 130 äußerst banale äolische Distichen einzugravieren, die sich mit der Wundererscheinung des morgendlichen »Gesanges« im Monat Athur beschäftigen.[286]

Poetische Nachahmungen sind immer Ausdruck der Bewunderung für das literarische Erbe, und entsprechend ist das literarische Plagiat in der Antike verstanden worden; sie können aber auch den Wunsch nach einer Erneuerung der Gattungen bezeugen. An zwei Beispielen ist dies zu beobachten: Die *Palliata* oder literarische Komödie lebte mit einem erstarrten Repertoire. Da unternahm im 2. Jahrhundert ein altgedienter Soldat, der fünf Jahre Duumvir in seinem Municipium war, den Versuch, auf der Grundlage der schönen Texte des Menander durch »Kontamination« neue Stücke zu verfertigen, »um seine freie Zeit nicht wie ein Tier zu verbringen!« (CIL IX,1164). Die elegische Gattung, für die es zahlreiche Zeugnisse bei Amateurdichtern gibt, reizte zu einem ähnlichen Versuch bei einem Zeitgenossen des Plinius namens Passennus Paulus (Epist. VI,15): der »ausnehmend gebildete römische Ritter« eiferte mit seinen Elegien den Alten, nämlich Properz und Horaz, nach. Dagegen ist Martial zu entnehmen, daß es Tibull ist, der seine Schüler und Nachahmer, wie Voconius Victor, geistig am Leben erhält (Epigr. IV,6; VII,29).

Selbst wenn man Modeerscheinung und gesellschaftliches Gehabe in Rechnung stellt, ist eine Ausdehnung des *otium litteratum* auf die mittleren, auf die einfachen und sogar niedrigsten Bevölkerungsschichten zu vermerken. Die von E. Galletier untersuchten Grabinschriften zeigen die Bedeutung der Epitaphe, auf denen Lukrez, Horaz und Vergil nachgeahmt werden, was zuweilen einem Credo gleichkommt, eher aber die Verbreitung der dichterischen Bildung zum Ausdruck bringt. Daneben gibt es eine Unmenge genauer Zitate. Lukrez, Horaz, Ovid und die Elegiker, vor allem aber, eindeutig bevorzugt, Vergil mit seiner *Aeneis* und seinen *Eklogen*, erleben, von Müßiggängern mit Kohle und Mennige an die Häusermauern und Wände der Wirtshäuser in Pompeji[287] gekritzelt, eine wahre Blütezeit. Sollte womöglich Sorge um eine »gehobene« Freizeitbeschäftigung aus jenem erbosten Graffito sprechen, das sich in der Nähe eines übel beleumdeten Hauses befindet: »Diese Gegend ist nichts für Müßiggänger«?[288]

Epilog

Zum Schicksal der griechisch-römischen Zivilisation und Kultur drängt sich eine generelle Beobachtung auf: Die Erschütterungen des 3. Jahrhunderts, seine »Krise«, mit dem Niedergang der politischen und religiösen Werte betreffen kaum den Rahmen der Freizeitangebote und die Vorstellung von dem, was Muße ist. Gewiß hat »die heidnische Reaktion«,[1] die sich seit dem 2. Jahrhundert bemüht, das staatliche und religiöse Gebäude des Alten Rom wiederaufzurichten, eine gewisse Rolle gespielt; die gelehrten Anhänger dieser Richtung, wie Symmachus oder Nicomachus Flavianus, die Gesprächsteilnehmer in den *Saturnalia* des Macrobius zu Beginn des 5. Jahrhunderts oder Kaiser Julian im 4. Jahrhundert, sind innerlich stark an die ›Staatstheologie‹ und die Schauspielpolitik gebunden. Es ist allerdings nicht ersichtlich, daß ihre Apologie darauf zielt, der griechisch-römischen Mythologie ihre religiöse Bedeutung zurückzugeben, dieser »mythischen« Theologie also, die Augustin im 4. und 6. Buch seines *Gottesstaates* als schon von den »heidnischen Weisen« Cotta und Varro widerlegt erweisen wird. Die christlichen Apologeten von Tertullian bis zum Augustin des *Gottesstaates* werden aufzeigen, daß die *ludi* eng mit der Verehrung der »falschen Götter« zusammenhängen. Aufschlußreich ist der postume Dialog zwischen Augustin und dem Pontifex maximus Scaevola im *Gottesstaat* (IV,27): Augustin beschwört den Oberpriester, die Spiele, »diese schlechten und der erhabenen Götter völlig unwürdigen Schauveranstaltungen«, abzuschaffen; man müsse die falschen Götter, diese Dämonen, bitten, auf derlei Feierlichkeiten und »kriminelle Erfindungen«, an denen sie sich weiden, lieber zu verzichten. Der Kampf gegen die mythische Theologie und das »heidnische Theater« beherrscht zwar die christliche Apologetik und Paränese, aber das christliche Kaiserreich arrangiert sich von Konstantin bis Theodosius mit dem System der öffentlichen Spiele und seinen politischen Rechtfertigungen. Die griechisch-römische Mythologie bleibt auch, nachdem sie aus der Theologie vertrieben ist, als Sprache der Bildung bei den konvertierten oder dem Christentum nahestehenden Gelehrten wie Ausonius oder Sidonius Apollinaris lebendig. Ihre Vorstellung von sinnvoll gestalteter Freizeit, die vom *otium litteratum* Ciceros und des Jüngeren Plinius herkommt, stützt sich auf den »Musenkult«, zu dessen eher spiritualistischen und symbolistischen Belebung auch der Neuplatonismus beiträgt.[2] Hinter

den Sprüngen und Rissen im griechisch-römischen Haus werden also
in den Freizeitstrukturen Elemente von Kontinuität und Beständig-
keit erkennbar.

Das politische System der Schauveranstaltungen wird, wie angedeutet, im Kaiserreich bis zu seiner Auflösung nicht in Frage gestellt.
Die Biographien der *Historia Augusta*, die den Antoninen und den
großen Kaisern des 3. Jahrhunderts (den Severern und Aurelian)
ebenso gewidmet sind wie den interimistischen Herrschern oder den
Usurpatoren (den *tyranni*), machen die Bedeutung der Schauspiel-
chronik sichtbar. Die Sammlung zeigt natürlich die etwas traditionelle
Ausgewogenheit zwischen den *ludi scaenici* und den *ludi circenses*;
das *munus gladiatorium*, das zuweilen auch *ludi gladiatorii* genannt
wird, ist davon losgelöst (*Maximus und Balbinus* VIII,4; *Gallienus*
II.III,7 usw.). Nach der Chronik von Carus, Carinus und Nu-
merianus (XX,2) haben diese Kaiser »dem Volk außerordentlich gefallen« wegen ihrer *ludi theatrales et circenses*. Aurelian hat »zur Belustigung des Volkes« Bühnenspiele, Zirkusspiele, Jagden, Gladiatoren und eine Naumachie bewilligt (Aur. XXXIV,6). Im *Codex
Theodosianus* sind die soziopolitischen Vorstellungen von der *solem-
nitas voluptatum* und *laetitia populorum* noch immer anzutreffen.[3]
Wenn das Bemühen um Popularität auch manchmal als Demagogie
und Sklaverei abgetan wird, so hält die *Historia Augusta* doch an der
engen Verbindung der Schauspiele zur politischen Struktur fest: es
wird deutlich, daß die *editio circensium* sich nach den politisch rele-
vanten Jahresfesten richtet, die Kontinuität herzustellen geeignet sind;
selbst Antoninus Pius hat die Veranstaltung von Spielen zu seinem
dies natalis und die Ausstellung seiner Statue bei der *pompa circensis*
akzeptiert (Mark Aurel desgleichen). Die *dies imperii* (*Pertinax* XV,5)
oder die »Göttlichkeit« des Probus (*Probus* XXIII,5) wurden ebenfalls mit Zirkusspielen gefeiert. Zuweilen wurde die Phantasie des
Volkes durch »neu hinzugefügte Spiele« anläßlich der Decennien, der
zehnjährigen Wiederkehr eines Regierungsantrittes, überrascht (*Gallienus* VII,2). In derselben Biographie (VIII,4) findet sich eine Beschreibung all der Straßen, »die von dem Lärm und den Beifallsbe-
kundungen der Spiele widerhallen«. Man spürt aber auch, daß sich die
Biographen, direkt oder durch die politische Reflexion der Principes
vermittelt, der Gefahr bewußt sind, die der ganze Bereich der Spiele
darstellt. Beklagt wird etwa der Verlust militärischer Traditionen bei
einem Volk, das »schon vor Tagesanbruch« bei den Spielen ist, die
großen Zulauf haben (*Elagabal* XXIII,2): »Es ist ein Jammer, mit an-

zusehen, daß die militärischen Übungen verschwinden, während man doch Athleten, Tierkämpfer und Gladiatoren einem Training unterzieht« (*Avidius Cassius* VI,4 – eine Beschwerde gegen die Führung Mark Aurels). Sicherlich ist dies der Grund, warum die *Historia Augusta* hie und da versucht, Spiele zu resakralisieren, deren Verbindung zum Heidentum in Vergessenheit geraten ist (*Mark Aurel* XXI,5; *Maximus und Balbinus* VIII). Für Maximus und Balbinus ist die apologetische Absicht deutlich: Ehe sie in den Krieg zogen, haben sie ein *munus gladiatorium* (im Jahr 238) gegeben, um dem Volk »Kämpfe und Verwundungen« zu zeigen und zugleich die Nemesis, die Göttin der Rache, die mit Fortuna in Verbindung steht, »durch die Opferung von Blut römischer Bürger in fiktiven Kämpfen« günstig zu stimmen. Diese Rechtfertigung ist mitten in der Krise des Heidentums bemerkenswert. In seinem *Panegyricus* auf Theoderich erinnert auch Ennodius daran, daß nach einer alten republikanischen Tradition seit 105 v. Chr. dem im Theater versammelten Volk mitten im Frieden das Bild des Krieges vor Augen geführt wurde, um es dafür zu begeistern (Pan. reg. Theodor. XIX).[4]

Lange nach den Auseinandersetzungen der neronischen Zeit bleibt in der Geschichtsschreibung der späten Kaiserzeit das Gefühl lebendig, daß der Welt der Schauspiele etwas Unmoralisches anhafte und daß durch sie sowohl der allgemeinen geistigen Verfassung als auch der Würde der kaiserlichen Macht Schaden zugefügt werde, was sich z. B. auch in Gesetzestexten niedergeschlagen hat.

Im allgemeinen verurteilt also die senatorisch ausgerichtete *Historia Augusta* die Wagenlenker- und Gladiatorenkaiser, insbesondere den Commodus, der vierspännige Wagen durch den Zirkus zu lenken pflegte (Comm. VIII,7); seine Schandtaten lassen sich alle als gladiatorische Niederträchtigkeit zusammenfassen; er wird als *impurus gladiator* eingestuft, der den Haken im *spoliarium* verdient habe (Comm. XV,4; XIX). Die Welt des Schauspiels mit ihren Gladiatoren und Mimen vermag sogar die Familie des ernsten Mark Aurel anzustecken (*Mark Aurel* XIX, XXIII, XXIX). Die moralische Verkommenheit von Zirkus und Theater, die sich mit den Niederungen der Prostitution eng berühren, wird angeprangert (*Elagabal* XXVI und XXXII: der Homosexuelle sucht dort nach seinesgleichen). Elagabal bevölkert seinen Hofstaat mit Zirkus- und Bühnenleuten, und ein Mann wie Gallienus teilt seine kaiserlichen Kutschen mit Mimen und sonstigen Schauspielern. An seiner Tafel werden im zweiten Durchgang Possenreißer und Mimen empfangen, ja, er lebt mit Kupplern,

Mimen und Unterhaltungskünstlern zusammen (Gall. VIII, XVII,
XXI). Die Soldatenkaiser Carus und Carinus »vertrauen sich Kupplern, Mimen und Kurtisanen« an und »füllen den Palatin mit Mimen,
Kurtisanen (es muß sich um *mimae* handeln), Pantomimen, Sängern
und Kupplern«. Die »würdigen« Kaiser sind bemüht, ihre Theaterlei-
denschaften, wie ehedem die Antonine, auf den Bereich privater Zerstreuung zu beschränken, ohne öffentliche Zurschaustellung: Aurelian beispielsweise (Aurel. L) oder auch Alexander Severus, der »dramatische Belustigungen« bei seinen Staatsbanketten nicht zuläßt. Gerade die Schauspielpolitik dieses Alexander Severus beleuchtet den
Konflikt zwischen kaiserlicher Würde und gesellschaftlichen Rücksichten: er bestimmte nämlich, daß Schauspieler, Jäger und Wagenlenker so sorgsam wie Sklaven behandelt werden sollten (Al. Sev.
XXXVII,1), wies aber aus politischen Gründen die Einnahmen aus
der Prostitutionssteuer dem Budget zur Unterhaltung des Theaters,
des Amphitheaters und des Stadions zu (Al. Sev. XXIV,3).

Über die Schauspielpolitik herrscht im übrigen ein politischer
Konsens unter den Denkern der heidnischen Reaktion, wie Symmachus oder Kaiser Julian, und den christlichen Kaisern, wie Konstantin oder Theodosius. Sie alle akzeptieren die politische und gesellschaftliche Notwendigkeit der Spiele und sind bemüht, deren schäd-
liche Wirkung für die öffentliche Ordnung und Moral oder für die
staatlichen Finanzen und Vermögen zu begrenzen. Nur die Kirchenväter, die die irdischen Möglichkeiten für den Gottesstaat wahren
möchten, nehmen eine unerbittliche, wenn auch differenzierende
Haltung ein.

Für Symmachus gehören die *ludi* demnach zum römischen Traditi-
onsgebäude, wobei er freilich in seiner *relatio*, die er Valentinian II.
im Jahr 384 vorgelesen hat, den Aspekt der »althergebrachten Zeremonien« nicht besonders betont. Aus seiner Korrespondenz ist bekannt, daß er der Tierschau mit Krokodilen und anderen ›fremden‹
Tieren anläßlich der Praetorenspiele große Bedeutung beigemessen
hat (Epist. IX,144 und 151). Man erlebt aber auch, wie er in Brief
II,46 aus dem Jahr 393 den Freitod von neunundzwanzig sächsischen
Gladiatoren bedauert, die eigentlich ein *munus* seines Sohnes
schmücken sollten, und wie er sich dann am Beispiel des Sokrates tröstet und bei der Überlegung, daß die Zahl der »Paarungen« (*paria*)
immer noch im »festgesetzten Rahmen des Volksvergnügens« bleibt.
In den Briefen II,76 und 77 kommt dann die Sorge zum Ausdruck,
mit der er diese *munera* begleitet: dank der Gunst und Freigebigkeit

des Herrschers werden afrikanische Tiere (*Libycae*) als Ersatz zur
Verfügung stehen. Im Antiochia des 4. Jahrhunderts[5] drängt Libanios
den Vicarius von Asien, zahlreiche Athleten öffentlich auftreten zu
lassen. In seiner *Vita* (V) stellt er die Gladiatoren von Antiochia aus
dem Jahr 328 »als Schüler der Helden an den Thermopylen« vor und
liefert damit eine klassische Apologie. Symmachus erwartet von den
Spielen nur Popularität; Libanios wird sich dagegen kritisch zeigen
und zynisch erklären, daß er die Spiele geschwänzt und dafür lieber
gelesen habe. Wir haben schon gesehen, wie durch das System der
Liturgien die Theateraufführungen auf den Syriarchen und die kostspieligen Wagenrennen auf den Ratsherren lasten (vgl. S. 220 ff.). Ein
Brief des Symmachus zeigt nun (IV,62), daß die *summates* von Antiochia auf der Suche nach Vierspännern bis zu den spanischen Gestüten
vorgedrungen sind! Libanios wagt den Wahnsinn der *venatio* und, im
Antiochikos (XI,134 ff.), auch die irrsinnige Verschwendungssucht der
Senatoren zu kritisieren. Für diese Epoche lassen gerade die Inschrif-
ten im Osten, wie die aus Gortyn auf Kreta, tatsächlich eine gewisse
Nachgiebigkeit bei der Genehmigung von Jagden erkennen.

Julian, der in seinen autobiographischen Schriften (*An den Senat
und an die Athener*) die Sittenstrenge seiner Jugend betont, versäumt
bei keiner Gelegenheit, den Irrsinn der Schauveranstaltungen im
Osten und die Verderbtheit der Theaterwelt zu tadeln, von denen der
heidnische »Klerus« angesteckt ist, vornehmlich in Antiochia (Epist.
84 und 89), wo die Priester sich mit Tänzern, Mimen und Wagenlen-
kern einlassen. Der *Misopogon* prangert eine Metropole an, in der die
Kulte nicht mehr gepflegt werden, wo es hingegen mehr Tänzer und
Flötenspieler als Bürger gibt, und sieht darin die Wurzel des Niedergangs der munizipalen Demokratie. Die politische Gefahr wird also
erkannt, obwohl man zu diesem Zeitpunkt das Schlimmste noch nicht
erlebt hat: bei Aufständen und deren Niederwerfung mit Blut besu-
delte Hippodrome, 355 in Rom, 390 in Thessaloniki und in Konstantinopel bei dem ›Nika‹-Aufstand, der, von den Zirkusparteien ange-
zettelt, die Stadt in Brand steckte, Justinians Thron ins Wanken
brachte und schließlich mit einem Blutbad an 35 000 Blauen und Grünen erstickt wurde.[6]

Die Kaiser haben zudem im Bereich der Schauveranstaltungen die
zersetzende Wirkung von Intriganten und Parteien erkannt, die sich,
wie in Rom 355 oder in Thessaloniki 390, für schuldige Arena-Stars,
insbesondere Wagenlenker, einsetzen. In den *Digesten* wird die so-
fortige und öffentliche Bestrafung der Parteiführer angeordnet wer-

den. Der *Codex Theodosianus*, Buch XV, bietet dazu reichhaltiges
Material.

Ein in Trier 372 erlassenes Edikt von Valentinian, Valens und Gratian untersagt das demagogische Weiterreichen von *editiones* (Spielveranstaltungen) von Stadt zu Stadt und hält an dem Kriterium der
»Altehrwürdigkeit« der Spiele fest. Ein Edikt von 392–395 beschränkt die Teilnahme von Richtern an »Theaterspielen, Wettkämpfen im Zirkus und Tierhetzen« auf den Geburtstag des Kaisers und
das Fest seines Amtsantrittes, und zwar jeweils auf den Vormittag.
Gelegentlich wird befürchtet, daß die Beamten durch Schauspiele
mißbräuchlich nach dem Beifall des Volkes (*popularis plausus*) hei-
schen könnten (XV,5,1 und 3). Ein weiteres Edikt setzt den prunkvollen Übertreibungen der »Bürger« für die Feierlichkeiten der »Ewigen
Stadt« Grenzen. Das christliche Kaiserreich genehmigt die Freuden
des Maifestes (*Maiuma*) mit seinem professionellen Unterhaltungsan-
gebot (*ludicrae artes*), weil es das Vergnügen des Volkes gewährleisten
und keine Verdrossenheit aufkommen lassen will, unter der Bedingung allerdings, daß die öffentliche Moral respektiert wird. Der Codex behandelt aus der Sicht des Evangeliums auch das Problem dieser
Berufsgruppen, eines Berufsverzichtes nämlich zugunsten ihres
›Heils‹ (XV,7, *De scaenicis*, pass.). Nirgends wird die gesellschaftliche
Notwendigkeit, »dem Geschmack und dem Vergnügen des Volkes gefällig zu sein«, den Würdenträgern bestritten, aber Theodosius, Arcadius und Honorius verbieten, daß Künstler und vor allem die Pantomimen übermäßig verehrt und ihre Bilder in den Säulenhallen und in
der Öffentlichkeit ausgestellt werden; nur am Eingang des Zirkus und
an den Bühnenaufbauten sind sie genehmigt (XV,7,12). Ein ganzer
Abschnitt (XV,9) ist der Begrenzung übertriebener Ausgaben einzel-
ner Bürger gewidmet, vor allem was die Geldspende (*sportula*) betrifft; Honorius und Theodosius setzen 409 für die Richter »zwei Du-
katen« als Regelfall fest (goldene Ehrenkronen), woraus Sorge um die
öffentlichen Finanzen und den allgemeinen Besitzstand spricht.

Es ist viel über »das Verbot der Gladiatur« durch die christlichen
Kaiser geredet worden. Es sollte sich dabei um eine verspätete Maßnahme handeln, denn Konstantin und Constans begnügen sich 325
beziehungsweise 357 noch damit (Cod. Theod. XV,12, *De gladiatori-
bus*), die »blutigen Schauspiele mitten im bürgerlichen Frieden« moralisch zu verurteilen: sie verbieten nur, daß Straffällige zur Gladiatur verurteilt und Soldaten für die *auctoratio* angeworben werden.
Das christliche Kaiserreich findet also einen Kompromiß mit der ge-

sellschaftlichen Tradition, der gegenüber religiöse Überlegungen als gleichgültig erachtet werden.

Die differenzierte Art, wie das christliche Kaiserreich bis zur Abschaffung der Gladiatur im 5. Jahrhundert mit den Schauveranstaltungen politisch umgeht, mag teilweise an der Haltung der Theoretiker und Glaubensapologeten liegen. Einerseits schwankt die Heftigkeit der Ablehnung von Generation zu Generation, andererseits werden nicht alle Veranstaltungen gleichermaßen verurteilt.[7] Die Ansicht der ersten Generation von Patristikern ist recht gut Tertullians Schrift *De spectaculis* und dem *Octavius* des Minucius Felix zu entnehmen. *De spectaculis* liefert nicht nur einen weiteren Beitrag für den Prozeß gegen das Theater als »privaten Treffpunkt der Schamlosigkeit«: Mimus und Atellane werden wegen ihres weibischen, sinnlichen Spiels angeprangert, und die *Palliata* rückt mit ihren Kurtisanen ebenfalls ins Visier (De spect. XVII). Es ist die Heilige Schrift, die das Theater verbietet, weil sie alles Unreine verbietet. Aber die vertraute Moral neigt nun einmal dazu, vor der Mode des Theaters zu kapitulieren (XXI). Tertullian sieht im Theater wie in der Gladiatur eine Anrufung der »Dämonen«, der falschen Götter (De spect. X und XII), und das Amphitheater mit seinen Blutopfern ist für ihn das Zentrum des Dämonenkultes. Die Kirchenväter gehen also anfangs über die Verdammungen des Theaters durch das Heidentum hinaus: Ovids Diatriben (*Tristia* II,497 ff.) über die Unmoral der *ludi scaenici*, Senecas Anwürfe gegen die Gladiatur in seinen Briefen, die *Moralia* von Plutarch, außerdem Epiktet (Diatr. II,18 und 24) und Dion von Prusa (Or. XXXI) sind hier zu nennen, deren Kritik von Bildung und Humanität, nicht aber von religiösen Überlegungen bestimmt ist. Für Tertullian folgt die Verurteilung sämtlicher Schauspielarten aus den Geboten des Evangeliums: Du sollst nicht töten, Du sollst dir kein Bildnis machen und es nicht anbeten, Du sollst nicht ehebrechen und nicht betrügen. Jedes Spiel im Zirkus oder Theater ist schuldhafte Beteiligung. In der großen Auseinandersetzung zwischen Aristotelismus und Stoizismus um die »kathartische« Kraft und die »mimetische« Gefahr des Schauspiels folgt die Patrologie der stoischen These. In Novatians Abhandlung *De spectaculis* heißt es: »Die Schrift verbietet, das im Schauspiel anzusehen, was zu begehen sie verbietet.« Auch Tertullian formuliert kategorisch: »Du sollst nicht in den Zirkus und ins Theater gehen, du sollst dir keinen Wettkampf und keine Gladiatur anschen!« (De spect. III). Am Ende des Traktates werden die beruflich am Schauspiel beteiligten Schauspieler, Wagenlenker und

Athleten den Flammen der ewigen Verdammnis geweiht. In der
gleichen Generation kritisiert Minucius Felix in seinem *Octavius*
(XXXVII,11–12) die heftigen Auseinandersetzungen der Zirkusparteien, die Mordschulung in der Gladiatur und die frevelhafte Unmoral von Mimus und Pantomime.

Ebenso greift die Patristik die heidnisch-philosophische Tradition
der Akademie, der Stoa und sogar des Epikureismus auf, die sich gegen die mythische Theologie wendet. Cicero hatte diese in *De natura
deorum* als Nährboden des Aberglaubens abgestempelt. Augustin
wird in einem Gedankengang, der im Buch IV der *Civitas Dei* beginnt und in Buch VI,5 mit der Theorie der *tria genera theologiae*
(der mythischen, physischen und staatlichen) abschließt, eine politische Theologie, deren Ziel es ist, das Volk zu täuschen, ebenso ver-
werfen wie eine mythische Theologie, die das Bild der Götter in den
Schmutz zieht. Bis zum 5. Jahrhundert wird eine ganze Apologetik
die Herabwürdigung des Göttlichen zurückgewiesen haben. Tertullian nennt in seinem *Apologeticum* XV die *furta amoris*, Jupiters ga-
lante Liebesabenteuer, wie sie in der Pantomime behandelt werden
(Europas Stier, Ledas Schwan), ebenso wie das Urteil des Paris. Nach
ihm hat auch Arnobius in seiner Schrift *Adversus nationes* IV,35–36,
die gotteslästerlichen Possen der Bühne und die gesellschaftlichen Privilegien der Berufskomiker verurteilt. Indem die Patrologie das dichterische und bildnerische Arsenal der Pantomime durchmustert, wird
sie bis zum Untergang Roms unablässig gegen die Gottlosigkeit und
Unmoral des Theaters und gegen die Unmenschlichkeit des Amphitheaters wettern. Man braucht sich nur an Novatians *De spectaculis*
zu erinnern: dort (VII) verurteilt er zusammen mit der Theatermusik,
die schon Quintilian verabscheut hatte, die falschen Liebschaften der
Komödie und die Wahnsinnszustände der Tragödie. Und Cyprian
verdammt in seiner Schrift *Ad Donatum* VIII den tragischen Kothurn
und »die Missetaten aus alten Zeiten« genauso wie den Mimus als
Unterweisung und Anstiftung zu einer Schamlosigkeit, die von der
»unzüchtigen Venus« und »dem ehebrecherischen Mars« inspiriert ist.

Die Patristik wird niemals aus den Augen verlieren, daß die *ludi*
perverse Huldigungsveranstaltungen sind, die von den »Dämonen«
zum Verderben der Menschheit gefordert werden; der *Gottesstaat*
wird das bekräftigen. Aus diesem Grund werden Theater und Gladiatur heftiger verabscheut als der Zirkus. Novatian (*De spectaculis* II)
kann also mit Unterstützung heiliger Texte den Wert des Athleten-
tums, vor allem des Reitsports, anerkennen; dieses Athletentum

Venus und Mars. Pompejanisches Wandgemälde.

heben auch die *Digesten* (III,2,4, Ulpian) als Ausdruck der Tüchtigkeit (*virtutis causa*) aus seiner Unwürdigkeit heraus. Auf dem Höhepunkt des christlichen Kaiserreiches zeigen Augustins *Confessiones*,
welche Macht die Welt der Schauspiele in der Gemeinde der Gläubigen noch immer ausübt. Der fromme Wunsch des Ambrosius (Expos.
Psalm. 118,5) wird sich kaum erfüllen: »Möge es doch gelingen, die
Gläubigen, die sich in die diversen Zirkus- und Theatervorstellungen
drängen, mit dieser Exegese wieder zurückzuholen.«

Die Fortdauer der individuellen Freizeitwerte tritt in der Spätantike nicht weniger deutlich zutage. Gelehrte des 4. und 5. Jahrhunderts wie der heidnische Stadtpräfekt von Rom, Symmachus, oder der
Rhetoriklehrer und Erzieher des späteren Kaisers Gratian in Trier,
Ausonius, offenbar ein konvertierter Heide, sowie der gallische Bi-
schof Sidonius Apollinaris bezeugen das beharrliche Überleben des
römischen *otium* mit seinen Problemen, seinen Zweckmäßigkeiten
und seinen Vorbildern. Die Briefe des Symmachus, für die der vielbeschäftigte Würdenträger einen Großteil seiner freien Zeit aufgewen-

det hat, legen vor allem für Rom, Latium und Kampanien Zeugnis ab, während Ausonius und Sidonius als romanisierte Gallier den Stellenwert der gebildeten Muße in der gallisch-römischen Kultur beleuchten – Ausonius mit einer vielfältigen, gleichermaßen persönlichen und gelehrten, poetischen Produktion, wie den *Epigrammen*, dem *Cento Nuptialis* und der *Mosella*-Dichtung; Sidonius in der Prosa und den Versen seiner *Briefe* und *Carmina*. Während die Reisen offenbar immer noch hoch im Kurs stehen, stellen die Briefe der genannten Autoren gewissermaßen den Anfang der Reiseliteratur dar.[8] Der Landsitz, der Gegenstand eines regelrechten Kultes wird und zu glänzenden Beschreibungen anregt, und die Aufenthalte dort erlauben es, die Nutzung der Freizeit im Rahmen einer soziologischen Gegenüberstellung von Stadt und Land darzulegen, die allerdings etwas etikettierend bleibt. Die römische oder romanisierte Oberschicht, auch wenn sie »konvertiert« ist, bezeugt letztlich ihre Bindung an das klassische *otium litteratum* der gebildeten Res publica.

Die städtische Zivilisation verliert nichts von ihrem Ansehen. Ausonius hat einen *Ordo urbium nobilium* gedichtet, ein nach Auswahl und Ausdehnung äußerst aufschlußreiches Städteverzeichnis. Dort wird Rom als »goldene Roma« besungen (I), Athen als Wiege der Zivilisation und Kultur (XV) und Capua (VIII) ebenso wie Antiochia (IV) als Inbegriff für luxuriösen, zersetzenden Müßiggang. Man spürt das Bemühen, Mailand und die gallischen Städte Trier (VI), Arles (X) und Toulouse (XVIII) aufzuwerten. Die Sammlung enthält schließlich ein ausführliches Lob auf Narbonne (XIX) und Bordeaux (XX). Während Ausonius für Mailand (VII) den Zirkus und das Theater erwähnt, schätzt er in Narbonne und Bordeaux vor allem die Schönheiten der Natur, das milde Klima und die Gewässer. Auch Sidonius preist an Narbonne die Schönheiten von Stadt und Land (*Carmina* XXIII, 32 ff.): »Stadtmauer, Läden, Tore, Wandelhallen, Forum, Theater, Thermen sowie Wiesen, Brunnen, Inseln, Salinen, Teiche und Fluß«.

Wie wir gesehen haben, pflegten die Kaiser des 3. Jahrhunderts der *Historia Augusta* zufolge mit Vorliebe ihre kampanischen Ruhesitze aufzusuchen, und auch bei Symmachus und den Galliern Ausonius und Sidonius bleibt Kampanien eine besondere Freizeitempfehlung. Zwar wird, wie bei Sidonius (Brief V,14), immer auch das kampanische Thermalwasser mit seiner heilsamen Wirkung für Leber- und Lungenkranke hervorgehoben, aber sein hohes Ansehen verdankt Kampanien seinen Seebädern und bleibt in dieser Hinsicht beispielhaft. So kann auch die *Mosella*-Dichtung des Ausonius das Bild von

Baiae nicht auslöschen, selbst wenn von Landsitzen und Weinbergen
an der Mosel die Rede ist (347–348), die an die am Gaurus erinnern
(18–21). Auch Sidonius wird sich bemüßigt fühlen, in seinem Gedicht
XVIII, mit dem er sein Gut in Avitacum (Aydat) rühmen will, eine
Parallele mit dem reichen Kampanien aufzuzeigen, mit dem Bergke-
gel von Baiae, dem Berg Gaurus und dem Lucriner See; der Reisende
wird eingeladen, sich in den Rahmen der romanisierten Auvergne
hinein das Bild von Baiae vorzustellen. Das Gedicht V bezeugt
gleichfalls, unmittelbar bevor Sidonius sich aus der Welt zurückzieht
(um 470), das Überleben des kampanischen Hedonismus in Kultur
und Vorstellung, was sich am Beispiel des Symmachus besonders gut
beobachten läßt.

Dieser Stadtpräfekt,[9] der, wie alle Präfekten der späten Kaiserzeit,
tatsächlich sehr viel zu tun hatte, erscheint in seinen Briefen natürlich
als vielbeschäftigter Mann, wie einst der *homo occupatus* Cicero. Von
daher verzeichnet seine Korrespondenz weitgehend die Chronik der
Zwänge, die auf ihm lasten, und seiner Versuche, sich ihnen zu entzie-
hen. Da er sich aber für die soziologische Trennung von *otium* und
negotia/officia interessiert, macht auch er sich Gedanken über die Le-
gitimität der Muße: Es gibt, heißt es im Brief I,46, moralische Pflichten, die fruchtbringender sind als »stille Mußezeiten«. Muße ist auf
Pflichterfüllung gegründet (Epist. IV,18,3: *vacationis felicitas*; VI,70,1:
vacui omnium negotiorum) und in den vorgeschriebenen Kalender
der Schauspiele eingebunden (IV,31: die Feste des Konsulats).

Symmachus hält sich oft an der kampanischen Küste auf und
spricht in seinen Briefen (I,1; I,35; I,47; IX,35) viel vom »Zeitvertreib
in Baiae« (*Baianum otium*), wo er den Herbst besonders schätzt
(Epist. I,7,2). Die kampanischen Gestade und Landhäuser preist er in
Prosa und kleinen Stegreifgedichten. Dem alten Verb *otiari* (»Muße
haben«) gibt er seine ursprüngliche Bedeutung zurück.

Auch die übrigen italischen Sommerfrischen behalten bei Symmachus insgesamt ihren Reiz, häufig mit literarischen Anspielungen, vor
allem auf Cicero und seine Landsitze (*Laudatio in Valentinianum*
I,16: die Akademie und das Lykeion des Marcus). Wenn es um ländliche Mußezeit geht (III,23; VIII,19; IX,128 usw.), schätzt Symmachus
vor allem die Aufenthalte in der Gegend von Tibur (VI,70) und Praeneste (IX,83). Im romanisierten Gallien verhält es sich entsprechend:
Ausonius rühmt die Landsitze an der Mosel (*Mosella* 347 ff.) ebenso
wie die Ferienorte in Aquitanien mit ihren lachenden Fluren, ihren
an die Hänge geschmiegten Villen und ihren grün leuchtenden Reb-

flächen. Das gleiche gilt für Sidonius Apollinaris im Blick auf den See von Aydat (II,2) und die Landschaft um Nîmes (II,9).

Die Preisrede auf Valentinian I., mit der der vielbeschäftigte Eroberer für die Muße gewonnen werden soll, benützt, wie einst Fronto gegenüber Mark Aurel, eine Beispielsammlung (*exempla*). Symmachus erinnert an die Errungenschaften des Augustus in Baiae, Tiberius »schwimmt und steuert auf seinem Inselasyl herum«, und Antoninus gibt sich den »Freizeitvergnügen von Caieta« hin.[10]

Zur Verherrlichung der Muße werden in der Literatur des 4. und 5. Jahrhunderts die Landhäuser mit hohen Worten beschrieben und die Freizeitbeschäftigungen dort rühmend geschildert. Man denke auch hier nur an Ausonius und seine Villen in Libourne und Royan, oder an Sidonius, der, so ausführlich wie einst Plinius seine toskanische Villa und sein Laurentinum, das Gut in Avitacum schildert, mit dem Umkreis seiner Hügel, mit seinen Bäderanlagen und seiner Säulenhalle hoch über dem fischreichen See (II,2). Ebenfalls bei Sidonius (II,9) werden die Häuser des Ferreolus und des Apollinaris in der Gegend von Nîmes, ihre unterschiedliche Lage und ihr Blick auf Weinberge, Olivenhaine und Wälder beschrieben. Sidonius (*Carmen* XXII,6) hat offenbar auch die »epideiktischen« Gedichte in den *Silvae* des Statius zu Ehren der Bäder des Etruscus oder der Villa des Vopiscus in Tibur in Erinnerung, während sich ebenso deutlich Verbindungslinien inhaltlicher Art zum Mußebegriff von Cicero und Plinius aufdrängen.

Auch regelrechte Programmbriefe sind zu finden. Als Auftakt zu den Kampanienbriefen im 1. Buch verspürt etwa Symmachus das uralte Bedürfnis, so wie einst Cato, »Rechenschaft über seine Muße wie über seine Tätigkeit abzulegen« (I,1,2 ff.). Die genauesten Beschreibungen liefert freilich Sidonius. In Avitacum (Epist. II,2) wird die Betrachtung der reinen »Ländlichkeit« (*ager pictus in pratis, pecorosus in pascuis*) durch dichterische Reminiszenzen sublimiert; außer den Angelszenen und Bootswettfahrten fügen sich in diesen Rahmen die Melodien singender Hirten, der *tityri*, die aus der Welt der Bukolik stammen. Wie auch auf den Landsitzen von Nîmes (II,9) wird Ball gespielt. Hier, in den Refugien freundschaftlicher Gastlichkeit am Ufer des Gard, folgt man einem geregelten Freizeitprogramm: Spaziergang, Ausritt und ländliche »Sauna« wechseln ab mit Ballspiel und Würfelpartien. Doch lassen Sport und Gesellschaftsspiele auch genügend Raum für das *otium litteratum*, die Lektüre der profanen und kirchlichen »Klassiker« wie Augustin, Varro, Horaz, Prudentius und

Origenes; die Mahlzeiten werden von geistreichen und scherzhaften
Gesprächen begleitet (*sermones salsi iocularesque*). Die gebildete Gesellschaft der Spätantike ist bemüht, die Tradition der »Tischgespräche«, die vom mittleren Platonismus und von Apuleius herkommt,
fortzusetzen und zu erneuern, indem sie abwechselnd mit erbaulichen
Geschichten stattfinden (Sidonius, Epist. IX,13). Die *otia ruris* bieten,
Ausonius zufolge (Epist. VI,31–32), wie in früherer Zeit viele Entfal-
tungsmöglichkeiten für Amateurlyriker: »Ländlicher Zeitvertreib,
reizvoll gefüllt mit ernsthaften Nichtigkeiten« (*nugis amoena seriis*).
Das gilt auch für Sidonius, bei dem die christliche Verzichthaltung
lange Zeit mit der leichten Lyrik der *versiculi* hadert, in dessen Briefen sich jedoch zahlreiche poetische Improvisationen eingefügt finden. In formal artistischer Lyrik, wie den Epigrammen des Ausonius,[11] besingen die *versiculi* die Poesie der Feste, die unauflöslich mit
der lyrischen Hochstimmung der Dichtung verbunden ist (IX,13; 15);
und wo die Lyrik gelegentlich zur Apologie gerät (II,10: die Kathe-
drale von Lyon), kommt die Verehrung der Musen und der Bildung
gleichwohl zu ihrem Recht: in ein und demselben Gedicht werden Te-
rentia und Calpurnia, die Ehefrauen von Cicero und Plinius, und die
Geliebten der lateinischen Elegiker besungen. Die literarische Freizeitbeschäftigung speist sich bei Symmachus, Ausonius und Sidonius
ständig aus ehrwürdigen Reminiszenzen an die Vergangenheit, die
Beredsamkeit und die lateinische Dichtung. Mag das Dichten auch auf
einen narzißhaften Musenkult hinauslaufen, so läßt sich doch das
Fortleben der »gebildeten Res publica« nicht leugnen. Die von Philo
und einer Seite des Stoizismus herkommende kontemplative Tradition unterstützt zwar die mönchischen Neigungen; aber das *otium litteratum*, das sich mit der neuen Spiritualität sehr häufig verbindet,
hält die Geisteswissenschaften am Leben, die nicht selten weltlicher
Eitelkeit geziehen werden. Die antike Freizeitkultur zeichnet sich
durch solide politische und gesellschaftliche Strukturen und eine ständige kritische Betrachtung durch die Intellektuellen aus. Darin liegt
vielleicht die bedeutsamste Erklärung für ihre Dauerhaftigkeit, die
sich gegen Zerstörungs- und Anpassungsversuche gleichermaßen wi-
derstandsfähig erwiesen hat.

Rom. Zustand des 4. Jh.s n. Chr. Gesamtplan

(Nach: F. Coarelli, *Guida archeologica di Roma*, Mailand 1974)

Verzeichnis der im nachfolgenden Stadtplan eingezeichneten Monumente:

1 Porta Trigemina.
2 Porta Lavernalis.
3 Porta Raudusculana.
4 Porta Naevia.
5 Porta Capena.
6 Porta Caelimontana.
7 Porta Querquetulana.
8 Porta Esquilina.
9 Porta Viminalis.
10 Porta Collina.
11 Porta Quirinalis.
12 Porta Salutaris.
13 Porta Sanqualis.
14 Porta Fontinalis.
15 Porta Carmentalis.
16 Porta Flumentana.
17 Porta Triumphalis?
18 Porta Cornelia.
19 Porta Flaminia.
20 Porta Pinciana.
21 Porta Salaria.
22 Porta Nomentana.
23 »Porta Chiusa«.
24 Porta Tiburtina.
25 Porta Praenestina.
26 Porta Asinaria.
27 Porta Metrovia.
28 Porta Latina.
29 Porta Appia.
30 Porta Ardeatina.
31 Porta Ostiensis.
32 Porta Portuensis.
33 Porta Aurelia.
34 Porta Septimiana.
35 Capitolium.
36 Arx.
37 Forum Romanum.
38 Maxentius-Basilika.
39 Tempel der Venus und Roma.
40 Cäsar-Forum.
41 Augustus-Forum.
42 Templum Pacis.

43 Forum Transitorium.
44 Trajansforum.
45 Haus des Augustus und Apollo-
tempel.
46 Domus Tiberiana.
47 Domus Flavia und
Domus Augustana.
48 Domus Severiana.
49 Tempel des Elagabal.
50 Kolosseum.
51 Ludus Magnus.
52 Tempel des Claudius.
53 Castra Nova Equitum Singularium.
54 Amphitheatrum Castrense.
55 Domus Sessoriana.
56 Thermen der Helena.
57 Circus Varianus.
58 Mithräum unter S. Clemente.
59 Domus Aurea.
60 Titus-Thermen.
61 Trajansthermen.
62 »Sette Sale«.
63 Porticus Liviae.
64 Macellum Liviae.
65 Horti Maecenatis.
66 Nymphäum des Alexander Severus
(»Trofei di Mario«).
67 »Tempel der Minerva Medica«
in den Horti Liciniani.
68 Serapis-Tempel.
69 Konstantinsthermen.
70 Diocletiansthermen.
71 Gärten des Sallust.
72 Castra Praetoria.
73 Aqua Virgo und Bogen des
Claudius.
74 Hadrianische Mietshäuser.
75 Templum Solis.
76 »Arco di Portogallo«.
77 Gärten des Lukull.
78 Marcellustheater.
79 Apollo-und-Bellona-Tempel.

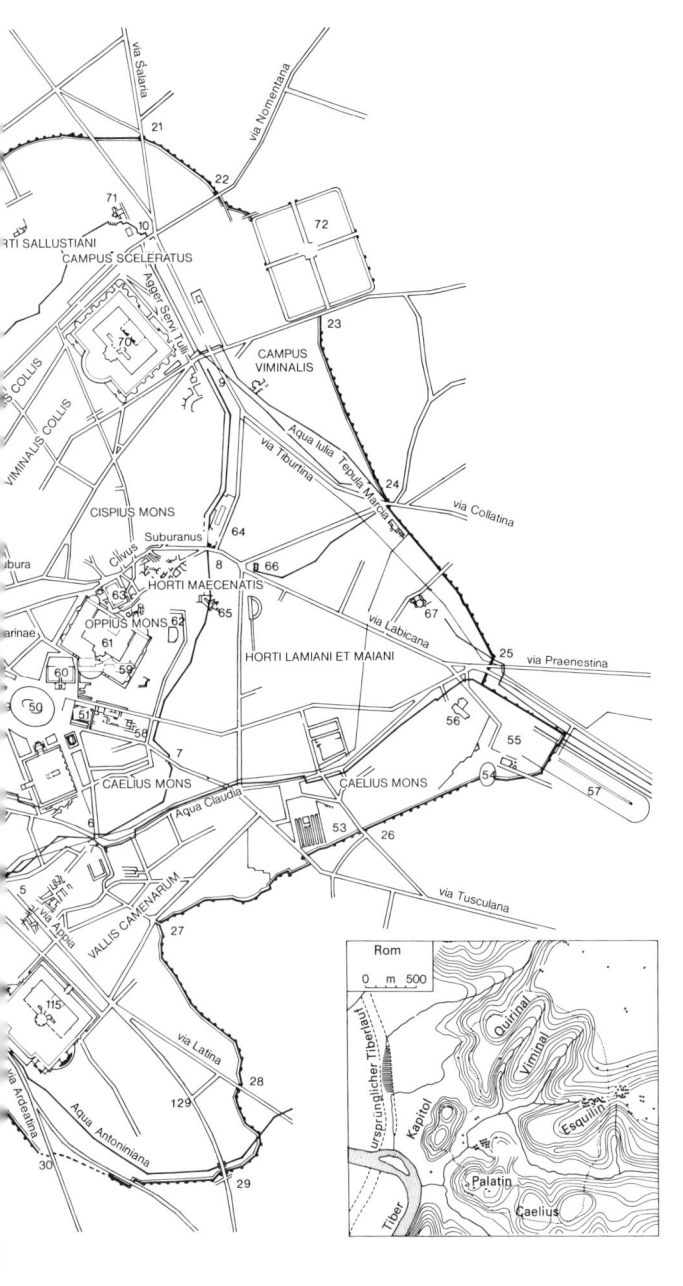

RTI SALLUSTIANI
CAMPUS SCELERATUS

HORTI SALLUSTIANI

71
10
72

COLLIS
VIMINALIS COLLIS

70

Agger Servii Tulli

CAMPUS
VIMINALIS

21
22
23
24

via Salaria
via Nomentana

Aqua Iulia Tepula Marcia Claudia
via Tiburtina
via Collatina

CISPIUS MONS
Suburanus
Clivus
HORTI MAECENATIS
OPPIUS MONS
Tubura
arinae

64
8
66
65
67
25   via Praenestina
via Labicana

63
62
61
60
59
59
51
58
57

HORTI LAMIANI ET MAIANI

56
55
54

7

CAELIUS MONS
Aqua Claudia

CAELIUS MONS

53
26
57

6
5

VALLIS CAMENARUM

115

via Appia
via Latina

27

28
129
30
29

Aqua Antoniniana
via Ardeatina

Rom

0   m   500

ursprünglicher Tiberlauf

Kapitol
Quirinal
Viminal
Esquilin
Palatin
Caelius
Tiber

Anmerkungen

Einleitung

1 Wir fassen hier die Ergebnisse zusammen aus unserer Untersuchung: J.-M. André, »Les origines de l'otium: conjectures étymologiques et réalités sémantiques«, in: J.-M. A., *Recherches sur l'otium romain*, Paris 1962, S. 5–25.

Erstes Kapitel
Das heroische Zeitalter Griechenlands

1 M. Ventris / J. Chadwick, *Documents in Mycenaean Greek*, Cambridge 1956, S. 332 f. (»The Ta-series, Inventories of vessels and furniture at Pylos«). Ebd., S. 228 f. (»Mycenaean vessel names«). Die Tafelschüssel findet sich auch unter den mykenischen Ideogrammen, ebd., S. 284.

2 Aristoteles, *Politik* 1256a 29 ff.

3 F. Wehrli, *Die Schule des Aristoteles*, Basel/Stuttgart ²1967, Dikaiarchos, fr. 47–66, S. 22 f. Fr. 48 legt den Akzent auf die »Stufe des Sammelns«, fr. 49 auf die urzeitliche Muße. Dikaiarch hat aus dem homerischen Kyklopen (Od. X,80 ff.) ein Symbol pastoraler Lebensweise gemacht.

4 M. P. Nilsson, *Geschichte der griechischen Religion*, Bd. 1, München 1941 (Handbuch der Altertumswissenschaft V,2,1.2), S. 610–613, B. D. Merritt, *The Athenian Year*, Berkeley 1961.

5 L. Deubner, *Attische Feste*, Berlin 1932 (unveränd. Nachdr. Berlin/Darmstadt 1956), Beilage 2, S. 248 f. und Taf. 34–40 (Kalenderfries von Hag. Eleutherios).

6 Schon älter, aber noch gültig: E. Buchholz, *Die homerischen Realien*, Leipzig 1881, pass. Vgl. auch É. Mireaux, *Poèmes homériques et histoire grecque*, Paris 1949. Übers. der Homer-Zitate nach W. Schadewaldt.

7 Auch die Ruhepause für den Krieger ist nicht vergessen (Il. III,437 ff.: Paris und Helena nach dem Kampf).

8 E. Buchholz (Anm. 6), S. 130–131.

9 Sueton, *Praeter Caesarum libros Reliquiae*, hrsg. von A. Reifferscheid, Leipzig 1860 (reprogr. Nachdr. Hildesheim / New York 1971), S. 322–348 (*Ludicra historia* 182): In dem nicht erhaltenen *Palamedes* des Sophokles werden Spielsteine und Würfel als »reizendes Mittel gegen Müßiggang« bezeichnet. Erinnert sei überhaupt an die verschiedenen Erwähnungen des Würfelspiels in der griechischen Literatur.

10 Aristoteles, Hist. an. VI,20,4; Aulus Gellius, Noct. Att. III,17. Vgl. Macrobius, Saturn. I,13 (die Unstimmigkeiten des griechischen Jahres in der Frühzeit).

11 Das homerische (und mykenische) Megaron, Od. XVII,324 ff.

12 Athenaios, Deipn. XIV,629b ff. über die »einstigen Tanzformen« mit der dazugehörigen Nomenklatur: der Waffentanz Pyrrhiche und »weniger heftige« Tänze wie Daktyloi und Iambike, die Emmeleia der Molosser, der unzüchtige Kordax, der Satyrtanz Sikinnis, der thrakische Kolabrismos (Schweinetanz) usw. Einige

dieser Tänze werden in dem Katalog der Platonischen Gesetze wieder auftauchen. Kordax und Emmeleia sind auch bei Athenaios, Deipn. I,20e erwähnt, woraus hervorgeht, was die Choreographie der Pantomime dem komödiantischen Kordax verdankt.

13 Eine Untersuchung dieser Spiele bei É. Mireaux (Anm. 6), Bd. 2, S. 188 f. Zu den keramischen Darstellungen vgl. die François-Vase im Archäologischen Museum von Florenz, mit den Namen der Wagenlenker Odysseus, Diomedes und Antimedon. Vgl. M. I. Finley / H. Pleket, *The Olympic Games*, London 1976, S. 58, Taf. 9a.

14 E. Norman Gardiner, *Athletics in the Ancient World*, Oxford 1930 (Nachdr. ebd. 1965), S. 31 f.; E. Norman Gardiner, *History and Remains of Olympia*, Oxford 1925, S. 63 f.

15 Aristoteles, *Nikomachische Ethik* 1095b; s. Kap. II und III. Für Athenaios (Deipn. I,18 f.) ist die *Odyssee* das Gedicht der »Muße« und des »friedlichen Genusses«.

16 Die homerische *euphrosyne* ist Gegenstand einer Kontroverse zwischen Aristoteles und Epikur. Epikur gibt ihr ihre sinnliche Bedeutung zurück. Dazu Heraclitus, Alleg. Homer. 4, wo Epikur als »phäakischer Philosoph« bezeichnet wird, als »Züchter der Lust in seinen eigenen Gärten« (Usener, *Epicurea* fr. 229). Die Polemik des Herakleides Pontikos ist aus dieser Meinungsverschiedenheit zu erklären, vgl. J.-M. André, *L'otium dans la vie morale et intellectuelle romaine*, Paris 1966, S. 262.

17 Athenaios, Deipn. XII,512a ff. (Perser, Meder, Athener); XII,523e (Milesier); XII,526a (Samier).

18 Athenaios, Deipn. V,192d; XII,513b–c.

19 Der ungeordnete Komos unterscheidet sich grundlegend von der förmlichen Pompa; vgl. dazu L. Deubner (Anm. 5), S. 103 (Anthesterien) und S. 138 f. (städtische Dionysien). Zu den figürlichen Zeugnissen, ebd., Beilage 1, S. 238 f. (Darstellungen der Choenkannen).

20 L. Deubner (Anm. 5), S. 102 f. Über Ablauf und Ritual der Anthesterien, ebd., S. 93 f. und L. R. Farnell, *The Cults of the Greek States*, Bd. 5, Oxford 1909, S. 208–214.

21 J. Hubaux, *Les thèmes bucoliques dans la poésie latine*, Brüssel 1930, S. 223 f.

22 Ein alter Monat aus dem jonischen Kalender, dem attischen Gamelion entsprechend.

23 A. Grilli, *La vita contemplativa nel mondo greco-romano*, Mailand 1953, S. 182 f.

24 Hesiod, *Erga* 650 ff. (mit den Spielen verbundener Sängerwettstreit).

25 Zu dieser strittigen Frage über Lykurg vgl. M. Ducos, *Les Romains et la loi*, Paris 1984, S. 290 f. und S. 436; J. Gaudemet, *Les institutions de l'antiquité*, Paris 1967, S. 153 f. (Gewichtung nach der Seite der »Reformatoren«).

26 M. Muehl, »Die Gesetze von Zaleukos und Charondas«, in: *Klio* 22 (1928/29) S. 104–124; S. 432–463. Charondas beschränkt sich auf Vorschriften, die die soziale Moral betreffen, während Zaleukos (nach Stobaios, Ekl. IV, 123–124 Hense) der Stadt- und Landbevölkerung den Götterglauben gebietet, jedoch die Opfer und Opfergaben begrenzt (Diodor XII,20,2). Zur Historizität der beiden Gesetzgeber vgl. M. Ducos (Anm. 25), S. 391 f.

27 Die Rhetra oder »Norm« wird zuweilen mit der Gesetzgebungstätigkeit des Delphischen Orakels in Verbindung gebracht, vgl. J. Defradas, *Les thèmes de la propagande delphique*, Paris 1972, S. 259–262. Die Rhetra des Lykurg kann auch

die Form einer Luxusbeschränkung erhalten (Plutarch, Lyk. XIV: unsinnige Umzüge, Lieder, Tänze).

28 Trotz des zeitlichen Abstandes herrscht die Tendenz, das gesetzgeberische Werk
Solons und das des Kleisthenes miteinander zu verquicken; vgl. P. Levêque /
P. Vidal-Naquet, *Clisthène l'Athénien*, Paris 1964, S. 120–122. Solon war Archon
im Jahre 594/93. W. Jaeger, *Paideia. Die Formung des griechischen Menschen*,
Bd. 1, Berlin 1933 (reprogr. Nachdr. 1973), S. 188 f. sieht in ihm den Begründer
der politischen Kultur Athens.

29 Dieser Vorläufer der Tragödiendichter ist wenig bekannt, vgl. Art. »Thespis«, in:
Realencyclopädie der classischen Altertumswissenschaft VI,1 (2. R.) Sp. 62 f.;
Athenaios, Deipn. I,22a, nennt ihn »Tänzer«, weil er seine Dramen choreogra-
phisch darbot (zum Problem von Schritt und Tanz in der Choreographie vgl.
A. Pickard-Cambridge, *The Dramatic Festivals of Athens*, Oxford 1973, S. 251 f.).

30 Plutarch, *Solon* XXIX,4. Athenaios hat eine widersprüchliche Überlieferung be-
wahrt: Mal nennt er ihn für das Vergnügen empfänglich (Deipn. XII,569d–e:
Aphrodite Pandemos; XIII,602e: Kuß und Verlangen), mal genügsam (einfache
Mahlzeiten, Deipn. XIV,645 f. und IV,137e; Ablehnung von Parfums, Deipn.
XIII,612a; die Parfums hängen mit der Tradition der Festmahlzeit zusammen).

31 Athenaios, Deipn. XIV,632d: der archaische Dichter.

32 H. Diels, *Die Fragmente der Vorsokratiker* I,10 (73 a), S. 63.

33 P. Levêque / P. Vidal-Naquet (Anm. 28), S. 22 f.

Zweites Kapitel
Das klassische Griechenland

1 Die städtische Struktur Athens ist durch den Bau der Langen Mauern, ein Werk
des Themistokles, und den neuen Stadtplan verstärkt worden, vgl. W. Judeich,
Topographie von Athen, München ²1931 (Handbuch der Altertumswissenschaft
III,2.2), S. 60.

2 Diese Überlieferung wird durch Aristoteles bestätigt, vgl. L. Deubner, *Attische
Feste*, Berlin 1932 (unveränd. Nachdr. Berlin/Darmstadt 1956), S. 23.

3 W. Judeich (Anm. 1), S. 334 f.; dazu der Plan, S. 344. Ebenso R. Martin, *Recherches sur l'agora grecque*, Paris 1951, S. 255 f. (um 500 v. Chr.).

4 W. Judeich (Anm. 1), S. 412–415.

5 Ebd., S. 73–83.

6 Dazu L. Deubner (Anm. 2), Nachträge, Festkalender.

7 L. Deubner (Anm. 2), S. 134–138; auf Dionysien stößt man später auch in Nea-
pel, Plutarch, Brut. XXI; zu den Oschophorien in Alexandria vgl. L. R. Farnell,
The Cults of the Greek States, Bd. 5, Oxford 1909, S. 201 f. (Lukian, Calumn. 16).
Das gleiche gilt für die delischen Dionysia, L. Deubner (Anm. 2), S. 141, und für
den Export des Rituals der Lenaia nach Magnesia, Priene und Mykonos, L. R.
Farnell, S. 213; ebd., S. 135 f. (das Ritual auf den Inseln und in Asien).

8 A. Pickard-Cambridge, *The Dramatic Festivals of Athens*, Oxford 1973, S. 58.

9 Grundlegende Werke: J. D. Beazley, *Attic Red-Figure Vase-Painters*, 3 Bde., Oxford ²1963; E. Pfuhl, *Malerei und Zeichnung der Griechen*, 3 Bde., München
1923, besonders zu beachten: S. 459 f. (»Brygos und sein Kreis«), Bd. 3, S. 138 bis
147 (die zahlreichen Dionysosthemen). Dieser Meister der rotfigurigen Malerei

(Kylikes) wird von P. E. Arias / M. Hirmer, *Tausend Jahre griechische Vasen-kunst*, München 1960, S. 73 f. behandelt; bemerkenswert die Wiedergabe eines Komos auf einem Skyphos und einer Schale, Taf. 135–138; die Darstellung des Rausches eines Komasten, XXXIII. Die schwarzfigurige Keramik des Sophilos (Anfang des 6. Jh.s), beispielsweise der Dinos der Akropolis, hat die Hochzeit von Peleus und Thetis zum Thema, ebd., S. 37.
Gegen Ende des 6. Jh.s stieg die Zahl der Töpferwerkstätten im Kerameikos stark an. Der rotfigurige Stil löste den schwarzfigurigen ab. Über die verschiedenen rotfigurigen Maler von Euphronios, den Andokidesmaler, Epiktetos, Euthymides und Phintias vgl. P. E. Arias / M. Hirmer, S. 61 f.: Sie behandeln mit Vorliebe den Mythenkreis um Dionysos, die Athletenthematik, und zwar die Palästra, und das Symposion; vgl. die Taf. 87, 89, 96, 99 (Hetären, Silene, Mänaden), 100 (die Oltosschale aus Tarquinia mit dem Wagen des Dionysos und seinem Gefolge), 105 (das Symposion auf einem *stamnos* des Smikros, um 520–510 v. Chr.) usw. Euphronios (ebd., S. 67 f.) liebte besonders Szenen in der Palästra, beim Symposion und beim Komos; heranzuziehen sind auch die ausgewählten Belege bei L. Deubner (Anm. 2), A. Pickard-Cambridge (Anm. 8) und E. Norman Gardiner (Anm. 62).
10 L. Deubner (Anm. 2), S. 25 (Panathenaia).
11 Plutarch, *Moralia* 1098b; Aristophanes, *Wolken* 398.
12 Vgl. dazu etwa den sportlichen Wettkampf an den Athenäen, L. Deubner (Anm. 2), S. 23, und den *agon euandrias*, ebd., S. 29; Pferderennen an den Choen, Komikeragon an den Chytren, ebd., S. 112 f.
13 V. Ehrenberg, *Aristophanes und das Volk von Athen*, Zürich/Stuttgart 1968, S. 33–42 und S. 286 f.
14 Aristophanes, *Ritter* 1325 ff.
15 V. Ehrenberg (Anm. 13), S. 500–504 (Zeittafel): Seine Karriere beginnt 427 v. Chr. Die *Wespen* 1071 ff. bringen in einem Halbchor den griechischen ›Patriotismus‹ zum Ausdruck, mit dem Stolz auf den Sieg über die Perser. Ehrenberg, ebd., S. 299 (Krieg und Frieden), hat auf die Bedeutung dieser Problematik bei Aristophanes hingewiesen.
16 Apaturien, Thesmophorien, Skira, Stenia usw.
17 V. Ehrenberg (Anm. 14), S. 52 f. und S. 94 f.
18 L. Deubner (Anm. 2), S. 130 f.: Vasen, besonders Stamnoi und Kylikes, die mit den Anthesterien nichts zu tun haben, illustrieren die Lenäen und die orgiastische Seite dieses dionysischen Festes. Dazu auch A. Pickard-Cambridge (Anm. 8), S. 30 f. (mit sehr schöner Auswahl des Bildmaterials).
19 Diese Zuwendung war eine Art Zuschauerlohn, der es jedem erlaubte, seine Arbeit für die Teilnahme an den Festlichkeiten zu unterbrechen, vgl. V. Ehrenberg (Anm. 14), S. 232 und S. 458, Anm. 77. Plutarch, Perikl. IX, schreibt diese Einrichtung dem Perikles zu, doch bleibt die Frage ziemlich unklar, vgl. A. Pickard-Cambridge (Anm. 8), S. 266 f. Es scheint dagegen ausgemacht (Aristoteles, Athen. pol. 28,3), daß der Demagoge Kleophon diese Unterstützung eingeführt hat; sie belief sich wohl auf zwei Obolen pro Tag (*diobelia*), die seit 410 v. Chr. von den Schatzmeistern der Athena verbucht worden sind.
20 W. Judeich (Anm. 1), S. 413. P. Grimal, *Les jardins romains à la fin de la République et aux deux premiers siècles de l'Empire*, Paris ²1969, S. 69 f.
21 W. Judeich (Anm. 1), S. 83 f.; zum Dionysostheater, ebd., S. 307 f.
22 V. Ehrenberg (Anm. 13), S. 36–38. Es wird gemeinhin angenommen, daß die

Parabase mit ihren Respektlosigkeiten und ihrer rücksichtslosen Offenheit aus dem frühen Komos hervorgegangen ist.

23 V. Ehrenberg (Anm. 13), S. 83–153, gibt eine systematische Untersuchung der sozialen Schichten: Bauern, Oberschicht, Kaufleute und Handwerker.

24 V. Ehrenberg (Anm. 13), S. 281 f. Die Diskussion über Tragödie und Komödie in den *Thesmophoriazusen* und in den *Fröschen* tragen zur literarischen Bildung des Publikums bei und führen zu einer Kontinuität innerhalb der dramatischen Tradition.

25 P. Ghiron-Bistagne, *Recherches sur les acteurs dans la Grèce classique*, Paris 1976, S. 196. Die Zurschaustellung von Vorgängen aus der Intimsphäre auf der Bühne behandelt A. Pickard-Cambridge (Anm. 8), S. 221 f.

26 Die meisten Zeugnisse gehören in hellenistische Zeit; Aristoteles, Rhet. III,2 ist kein Beweis für eine schon wirkungsvoll durchstrukturierte Korporation. Vgl. A. Pickard-Cambridge (Anm. 8), S. 279 f. (»The artists of Dionysus«).

27 Vgl. Art. »Choregia«, in : *Realencyclopädie der classischen Altertumswissenschaft* III, Sp. 2409 ff.: Ehre und Auszeichnung, jedoch zunehmende Schwierigkeiten bei der Durchführung, vgl. ebd., Sp. 2412–14. Dazu Lysias, *Reden* XXI,1–4.

28 Aristophanes, *Frösche* 404 f. und 1065 ff. Zu diesem Ausweichen vor der Choregie, das mit der Einführung von *agonothetes* enden wird, vgl. V. Ehrenberg (Anm. 13), S. 240 und S. 462, Anm. 150 und 151 (historische Verweise).

29 Platon bestätigt den Zusammenhang von *paideia* und Tanz (*Gesetze* II,654a), ehe er (VII,813–816) seine Übersicht zur Integration verschiedener Tänze in das dramatische Spiel aufstellt, vgl. A. Pickard-Cambridge (Anm. 8), S. 246–257.

30 Platon (*Gesetze* VII,815c) scheint für den primitiven Komos eine derbe Choreographie anzunehmen, die ausgelassenen Sprünge nämlich der Silenen und verkleideten Satyrn.

31 Aristophanes, *Ritter* 1375 ff. Vgl. Platon, *Gesetze* VIII,835.

32 Aristoteles, Pol. VII,1331a 30 ff. Vgl. R. Martin, *L'urbanisme dans la Grèce antique*, Paris 1974, S. 21–24.

33 Art. »Hetairai«, in: *Realencyclopädie der classischen Altertumswissenschaft* VIII, Sp. 1331 ff. Athenaios erinnert an pornographische Titel in der Nea, die *Thalatta* des Diokles und die *Klepsydra* des Eubulos, in der ein Mädchen seine Gunst nach der Dauer der Wasseruhr bemißt (Deipn. XIII,579a ff.). Pornographische Malerei, wie die des Pausias, fördert das Gewerbe.
Der Dionysos in den *Fröschen* 108 ff. rechnet Bordelle zu den Gegebenheiten der damaligen Zivilisation, wenn er nach »Häfen, Bäckerläden, Bordellen, Brunnen, Wegen, Lustgärten, Gasthäusern und Nachtquartieren ohne Wanzen« fragt.

34 Vgl. die Komos-Szenen, S. 24 f., und den Stamnos aus Brüssel bei P. E. Arias / M. Hirmer (Anm. 9), Taf. 106–107.

35 Platon, *Gesetze* I,635b ff. Dazu die Definition im *Theaitetos* 175d über den »wahrhaft in Freiheit und Muße erzogenen Mann«, den man einen »Philosophen« nennt.

36 Platon, *Phaidon* 58d; *Phaidros* 227b und 230e; *Theaitetos* 143a–b.

37 J.-M. André, *L'otium dans la vie morale et intellectuelle romaine*, Paris 1966, S. 155 f.

38 Platon, *Symposion* 216d. In den *Gesetzen* VIII,835 wird an der Untätigkeit der Jugend und ihrer amourösen Freiheit Kritik geübt.

39 Hippokrates, Diait. II,60 ff.

40 Athen bleibt zur Zeit des Aristophanes dem ländlichen Attika eng verbunden, vgl. V. Ehrenberg (Anm. 13), S. 91–92.

41 Es handelt sich um den Krug, der zwölf Kotylai faßt (3 1/4 l) und am 2. Tag der Anthesterien als Choenkanne Verwendung findet.

42 Aristophanes, *Wolken* 16 ff. V. Ehrenberg (Anm. 13), S. 87 und S. 109.

43 Aristoteles, Pol. I,1260b 1 definiert die Situation des »banausischen Handwerkers« als »begrenzte Sklaverei«; Pol. VII,1328b 33 ff. schließt er ihn von der Bürger-Agora aus.

44 Vgl. P. Grimal (Anm. 20), S. 68 f.: Der Park des Kyros in Sardes, den der Autor der *Kyropädie* bestens kennt, vereint Fruchtbarkeit, geometrische Gestaltung und ländlichen Charakter.

45 A. Biese, *Die Entwicklung des Naturgefühls bei den Griechen und Römern*, Kiel 1882–84.

46 Platon, *Protagoras* 347c–d. Die gewöhnlichen Gastmähler mit ihren Flötenspielerinnen, Tänzerinnen und Musikanten erinnern an die der Diakrier in den *Wespen*.

47 Auf Grund der Trivialisierung des dionysischen Festtaumels kann »Komos« einfach den Zug der Saufbrüder, die zum Gelage ziehen, bezeichnen, vgl. Aristophanes, *Plutos* 1038–1041. Rotfigurige Vasenbilder, wie die des Euergides, zeigen einen Zug von Komasten mit Fackeln auf dem Kopf; vgl. dazu P. Ghiron-Bistagne (Anm. 25), S. 231 f.

48 Platon, *Phaidros* 229a. Zu den athenischen Bädern und ihrer Entwicklung vgl. R. Ginouvès, *Balaneutikè. Recherches sur le bain dans l'antiquité grecque*, Paris 1962, Kap. 3, S. 111 f.

49 Ebd., S. 124 f. Daß Baden und körperliches Training zusammengehörten, geht auch aus der Anlage des Gymnasiums hervor, vgl. J. Delorme, *Gymnasion. Essai sur les monuments consacrés à l'éducation en Grèce*, Paris 1960, S. 304–306.

50 Zur Lokalisierung des Lykeions und der Akademie vgl. W. Judeich (Anm. 1), S. 412 f. (dazu vgl. S. 34 f.), und R. Ginouvès (Anm. 48), S. 125 f. und Anm. 12.

51 Zum Betrieb im *balaneion* oder öffentlichen Bad vgl. R. Ginouvès (Anm. 48), S. 214–217.

52 Ebd., S. 217 f.

53 Ebd., S. 184 und S. 216.

54 Aristophanes, *Wolken* 990 ff.; 1045 ff. (Flanieren und Bäder).

55 Aristoteles, Probl. XXIX,14,952a.

56 Pap. Ox. CCXXII: 10 Wettkämpfe (Stadionlauf, Diaulos und Dolichos, Pentathlon, Ringkampf, Faustkampf und Pankration – dazu die drei Wettkämpfe für Knaben: Stadionlauf, Ringkampf und Faustkampf).

57 Man muß zwischen den Theores im Sinne von Festgesandtschaften, die die Städte bei den großen Spielen vertraten, und den Theores im Sinne von Boten unterscheiden: Die Boten aus Olympia hießen *spondophoroi*, wegen des ›heiligen Friedens‹, dessen Einrichtung Lykurg zugeschrieben wird. Vgl. Art. »theoroi«, in: Ch. Daremberg / E. Saglio, *Dictionnaire des antiquités grecques et romaines* V, S. 208 f.

58 Art. »Olympia« (Anm. 57) IV,1, S. 180.

59 Die Olympioniken hatten das Recht, ihre Statuen in der Altis aufzustellen, vgl. Plinius, Nat. hist. XXXIV,16; Pausanias, Hell. perieg. VI,3,6; 13,9. Vgl. Art. »Olympia« (Anm. 58), S. 192 (die Siegerinschriften).

60 Der Exeget gehört zum festen Bestand des olympischen Personals und ist auf den heiligen Tafeln erfaßt; vgl. ebd., S. 180. Pausanias spricht ständig von Exegeten: V,6,6; 10,7; 18,6; 20,4; 21,8.

61 H. Diels, *Die Fragmente der Vorsokratiker* II,82, A,1, S. 272 und B,8–9, S. 287 (Gorgias); II,86, A,8, S. 328 und B,3, S. 330 (Hippias und die *olympionikôn anagraphe*). Zu Antiphon, Diels, fr. 49, II, S. 358 f. (Stobaios, Ecl. IV,22): Gleichstellung der olympischen und pythischen Siege als Frucht von Anstrengung und Entbehrung mit den Freuden der Bildung.

62 E. Norman Gardiner, *Athletics of the Ancient World*, Oxford 1930 (Nachdr. 1965), S. 42–44. Aristophanes, *Wespen* 1187 ff. und 1382 ff., unterstreicht, daß das Volk die Theoria (das Zuschauergeld) und ihre Funktion schätzt.

63 Die Rede des Aischines gegen Timarchos, die mit dem mondänen, lasterhaften Leben hart ins Gericht geht, zeigt, daß diese »Spiele im Freien« auch in Spielhallen und anderen zweifelhaften Örtlichkeiten im Schwange waren; § 57: der Partner beim Würfeln; § 74: männliche Prostitution, die er nicht ausschließt; § 75: erlesene Abendessen mit Kurtisanen und Würfelspielrunden. In derselben Rede (§ 59) wird erwähnt, daß das »Haus« des Pittalakos geplündert wurde: Knöchel, Hähne, Wachteln.

64 Der Kottabos (oder *latage*), der in der *Ludicra historia* des Sueton genannt wird (Ausg. Reifferscheid, S. 328), soll nach Athenaios, Deipn. XI,479c–d bei Festlichkeiten auf Sizilien entstanden sein, die in dem kompilatorischen Werk des Athenaios geradezu sprichwörtlich sind. Aristophanes erwähnt das Spiel mehrfach: *Acharner* 525; *Frieden* 343; *Wolken* 1073.

65 Dazu Aulus Gellius, Noct. Att. I,20,4.

66 Eine Beschreibung bei Aristoteles, Hist. anim. I,499b.

67 Pollux, *Onomastikon* IX,98 legt fest, daß die Spielsteine zweierlei Farbe haben (*homochroa*, *heterochroa*).

68 Das Spiel heißt *epi pente grammon*, mit der *hiera gramme*, die die fünf Linien schneidet: Pollux, ebd. IX,97–98.

69 J.-M. André (Anm. 37), S. 50–55. Zu den Reden des Demosthenes vgl. Phil. I,8; III,4 und III,5; Chers. 34 und 55–56 (abschätzige Bedeutung von Muße als luxuriösem Müßiggang, demagogisch zur Geltung gebracht).

70 Platon, *Staat* VIII,10,555b ff. Vgl. J.-M. André (Anm. 37), S. 55, Anm. 6 (pessimistische Muße-Lehre bei Platon).

71 Vgl. Aristoteles fr. 88 (Rose): Der »Aufgeblasene« (*chaunos*), abgesetzt gegen den »Großzügigen«, verschwendet sein Geld für Theater und Pferderennen. Die Kritik an der Demokratie als öffentliche und private Verschwendung findet sich auch bei Platon, *Staat* VIII,10.

72 Demosthenes, Olynth. III,12 f. zeigt, wie erbittert das Volk das Theorikon verteidigt. Xenophon, Ath. pol. I,13 und Aristoteles, Pol. II,4,10 verweisen auf die Entwürdigung des solchermaßen »unterstützten« Volkes.

Drittes Kapitel

Die hellenistische Welt

1 Platon, *Staat* VIII,10–12,555b ff. pass.

2 W. Schubart, »Das hellenistische Königsideal nach Inschriften und Papyri«, in: *Ideologie und Herrschaft in der Antike*, hrsg. von H. Kloft, Darmstadt 1979, S. 104–111 (*philanthropia*, *eunoia*, *euergesia* usw.).

3 Ph. Gauthier, *Les cités grecques et leurs bienfaiteurs*, Paris 1985, S. 40 f. (königli-

che *euergesia*). Gleichwohl ist ein Rückgang des königlichen Euergetismus zu verzeichnen (vgl. Polybios V,90), der dann vom Euergetismus der Notabilitäten abgelöst wird.

4 W. Judeich, *Topographie von Athen*, München ²1931 (Handbuch der Altertumswissenschaft III,2.2), S. 92–95 pass. In diese Aufzählung muß auch das Ptolemaion aufgenommen werden. Die Attaliden aus Pergamon, Eumenes II. und Attalos II., haben als olympische Sieger ihre Kolossalstatuen in den Propyläen aufgestellt (ebd., S. 353 f.).

5 Ebd., S. 99.

6 W. Judeich (Anm. 4), S. 400–410 pass.

7 J.-M. André, *L'otium dans la vie morale et intellectuelle romaine*, Paris 1966, S. 70 f.

8 H. I. Marrou, *Histoire de l'éducation dans l'antiquité*, Paris ⁶1965 (dt. u. d. T. *Geschichte der Erziehung im klassischen Altertum*, übers. von Ch. Beumann, hrsg. von R. Harder, Freiburg i. Br. 1957, Neudr. München 1977), S. 154 f.

9 P. Jouguet, *La vie municipale dans l'Égypte romaine*, Paris 1911, Nachdr. 1968, S. 153 f. Ebenso H. I. Marrou (Anm. 8), S. 158–163.

10 Aristoteles, Pol. VIII,2–5 pass. Ebenso schließt Pol. VII,1329b 33 ff. Handarbeiter wie *banausoi* und *georgoi* von der »Kultur« aus.

11 G. Gullini, *I mosaici di Palestrina*, Rom 1956. Zusammenfassende Darstellung bei D. Bonneau, *La crue du Nil, divinité égyptienne à travers mille ans d'histoire (332 av. – 641 ap. J.-C.), d'après les auteurs grecs et latins*, Bd. 1, Paris 1964, S. 90–94. Zum Leben in Kanobos s. S. 108 f.

12 E. Fabricius, Art. »Hippodamos«, in: *Realencyclopädie der classischen Altertumswissenschaft* VIII, Sp. 1731–34 (Aristoteles, Pol. 1267b 22 ff.). Dazu R. Martin, *L'urbanisme dans la Grèce antique*, Paris 1974, S. 103 f: Der Piräus muß auf Themistokles und nicht auf Perikles datiert werden.

13 R. Martin (Anm. 12), S. 96–111 pass. (Milet und der Piräus).

14 W. Judeich (Anm. 4), S. 310 f. M. Bieber, *The History of the Greek and Roman Theater*, Princeton ²1961, S. 67 f.; A. W. Pickard-Cambridge, *The Theater of Dionysos in Athens*, Oxford 1946, S. 134 f. (Bei seiner Datierung auf die Zeit zwischen 338 und 326 v. Chr. stützt er sich auf Hypereides, fr. 118, IG II–III, 351 und 457; Plutarch, Vit. X or.,62,841 ff.)

15 Vgl. die Ausg. von C. Fensterbusch, Vitruv, *Zehn Bücher über Architektur*, Darmstadt 1981 (¹1964) und Anm. S. 549 f. M. Bieber (Anm. 14), S. 125–128.

16 M. Bieber (Anm. 14), S. 182, Abb. 634.

17 Vitruv, De arch. V,5. Vitruv legt in theoretischer wie in technischer Hinsicht besonderes Gewicht auf die akustischen Koordinaten, vgl. V,4 (die Lehre des Aristoxenos) und V,6.

18 Zu diesem Begriff, der im Griechischen den Übungsraum für den Chor, im Lateinischen die Bühnenausstattung bezeichnet, vgl. C. Fensterbusch (Anm. 15), Anm. 297.

19 W. Judeich (Anm. 4), S. 354 f.

20 E. Akurgal, *Ancient Civilizations and Ruins of Turkey*, Istanbul 1978, S. 72–74 (Pergamon); S. 161 f. (Ephesos); S. 214 f. (Milet). Die *Orationes* des Dion von Prusa können zeigen, welche Bedeutung diese Säulenhallen im aedilizischen Wettstreit der eroberten Metropolen in Asien erlangt haben; vgl. Or. XL,11 und XLVII,13 ff. zu den Säulenhallen von Antiochia und Prusa.

21 Art. »Gymnase«, in: Ch. Daremberg / E. Saglio, *Dictionnaire des antiquités grec-*

ques et romaines II,2, S. 1687 f. (Vitruv und das hellenistische Gymnasium). Ebenfalls J. Delorme, *Gymnasion. Études sur les monuments consacrés à l'éducation en Grèce*, Paris 1960, Kap. 9, S. 253 f. (Palästra und Gymnasium); ebd., S. 489 f. (Diskussion zur Lehre des Vitruv). R. Martin (Anm. 12), S. 277–281, der die Einfügung des Gymnasiums in die Stadtplanung hervorhebt.

22 Zu Priene vgl. H. I. Marrou (Anm. 8), dt. Ausg., S. 187–191 mit Anm. S. 547 f. Zu den drei Gymnasien von Pergamon E. Akurgal (Anm. 20), S. 96–101 (mit Plänen und ausführlicher Bibliographie).

23 P. Petit, *Libanios et la vie municipale à Antioche au IVᵉ siècle après J. C.*, Paris 1955, S. 124 und S. 127 (Plan).

24 L. Cerfaux / J. Tondriau, *Un concurrent du Christianisme. Le culte des souverains dans la civilisation gréco-romaine*, Paris 1957 (Bibliothèque de Théologie III,5), S. 193–204.

25 H. Jeanmaire, *Dionysos. Histoire du culte de Bacchus*, Paris 1951, S. 447–449.

26 Dieser Chronist lebte unter Ptolemaios Philopator (221–204 v. Chr.). Zur Beschreibung des Kallixeinos vgl. P.-M. Frazer, *Ptolemaic Alexandria*, Bd. 2, Oxford 1972, S. 738, Anm. 152; ebenfalls H. Jeanmaire (Anm. 25), S. 428 f.

27 Aristoteles, Pol. VIII,7,1342a 18; dazu den Kommentar bei J.-M. André (Anm. 7), S. 149–151 (vornehmes Mußetreiben und volkstümlicher Zeitvertreib: Auseinandersetzungen zwischen den Lehrmeinungen).

28 Zu dieser Art der Dionysosverehrung des Demetrius vgl. auch Plutarch, Demetr. II,3 ff.: Deutung der Dionysien, die Athen zum Leuchtfeuer des Universums werden lassen, wenn mit Trunk und schwelgerischem Gelage der wiedereingekehrte Friede begrüßt wird.

29 Art. »Theores«, in: Ch. Daremberg / E. Saglio, *Dictionnaire des antiquités grecques et romaines* V, S. 210 (vollständige Aufstellung mit Stellenangaben). A. J. Festugière, *Épicure et ses dieux*, Paris 1946, S. 16 f. (Volksreligion).

30 Ph.-E. Legrand, *Daos, tableau de la comédie grecque pendant la période dite nouvelle*, Lyon 1910 (Annales de l'Université de Lyon 22), S. 240 f. (»La Nea et la joie de vivre«).

31 Ebd., S. 554 f. Apollodoros von Karystos, fr. 5, in: Th. Kock (Hrsg.), *Comicorum Atticorum Fragmenta* III, S. 281.

32 Terenz, Haut. 109 ff. Über die topische Qualität solch einer soziologischen Erklärung vgl. J.-M. André (Anm. 7), S. 71–76.

33 Der *Dyskolos*, Papyrus Bodmer, 1958 enthält zwei Hinweise, die die Annäherung von *schole* (Muße) und *tryphe* (Genuß) bestätigen: V. 357 und V. 755, wobei letzterer das Flanieren beklagt.

34 Kallimachos, *Hekale* 10 ff. (über den Götterglauben im frühen Athen). Die *Pannychis* ist ein nächtliches Fest mit abendlichem Treiben, Kottabos und amourösen Begegnungen.

35 *Festmahl bei Polis* (der Titel ist nicht gesichert) I ff. Dieses Gedicht der *Aitia* behandelt die Dionysosverehrung in Ägypten.

36 Usener, *Epicurea* 157. Vgl. A. J. Festugière (Anm. 29), S. 89.

37 Vgl. A. Pickard-Cambridge, *The Dramatic Festivals of Athens*, Oxford 1973, S. 280. Alexander schätzte allerdings die Theaterberufe (Plutarch, Alex. XXIX; Alex. fort. II,2). Für den Schauspieler Athenodoros hat Alexander ein Rücktrittsbußgeld bezahlt.

38 Diese drei Schauspieler sind in den Didaskalien der Dionysien der Jahre 342 bis 340 v. Chr. genannt, die mit Hilfe der Epigraphik rekonstruiert werden konnten,

IG II, 2320 ff. Die Belege, die das komödiantische Programm der Dionysien wie der Lenäen betreffen, dokumentieren allesamt, wie lebendig das Theater im hellenistischen Athen war.

39 Epiktet, Diss., fr. 11, Schenkl, ed. min., S. 464. A. Pickard-Cambridge (Anm. 37), S. 169–176 pass.

40 L. Curtius, *Die Wandmalerei Pompejis*, Darmstadt 1960, S. 275–278 und Abb. 163.

41 A. Pickard-Cambridge (Anm. 37), S. 281 datiert die Entstehung der Berufsgilden auf den Anfang des 3. Jahrhunderts: der Vertrag zwischen den Städten Euböas hätte dann Vorbildcharakter; Text im Anhang, S. 306–308 (IG XII,9,207) und Suppl.
Die Regelungen in Euböa betrafen einen regionalen Vertrag (Dionysia in Karystos, Eretria in Chalkis und Oreos, Demetrieia in Oreos usw.). Tatsächlich entstehen mit den ersten Gruppierungen Theatergruppen, die vertraglich gebunden sind, etwa die Truppe der Soteria in Delphi, im Jahre 248 v. Chr. (A. Pickard-Cambridge, ebd., S. 283), zu der Sänger, Kitharaspieler beiderlei Geschlechts, Choreuten, Flötenspieler mit einem ›Meister‹ und tragische Schauspieler gehören.

42 Die aus Ägypten erhaltenen Verträge zeigen einmal den absoluten Gehorsam der Dionysoskünstler gegenüber dem Herrscher, auf der anderen Seite dessen wohlwollende Protektion, mit der sie entschädigt wurden, besonders unter den ›Euergetes-Göttern‹; vgl. A. Pickard-Cambridge (Anm. 37), Appendix 5, S. 310 f.

43 Ph.-E. Legrand (Anm. 30), S. 558 f.

44 R. Ginouvès, *Balaneutikè. Recherches sur le bain dans l'antiquité grecque*, Paris 1962, S. 147–150.

45 E. Norman Gardiner, *Athletics in the Ancient World*, Oxford 1930, Kap. 7 (»Professionalism«), S. 99 f. *Polyphagia*, die den Organismus schädigt, wird bei Aristoteles, Gen. anim. IV,3,768b 29 ff., verurteilt.

46 Die Organisation ist vor allem für die Kaiserzeit bezeugt. Die ›Synode des Herakles‹ ist besonders durch ihre Auflösung bekannt; IG XIV,1102–1110. Zu den Reisen der Athleten vgl. J.-M André / M.-F. Baslez, *Voyager dans l'antiquité*, Paris 1993, Kap. 6, S. 213 ff.

47 A. J. Festugière (Anm. 29), S. 31 f. (Epikurs Leben).

48 Über die Freude an gemeinsamen Mahlzeiten vgl. ebd., S. 33–35 (die entscheidenden Texte über das Gelächter und die Freude bei Usener, *Epicurea* 190 und 394).

49 A. J. Festugière (Anm. 29), S. 84–98 (die positive Theologie des Gartens, das Zusammenleben in Heiterkeit und Schönheit).

50 Zum Vorrang der Muße im Epikureismus und zum Problem des Ästhetizismus vgl. J.-M. André (Anm. 7), S. 212 (Usener, *Epicurea* 426, 551 und 564) und S. 232–237.

51 A. Passerini, »La tryphe nella storiografia ellenica«, in: *Studi italiani di filologia classica* 11 (1934) S. 35–56. Zu den Texten J.-M. André (Anm. 7), S. 50 f. und Anm. 11. Die Lagiden des 2. Jahrhunderts werden besonders kritisiert, vgl. Plutarch, *Moralia* 200e (Scipio Aemilianus und Ptolemaios VIII. Euergetes).

52 Jacoby, FGrH 87 F 119 (Diodor V,40). J.-M. André (Anm. 7), S. 190 f.; S. 373 f.

53 M. Pohlenz, *Antikes Führertum. Ciceros de officiis und das Lebensideal des Panaitios*, Leipzig/Berlin 1934, S. 55 f. H. von Arnim, *Stoicorum veterum fragmenta* III,169–177. Vgl. auch M. Pohlenz, *Die Stoa. Geschichte einer geistigen Bewe-*

gung, Bd. 1, Göttingen 1948, S. 89–92 und Bd. 2, ebd. 1949, S. 52 f. Bei Poseidonios erscheint die *tryphe* als lasterhafte Energie im Dienste der Begierden.

54 *Stoicorum veterum fragmenta* (von Arnim) III, S. 221–235 pass. (Fragmente der Bücher »Über die Musik« sind vor allem durch Philodemos überliefert).

55 P. Boyancé, *Le culte des Muses chez les philosophes grecs*, Paris 1937, S. 183 (der Platon der *Gesetze*) und S. 211 f.

56 Ebd., S. 175 f.; nach seiner philosophischen Exegese der Dionysosverehrung zielten die *thiasoi* (die Versammlungen zu Ehren eines Gottes) auf freundschaftliche Gemeinsamkeit bei Vergnügungen, vgl. Aristoteles, Eth. Nic. 1160a 19.

57 Gute Zusammenfassung der ethischen Problematik und Liste der Belegstellen bei R. Joly, *Le thème philosophique des genres de vie dans l'antiquité classique*, Brüssel 1956, S. 105–127.

58 Ebd., S. 133–137.

59 H. Jeanmaire (Anm. 25), S. 447–450. Dieser Lagide hat sich für die administrative Seite der Kultvereine interessiert; seine Untertanen nannten ihn (wie die Eunuchendiener der Göttin Kybele) »Gallos«, wegen seiner orgiastischen Ausschweifigkeiten. Seine königliche Galeere hat er dionysisch ausgestattet (dazu S. 106 f.); er trug eine Efeutätowierung und hat das Lagynophorienfest eingeführt, das Fest zu Ehren der ›göttlichen Flasche‹.

60 Plutarch, Dem. XXVI–XXVII. Athenaios, Deipn. XIII,577d–579a, wo die Kurtisanen des Poliorketes aufgeführt sind (Leaina, Lamia usw.).

61 Athenaios, Deipn. XIV,614e–f. Die Streitereien zwischen Demetrios und Lysimachos und dessen sarkastische Bemerkungen über Lamia werden bei Plutarch, Dem. XXIV,8–9 erzählt.

62 Zu Antonius' und Kleopatras Art des Zeitvertreibs (Plutarch, Ant. XXIV ff.) vgl. J.-M. André, *Le siècle d'Auguste*, Paris 1974, S. 82–89 pass. Über die große dionysische Festversammlung in Samos berichtet Plutarch, Ant. LVI,7–8.

63 Hierzu das grundlegende Werk von L. Casson, *Ships and Seamanship in the Ancient World*, Princeton 1971, S. 100–116, der die meisten Berichte bei Athenaios, Deipn. V,203e–209e als richtig erweist. Das gigantische Ausmaß hellenistischer Schlachtschiffe, das immer noch strittig ist, wird von Plutarch, Dem. XX,7 und XLIII,5 bestätigt. Zur Vergnügungsschiffahrt vgl. J.-M. André / M.-F. Boslez (Anm. 46), Kap. 11, S. 420 ff.

64 J.-M. André (Anm. 62), S. 83.

65 Art. »Kanopus«, in: *Realencyclopädie der classischen Altertumswissenschaft* X,2, Sp. 1881. Dazu A. Bernand, *Alexandrie la Grande*, Paris 1966, S. 298 f.

66 Dazu Kap. V.

67 J.-M. André (Anm. 62), S. 88 f.

68 J. Aymard, *Essai sur les chasses romaines, des origines à la fin du siècle des Antonins*, Paris 1951, Kap. 2 (»Les leçons de l'Orient hellénistique«), S. 43–67; zu Alexander S. 45–47 f.; zu den Seleukiden S. 47 f.; zu Jagd und Kunst S. 51 f.

69 Kallimachos, *Hymne an Artemis* 1 ff., gibt eine Aitiologie der Jagd.

70 Im Mythos ist die Jagd mit legendärem Heldentum und Überwindung von Ungeheuern verknüpft (die Aufgaben des Herakles, Theseus und die wilde Sau von Krommyon usw.); anders die Jagd bei Homer (Orion, Skamander), die ein menschliches Unternehmen bleibt, vgl. E. Buchholtz, *Die homerischen Realien*, Leipzig 1881, S. 162 f.

71 Ph.-E. Legrand (Anm. 30), S. 22 f.

72 Die *Deipnosophisten* lassen mehr oder minder fiktive Gestalten auftreten, unter

ihnen sechs Grammatiker und einen Lexikographen, deren Aufgabe es ist, Erläuterungstexte auszuwählen; sie haben zu diesem Zweck alle Komiker der Mittleren Komödie, also der Generation nach Aristophanes, in kleine Texteinheiten zerlegt: Antiphanes, Eubulos, Alexis und die Komiker der Neuen Komödie wie Menander, Philemon und Diphilos. Besonders dicht gestreut sind die Zitate aus der hellenistischen Komödie in der Kompilation über Trinkgelage und Gastronomie (I–III), über die Gastmahlkultur (IV), über die unendliche Vielfalt von Gefäßen und Schalen zum Trinken (XI) und über Liebe und Galanterie (XIII). Immer sind es Fragen des täglichen Lebens und der Lebenskunst, die in der hellenistischen Komödie behandelt werden.

73 Es kann sich nicht um die Lenaia im Gamelion, sondern nur um die Mysterien im Boedromion handeln, die, vermittelt durch Iakchios, mit dem Festzug nach Eleusis (September/Oktober) zusammenhängen; vgl. L. Deubner, *Attische Feste*, Berlin 1932 (Nachdr. Berlin/Darmstadt 1956), S. 69–73 (Mysterien).

74 Zu der ungeklärten Frage nach Niedergang und Aufhebung des Theorikon vgl. Art. »Theorikon«, in: Ch. Daremberg / E. Saglio, *Dictionnaire des antiquités grecques et romaines* V, S. 208.

75 S. Kap. II; Platon, Prot. 347c–d; Aristophanes, *Wespen* 1299 ff.

76 A. J. Festugière (Anm. 29), S. 40 f.

77 Usener, *Epicurea* 142 ff.

78 *Gnomologie Vaticane* LI: Man könnte an Pythokles denken, den Epikur mit Alkibiades verglichen hat; Usener, *Epicurea* 162.

79 Vgl. den erotischen Katalog des Philodemos von Gadara (Anth. Pal. V, 13.25.46.107.121.123.132). Zu den Karikaturen der Neuen Komödie vgl. J.-M. André (Anm. 7), S. 211 und S. 219.

80 J.-M. André (Anm. 7), S. 84 f. (über die asiatische *tryphe*, die in Rom zu einem Klischee wird).

81 Ph.-E. Legrand (Anm. 30), S. 241 (Bankett und Tanz).

82 Plautus, *Stichus* 446 ff. J.-M. André (Anm. 7), S. 74 f. Die griechische, dem Original entsprechende Seite zeigt sich weniger in den Rechtfertigungen der V. 446 ff. als vielmehr in der Beschreibung der Mahlzeit (683 ff.): Nüsse, Böhnchen, kleine Feigen, Oliven – und des Geschirrs (693 ff.): flache, schifförmige Schalen (Skaphe), Trinkbecher mit hohen Henkeln (Kantharos) im Gegensatz zu den irdenen Schalen aus Samos. Der Dionysoskrug (661) erinnert an die athenische Kanne.

83 Obwohl es sich um eine Nachahmung des Sophron handelt (*Die Zuschauerinnen der Isthmischen Spiele*), legt die dargestellte Idylle einen Vergleich mit dem Fest des Ptolemaios Philadelphos nahe.

84 »Adonis-Gärten«, Altargaben, die aus Pflanzen und schnell aufblühenden Blumen bestehen, in »silberne Körbchen« gesät – »grüne Lauben, behangen mit zartestem Dill«, wie auf dem nilotischen Mosaik von Palestrina oder auf nilotischen Malereien. Vgl. P. Grimal, *Les jardins romains à la fin de la République et aux deux premiers siècles de l'Empire*, Paris ²1969, S. 72 (»Les jardins sacrés des dieux«).

85 Ph.-E. Legrand (Anm. 30), S. 237 f.; J.-M. André / M.-F. Baslez (Anm. 46), Kap. 2, S. 43 ff.

86 A. Bernand (Anm. 65), S. 163 f. Athenaios ist zu entnehmen, daß durch mehrere Abhandlungen des Kallixeinos beispielsweise oder des Nikomachos der Charme und die Feste des alexandrinischen Ägyptens Aufmerksamkeit erregt haben.

87 Vgl. L. Robert, *Hellenica* II, Paris 1946, S. 107 f.

Viertes Kapitel

Das frühe Rom und die römische Republik

1 Zu diesen vom augusteischen Nationalismus mehr oder weniger zurechtgerückten »Archäologien« vgl. J.-M. André, *Le siècle d'Auguste*, Paris 1974, S. 149; S. 165 (Dionysios von Halikarnass); S. 169 f. (Pompeius Trogus); S. 179–182 (die antiquarischen Autoren und die Dichter). Livius, der sehr rasch auf das *Asylum* der Frühzeit zu sprechen kommt (Hist. rom. I,8,6 ff.), insistiert doch im Vorwort (4) und auch sonst vielfach auf dem »römischen Wunder«.

2 J.-M. André, *L'otium dans la vie morale et intellectuelle romaine*, Paris 1966, S. 28–42 pass.

3 Ebd., S. 19 f.

4 J. C. Richard, *Les origines de la plèbe romaine. Essai sur la formation du dualisme patricio-plébéien*, Paris/Rom 1978, S. 52 f. und besonders Kap. 3, S. 135 f. (zum ursprünglichen Kern der römischen Bevölkerung); S. 191, soziologische (plebjische Bauern, aristokratische Viehzüchter) und ethnographische Theorien über das Verhältnis von Ackerbau und Viehzucht.

5 J.-M. André (Anm. 2), S. 439 f. (Charakterisierung und »Symbolisierung« der Könige bei Livius).

6 M. Schanz / K. Hosius, *Geschichte der römischen Literatur bis zum Gesetzgebungswerk des Kaisers Justinian*, Tl. 1, München 1959, S. 11–13.

7 J.-M. André (Anm. 2), S. 320 f. (Cicero und das philosophische *otium*); S. 337 f. (*otium* und Geschichtsschreibung bei Sallust).

8 J.-M. André, *La philosophie à Rome*, Paris 1977, S. 11–15 und S. 150 f. (das Wiederaufflammen der Polemik gegen die Philosophie). Zum Gegensatz von altrömischer Ideologie und literarischer Kultur, vgl. J.-M. André (Anm. 2), S. 41 bis 45 (Cato). Zu den Vorurteilen und zur Entwicklung der Mentalitäten vgl. J.-M. André / M.-F. Baslez, *Voyager dans l'antiquité*, Paris 1993, Kap. 3, S. 77 ff.

9 M. Schanz / K. Hosius, *Geschichte der römischen Literatur bis zum Gesetzgebungswerk des Kaisers Justinian*, Tl. 2, München 1959, S. 361 f. (Die Philologen).

10 Ciceros Zeugnis über Varro, der den Römern ihre Vergangenheit, ihre Topographie, ihre Chronologie und ihre »göttlichen und menschlichen Einrichtungen« wiedererschlossen habe, findet sich in Acad. post. I,3,9. Über Varros »archäologischen« Werkkatalog vgl. M. Schanz / K. Hosius (Anm. 6), S. 564. Buch V der Schrift *De lingua latina*, das Etymologisches und Archäologisches verbindet, ist bedeutsam für die Topographie und sakrale Ordnung im frühen Rom. Das bei Macrobius häufig zitierte Buch VI berührt alle Kalenderprobleme in Zusammenhang mit der Terminologie der Zeit.

11 Grundlegende epigraphische Dokumente finden sich im CIL (*Inscriptiones Latinae Antiquissimae*) I unter der Rubrik *Fasti Anni Juliani* III, S. 214 f. (Akten der Arvalbrüderschaft und *feriae* IN CIRC/LUDI); XII, S. 240 f. (*Fasti Vallenses*); XV, S. 243 f. (*Fasti Amiternini*); XVII, S. 247 f. (Fasten aus Antium, die in der Nähe der *scaena* des Theaters gefunden wurden): Angaben zum Kalender waren in großen Buchstaben und Feste in kleineren Buchstaben markiert (LUDI/IN CIRCO usw.). In augusteischer Zeit sind all diese Kalender überarbeitet worden, vgl. A. Piganiol, *Histoire de Rome*, Paris 1949, S. 40 f.; J. Bayet, *Histoire politique et psychologique de la religion romaine*, Paris 1957, S. 89 f.; K. Latte, *Römische Religionsgeschichte*, München 1960, S. 1–4 (Quellen: Kalender, Inschriften).

W. Warde Fowler, *The Roman Festivals of the Period of the Republic*, London
1899, ist noch immer gültig; er erörtert die Kalendertraditionen (Introduction,
S. 11–14) und zeigt Zurückhaltung gegenüber dem Wert von Ovids *Fasten* I–VI
(die sechs ersten Monate, beim März beginnend, der alte Jahresbeginn). Vgl. auch
A. und J. König, *Der römische Festkalender der Republik*, Stuttgart 1991 (RUB
8693).

12 J.-M. André (Anm. 2), S. 18 f.: Die Verherrlichung einer bäuerlichen, mit dem
   mos maiorum verbundenen Tradition gehört zum gesellschaftlichen Moralkodex.

13 J.-M. André (Anm. 2), S. 239 f.

14 Zu den *laudes ruris* bei den Elegikern und ihrer Übereinstimmung mit Horaz
   und Vergil vgl. A. Oltramare, *Les origines de la diatribe romaine*, Genf 1925, besonders S. 206–208.

15 Ebd., S. 107.

16 J. Bayet (Anm. 11), S. 95 f.

17 Im Zusammenhang mit der Grundbesitzermentalität im alten Rom (s. dazu
   S. 165) ist der relativ spärliche Kult für die Schiffahrt zu vermerken; dazu
   W. Warde Fowler (Anm. 11), S. 185–187 (die *Neptunalia* im Juli haben die Dich-
   ter und Antiquare nicht gerade inspiriert). Neptun ist mit dem Tiber und mit der
   Flußschiffahrt verbunden, vgl. K. Latte (Anm. 11), S. 131 f., worin J. Bayet
   (Anm. 11), S. 93 f., eine relativ späte Hinzufügung sieht.

18 H. Fuchs, *Augustin und der antike Friedensgedanke*, Berlin 1926, S. 182 f.

19 W. Soltau, *Die Anfänge der römischen Geschichtsschreibung*, Leipzig 1909,
   S. 156 f. (*Annales maximi*); S. 189–203 (Konsularfasten). An den Rändern der Fasten werden nach und nach die Spiele und Schauveranstaltungen mit vermerkt; zu
   den *Fasti Ostienses* s. Kap. V.

20 Dazu Anm. 11. Die Theorie zu den Einteilungen des Jahres findet sich bei Varro,
   L. l. VI,8 ff. Eine späte Synthese der antiquarischen Forschung sind die *Saturnalia* von Macrobius, I,12–16 pass. (zu Varro und den republikanischen Annalisten,
   die die religiösen und gesellschaftlichen Markierungen auf dem Kalender auf verschiedene Könige zurückführen).

21 Macrobius, Sat. I,12,38–13,20 (historischer Überblick über die Abweichungen
   zwischen der bürgerlichen Zeit und der siderischen Zeit und Erklärung für die
   intercalatio).

22 Zu den ländlichen *menologia* s. Anm. 63.

23 Varro, L. l. VI,3,12 ff.: Die *civilia nomina* beruhen auf einer Dialektik, die von
   deorum causa bis zu *hominum causa* reicht. Es wird sich zeigen, daß die späteren
   Festtheorien diese beiden Zweckbestimmungen aufnehmen.

24 Macrobius, Sat. I,13,3 (*Februus deus*). Zur Bedeutung des frühzeitlichen Februar
   und zu den *februa* als Reinigungsgegenständen vgl. W. Warde Fowler (Anm. 11),
   S. 298 f. Dazu Ovid, Fast. II,19 ff. (der frühe *Terminus*, Fast. II,50, der das Ende
   der Sakralordnung markiert, ist mit den verschiedenen *februa*, die aufgezählt
   sind, verbunden).

25 W. Warde Fowler (Anm. 11), Einleitung, S. 5, dem K. Latte (Anm. 11) und J. Bayet (Anm. 11) folgen. Dazu auch J. Bayet, Einleitung, in: Tite-Live, *Histoire romaine*, Texte latin et trad. franç. par J. Bayet et G. Baillet, Paris 1968, S. 89–99.

26 J. Bayet (Anm. 11), S. 84 f. Zu ihren *Acta*, einer Chronik der »Staatstheologie«,
   vgl. A. Degrassi, *Inscriptiones Italiae Antiquissimae* XIII,2, Rom 1963, S. 29 f.

27 Augustin, De civ. VI,3–4.

28 J.-M. André (Anm. 2), S. 437 f.

29 Ebd., S. 20.
30 Zu diesem ersten Dokument über das römische *otium* vgl. J.-M. André, *Recherches sur l'Otium romain*, Paris 1962, S. 17 f. (Die Anfänge des *otium*: etymologische Vermutungen und semantische Tatsachen).
31 J.-M. André (Anm. 2), S. 435 f.
32 Das *otium urbanum* erscheint bei verschiedenen Gelegenheiten – die Belagerung von Ardua, die Verlockungen von Capua – als Feind der militärischen Stärke, vgl. ebd., S. 450 f.
33 Hinter der Wissenschaft der Pontifices verbirgt sich eine ganze Esoterik, denn der für gerichtliche Geschäfte nicht zugelassene Tag (*nefastus, ater, religiosus* usw.) ist nicht per definitionem schon günstig für die Kulthandlung; dazu Aulus Gellius, Noct. Att. IV,9,3 ff. (Ambivalenz des ›Heiligen‹ und des ›Verfluchten‹ im Begriff *religiosus* und *sacer*). Die antiquarische Tradition (Macrobius, Sat. I,16,2 ff.) stellt allerdings den *festi (dies)*, die den Göttern geweiht sind, die *profesti* gegenüber, die den menschlichen Geschäften gehören, mit der Theorie der gemischten, *intercisi*. Man zerlegt die *profesti* in *fasti, comitiales, comperendini, stati, proeliares*. Deutlich wird gesagt, daß die *dies festi* günstig sind für *sacrificia, epulae, ludi, feriae*.
34 Cicero, De rep. II,14,27 (Einrichtung von *mercatus* und *ludi* durch Numa). Macrobius, Sat. I,16,34 ff. enthält alle Theorien der Annalisten: Die Unterbrechung ermöglicht es, von den Feldern in die Stadt zu gehen, »um städtische und ländliche Angelegenheiten zu regeln« – eine ziemlich vage Formulierung, die auch die politische Betätigung mit einschließt; die Theorie des Rutilius (ebd.) sieht auch Tage Landarbeit und einen neunten Tag für Handels-, Rechts- und politische Geschäfte vor (Vorstellung eines *quorum* für die Abgabe der *plebis scita*, der plebejischen Form der Gesetzgebung). Macrobius erörtert die religiöse Bedeutung der Nundinen (Jupiterfeste?).
35 J. Gaudemet, *Institutions de l'Antiquité*, Paris 1967, S. 402 f. Die Entdeckung des Rechtskalenders durch Cn. Flavius ist später; er hat die Möglichkeiten zu legalem Handeln aufgewiesen, vgl. Cicero, Mur. XI,25; Livius IX,46,5 (die esoterischen Geheimnisse der Pontifices); Macrobius, Sat. I,15,9.
36 Eine Übersicht über die Frage findet sich bei M. Pallotino, *Etruscologia*, 6., durchges. und erw. Aufl., Mailand 1982, Kap. 9 (»La vita e i costumi«), S. 311 bis 340.
37 Häufig zu findender Begriff in der römischen Vorstellungswelt, etwa bei Plinius d. Ä., Nat. hist. XXXIII,53,148 und XXXIV,7,34 u. ö.
38 Zu den bildlichen Zeugnissen, neben J. Heurgon, *Die Etrusker*, Stuttgart [4]1993 (frz. Orig.: *La vie quotidienne chez les Étrusques*, Paris 1961), P. Ducati, *Storia dell'arte etrusca*, Bd. 2, Florenz 1927, Taf. 130; 270 (*gruppo maritale*, Volterra) und 271 f. Ebenso M. Moretti, *Pittura etrusca in Tarquinia*, Köln/Mailand 1974, Taf. 70 f. (Gräber mit Triclinium und Leoparden); L. Banti, *Il mondo degli Etruschi*, Rom 1960, Taf. 46 und 73. Die von P. Ducati, ebd., Bd. 1, S. 239 f. (Caere), S. 547 f. (Chiusi), S. 427 f. (Tarquinia), untersuchten Sarkophage sind in erster Linie Sarkophage von Eheleuten, auf denen Festmahl und Jenseitsfreuden darstellerisch verbunden sind.
39 Plautus, Curc. 482.
40 F. Jacoby, FGrH Nr. 87, F 1 und F 119 (Diod. V,40); M. Moretti (Anm. 38), S. 45 f. und S. 70–75; vgl. J. Heurgon (Anm. 38), S. 274 f.
41 Ebd., S. 267–272 (Zeugnisse aus dem Golini-Grab in Orvieto).

42 Ebd., S. 285 f.
43 J.-M. André, *Mécène, essai de biographie spirituelle*, Paris 1967, S. 55.
44 Ebd., Kap. 1 (Untersuchung des ›etruskischen Atavismus‹ und der boshaften An-
    spielungen des Horaz).
45 J. Heurgon (Anm. 38), S. 302–304 (der *lanista* etruskischer Herkunft; symboli-
    sche Massaker); G. Ville, *La gladiature en Occident des origines à la mort de Do-
    mitien*, Paris/Rom 1981, S. 35 f. (die etruskische Welt hat die Gladiatur aus Süd-
    italien übernommen; dazu S. 149 f.); M. Pallottino (Anm. 36), S. 32 (Diskussion
    über Athen., Deipn. IV,153 ff.).
46 Zu dem, was Etrurien im ›sportlichen Bereich‹ eingebracht hat, M. Pallottino
    (Anm. 36), S. 326 f. und Tafel 54 (Zweigespann aus Tarquinia); 70 (sportliche
    Spiele und Zuschauertribünen, Tomba der Bigae in Tarquinia). Ebenso J. Heur-
    gon (Anm. 38), S. 293 f. (wo Livius I,35 kommentiert wird).
47 M. Moretti (Anm. 38), Taf. 36–37 (Wagen aus der Tomba der Olympischen
    Spiele); Taf. 42 (Kämpfer mit Dickbauch aus der Tomba Cardarelli). L. Banti
    (Anm. 38), Taf. 63 (Kämpfer aus der Tomba der Aurigi) usw.
48 Livius, Hist. rom. VII,2 (364 v. Chr.). Dionysios von Halikarnass, Ant. rom. II,71
    und VII,72 schiebt die Neuerung auf das Jahr 264 v. Chr. Man ist vielfach davon
    ausgegangen, daß Livius als Quelle Varros verlorene Schrift *De originibus scaeni-
    cis* benutzt habe, vgl. G. Michaut, *Sur les tréteaux romains*, Paris 1911, S. 92 f.
    (Auseinandersetzung mit der Tradition). Eine wissenschaftliche Zusammenfas-
    sung der Frage gibt auch M. Schanz / K. Hosius (Anm. 6), S. 20 f. Dazu auch
    S. 138.
49 Livius, Hist. rom. V,2,5 (die Nörgelei der zum Militärdienst eingezogenen Ju-
    gend): *remotam in perpetuum et ablegatam ab urbe et ab re publica iuventutem
    iam ne hiemi quidem aut tempori anni cedere ac domos ac res revisere suas.
    Quam putarent continuatae militiae causam esse*. Dieser Text bringt die frühzeit-
    liche Sehnsucht nach einem militärischen *otium* zum Ausdruck, das von der Jah-
    reszeit abhängig ist und sich im städtischen Bereich abspielt. Vgl. C. Nicolet, *Le
    métier de citoyen dans la Rome républicaine*, Paris 1976, S. 122 f. (*militia*); S. 139
    (die Regel der sechzehn Feldzüge).
50 Zur Lebenskraft dieser *exempla* vgl. M. Rambaud, *Cicéron et l'histoire romaine*,
    Paris 1953, S. 28 f.; weiter A. Oltramare, *Les origines de la diatribe romaine*, Genf
    1925, S. 302 f.
51 Über die *negotia publica* und ihren Vorrang vgl. J.-M. André (Anm. 2), S. 281
    bis 331 (das Wertesystem der ciceronischen Generation).
52 Die Militärklientelen sind untersucht worden von A. von Premerstein, *Vom Wer-
    den und Wesen des Prinzipats*, München 1917 (Abhandlungen der Bayerischen
    Akademie, N. F. 15), S. 21 f.
53 Cicero, Lael. XXIII,86; vgl. J.-M. André (Anm. 2), S. 175 f.
54 J.-M. André, ebd., S. 18 f. (Cato und der Puritanismus, seine ›Predigten‹ gegen
    die *voluptates*) und Kap. 4.
55 Ebd., S. 79 f.
56 Ebd., S. 59 f.
57 P. Grimal, *Le siècle des Scipions. Rome et l'hellénisme au temps des guerres
    puniques*, Paris 1953, Kap. 5, S. 127 f. (die Generation von 160). Vgl. auch J.-M.
    André / M.-F. Baslez (Anm. 8), S. 95–109 pass.
58 J.-M. André (Anm. 2), S. 41 f. (Cato, die ›alten Römer‹ und das *otium
    Graecum*).

59 Livius, Hist. rom. XXXIV,4 ff. (der Luxus und die Künste in Griechenland). Plinius d. Ä., Nat. hist. XXIX,1 ff., besonders §§ 14 ff. (über die griechische Medizin); ebd., VII,112 und Plutarch, Cato Ma. XXII–XXIII (die Philosophengesandtschaft 155 v. Chr. und ihre Vorträge).

60 Vergil, Georg. I,338 ff. (die Verehrung der Götter, besonders der Ceres, und die Dichtung der *Ambarvales*, verbunden mit Bildern glückseliger Entspannung). Horaz, Carm. II,3 und Epist. II,1,139 ff. (die Verbindung zwischen dem *tempus festum* und der Kultordnung für *Tellus* und *Silvanus*). Dazu J.-M. André (Anm. 2), S. 478–482.

61 J. M. Croisille, *Poésie et art figuré de Néron aux Flaviens*, Bd. 1, Brüssel 1982, S. 192 f.; S. 268 f. (Kunst der Landschaftsmalerei und heilig-idyllisches Genrebild). P. Grimal, *Les jardins romains à la fin de la République et aux deux premiers siècles de l'Empire*, Paris ²1969, S. 379 f. (Literatur und Gärten).

62 J.-M. André (Anm. 1), S. 260 f. P. Grimal (Anm. 61), S. 33 f. (zum philosophischen Aspekt); S. 165 f. (zum religiösen Aspekt: die geheiligten Haine).

63 W. Warde Fowler (Anm. 11), S. 1–32 (Einführung: Jahr, Monate und Tage, mit den monatlichen Listen); zu der herausragenden Rolle Numas ebd., S. 335 f. Nach dem CIL I,2 hat A. Degrassi eine vollständige Ausgabe aller präjulianischen und am Ende der Republik erneuerten Kalender in den *Inscriptiones Italiae Antiquissimae* gegeben, Bd. 13: *Fasti et Elogia*, Fasc. 2: *Fasti anni Numani et Iuliani*, Rom 1963: 1. *Fasti Antiates Maiores*, S. 1–25; 2. *Fasti fratrum Arvalium*, S. 29 f.; 5. *Fasti Sabini* – wichtig für den Beitrag des Sabinischen Landes –, S. 51 f.; 6. *Fasti Venusini* (der Heimat des Horaz), S. 55 f.; 11. *Fasti Esquilini*: die *Parilia* des 21. April und der Beginn des Weidejahres, S. 85; 17. *Fasti Praenestini*, S. 107; zu den ländlichen *menologia* und ihrer in Stein gehauenen Übermittlung, S. 287 f. (Colotianum) und S. 291 f. (Vallense).

64 Zu dem gesamten bäuerlichen Ritual im April vgl. W. Warde Fowler (Anm. 11), S. 66 f.

65 Ebd., S. 93.

66 In der Nomenklatur sind die *Compitalia* keine festen Feiertage (*feriae stativae*), sondern bewegliche Feste (*conceptivae*, weil sie von Priestern und Magistraten ›konzipiert‹ werden). Dazu Varro, L. l. VI,25; Macrobius, Sat. I,16,6.

67 W. Warde Fowler (Anm. 11), S. 279 f. Vgl. CIL I,2, S. 305 f.

68 Seit der Unterdrückung der Bacchanalien im Jahr 186 v. Chr. unterliegen die religiösen *collegia* einer strengen Überwachung, die schließlich in den *leges Juliae* des Augustus gipfelt, vgl. G. Rotondi, *Leges Publicae Populi Romani*, Mailand 1912 (reprogr. Nachdr. Hildesheim 1962), S. 442 f.

69 W. Warde Fowler (Anm. 11), S. 206–209. Die Verbindung zu dem unterirdischen Altar des Circus Maximus, dem Altar des Erntegottes, ist erläutert worden von A. Piganiol, *Recherches sur les Jeux Romains*, Straßburg 1923.

70 Zur Lokalisierung des ursprünglichen Altars vgl. Dionysios von Halikarnass, Ant. rom. I,33; Tacitus, Ann. XII,24; Tertullian, De spect. V und VIII.

71 Fasten von Praeneste, CIL (Anm. 69): FERAE CONSO EQUI ET (MULI FLORIBUS CORONANTUR). Plutarch, Quaest. rom. XL, spricht von Pferden und Eseln.

72 In dieser ›zurückdatierten‹ Pompa, die von A. Piganiol (Anm. 69) rekonstruiert wurde, sind auch etruskische Elemente nachgewiesen worden, vgl. J. Heurgon (Anm. 38), S. 293 f.

73 J. P. Cèbe, *La caricature et la parodie dans le monde romain antique des origines*

à Juvénal, Paris 1966, Kap. 1, S. 19 f. (über das magisch-religiöse Lachen und seine Profanisierung).

74 Die *Lupercalia*, die mit dem frühzeitlichen Rhythmus von Sühneopfer und Reinigung zusammenhängen, werden am 15. Februar gefeiert; vgl. W. Warde Fowler (Anm. 11), S. 310 f.

75 Die landwirtschaftliche Bedeutung ist klarer als der Zusammenhang mit der Saat (*satio, serere*), vgl. W. Warde Fowler (Anm. 11), S. 268 f. (kritische Diskussion bei G. Michaut, Anm. 48, S. 58: Mommsens These).

76 Macrobius, Sat. I,7,27 ff. Die Verbindung zu den *nundinae*, die in den *Saturnalia* als Jupiterfeste bezeichnet werden (I,16,30 ff.), ist nicht ganz klar; vgl. W. Warde Fowler (Anm. 11), S. 270.

77 Trotz mancher Unklarheiten läßt sich sagen, daß das *Regifugium* (oder *Refugium*) eine Mischung darstellt aus ernstem Gedenkritus, Feier der *libertas*, die mit der Vertreibung der Tarquinier zusammenhängt (W. Warde Fowler, Anm. 11, S. 327 f.), und ihrem burlesken Gegenstück, der Vertreibung des ›Karnevalsprinzen‹ (*Saturnalicius rex*), vgl. J. P. Cèbe (Anm. 73), S. 25 f.

78 Livius XXII,1,19 gibt hier die Bedeutung von ›Sklavenfest‹, verbunden mit einem öffentlichen Festmahl.

79 Vgl. J.-M. André (Anm. 2), Kap. 2 (*servus currens*).

80 Dessau, ILS 8761. Kommentar von J. P. Cèbe (Anm. 73), S. 269 f.

81 J. Bayet (Anm. 11), S. 97; er sieht darin ein Neujahrsfest, das noch aus dem alten Kalender stammt. Ebenso W. Warde Fowler (Anm. 11), S. 51 (*annare perannareque* nach Macrobius, Sat. I,12,6).

82 W. Warde Fowler (Anm. 11), S. 69–71 (*Megalesia; ludi Megalesiaci*); S. 179 f. (*Apollinares*); S. 91–95 (*ludi Florae* oder *Floralia*); S. 215 f. (Archäologie und Entwicklung der *ludi Romani*) usw. Dazu Art. »Jeux«, in: Ch. Daremberg / E. Saglio, *Dictionnaire des antiquités grecques et romaines* III,1, S. 1370 ff. (genaue Definition der »szenischen« Spiele). Ebenso W. Beare, *Roman Stage*, London 1977 (¹1950), S. 162 f.

83 C. Nicolet (Anm. 49), S. 479–494 (zur *popularitas*). Die Anwesenheit des »Schauspielvolkes« ist besonders bei den *munera*, der Gladiatur und der *venatio*, von Bedeutung; vgl. G. Ville (Anm. 45), S. 57 f. (das Bestattungs-*munus* im Dienst des *ambitus*, das heißt der politischen Karriere).

84 G. Michaut (Anm. 48), S. 353.

85 Vgl. dazu Anm. 98.

86 G. Michaut (Anm. 48), S. 372.

87 Zu diesem mit der religiösen Gewissenhaftigkeit zusammenhängenden, häufig auch manipulierten Ritus vgl. Livius II,36,1 ff. (Geschichte des T. Latinius aus dem Jahr 491 v. Chr. – Zusammentreffen der Pompa mit einem ausgepeitschten Sklaven); die gleiche Version bei Cicero, De div. I,26,55 und bei Valerius Maximus, Fact. dict. memor. I,7,4. Augustin, De civ. IV,26 folgt Livius unmittelbar. Die *ludi Romani* von 189 v. Chr. sind dreimal von vorne begonnen worden, die *ludi plebei* fünfmal (Livius, XXXVIII,35,7), doch wohl in Zusammenhang mit den Siegen im Osten. Die Annalistik, die eine religiöse Chronik der Schauveranstaltungen darstellt, ist voll von solchen Zwischenfällen, vgl. *Livii Ab Urbe Condita*, ed. Mueller, Bd. 4, Leipzig ⁸1888, Index: *ludi*.

88 Cicero, De har. resp. XI,22 ff. läßt eine gewisse Einbindung der politischen Organe durch die Spiele erkennen: plötzliches Stocken des *ludius* (Gaukler), Verstummen des *tibicen* (Flötisten), ein junger Bediensteter »mit noch lebenden El-

tern, der den Prunkwagen, die *tensa*, schlecht halten kann und die Zügel fallen läßt«, oder ein Aedil, der das falsche Weihgefäß verwendet usw. – sofort verwandelt sich der »Jubel« in »Schrecken«.

89 G. Michaut (Anm. 48), S. 51 f. (frühe Zeugnisse über die *satura*); M. Schanz / K. Hosius (Anm. 6), Bd. 1, Dramatische Poesie, S. 20 f.

90 Zur Definition der *Palliata* und dem Auftreten der *Togata*, der ›native comedy‹ nach W. Beare (Anm. 82), S. 128 f., vgl. J.-M. André (Anm. 2), S. 67 f. und S. 87 f.

91 J. P. Cèbe (Anm. 73), S. 29–56 pass. (Ursprung und Typologie). Keiner glaubt mehr, wie Mommsen, dessen Standpunkt sich änderte, daß die Atellane eine »krypto«-römische Gattung sei; vgl. G. Michaut (Anm. 53), S. 232 f.

92 E. Malcovati, Or. Rom. Fragm. XXXII, Turin 1955, S. 51.

93 J. P. Wuilleumier, Cato Maior, Einleitung.

94 J.-M. André (Anm. 2), S. 76 f. (historisches Geschehen, geographischer Rahmen usw.).

95 Während seines Konsulats 195 v. Chr.: Livius XXXIV,4 ff. (Verknüpfung von östlicher *luxuria* und weiblichem Luxus – eine Debatte also um den verderblichen Einfluß des Hellenismus).

96 J.-M. André (Anm. 2), S. 69 f. (Zusammenstellung der Intrigentypen); zum *Periplectomenus* ebd., S. 83 f.

97 Dazu neben S. B. Platner / Th. Ashby (Anm. 157), U. E. Paoli (Anm. 158), L. Homo (Anm. 185) u. a. P. Grimal (Anm. 61), S. 141–144 (Hellenisierung der Architektur: die Basiliken).

98 Varro hat die *ludi* im Bereich der »göttlichen Dinge« belassen (Augustin, De civ. IV,1,146); Cicero hat sehr gezögert, je nach Blickrichtung: Sind die Spiele in *De haruspicum responsis* und in *De legibus* II,22 besänftigendes Ritual, so werden sie in *De re publica* II,26 außerhalb der *religionum caerimoniae* (Staatstheologie) angesiedelt. In De rep. IV,9 (Augustin, De civ. II,14,71) und Tusc. I,16 wird die Theatertheologie als eine göttliche Garantie in »Finsternis, Furcht und Leidenschaft« angesehen.

99 G. Michaut (Anm. 48), S. 356.

100 Sueton, Caes. X,2 ff. (Aedilität); XXXIX,4 (die Schauveranstaltungen bei seinen Triumphfeiern).

101 Cicero, Ad fam. VII,1 und De off. II,16–17; Plinius d. Ä., Nat. hist. VIII,7 und 16; Seneca, De brev. XIII,6.

102 Vitruv bezieht sich für die öffentlichen Gebäude wie für die Wohnhäuser ständig auf die *utilitas* und die *utilitates* (also auf den funktionalen Aspekt) und für die ästhetischen Kriterien auf die *elegantia* und die *venustas*; vgl. H. Nohl, *Index Vitruvianus*, Stuttgart 1965.

103 Lepidus, 179 v. Chr., Flaccus und Albinus, 174 v. Chr., nach dem Zeugnis des Livius.

104 G. Michaut (Anm. 48), S. 371 f. Der Autor behandelt die antiken Quellen, besonders im Blick auf die Rolle des Nasica (Tertullian, De spect. X). Dazu auch das Zeugnis bei Augustin, De civ. I,31,48 ff: aus der Sicht des *mos maiorum* eine Art von *luxuria*.

105 Historischer Überblick bei G. Ville (Anm. 45), S. 42 f.

106 Plinius d. Ä., Nat. hist. XXXV,113 zitiert Varro. Von dem Grammatiker Festus hören wir, daß der Censor Maenius auf diese Weise »die Zahl der oberen Plätze im Schauspiel erweitern« wollte. Zur Zerstörung des C. Gracchus: Plutarch, C. Gracch. XII.

107 Cicero, Ad fam. VII,1 nennt nur das ›Programm‹ (scaenici – circenses). Velleius
    Paterculus wird in dieser Neuerung das große Verdienst des Pompeius sehen
    (Hist. rom. II,48,2).
108 Das Detail über die erfrischenden Wasserläufe findet sich bei Valerius Maximus,
    Dict. fact. memor. II,4,6.
109 Vitruv, De arch. V,3,1,108 schreibt vor, es müsse vermieden werden, die cavea
    den Südwinden auszusetzen, weil diese Ausdünstungen mit sich brächten und
    besonders in der sommerlichen Hitze gesundheitsschädlich seien.
110 Plinius d. Ä., Nat. hist. XXXVI,15,116 ff. Dazu W. Beare (Anm. 82), S. 172 (Be-
    merkung über Curios »revolving theatre«).
111 Plinius d. Ä., Nat. hist. XXXIII,16; die gleiche Version bei Valerius Maximus,
    Fact. dict. memor. II,4,6–7.
112 W. Beare (Anm. 82), S. 241 f.
113 Zum Problem der Ehrenplätze W. Beare (Anm. 82), S. 174. Häufig wird die lex
    Roscia vom Jahr 67 oder 63 v. Chr. zitiert (Plutarch, Cic. XIII,2; Cicero, Mur.
    XIX,40; Phil. II,18,44 und Ad Att. II,19,3; Horaz, Epist. I,1,62 usw.). Doch
    bleiben Datum und Umstände dieser Gesetzgebung ungewiß, vgl. G. Rotondi
    (Anm. 68), S. 374 f. Die von Caesar inspirierte munizipale Gesetzgebung sank-
    tioniert den Vorrang der römischen Beamten und der lokalen Prominenz, in-
    dem sie im Theater die soziale Hierarchie konkret vor Augen führt.
114 Vgl. M. Bieber, The History of the Greek and Roman Theater, Princeton ²1961,
    S. 246 f. und die Figuren, die Eintrittsmarken darstellen.
115 Ebd., S. 147 f. Zur etruskischen Etymologie J. Heurgon (Anm. 38), S. 343.
116 G. Michaut (Anm. 48), S. 359 f.
117 Cicero, De off. I,42,150; Seneca, Epist. 88,21 ff.
118 Digesta III,2, De his qui notantur infamia: Gesetze 2, 3 und 4. Die früheste
    Jurisprudenz berücksichtigt die tatsächliche Ausübung der ars ludicra und die
    auf Verdienst gerichtete Motivation (quaestus causa).
119 Livius I,42–44; Dionysios von Halikarnass, Ant. rom. IV,13–22; Cicero, De
    rep. II,22,39; Plinius d. Ä., Nat. hist. XXXIII,43. Cicero, De rep. IV,10 erinnert
    an die soziale Geringschätzung der Schauspieler, die vom öffentlichen Leben
    und sogar vom Tribussystem ausgeschlossen waren.
120 W. Beare (Anm. 82), S. 16–23.
121 Seneca d. Ä., Contr. VII,3,9; Sueton, Caes. XXXIX,3. Caesar hat Laberius vor
    dem Verlust der ritterlichen Ehrenrechte bewahrt und ihm seinen goldenen Rit-
    terring zurückgegeben.
122 Cytheris, die bei Vergil, Buc. X, Lycoris genannt wird, ist eine Freigelassene des
    Volumnius Eutrapelus. Vgl. J. Carcopino, Les secrets de la correspondance de
    Cicéron, Bd. 1, Paris 1947, S. 143 f. (zum Luxus der Kutschen, vgl. Cicero, Ad
    Att. X,10,5).
123 S. Riccobono, Fontes Iuris Romani Anteiustiniani, Bd. 1, Florenz 1940, S. 248 f.:
    Dieser Senatsbeschluß, der nach einem Verfahren vor dem Prokonsul von Ma-
    kedonien gefaßt wurde, ist zweisprachig und zeigt, wie die attischen Künstler
    von den ›Athenischen Verbündeten‹ Unterstützung gegen die Rechtsbrüche und
    geographischen Übergriffe der ›Isthmischen und Nemeischen‹ Künstler fanden.
124 Bei Cicero gibt es einen Konflikt zwischen der nationalen Tradition, die alle
    schaustellerischen Aktivitäten als ›schmutzig‹ verdammt (De off. I,42,150: ludus
    talarius), und der gesellschaftlichen Wirklichkeit: dazu das Lob auf den Schau-
    spieler Roscius, Rosc. Com. VII,20 ff. Zahlreiche Schauspieler stammen aus

Bürgerfamilien der Landstädte, vgl. J. Ch. Dumont, Les »bourgeoisies« munici-
pales italiennes aux II⁰ et I⁰ᵗ siècle av. J. C., Paris 1983, S. 333–345 (Theaterleute
aus den Municipien: unter 65 Namen sind möglicherweise 49 Freigelassene, und
die wichtigsten Autoren sind italische Freigeborene wie die Autoren und Schauspieler Naevius, Plautus, Ennius, Pacuvius und Accius).

125 Dazu S. 129 und Anm. 45.

126 G. Ville (Anm. 45), Kap. 1, S. 6 f.: (über die Grabdokumente).

127 Lucilius, Sat. IV,149–158, Ausg. Marx. Zahlreiche Fragmente handeln von den
munera der großen Familien, der Metelli und der Flacci.

128 G. Ville (Anm. 45), S. 48: Die ersten bezeugten *armaturae* sind Gallier und Samniten.

129 Plutarch, *Crassus* VIII,1 und IX,5: Aus dieser Einrichtung stammte Spartacus!
Zum Gladiatorenhandel in der Zeit vor den kaiserlichen Beschränkungen vgl.
G. Ville (Anm. 45), S. 270 f.

130 Der Einsatz von Verurteilten in der Gladiatur zur Zeit der Republik scheint weniger üblich als bei der *venatio*, vgl. Th. Mommsen, *Römisches Strafrecht*, Leipzig 1899, S. 953 f. Das einzige Zeugnis, das in die Zeit der Aedilität Caesars 65
v. Chr. fällt, steht bei Plinius d. Ä., Nat. hist. XXXIII,16,53, der *munus funebre*
und *venatio* verwechselt.

131 Die *auctoratio*, die in den »klassischen« Rechtstexten behandelt wird (Coll.
Mos. et Rom. leg. IV,3 und IX,3,2), definiert ein Horaz-Kommentator folgendermaßen (Pseudo-Acron. Sat. II,7): *qui se vendunt ludo, auctorati vocantur;
auctoratio enim dicitur venditio gladiatorum.*

132 Horaz, Sat. II,6,43–44: *Thraex est Gallina Syro par?*

133 Über die Anfänge der *venatio* vgl. G. Ville (Anm. 45), S. 51 f. Allerdings sind die
Quellen für das Jahr 252 v. Chr. unklar; Plinius überliefert zwei einander wider-
sprechende Versionen über Elefanten, die in den Zirkus geführt oder getötet
wurden.

134 G. Rotondi (Anm. 68), S. 328 f.: Steht die *lex Aufidia de feris Africae* zwischen
103 und 99 v. Chr. im Zusammenhang mit *circenses*? Ist sie auf Löwen oder Elefanten zu beziehen? Die Maßnahme scheint zurückdatiert, wenn man das Alter
der *venatio* bedenkt: Auf jeden Fall gab es aber einen politischen Konflikt über
den Import, vgl. Plinius d. Ä., Nat. hist. VIII,17,64.

135 Seneca, De brev. XIII,6 in einer Archäologie des Schauspiels, dessen Wertlosig-
keit er anprangert (seine Beliebtheit verdankt es soziopolitischen Faktoren).

136 Zum Phänomen des Stierkampfs zu Pferde vgl. Plinius d. Ä., Nat. hist. VIII,
45,182. Plinius erwähnt aber auch die Zurschaustellung der Giraffe (VIII,
18,69) und Kämpfe zwischen Elefanten und Fußsoldaten (VIII,7,22) und zwischen Reitern auf Elefanten (*turriti* ›mit Türmen versehen‹) und einer Truppe
von 500 Fußsoldaten und 500 Reitern.

137 E. Norman Gardiner, *Athletics of the Ancient World*, Oxford 1930 (Neudr.
1965), S. 120 f. und Abb. 75. Dazu auch die Tomba der Olympischen Spiele,
J. Heurgon (Anm. 38), S. 293 f.

138 A. Cameron, *Circus Factions, Blues and Greens at Rome and Byzantium*, Oxford 1976, S. 57. Die *carceres*, zwölf an der Zahl (Dionysios von Halikarnass,
Ant. rom. III,68), werden von Varro, L. l. V,153 erklärt (der Text beschäftigt
sich mit der Archäologie des Circus Maximus): *Carceres dicti, quod coercentur
equi, ne inde exeant antequam magistratus signum misit.* Naevius, der von
Varro in diesem Zusammenhang ebenfalls zitiert wird, beschrieb die Pompa

zum Zirkus wie einen Militärmarsch inmitten der mit Zinnen versehenen *carceres*.

139 Plinius d. Ä., Nat. hist. X,24,71 berichtet von einem Etrusker mit Namen Caecina Volterranus, der wahrscheinlich zur Zeit der Tarquinier seinen Freunden eine in der Farbe des siegreichen Stalles gefärbte Schwalbe schickte. Über den Ursprung der Farben und ihre Archäologie vgl. A. Cameron (Anm. 138), S. 56 f. (S. 59, These des Lydos).

140 J. Carcopino, *Sylla ou la monarchie manquée*, Paris 1947, S. 217 f. Zu den im Zirkus üblichen Galanterien vgl. Ovid, Ars. am. I,135 ff.

141 Horaz, Sat. I,6,113–114; Cicero, De div. I,132.

142 Vergil, Aen. V,114 ff. (Regattaveranstaltung, die mit einem Wagenrennen verglichen wird, bes. 144 ff.); 286 ff. (Wettlauf auf einer Wiese, deren Form auf den späteren Zirkus verweist); 365 ff. (*pugna* oder Caestuskampf); 485 ff. (Wettkampf mit Pfeilen).

143 Ebd. 560 ff. (*equitum numero turmae*). Über die etruskische Herkunft des Spieles vgl. E. Norman Gardiner (Anm. 137), S. 126 und Abb. 79 (Vase aus Tagliatella).

144 Über die recht unklare *lex alearia* (Plautus, Mil. glor. II,2,9; Cicero, Phil. II,23,56) vgl. G. Rotondi (Anm. 68), S. 261. Eine *lex Cornelia* (Rotondi, S. 363) hat allerdings eine Ausnahmeregelung für die Wetten beim »Sport« eingeführt, um der wetteifernden Kühnheit willen (*virtutis causa*, vgl. *Digesta* XI,5,2–3).

145 J.-M. André (Anm. 2), Kap. 4: zur Rolle, die der Epikureismus in Verbindung mit dem dichterischen Individualismus für die Entwicklung von Denk- und Anschauungsweisen gespielt hat (Catulls Generation). Die Auseinandersetzungen zwischen einer Beteiligung am politischen Leben und einer individualistischen Lebensführung beherrschen die Generation Ciceros, vgl. C. Vicol, »Cicerone e l'epicureismo«, in: *Ephemeris dacoromana* 10 (1945) S. 156 f.

146 Cicero, De leg. agr. II,95–96; Livius VII,38 (über die *amoenitas* von Capua) und besonders XXIII,8–14. Das Thema beleuchtet die *luxuria Campana*, die sprichwörtlich war (Valerius Maximus, Fact. dict. mem. IX,1).

147 J.-M. André (Anm. 2), S. 223 f. (das *otium* als Verderbnis für einzelne und ganze Völker).

148 Ebd., S. 269; zu Maecenas S. 80 f.

149 Ebd., S. 230–240 pass.

150 Horaz, Epist. I,4,16; zur Geschichte des Sarkasmus vgl. J.-M. André (Anm. 2), S. 257, Anm. 13.

151 Peri telon: Athenaios, Deipn. XII,546e = Usener, *Epicurea*, fr. 67.

152 Über die vorherrschenden Strömungen im kampanischen Epikureismus: Ästhetizismus, Hedonismus und Optimismus vgl. G. della Valle, *Tito Lucrezio Caro e l'epicureismo campano*, Neapel 1933; J.-M. André (Anm. 2), S. 258 f.

153 Cicero, Pro Planc. XXVII,66 (*clarorum virorum atque magnorum non minus oti quam negoti rationem extare oportere*).

154 P. Grimal (Anm. 67), S. 359–367. Vgl. auch R. Hirzel, *Der Dialog*, Bd. 1, Leipzig 1895, S. 457 f. (»Villaer Dialog«).

155 Vgl. dazu S. 140 ff.

156 Vitruv, De arch. V,1 (Basiliken) und V,9 (Portiken und Grünflächen).

157 Velleius Paterculus, Hist. rom. I,11 datiert in diese Hellenisierungsperiode die Entstehung einer ›Otiumkultur‹; vgl. auch ebd. II,1 ff. Über die ersten Portiken in Rom S. B. Platner / Th. Ashby, *A Topographical Dictionary of Ancient Rome*,

Oxford 1930 (Nachdr. Rom 1965), S. 419 f. Ebenso G. Lugli, *Roma Antica. Il centro monumentale*, Rom 1946, S. 530–536 (»Il foro olitorio e i suoi portici«).

158 U. E. Paoli, *Vita Romana*, Paris 1955 (dt. u. d. T.: Das Leben im Alten Rom, Bern ²1961), S. 40 f.

159 Plautus, Curc. 462 ff. (topographischer Exkurs über Rom in einem Stück mit griechischer Thematik).

160 Über das Flanieren auf dem Forum vgl. U. E. Paoli (Anm. 158), S. 32–36. Zum Flanieren und zu den »Wundern« der Stadt vgl. auch J.-M. André / M.-F. Baslez (Anm. 8), Kap. 4, S. 153 ff.

161 Vgl. Anm. 56.

162 Man muß unterscheiden zwischen einer häuslichen Seßhaftigkeit der »Grundbesitzer« und der patriotischen Verwurzelung auf italischem Gebiet. Dazu E. de Saint Denis, *Le rôle de la mer dans la poésie latine*, Lyon 1935: Die augusteischen Dichter können diese Einstellung gut bezeugen, besonders die »Landbesitzer« Horaz und Tibull (S. 279 f.). Properz ist eher gespalten und zwischen den theologischen Verurteilungen der gottlosen Schiffahrt und der Poesie des Aufbruchs hin- und hergerissen (E. de Saint Denis, S. 314 f.). Über den positiven Aspekt der vaterländischen Verwurzelung vgl. M. Bonjour, *Terre natale. Études sur une composante affective du patriotisme romain*, Paris 1975, besonders Kap. 2, S. 111–206 (Anhänglichkeit an die Stadt, an die italische Halbinsel und an das »kleine Vaterland«); der Autor verweist darauf, daß die *amoenitas* (dazu S. 172 und Anm. 182) auch mit Rom und Latium zusammengebracht wird, S. 124 (Atticus und der Quirinal).

163 Wenn auch bei Horaz der Reiz von Tibur dem von Tarent gleichkommt (M. Bonjour, Anm. 162, S. 195 f.), ist doch sehr viel von den sonnigen Gestaden des Südens die Rede: Epist. I,7,10–11 und 44–45; I,15,1–2; Carm. II,6,9–24. Horaz fürchtet insbesondere die Adria, E. de Saint Denis (Anm. 162), S. 281 f.

164 J.-M. André (Anm. 2), S. 444 f. Zu den beruflichen Reisen vgl. J.-M. André / M.-F. Baslez (Anm. 8), S. 103 ff. und S. 111–114.

165 G. Radke, *Viae Publicae Romanae*, Stuttgart 1971, II,3, Via Appia, S. 78 f. (Quartiere und Routen, S. 99; S. 107; S. 111).

166 J. Hatzfeld, *Les trafiquants italiens dans l'Orient hellénique*, Paris 1919, Kap. 2, S. 30 f. (von 150 v. Chr. bis zum Mithradatischen Krieg).

167 P. Vedius, bei Cicero, Ad Att. VI,1 (seine Kutschen, seine Affen und seine Wildesel).

168 Die Tradition von Studienreisen nach Athen bildet sich gegen Ende des 2. vorchristlichen Jahrhunderts bei den römischen *negotiatores* im Osten heraus, vgl. J. Hatzfeld (Anm. 166), S. 41 f. (Eingliederung in die attische Ephebie, S. 303 f.: die Epheben aus Italien in den griechischen Gymnasien der »Universitätsstädte«).

169 J. Carcopino (Anm. 122), S. 251 f.

170 Cicero, De rep. II,3,5 ff.: Von den Kulturen an den Küsten und auf den Inseln werden Waren, neue Ideen und moralisch gefährliche Neuerungen in Umlauf gebracht.

171 J. H. d'Arms, »Proprietari e ville nel golfo di Napoli«, in: *Atti dei Convegni Lincei* 33, Rom 1977, S. 347 f. J. H. d'A., *Romans on the Bay of Naples. A Social and Cultural Study of the Villas and their Owners from 150 B. C. to A. D. 400*, Cambridge (Mass.) 1970, pass. Vgl. auch J.-M. André, *La villégiature romaine*, Paris 1993, S. 19–40.

172 P. Grimal (Anm. 61), S. 22.

173 R. Étienne, *Pompeji. Das Leben in einer antiken Stadt*, 4., erw. und bibliogr. erg.
     Aufl., Stuttgart 1991 (frz. Orig.: *La vie quotidienne à Pompéi*, Paris 1966),
     S. 273 ff.

174 P. Grimal (Anm. 61), S. 291 f.

175 Zu Varros Diatriben gegen den Luxus des Landhauses vgl. A. Oltramare
     (Anm. 14), S. 109; vgl. Cicero, Leg. III,30.

176 P. Grimal (Anm. 61), S. 292. Varro, Res rust. III,13 erzählt von der Aufführung
     der Orpheussage bei Hortensius.

177 Zu diesem Ausdruck vgl. Cicero, Ad Att. II,9,1 (*Tritones piscinarum*). Nach
     Macrobius, Sat. III,15,6 nannte Cicero Hortensius und Lucullus *piscinarii* we-
     gen ihrer Landhäuser mit Fischbassins. Dazu J. Marquardt, *Das Privatleben der
     Römer*, 2. Aufl. bes. von A. Mau, Leipzig 1886 (Nachdr. Darmstadt 1975),
     Tl. 2, S. 433.

178 Über die *ars topiaria* vgl. die Definitionen bei P. Grimal (Anm. 61), S. 88 f.

179 Die Beschreibung der Villa und ihrer Lage bei Horaz, Epist. I,16: die Hügel-
     kette von einem schattigen Tal durchbrochen; Horaz hat betont, daß das Gut
     aus einer Flurbereinigung von fünf Domänen hervorgegangen ist (100 bis 150
     iugera, etwa 25 ha, mit einer *familia rustica* von acht Sklaven). Dazu G. Lugli,
     »La villa Sabina di Orazio«, in: *Monumenti dei Lincei* 31 (1926) S. 457 f.

180 Vgl. J. H. d'Arms (Anm. 171); dazu auch Kap. V.

181 L. Curtius, *Die Wandmalerei Pompejis*, Darmstadt 1960, S. 389 f. (Die Villa am
     Meer, Abb. 209–212).

182 Die ›Amoenitas-Topik‹ ist von literarischen und poetischen Paradiesvorstellun-
     gen auf bestimmte wirkliche Landschaften übergegangen, vgl. M. Bonjour
     (Anm. 162), S. 406 f. Touristisch gesehen ist *amoenitas* das Privileg bestimmter
     Gegenden, vor allem in Griechenland und Kampanien. Sie bezieht sich auf den
     natürlichen Reiz einer Landschaft, mit vielfältigen Linien und sanften Erhebun-
     gen, mit klarem Himmel und mildem Klima, und sie bezieht sich auf die An-
     nehmlichkeiten eines Lebens als Kind dieser Landschaft. Dazu die grundle-
     gende Studie von G. Schönbeck, *Der locus amoenus von Homer bis Horaz*, Hei-
     delberg 1962, S. 119 f. (Zusammenfassung).

183 Seit dem Ende der Republik hat Kampanien eine touristische Aufwertung er-
     lebt, die von Leuten wie Sergius Orata vorangetrieben worden ist: Macrobius,
     Sat. III,15,3 nennt Bäder, für die Eintritt gezahlt werden mußte, und die Au-
     sternbänke (*ostrearia*) in der Gegend oder am See von Baiae (Lucriner See). Pli-
     nius d. Ä., Nat. hist. IX,54,168, zufolge war Sergius Orata ein mit Landhäusern
     spekulierender Immobilienhändler (*mangonicatas villas*).

184 Plinius d. Ä., Nat. hist. IX,54,170; Varro, Res rust. III,17,9; Plutarch, *Lucullus*
     XXXIX usw.

185 L. Homo, *Rome impériale et l'urbanisme dans l'antiquité*, Paris 1951, S. 330 –
     im Zusammenhang mit dem allgemeinen Wasserproblem.

186 R. Meiggs, *Roman Ostia*, Oxford ²1973, Kap. 16, S. 428–430; R. Étienne
     (Anm. 173), S. 347 f. Zu den Wirtshäusern vgl. auch J.-M. André / M.-F. Baslez
     (Anm. 8), Kap. 12, S. 459–466, und T. Kleberg, *Hôtels restaurants et cabarets
     dans l'antiquité romaine*, Uppsala 1957.

187 J. Marquardt (Anm. 177), Tl. 2, S. 470 f. Dazu Kap. V, die epigraphischen Zeug-
     nisse über die Mädchen in Pompeji.

188 Appendix Vergiliana, Copa.

189 Dazu S. 129 und Anm. 40.

190 Apicius sammelte unter Tiberius weitgehend die kulinarischen Traditionen und Abhandlungen in Griechenland, besonders im Blick auf Kräuterbeizen und Saucen; dazu Jacques André, *L'alimentation et la cuisine à Rome*, Paris 1961, S. 195–197; zu den Gewürzen ebd., S. 201 f.; S. 219 f. (Schlußbetrachtung über die Römer und ihre Küche). Auch der Epikureer Catius war gegen Ende der Republik ein Meister der Kochkunst. Horaz, Sat. II,4 stellt dessen Grundregeln für ein gutes Essen zusammen: die Zutaten zum *prandium* (Mittagessen), die gleichzeitig die *gustatio* oder Horsd'œuvre der *cena* bilden, Eier, Gemüse, Pilze und Maulbeeren (12–34); die *primae mensae* (erster Gang) mit Fisch, Wildschwein, Ziege, Hase, Geflügel (35–60); die Wahl der Weine für das abschließende Gelage und die *secundae mensae* (zweiter Gang), geeignet, den Durst zu beleben (58 ff.). Auch die Bedeutung der Früchte zum Nachtisch ist vermerkt (70 ff.).

191 Athenaios, Deipn. IV,154a–b (Kelten). Die Texte schreiben diesen Brauch den verweichlichten und abgestumpften Bewohnern von Capua zu: Athenaios, Deipn. XII,528a; Livius IX,40,17; Silius Italicus, Pun. XI,51 ff.

192 Vitruv, De arch. VI,4,2: Unterscheidung von Herbst- und Frühjahrs-*triclinia* nach Osten und windgeschützten Sommer-*triclinia* nach Norden; sie tragen zu »Gesundheit und Vergnügen« bei.

193 Die Mahlzeiten der Salii sind sprichwörtlich (Cicero, Ad Att. V,9,1: *Saliarem in modum*; Horaz, Carm. I,37,2; Apuleius, Met. IV,22 usw.). Doch sind die Essen der Pontifices und Auguren nicht minder gastronomisch erlesen, vgl. Macrobius, Sat. III,1 und III,10 ff. (das Essen der Pontifices); Macrobius bestätigt Horaz, Carm. II,14,28.

194 G. Rotondi (Anm. 68), S. 254 (*lex Oppia sumptuaria* von 215 v. Chr. gegen den Luxus der Frauen hinsichtlich Kleidung, Schmuck und Kutschen); S. 276 (*lex Orchia de coenis* von 181 v. Chr. gegen den Luxus bei den Mahlzeiten). Macrobius, Sat. I,13 zählt diese unwirksam gebliebenen Gesetze gegen Verschwendung auf. Vgl. Anm. 95.

195 Livius XXXIX,42,5–12 (192 v. Chr. in der Gallia Cisalpina); ebenso Plutarch, Flam. XVIII,3 und Cato Ma. XVII,2.

196 Die ursprünglich sakrale *saltatio* ist profan geworden. Macrobius, Sat. III, 14,4 ff. erinnert an die herkömmliche Ablehnung, zeigt aber, daß die Tanzschulen seit dem 2. Jahrhundert Söhne und Töchter aus der Nobilität angezogen haben (Censorrede des Scipio Aemilianus).

197 J. Carcopino (Anm. 122), Bd. 1, S. 420 f. (Bosheit und Betrügereien). Ebenso W. Kroll, *Die Kultur der ciceronischen Zeit*, Leipzig 1933, Kap. 2, S. 74 f. (*urbana dicacitas* und Höflichkeit).

198 J. Marquardt (Anm. 177), Tl. 2, S. 847 f. (Glücks- und Brettspiele).

199 Grundlage für die Gesetzgebung und für die Derogation *virtutis causa* wäre die *lex Cornelia* von Sulla (81 v. Chr.), vgl. G. Rotondi (Anm. 68), S. 363.

200 P. Gusman, *Pompéi, la ville, les mœurs, les arts*, Paris 1899, S. 174 f.

201 J.-M. André (Anm. 2), S. 58 f.; P. Grimal (Anm. 57), S. 111 f.

202 Es gibt in der Tat einen Gegensatz zwischen der römischen Tradition und dem neuen Geist: Traditionalisten wie L. Gellius Poplicola in Athen (Cicero, De leg. I,53) fordern die Philosophen auf, die Einheit zu verwirklichen. Über das allmähliche Eindringen der Schulen J.-M. André (Anm. 8), S. 27–49.

203 P. Grimal (Anm. 57), S. 136 f. (die Bibliothek des Perseus); J.-M. André (Anm. 8), S. 31 f.

204 G. Pire, *Stoïcisme et pédagogie*, Paris/Lüttich 1958, S. 47–50. Ebenso M. Schanz / K. Hosius (Anm. 6), Bd. 1, S. 230 f. (die Philologen).

205 Über die Rolle des Scipionenkreises für die Entstehung der politischen Dialoge A. E. Astin, *Scipion Aemilianus*, Oxford 1967, Appendix 6, S. 294–306 (»The Scipionic Circle«); J.-M. André (Anm. 2), S. 169 f.

206 W. Kroll (Anm. 197), S. 94 f.; J. Carcopino (Anm. 122), S. 77 f. Über die Ankäufe von Büchern und Kunstgegenständen Bd. 1, S. 115–126. Atticus spielt seit 68 v. Chr. durchweg die Rolle des Maklers in Athen (Cicero, Ad Att. I,6).

207 J. Carcopino (Anm. 122), Bd. 2, S. 305 f. (Atticus als Verleger und Buchhändler).

208 H. Jucker, *Vom Verhältnis der Römer zur bildenden Kunst der Griechen*, Frankfurt a. M. 1950, S. 102 f. (*otium*).

209 J.-M. André (Anm. 2), S. 320 f. (Ciceros philosophische Proömien); S. 337 f. (Sallust und die Rechtfertigung der Geschichtsschreibung durch das *otium*).

210 M. Schanz / K. Hosius (Anm. 6), Bd. 1, S. 48 f.

211 J.-M. André (Anm. 2), S. 289–292 (Ciceros moralische Krise, 60 v. Chr.).

212 W. W. Ewbank, *The Poems of Cicero*, London 1933, Introduction, S. 10 f. (*De consulatu, Marius, De temporibus meis*). Ebenso der Plan, Caesars Britannienexpedition in Verse zu bringen, ebd., S. 19 f. Man erfährt von diesen Gedichten vor allem durch Ciceros eigene Zitate in seinen theologischen Werken (Versuch, das *otium litteratum* aufzuwerten).

213 Die *Anthologia Palatina* hat libertinistische Verse von Philodemus erhalten (Bd. 5, 13, 25, 46, 121–132 usw.). Die Sammlung enthält auch einen Vers des Piso. Über die Thematik dieser Lyrik vgl. Cicero, In Pis. XXXIX,70 (Leidenschaften, Ausschweifungen, Schlemmereien).

Fünftes Kapitel

Das römische Kaiserreich

1 J.-M. André, *L'otium dans la vie morale et intellectuelle romaine*, Paris 1966, S. 387–391 (Ordnung und Frieden; *pax, otium* und Propaganda). Zur Ideologie der *pax Augusta* vgl. J.-M. André, *Le siècle d'Auguste*, Paris 1974, S. 139 f.; über die Ara Pacis und die Propaganda ebd. S. 171 f. Die Münzen der früheren Kaiserzeit greifen das Thema häufig auf, vgl. H. Mattingly, *Coins of the Roman Empire in the British Museum* (BMC), Bd. 1, London 1923, pl. 41–43; Bd. 2, ebd. 1930, pl. 21 (*pax Augusta*).

2 J. Gagé, *L'Apollon romain*, Paris 1955, S. 419 f. und S. 622 f. Das S. C. de ludis saecularibus, Tab. I, lautet: *quos quod spectare quam plurimos convenit . . . propter rel(igiones) . . . ludi iei religionis causa sunt instituti.*

3 Tab. Her. Z. 65 ff.

4 J.-M. André, *Le siècle d'Auguste* (Anm. 1), S. 104 f. (kurzgefaßte Diskussion der antiken und modernen Theorien zum Principat). Ebenso M. A. Levi, *Il tempo di Augusto*, Florenz 1951, Anhang 10 (Bibliographie zur Innenpolitik).

5 Cicero, De leg. II,22. Zur Lehre von der *liberalitas* De off. I,16,50 und vor allem II,15,42 ff.

6 S. Kap. III.

7 Der politische Begriff der *magnificentia publica* bezieht sich auf Stadtentwicklung und Baukunst, von Cicero (Mur. 76) bis zum frühen Principat: Vitruv, De
arch. I, praef. 2 und Frontin, De aqu. 119 (die Wasserleitungen und die Größe des
Reiches). Wasser ist unverzichtbar für das öffentliche römische Freizeitprogramm.

8 Zu dieser Ideologie vgl. Philostrat, Vita Apoll. V,35,4; Dion Chrysostomos, Or.
III und IV; J. Béranger, *Recherches sur l'aspect idéologique du principat*, Basel
1953, S. 210 f.; J.-M. André, »La conception de l'État et de l'Empire dans la pen-
sée gréco-romaine des deux premiers siècles de notre ère«, in: *Aufstieg und Niedergang der römischen Welt. Geschichte und Kultur Roms im Spiegel der neueren
Forschung*, hrsg. von H. Temporini und W. Haase, Bd. 2,30,1, Berlin / New York
1982, S. 32 f.

9 L. Cerfaux / J. Tondriau, *Un concurrent du Christianisme. Le culte des souverains dans la civilisation gréco-romaine*, Tournai 1957, Kap. 9, S. 313 f. Zu Herodian s. S. 205 f.

10 Sueton, Nero XXII,6–7; XXV,1; Philostrat, Vit. Apoll. V,7–8.

11 Dazu M. Rostovtzeff, *The Social and Economic History of the Roman Empire*,
Bd. 1, Oxford ²1957, S. 192 f. (eine Urbanisierungsbilanz von Provinz zu Provinz
unter den Flaviern und den Antoninen).

12 S. Riccobono, *Fontes Iuris Romani Anteiustiniani*, Florenz 1968, S. 156, Z. 17 ff.

13 S. S. 217. Vgl. L. Robert, *Les gladiateurs dans l'Orient grec*, Paris 1940, Neuausg.
1970.

14 S. Platner / T. Ashby, *A Topographical Dictionary of Ancient Rome*, Oxford
1930, Nachdr. Rom 1965, S. 495 f.

15 L. Homo, *Rome impériale et l'urbanisme dans l'antiquité*, Paris 1951, S. 330 f.
Zur Gestalt der Thermen vgl. J. Carcopino, *Rom. Leben und Kultur in der Kaiserzeit*, Stuttgart ⁴1992, S. 348 ff.

16 Vitruv, De arch. V,9,23 und 27. Vgl. P. Grimal, *Les jardins romains à la fin de la
République et aux deux premiers siècles de l'Empire*, Paris ²1969, S. 442.

17 Es gibt eine aus augusteischer Zeit stammende *lex de modo aedificiorum*, die
ziemlich unklar ist; vgl. G. Rotondi, *Leges publicae populi Romani*, Mailand 1912
(Nachdr. Hildesheim 1962), S. 447 f. Zum Geiz der Eigentümer und dem Ausmaß des Mißbrauchs vgl. L. Homo (Anm. 15), S. 565–567.

18 Vgl. die Theorie der *insulae* bei Vitruv, De arch. II,8,17: »Damit die unermeßliche
Zahl der Einwohner untergebracht werden kann, ist es unerläßlich, den mangeln-
den Raum durch die Höhe der Gebäude auszugleichen.« Dazu auch die Untersuchung zu den *insulae* bei L. Homo (Anm. 15), S. 552 f.

19 Umfassende Aufstellung der Bauten bei L. Homo (Anm. 15), S. 311–315.

20 H. Mattingly (Anm. 1), Bd. 2,50,2, pl. 70 (Kolosseum); Bd. 3, Introduction,
S. LII f. (Trajan) und pl. 15–18, 32 und 39–40 (Columna, Via Traiana und Forum
Ulpium).

21 W. L. MacDonald, *The Architecture of the Roman Empire*, Bd. 1: *An introduc-
tory Study*, New Haven / London 1982, S. 31–41: Der »Sonnenpalast« in den
Briefen an Lucilius scheint eine Anspielung auf die *Domus aurea* zu sein.

22 G. Stübler, *Die Religiosität des Livius*, Amsterdam 1964, S. 201–204 (Augustus
und die Devotion); J. Béranger (Anm. 8), S. 175 f. (die »politische Last« bei den
augusteischen Schriftstellern).

23 Diese Theorie von der mit dem *certamen* verbundenen *libertas* ist wichtig bei Tacitus, im *Dialogus de oratoribus* (Lehre des Messala) und in den *Annalen* (IV,32).

24 Letzte Nachricht des Septimius Severus an seine Söhne: »Macht die Soldaten reich und kümmert euch nicht um den Rest.« Dazu die Spenden des Augustus an das Militär, *Res gestae* XV ff.

25 Valerius Maximus hat in seiner Sammlung *Facta et dicta memorabilia* einen Abschnitt *De disciplina militaris* (II,7) und einen *De otio* (VIII,8), in denen die althergebrachten Ansichten der Annalistik zur Gemeingefährlichkeit des *otium* versammelt sind, besonders im Hinblick auf die militärische Schlagkraft. Die gleiche Ideologie bei Velleius Paterculus, Hist. rom. II,1 ff. und II,8 ff.

26 M. Durry, *Les cohortes prétoriennes*, Paris 1936, S. 45 f.

27 G. Ville, *La gladiature en Occident des origines à la mort de Domitien*, Paris/ Rom 1981, S. 214 (das *munus* der Garnison); S. 135 (der Geburtstag des Claudius im Lager der Praetorianer, nach Sueton, Claud. XXI,8).

28 Vgl. Anm. 7. Bei dem Jüngeren Plinius, Paneg. 50–51, findet sich dieselbe Überzeugung (*magnificus in publicum*). Als ›Museumsstadt‹ wird Rom von dem Älteren Plinius in der *Naturalis historia* vorgestellt, dazu Anm. 29.

29 Auflistung der *Urbis nostrae miracula*, Plinius, Nat. hist. XXXVI,24,101 ff.: das Forum des Augustus, der Friedenstempel des Vespasian, außerdem der Circus Maximus und die Basilica Aemilia. Dazu Tacitus, Ann. XV,41,1 mit der Aufzählung der im Jahre 64 verbrannten alten Baudenkmäler. Unterstützt von den offiziellen Dokumenten, wie dem *Curiosum* oder der *Notitia*, dauert dieser Kult bis ins 4. Jahrhundert, vgl. Ammianus Marcellinus, Hist. XVI,10,13 ff. (und XVII,4 zu den Obelisken).

30 J.-M. André, *Le siècle d'Auguste* (Anm. 1), S. 48–51.

31 J.-M. André, *Mécène. Essai de biographie spirituelle*, Paris 1967, S. 46 f. (Eros-Thanatos, Aphrodite).

32 Über die Statuen in den Gärten und ihre die Erinnerung wachhaltende Funktion (Wiedererweckung der mythologischen Welt) vgl. P. Grimal (Anm. 16), S. 337 f.

33 *Res gestae* XIX–XX. Hadrian übernimmt diese Einstellung (Hist. Aug., Vita Hadr. XIX,10) und hat das Pantheon, die *Saepta Julia*, zahlreiche Tempel, das Forum des Augustus und die Thermen des Agrippa wiederhergestellt, »wobei er die Namen der Erbauer auf den Widmungsinschriften beließ«. Die Vorliebe des Älteren Plinius für Triumphinschriften ist allgemein bekannt, vgl. etwa die von der Turbia (Nat. hist. III,136–137) und die Inschriften des Pompeius (ebd. VII, 97–98).

34 Sueton, Aug. XXXI. Livius hat die Decii, VIII,9 und X,28, Cincinnatus, III,27, und den Älteren Cato, XXXIX,40, verherrlicht. Zu den von der Propaganda mit einem volkstümlichen Anstrich versehenen Reden gehörte auch die *De prole augenda* (über die Geburtenzahl) des Metellus Macedonicus.

35 J.-M. André, *Le siècle d'Auguste* (Anm. 1), S. 177 f.

36 G. Lugli, *Roma antica. Il centro monumentale*, Rom 1946, S. 313–318.

37 Florea Bobu Florescu, *Die Trajanssäule*, Bonn/Bukarest 1969, S. 25; 137 f. G. Lugli (Anm. 36), S. 298 f. Vgl. auch G. Ch. Picard, *Les Trophées Romains*, Paris 1957.

38 Martial betrachtet das Rom seiner Zeit, die *domina urbs*, wie ein Wunder (Epigr. XII,21); das *Epigramm* X,51 zählt die Wunderwerke einzeln auf: die Theater des Marcellus und des Pompeius, die drei Thermen von Agrippa, Nero und Titus und der heilige Hügel des Kapitols. In den *Epigrammen* wird häufig der Blickwinkel des Spaziergängers eingenommen (IV,64: der Panoramablick vom Janiculus; VI,64: der Blick vom Aventin; II,59: das Mausoleum vom Caelius aus gesehen).

39 Juvenal, Sat. VI,120 f. und VII,2. Vgl. Art. »Meretrix«, in: *Realencyclopädie der classischen Altertumswissenschaft* XV,1, Sp. 1022–24 (Prostitution in Rom).

40 M. d'Avino, *The Women of Pompeii*, Neapel 1967, S. 39 f. (Frauen mit schlechtem Ruf); dazu E. la Rocca / A. de Vos, *Guida archeologica di Pompei*, S. 302 bis 304. Zu Ostia: R. Calza / E. Nash, *Ostia*, Florenz 1959, S. 29 und S. 80 (Fig. 34): das Lupanar, verbunden mit der *caupona* delle Volte Dipinte.

41 Zu dem Leben unter den Brücken vgl. U. E. Paoli, *Vita Romana*, Paris 1955, S. 33. Vgl. Juvenal, Sat. IV,116.

42 Über die Einteilung in Stadtviertel vgl. L. Homo (Anm. 15), S. 109 f. Kulturelles Leben in den *vici* wird von Sueton, Caes. XXXIX,1 und Aug. XLIII,2 bestätigt. Die *Elegie* II,2 des Properz schildert das Stadtteilfest der Compitalia.

43 Zu dem Problem der *Graeca urbs*, eher wohl Puteoli als Neapel, vgl. das Fazit bei V. Paladini / E. Castorina, *Storia della letteratura latina*, Bd. 2: *Problemi critici*, Bologna 1970, S. 302–306.

44 J. Gérard, *Juvénal et la réalité contemporaine*, Paris 1976, Kap. 6, S. 157 f. (Gegenüberstellung von Zeugnissen bei Juvenal und Martial).

45 Vgl. die Terminologie bei J. Marquardt, *Das Privatleben der Römer*, 2. Aufl. bes. von A. Mau, Leipzig 1886 (Nachdr. Darmstadt 1975), S. 471 f.

46 M. d'Avino (Anm. 40), S. 44–46.

47 Dazu J. Carcopino (Anm. 15), S. 401, Anm. 33 und Taf. 21.

48 H. Galsterer, *Untersuchungen zum römischen Städtewesen auf der Iberischen Halbinsel*, Berlin 1971, S. 85 (zur Stadtdichte in der Baetica vgl. den Anhang und die Karte). Dazu R. Thouvenot, *Essai sur la province romaine de Bétique*, Paris 1973, 3. Tl., S. 363 f. (die Städte), vor allem Kap. 5 und 6, S. 426 f. (Theater und Amphitheater).

49 Horaz, Epist. II,2,81 und Properz, Eleg. III,21,29 belegen schon vor Apuleius, Met. I,24 und Philostrat, Vit. Apoll. VIII,15 die akademische Vitalität von Athen. Zur Förderung der Schulen in Athen unter den Antoninen vgl. W. Judeich, *Topographie von Athen*, München ²1931 (Handbuch der Altertumswissenschaft III, 2.2), S. 102 f.

50 Chronologie und Untersuchung zu Hadrians aedilizischem Wirken bei W. Judeich (Anm. 48), S. 100–102.

51 Ebd., S. 417–419 (Philostrat, Vit. Soph. II,1,15; IG, II²,677,3).

52 Über die Welle von Einweihungen in die eleusinischen Mysterien vgl. S. Follet, *Athènes aux IIᵉ et IIIᵉ siècles. Études chronologiques et prosopographiques*, Paris 1976, S. 108–143 (von Hadrian bis Gallien).

53 P. Petit, *Libanius et la vie municipale à Antioche au IVᵉ siècle après J.-C.*, Paris 1955, S. 123 f. Zum Zeugnis über das Theater S. 136 f. (athletischer Kampfsport, Wagenrennen und Theater).

54 Zum *Antiochikos* des Libanios (Or. XI) vgl. A. J. Festugière, *Antioche païenne et chrétienne. Libanius, Chrysostome et les moines de Syrie*, Paris 1959, S. 38 f. (archäologischer Kommentar).

55 Der *Misopogon* stimmt mit Ammianus Marcellinus (Hist. XXVIII,4,32) und mit dem *Antiochikos* (XII,34) überein.

56 J. Daniélou, *Philon d'Alexandrie*, Paris 1957, S. 58 f. (Philon und seine Zeit).

57 J.-M. André, *L'otium* (Anm. 1), S. 539 (*Vita contemplativa*, Ausg. Cohn, §§ 12 bis 13, 29–30, 40, 57–59, 83–90).

58 Philostrat, Vit. Apoll. V,27 ff. Vgl. J.-M. André (Anm. 8), S. 25 f.

59 Seneca, Epist. 51,3; Ammianus Marcellinus, Hist. XXII,16,7–14 (gesundes, luftiges Seeklima, *locus amoenus* mit vielen Unterkünften).

60 Juvenal, Sat. VI,84; Martial, Epigr. I,26; VI,84; XV,46.

61 J. Daniélou (Anm. 56), S. 28 f. Philons Zeugnis über die antijüdischen Verfolgungen (*Contra Flaccum* XXXIV) zeigt, wie sich Grausamkeit mit der Vorliebe für Schauspiele verbindet.

62 Herodian, Hist. IV,8,7 ff.; Cassius Dio, Hist. rom. LXXVII,7,3; Hist. Aug., Carac. VI,2 ff.

63 Beschreibung bei Herodian, ebd.

64 Apuleius, Flor. XVIII,4 (Mime, Komödiant, Tragöde und Seiltänzer).

65 P.-M. Duval, *La vie quotidienne en Gaule pendant la Paix Romaine (Ier–IIIe siècles après J. C.)*, Paris 1976 (dt. u. d. T.: *Gallien. Leben und Kultur in römischer Zeit*, Stuttgart 1979), S. 72–81. Dazu G. Ch. Picard, *La civilisation de l'Afrique Romaine*, Paris 1959, S. 60–65; S. 174–176 (die *suburbana*); S. 178–181 (Landwirtschaft betreibende Bürger mit einem beachtlichen ›Standbein‹ auf dem Lande verbringen im 4. Jahrhundert schließlich das ganze Jahr in der *villa*). Zu den Mosaiken vgl. G. Fradier / A. Martin, *Mosaïques de Tunisie*, Tunis 1976, Kap. 1 (das tägliche Leben).

66 Martial, Epigr. XII, praef. Im 12. Buch erscheint Spanien stellenweise, bei Fortsetzung des römischen Mäzenatentums (XII,1,2 und 3), als das Land literarischer Muße. Aber die Bilder von der Iberischen Halbinsel sind rar: Cordoba und seine Olivenhaine (XII,63), die Anrufung des Baetis mit seinen schimmernden Fluten (XII,98, als Schlußgedicht) und der »eiskalte« (XII,21) oder »wilde« (XII,2) Salo. Spanien, selbst das ländliche Spanien, führt in dem Dichter unwiderstehlich das Bild von Rom mit seinem Palatin (XIII,15), seinen Thermen und seiner geschäftigen Subura (XII,18) als Gegenbild zu Bilbilis herauf. Den wahren Rahmen für Martials heiteren Arbeitsfrieden liefert die *pax Romana* (XII,9).

67 M. Bonjour, *Terre natale. Études sur le patriotisme romain*, Paris 1975, S. 211 f.

68 Sueton, Dom. IV,10–11; Cassius Dio, Hist. rom. LXVII,1–2. Zu den Spielen vor allem in der Zeit von Augustus bis zu den Antoninen vgl. H. Kloft, *Liberalitas principis. Herkunft und Bedeutung*, Köln/Wien 1970, pass.

69 J. Gagé, *Res Gestae Divi Augusti*, Paris 1950, S. 155 f.; S. 163–185 (zum augusteischen Kalender).

70 Cassius Dio, Hist. rom. LXXII,15,3 (Januar). Desgleichen Domitian, Macrobius, Sat. I,12,37.

71 Sueton, Dom. VI,1, bestätigt durch Statius, Silv. I,1 (das Kolosseum des Domitian). Der offiziellen Propaganda wird von den Historikern widersprochen, vgl. Tacitus, Agr. XLII,3.

72 Plinius, Nat. hist. XXXIII,48 und XXXVI,24. Vgl. G. Michaut, *Sur les tréteaux romains*, Paris 1911, S. 353.

73 *Fasti Ostienses*, CIL XIII,1: »Traianus . . . thermas suas dedicavit et publicavit. VIII Kal. Iul. aquam suo nomine tota urbe salientem dedicavit. K. Nov. imp. Traianus munus suum consummavit diebus CXVII gladiatorum (parium) IIIIDCCCCXLIS.«

74 G. Ville (Anm. 27), S. 144 f. (Einweihung des Kolosseums im Jahr 80 und die Bemerkungen darüber in *De spectaculis*).

75 Martial, Epigr. IV,46; V,84; VII,53; XI,2 u. ö.

76 J.-M. André, *Le siècle d'Auguste* (Anm. 1), S. 139–143 (*pax Augusta* und kriegerische Neigung): von den *Res gestae* XII–XIII zum 4. Buch der *Oden* des Horaz.

77 Zu diesen Begriffen vgl. J. Béranger (Anm. 8).
78 Plinius d. J., Epist. X,23 ff. Vgl. F. F. Abbott / A. Ch. Johnson, *Municipal Administration in the Roman Empire*, Princeton 1926, Kap. 10 (»Municipal Finances«), S. 138 f. (zu den Problemen in Bithynien S. 150 f.).
79 Quintilian, Inst. or. IX,4,142 und XI,3,89: grundsätzliche Ablehnung der *saltatio* (Pantomime).
80 Plinius, Paneg. XXXIII,1 (Gegenüberstellung der zur Ausbildung beitragenden Gladiatur und der herabwürdigenden Pantomime).
81 Fronto, Epist. II,1 Ad M. Caes., Ausg. van den Hout, S. 24 (berühmte Zirkusspiele aus dem Jahr 143, dank der großzügigen Unterstützung der Antonine); II,3 (an Volumnius Quadratus), Ausg. van den Hout, S. 180 (Fronto bekennt seine Leidenschaft zum Zirkus).
82 J.-M. André, *L'otium* (Anm. 1), S. 388 (Philosophen, mit denen Augustus vertraut ist, und die Politik).
83 Über die Struktur der Gruppen, die bei der Gladiatur als ›Schlachtenbummler‹ auftreten, ist wenig bekannt, vgl. A. Cameron, *Circus Factions, Blues and Greens at Rome and Byzantium*, Oxford 1976, S. 77 f. (die *iuvenes*, die *Digesta* XLVIII, 19,27 zitiert werden). Zur Gesetzgebung Caesars und Augustus' über die *collegia* vgl. Sueton, Caes. XLII,4; Aug. XXXII,3.
84 Petron, Satyr. XXIX,2 (die *munera* des Laenas); XLV,4 (die örtlichen *munera*); LXX,10 ff. (Verehrung der Grünen und die Wetten); LXX,6 (die Kämpfe des Petraites, eines Kämpfers, dessen Name auch von der Epigraphie bestätigt wird). Zur Historizität des Petraites/Tetraites vgl. Dessau, ILS 5137–5138.
85 CIL VI,9719 (der Ölhändler *parmularius* und *Venetus*).
86 Zur Unterdrückung der Parteiungen und Unruhestifter vgl. A. Cameron (Anm. 83), S. 223, Anm. 7, der wie Balsdon den Text der *Digesten* über die öffentliche Bestrafung der *capita factionum* als Aufrührer nicht berücksichtigt.
87 Properz, Eleg. III,18,11–12. Die *Res gestae* erwähnen zweimal die Tatsache, daß Augustus die Spiele »im Namen seiner Söhne und Enkelsöhne« gegeben hat.
88 Sueton, Claud. VII. Zur Rolle der *munera* nach Augustus für die Popularität des zukünftigen Kaisers vgl. G. Ville (Anm. 27), S. 105 f. und 122 f.
89 Flavius Josephus, Ant. Iud. XIX,24,7; das gleiche findet statt im Jahr 39, Cassius Dio, Hist. rom. LIX,13.
90 Plinius, Nat. hist. XXXIV,62: Tiberius gibt schließlich widerwillig dem Drängen der Menge nach; der Text unterstreicht, daß das Volk den »Ausstellungscharakter« seiner Stadt schätzt.
91 Zur politischen Tendenz der Pantomime vgl. Sueton, Tib. XLV,2; Cal. XXVII,8; Nero XXXIX,5 (Atellanen); Dom. X,2 und 6. Vgl. auch Hist. Aug., Vit. Ant. VIII,1. Dazu G. Michaut (Anm. 72), S. 326 f.
92 Über die Popularität des im Jahr 83 gestorbenen Paris: Sueton, Dom. III,10; Juvenal, Sat. VI,87; Martial, Epigr. XI,13.
93 Zur propagandistischen Pantomime vgl. Plinius d. J., Paneg. LIV,1. Das Schwanken der Macht in dieser Angelegenheit ist untersucht bei J.-M. André, »Les *ludi scaenici* et la politique des spectacles au début de l'ère antonine«, in: *Actes du IXe Congrès Budé*, Rom 1973, S. 469–472.
94 Über den abschreckenden Wert der Todesstrafe (und ihre Berechtigung) vgl. Seneca, De ira I,15–19 und De clem. III,20. In *De ira* wird das Konzept der öffentlichen Hinrichtung verteidigt.
95 Martial, De spect. IV; Sueton, Titus VIII,12.

96 Sueton, Cal. XXVII,1–3; Cassius Dio, Hist. rom. LIX,10,3–4.
97 Martial, De spect. V (Pasiphae); VII (Lareolus); VIII (Daedalus). Epigr. I,21, VIII,30 und X,25 bezeugen die Darstellung der Mucius-Scaevola-Episode.
98 L. Robert, *Les gladiateurs dans l'Orient grec*, Paris 1940 (reprogr. Nachdr. Amsterdam 1971), S. 201 f. (n. 222). Zu den *noxii* von Benevent Dessau, ILS 5062–5063.
99 Gegenüberstellung von Apuleius, Met. X,23 ff. (die Frau, *addicta bestiis* durch den Statthalter von Achaia) mit *Digesta* XLVIII,13,7 (Willkür des *praes*) und vor allem mit XLVIII,9,9.
100 Vgl. J.-M. André (Anm. 8), S. 69.
101 Seneca, De superst., fr. 36, Ausg. Haase, S. 426 = Augustin, De civ. Dei VI,10.
102 A. Cameron (Anm. 83), S. 167 f.
103 Sueton, Cal. XXVII,4 und Dom. X.
104 Cassius Dio, Hist. rom. LXIX,16,3. Ebd. LXXI,29,4, bestätigt durch Dig. XL,9,17,1.
105 Vgl. H. Kaehler, *Rome et son empire*, Paris 1966, S. 64 f. und O. Brendel, *Ikonographie des Kaisers Augustus*, Nürnberg 1931.
106 Sueton, Aug. XLIV,3. Die *ludi castrenses* sind seit der Zeit des Tiberius bezeugt.
107 Tab. Her. CXXXV (*in loco senatorio decurionem conscriptorum sedeto*); Lex Urson. LXXV ff. Dazu Lex Flamin. Narb., S. Riccobono (Anm. 12), I, S. 199.
108 Martial, Epigr. V,8, die Maßnahme bejahend; dazu Sueton, Dom. VIII,4 und Martial, Epigr. IV,2 (Horatius).
109 Lex Urson. CXXV–CXXVII.
110 J.-M. André (Anm. 93), S. 468 f.
111 S. Platner / T. Ashby (Anm. 14), S. 5–11. Die großen Provinzamphitheater übernehmen zwar die technischen Lösungen des Kolosseums, begnügen sich aber mit architektonischen Rängen, z. B. in Nîmes, Verona oder Thysdrus (El Jem).
112 L. Robert (Anm. 98), S. 33–35.
113 Ebd., S. 34.
114 M. Bieber, *The History of the Greek and Roman Theater*, Princeton ²1961, S. 213–215.
115 *Res gestae* XX–XXI.
116 Über die *trabeata* vgl. Ovid, Pont. IV,16,29–30. Vgl. Art. »Togata«, in: *Realencyclopädie der classischen Altertumswissenschaft* VI,2 (2. R.), Sp. 1661.
117 M. Bieber (Anm. 114), S. 165.
118 Über die *fabulae salticae* und das tragische Repertoire vgl. J.-M. André (Anm. 93), S. 472 f. (Belegstellen bei Juvenal, Martial, Dion Chrysostomos und Lukian).
119 Liste bei Tertullian, Apolog. XV. Unter Nero wurde der Ehebruch von Ares und Aphrodite getanzt, Lukian, De salt. 63.
120 M. Bieber (Anm. 114), S. 232 f. Zu den von Nero bevorzugten Rollen: Sueton, Nero XXI,3 (aus XLVI,3 geht hervor, daß er versuchte, auch noch den »Verbannten Ödipus« zu spielen).
121 Epiktet, Diatr. I,2,12 ff. und IV,7,37 beklagt den ›Snobismus‹ der Tragödie in neronischer Zeit: die Kritik an der mythischen Welt der Tragödie findet sich in I,4,26; I,24,15; I,28,31; II,16,31.
122 Zusammenstellung der Verurteilungen bei M. Spanneut, *Le Stoïcisme des Pères de l'Église, de Clément de Rome à Clément d'Alexandrie*, Paris 1957, S. 259. Vgl. auch W. Weismann, *Kirche und Schauspiele. Die Schauspiele im Urteil der*

lateinischen Kirchenväter unter besonderer Berücksichtigung von Augustin,
Würzburg 1972 (Cassiciacum 22).

123 G. Ville (Anm. 27), S. 119 f. (das reguläre *munus* der Praetoren); dazu auch
S. 108. Zu den dirigistischen, von politischen Berechnungen diktierten Begren-
zungen vgl. Tacitus, Ann. XIII,31 und 49 (unter Nero).

124 CIL II,6278. Vgl. G. Ville (Anm. 27), S. 209 f. Vergleich mit der Regelung in der
griechischen Welt bei L. Robert (Anm. 98), S. 282 f.

125 Eine Liste der *ludi* der kaiserlichen Familie bei G. Ville (Anm. 27), S. 283 f. Der
Prokurator von Alexandria wird auf einer Inschrift in Puteoli genannt, CIL,
X,1685 (unter Domitian). Juvenals Eppia (Sat. VI,110 ff.) folgt einer Gladiato-
rentruppe, die nach Alexandria unterwegs ist. Zum Problem der Zentralisierung
und Dezentralisierung vgl. F. F. Abbott / A. Ch. Johnson (Anm. 78), Kap. 8,
S. 84 ff.

126 L. Robert (Anm. 98), S. 256 f., G. Ville (Anm. 27), S. 207 f., P. Petit (Anm. 53),
S. 135–138 (Alytarchen, Syriarchen und Agonotheten).

127 P. Petit (Anm. 53), S. 128 f.: Bedeutung der *venatio* bei den olympischen Feiern
in Antiochia; bemerkenswert ist die Bedeutung der *philotimia*-Vorstellung (eu-
ergetische Ambition), deren semantische Weiterentwicklung im kaiserlichen
Asien L. Robert (Anm. 98), S. 276 f. hervorgehoben hat.

128 Gründliche Untersuchungen bei G. Ville (Anm. 27), S. 188 f. (zitiert seien CIL
IX,1703 für Benevent und V,4399 für Brixen). Man kann auch die *Augustales*
von Auximum und Venafrum anführen. In Pompeji hat man im Haus des Au-
gustalis L. Valerius Primus das Programm eines *munus* gefunden.

129 Dazu P. Jouguet, *La vie municipale dans l'Égypte romaine*, Paris 1968, S. 318 bis
322.

130 Über das freie *munus* G. Ville (Anm. 27), S. 209–211 (ein oftmals diktiertes und
unter Zwängen stattfindendes Unternehmen). Dazu das Pompeji betreffende
Beispiel (CIL IV,7989 ff.) über die örtlichen *munerarii*.

131 Tab. Her. LXII, CXX und CXXXV. Ebenso Lex Urson. CXXV–CXXVIII;
CIL XII,6038.

132 ILS 1179, 1182, 1193, 1201, 1204, 7986, 7992 u. ö., aus einem beachtlichen epigraphischen Material.

133 Unter diesen lokalen Spendern, die an den *ludi scaenici* interessiert sind, seien
der Gamela (ILS 6147) und Fabius Hermogenes (ILS 6148) genannt.

134 Lex Urson. LXX–LXXI. LXXII wird auch mit Überschüssen des sakralen
Budgets gerechnet.

135 Ebd.: freie Wahl zwischen *munus* und *ludos scaenicos* (sakrale Mimodramen,
wie die der *ludi sacerdotales*, und »klassisches« Theater), zwischen Forum und
Zirkus (*in foro aut in circo*, LXXI). Hinter dem *arbitratus decurionum* verbirgt
sich ein gewisser Freiheitsspielraum.

136 Petron, Satyr. XXIX,2; XLV,4 und 11. Apuleius, Met. IV,13 (Demochares) und
X,18 (Thiasus).

137 Unter den zahlreichen *munus*-Ausrichtern in Pompeji – Tiberius Claudius
Verus, Decimus Lucretius Satrius Valens, Aulus Suettius Certus, Numerius Festus Ampliatus, Popidus Rufus u. v. a. – fällt Cn. Alleius Nigidius Maius auf, der
sich als *princeps coloniae* (ILS 1177 und 7989b), aber auch als »Princeps der *munus*-Ausrichter« bezeichnet (ILS 7990).

138 Dion Chrysostomos, Or. XLVIII,12. Die Rede XLVII,17 bringt die *Stoa Poikile*
mit der *Domus aurea* in Verbindung.

139 S. S. 207.
140 Über diese neue Funktion des *curator rei publicae* vgl. F. F. Abbott / A. Ch. Johnson (Anm. 78), S. 90 f. Die lokale Finanzkrise ist auch Gegenstand der Untersuchung von A. H. M. Jones, *The Roman Economy. Studies in Ancient Economic and Administrative History*, Oxford 1974, S. 96 f. und S. 173.
141 E. Mary Smallwood, *Documents Illustrating the Principates of Nerva, Trajan and Hadrian*, Cambridge 1966, Nr. 450, S. 115 f.
142 CIL II,6278 = Dessau, ILS 5163. Zur wirtschaftlichen Deutung vgl. G. Ville (Anm. 27), S. 275, Anm. 105. Dazu auch die ältere Auslegung bei Th. Mommsen, »Senatus Consultum de sumptibus Ludorum minuendis«, in: Gesammelte Schriften, Bd. 8, Berlin 1913, S. 499–531.
143 F. F. Abbott / A. Ch. Johnson (Anm. 78), S. 496 f. (CIL XI,5265). In diesem Text, der deutlich früher ist als das Verbot der Gladiatorenspiele, wird das *gladiatorum munus* auf derselben Ebene behandelt wie die *ludi scaenici*.
144 Seneca, *De ira* III,29,1: Die *servitus urbana et feriata* bezieht sich auf die *familia*, hat aber auch symbolische Bedeutung.
145 G. Ville (Anm. 27), S. 110 f. (von Augustus bis Domitian). Die Zahlenangabe von 5000 Tieren für die *venatio* zur Einweihung des Kolosseums findet sich bei Sueton, Titus VII. Vgl. J. Aymard, *Essai sur les chasses romaines des origines à la fin du siècle des Antonins*, Paris 1951, Kap. 10, S. 185 f. (die Arena, das Jagdrevier des Kaisers und der Römer).
146 Sueton, Aug. XLIII,11. Plinius, Nat. hist. VIII 65, läßt erkennen, daß der erste Tiger in Rom 11 v. Chr. bei der Einweihung des Marcellus-Theaters vorgeführt wurde.
147 Plinius, Nat. hist. VIII,4–5. Die Episode wird von Aelian, Hist. anim. II,11 bestätigt, der die Dressurphasen hervorhebt und behauptet, ein Elefant sei in einer Sänfte in den Festsaal getragen worden. Seneca war Zeuge dieses Schauspiels (Epist. 85,41), zweifellos anläßlich der Spiele für den künftigen Kaiser Galba.
148 Martial, De spect. I,6; 14; 22; 48; 51; 60; 104. Die gleiche Beobachtung bei Statius, Silv. II, praef. und 5.
149 Martial, Epigr. XIV,53. Zu den Mosaiken im Museum von Bardo und El Jem vgl. die Auswahl bei A. Martin / G. Fradier (Anm. 72), Abt. Sport und Schauspiel.
150 Calpurnius Siculus, Ecl. VII,69–72: Der Boden der Arena öffnet sich, der »Abgrund« speit wilde Tiere aus, und man sieht einen Wald aus vergoldetem Strauchwerk entstehen. Dazu Apuleius, Met. X,30,1 ff. (der bewaldete Berg). Zur Bühnendekoration des Satyrspiels mit der in der pompejanischen Malerei häufig dargestellten Hügellandschaft vgl. Vitruv, De arch. V,7,9.
151 J. P. Cèbe, *La caricature et la parodie dans le monde romain antique des origines à Juvénal*, Paris 1966, S. 122 f. (*paegniarii*) und S. 350 f. (Pygmäen als Soldaten und Gladiatoren). Die *paegniarii*-Gladiatoren, die das Duell durch Tierschreie und Gesten aus dem täglichen Leben trivialisieren, ähneln den »Homeristen« im *Satyricon* (s. S. 228 und S. 263 f.).
152 Zur Grausamkeit des *latrocinium* in den Augen der Zeitgenossen vgl. Seneca, De ben. I,10; IV,12; IV,14 (Kapitalverbrechen) und 17; Epist. VII,5 (Verbindung von *homicidium* und *latrocinium*). Vgl. *Digesta* XLVIII,19 (Marcianus). Unter Augustus ist an dem Aufrührer Selurus auf spektakuläre Weise die Todesstrafe vollzogen worden (Strabon VI,2,6 p.273), und unter Caligula hat das Volk den Räuber Tetrinius »gefordert« (Sueton, Cal. XXX,7).

153 In den *Politica paraggelmata*, vgl. L. Robert (Anm. 98), S. 245 f.
154 Seneca, De clem. II,1,2 und Sueton, *Nero* X,3. Dazu M. T. Griffin, *Seneca. A Philosopher in Politics*, Oxford 1976, S. 423–426.
155 Sueton, *Titus* VIII,5. Über die Lebenskraft der Juvenalia, die von den *collegia iuvenum* im Kaiserreich organisiert wurden, vgl. G. Ville (Anm. 27), S. 216 und Anm. 98.
156 Man muß natürlich unterscheiden zwischen den Skizzen, die auf ein gesteigertes Interesse an den Siegen der Wettkämpfer bei den Spielen hindeuten, vgl. ILS 8055–8056, und den eigentlichen Karikaturen, vgl. J. P. Cèbe (Anm. 151), S. 350 f. (Übersicht der Zeugnisse aus Pompeji).
157 Über die Schwankungen der Kaiser hinsichtlich der amateurhaften Betätigung der Ritter vgl. Cassius Dio, Hist. rom. LVI,25,7 und LIII,14,3. Zur »Parade« des Jahres 57 Sueton, *Nero* XII,3.
158 Die *atimia* der Gladiatoren in rechtlicher und moralischer Hinsicht ist untersucht bei G. Ville (Anm. 27), S. 339–343. Der Gedanke der Herabwürdigung der höheren Gesellschaft erscheint bei Tacitus, Ann. XIV,14 und XV,32; ebenso Cassius Dio, Hist. rom. LXII,17,3.
159 Seneca, Epist. 87,9 und 99,13. In einer Streitfrage bei Seneca d. Ä., Controv. X,4, bekommen wir die Anwerber zu sehen, die die im Rang Herabgestuften zu ihren Gunsten beeinflussen. Die juristische Grundlage für die Verpflichtung (*auctoratio*) und ihr doppeltes Ziel (Gladiatur und *venatio*) werden durch *Digesta* XXII,5,3 und durch andere Texte der Rechtsgelehrten (Mos. et Rom. leg. coll. IV,3,2 und IX,2,2) erläutert.
160 Herodian, Hist. I,15. Desgleichen Domitian, Sueton, Dom. XIX,3. Der fürstliche Zuschnitt der Jagd im Amphitheater tritt in dem Vergnügungsangebot für Tiridates, 66 in Puteoli, zutage (Cassius Dio, Hist. rom. LIII,1).
161 Tacitus, Ann. I,77: *de modo lucaris et adversus lasciviam fautorum multa decernuntur.* Dasselbe bei Sueton, Tib. XXXVII,4.
162 S. S. 218 und Cassius Dio, Hist. rom. LXIII,9,22.
163 J. M. Croisille, *Poésie et art figuré de Néron aux Flaviens*, Bd. 2, Brüssel 1982, S. 632 und pl. 152–155.
164 Seneca, Nat. quaest. VII,32,3. Vgl. auch bei Plinius, Epist. VII,24 die Erwähnung der Pantomimentruppe der Ummidia Quadratilla, die in Casinum ein Theater errichtet hat (CIL X,5183).
165 Tacitus, Ann. XIV,22: *patriis mores funditus everti per accitam lasciviam, ut quod usquam corrumpi et corrumpere queat in urbe visatur, degeneretque studiis externis iuventus gymnasia et otia et turpis amores exercendo* (mit *turpis amores* ist die griechische Homosexualität gemeint).
166 Dazu M. Bieber (Anm. 114), S. 232 f., Abb. 775–777.
167 J.-M. André, *L'otium* (Anm. 1), S. 122–124.
168 Diatr. fr. XV, Ausg. Schenkl, S. 466.
169 J. Aymard (Anm. 145), S. 95–97.
170 Art. »Gymnase«, in: Ch. Daremberg / E. Saglio, *Dictionnaire des antiquités grecques et romaines* II,2, S. 1686–91. Vgl. B. Cunliffe, *Roman Bath*, Oxford 1969 (Soc. Ant. Research 24). Zur Entwicklung der Bäder vgl. I. Nielsen, *Thermae et balnea. The Architecture and Cultural History of Roman Public Baths*, Bd. 1, Aarhus 1990, S. 6 ff., S. 25 ff. und S. 119–148.
171 J. Marquardt (Anm. 45), Tl. 2, S. 841 f. Die *Epigramme* von Martial bestätigen die Bedeutung des *pila*-Spiels in den Thermen (VII,32; XII,82; XIV,163);

XIV,45–48 liefern die Namen der Bälle, *paganica* und *trigonalis*. Man hat die Inschrift eines Spielers gefunden, der in den Thermen des Trajan, des Agrippa, des Titus und des Nero das Glasballspiel ausübte (ILS 5173).

172 Die Zustimmung Galens für gesunde sportliche Betätigung ist allerdings auf bestimmte Übungen begrenzt. Zum Ballspiel vgl. Galen V,899–910 (Ausg. C. G. Kühn).

173 Zum athletischen Ideal vgl. E. Norman Gardiner, *Athletics of the Ancient World*, Oxford 1930 (Nachdr. 1965), Kap. 5, S. 53 f. Es gibt eine durchgängige Tradition in der klassischen Antike, die die athletische Agonistik der Griechen mit ihren prahlerischen und unnützen Leistungen ablehnt. Man könnte sie für spezifisch römisch halten, wenn man Vitruv (De arch., praef. IX) heranzieht, der ganz in dieser Tradition steht. Aber Aristoteles, die hippokratische Schule und Galen sowie Celsus und Seneca haben sich wegen der pathologischen Folgen gegen ein Berufsathletentum ausgesprochen und dabei auf Überbeanspruchung und Hypertrophie der Muskeln und Nerven verwiesen. Vgl. dazu auch Anm. 178.

174 Persius, Sat. IV,33 ff. (Palästra und Hydrotherapie); ebd. III,98 ff. (über den Mißbrauch der Hydrotherapie als Verdauungshilfe).

175 Neros olympischer Traum (Sueton, *Nero* LIII) geht 67, während der triumphalen Rundreise, in Erfüllung (ebd. XXII ff.), in deren Verlauf er sowohl »musikalische« als auch reiterliche Siege erringt. Die Epigramme der *Anthologia Palatina* XI,79,81 und 84 bezeugen die Beliebtheit des Pentathleten. Über die Griechenlandreise vgl. G. Ch. Picard, *Auguste et Néron. Le secret de l'Empire*, Paris 1962, S. 228–232.

176 Vgl. die Epigramme des Lucilius über die Athleten seiner Zeit, L. Robert, *L'épigramme grecque*, Genf 1968 (Entretiens sur l'antiquité classique de la Fondation Hardt, Bd. 14), S. 181 f.

177 Die mystische Verehrung der Hieroniken oder Sieger sakraler Wettkämpfe ist nicht auf die griechische Welt beschränkt (dazu das Problem des ›iselastischen‹ Einzugs der Athleten, das Plinius für Bithynien, Epist. X,118–119, aufgeworfen hat). Bei seiner Rückkehr aus Griechenland wird Nero nach iselastischem Muster Einzug halten, Sueton, *Nero* XXV. Zu den Mosaiken in den Caracalla-Thermen E. Norman Gardiner (Anm. 173), Abb. 74, S. 109.

178 Galen, Protrept. log. II,9 ff. und Hort. opt. prof. (Abschreckungsrede gegen das professionelle Athletentum). Die Abhandlung »Über die Erhaltung der Gesundheit« stellt das gesunde Training und das athletische Zuviel-des-Guten, der Tradition des Hippokrates und des Celsus folgend, einander gegenüber. Dagegen empfiehlt Plinius d. Ä., Nat. hist. XXIX,26, den athletischen Kampfsport für die Gesundheit. Vgl. E. Mähl, *Gymnastik und Agonistik im Denken der Römer*, Amsterdam 1974 (Heuremata 2).

179 P. Grimal (Anm. 16), S. 249 f. (Stadien und Hippodrome): Untersuchung der Briefe II,17 und V,6, in denen Plinius das Laurentinum und die *Tusci* beschreibt.

180 Ebd., Anhang 2, S. 459–461 (Bepflanzung der Gärten).

181 Celsus, De med. I,2 (*ambulatio sub divo*) und II,15: Sogar die *ambulatio sub porticu* erscheint ihm nicht besonders gesundheitsfördernd. Aber damit dringt er nicht durch. Plinius, Nat. hist. XXXIII,53, weigert sich, *ambulatio* und *gestatio* zu unterscheiden. Seit der Regierungszeit des Domitian ist die Mode, in den Hippodromen spazierenzugehen, nicht mehr aufzuhalten; vgl. P. Grimal (Anm. 16), S. 250 f. und S. 427. Das rätselhafte Hippodrom auf dem Palatin hat diese Funktion.

182 Das *otium* der Principes bildet keinen eigenen Gliederungspunkt, sondern wird
bei der Aufstellung der *vitia* und der *studia* mitbehandelt; vgl. F. Leo, *Die griechisch-römische Biographie nach ihrer literarischen Form*, Leipzig 1901 (S. 1–10
zu Suetons »Leben der Caesaren«). Die *Vita Hadriani* in der *Historia Augusta*
bietet eine Synthese von dienstlicher Tätigkeit und Freizeitbeschäftigung
(XXVI); Plinius, Paneg. XLIX und LXXXI–LXXXII stellt die Freizeit bei Domitian und Trajan einander gegenüber.

183 Seneca, De brev. VI. Dazu P. Jal, »Images d'Auguste chez Sénèque«, in: *Revue
d'Études latines* 35 (1957) S. 242–264.

184 Der Punkt *studia liberalia* ist bei Sueton sehr ausführlich, Aug. LXXXIV ff.,
mit einer Bilanz seiner Defizite in den Kapiteln LXXXVII–LXXXVIII.

185 Über die »drusischen Schwerter«: Cassius Dio, Hist. rom. LVII,13,1. In Rom
werden die *gladii acuti* ständig den *arma lusoria* gegenübergestellt, diesen abgestumpften Waffen, die Mark Aurel aus humanitären Gründen seinen Gladiatoren gegeben hat (Cassius Dio, Hist. rom. LXXII,29).

186 Sueton, Claud. XXXIV,4. Trotz seiner Vorliebe für die Gladiatur wird Claudius
42 einen Löwen töten lassen, der darauf dressiert war, Menschenfleisch zu fres-
sen (Cassius Dio, Hist. rom. LX,13); wahrscheinlich hat er ihn von Caligula
übernommen und in der kaiserlichen Menagerie vorgefunden.

187 Sueton, Cal. LV,2. Zu Nero vgl. Plinius, Nat. hist. XXXIII,90 (die Variante des
»Chrysokollgrün«); zu L. Verus Hist. Aug., Vita Ver. IV–VI.

188 Sueton, Cal. LV,5–6. Er geht auch gegen das Massaker der *raetiarii* vor, ebd.
XXX,5.

189 Cassius Dio, Hist. rom. LXVIII,10,2 (Pylades). Ebenso Fronto, De fer. Als. 5.

190 Über Alitur: Flavius Josephus, *Vita*; über Nero und die Tragödie: Philostrat,
Vit. Apoll. IV,38 ff. Vgl. Ch. G. Starr, *Civilization and the Caesars: the Intellec-
tual Revolution in the Roman Empire*, Ithaca 1955, S. 206 f.

191 Über Hadrian und die alten dramatischen Gattungen: Hist. Aug., Vit. Hadr.
XIX,5 und XXVI,4. Zu Antoninus: Fronto, De fer. Als. 5.

192 Sueton, Claud. XLII,2 (*Tyrrhenicon*). Über die *studia liberalia* des Claudius
ebd. XL,3.

193 Tacitus, Ann. IV,57 ff. – ein Bild, das indirekt von Velleius Paterculus, Hist.
rom. II,99,4, bestritten wird, insofern er das *otium* des Tiberius auf Rhodos in
den Jahren 6 v. Chr. bis 2 n. Chr. rechtfertigt. Tacitus sieht darin allerdings ebenfalls eine mißbräuchliche Art der Muße, Ann. I,4,4.

194 Tacitus, Ann. IV,67,5. Vgl. J. H. d'Arms, *Romans on the Bay of Naples. A Social
and Cultural Study of the Villas and their Owners from 150 B. C. to A. D. 400*,
Cambridge (Mass.) 1970, S. 86–90. Dazu auch Plinius, Nat. hist. III,83: *Capreae
Tiberi principis arce nobiles*.

195 Cassius Dio, Hist. rom. LXXI,1 ff., unterstreicht das Scheitern der Mitregent-
schaft im Osten auf Grund des genußsüchtigen Naturells des Verus. Über die
Wonnen des Ostens Hist. Aug., Vit. Veri VI–VII. Die klassische Ansicht abge-
schwächt bei P. Lambrechts, »L'empereur Lucius Verus. Essai de réhabilitation«,
in: *Les Études classiques* 3 (1934) S. 173–201.

196 Zu dem Problem im ganzen vgl. Fronto, De fer. Als. und Mark Aurels *Selbstbetrachtungen*. Vgl. J.-M. André, »Le *De otio* de Fronton et les loisirs de Marc-
Aurèle«, in: *Revue d'Études latines* 49 (1971) S. 228 f.

197 Petron, Satyr. 52,8 (der Cordax der Fortunata); 53,10 (die Gleichgewichtskünst-
ler); 73,3 (Trimalchio und die gerade aktuellen Arien des Menekrates).

198 J. H. d'Arms (Anm. 194), S. 94–99. Zu den beiden Reisen des Seneca, von denen
     die von 63 eine offizielle Reise war, vgl. R. Waltz, *Vie de Sénèque*, Paris 1909,
     S. 416–419. Mark Aurel (XII,27) wird sich schließlich gegen diesen kampani-
     schen Hochmut wenden.

199 Eine entsprechende Reaktion auf die Reisen in weite Ferne bei Plinius, Epist.
     VIII,20. Dazu Statius, Silv. I,3,81 f. (exotische Paradiese und latinische Land-
     schaften); IV,4,16 ff. (Praeneste, Tibur und Tusculum).

200 Martial bemüht sich zu beweisen, daß es auch zu seiner Zeit noch ein ländliches
     Kampanien gibt; das bezeugt die Beschreibung des Bauernhofes, Epigr. III,58.

201 Zur symbolischen Bedeutung von Baiae und Nomentum außer Epigr. VI,43
     auch Epigr. X,58 und XI,80. Die Opposition Baiae versus Nomentum in VI,42
     und 43 repräsentiert den Gegensatz *otium* im Kurbetrieb und *otium* auf dem
     Lande. Dazu X,44 (*otia Nomentana*).

202 Hist. Aug., Vit. Hadr. XXV,5–7. J. H. d'Arms (Anm. 194), S. 104.

203 W. E. Heitland, *Agricola. A Study of Agriculture and Rustic Life in the Greco-
     Roman World*, Cambridge 1921, Kap. 34, S. 270 f. (flavische und antoninische
     Zeit).

204 Quintilian, Inst. or. X,3,24–26, formuliert die gegenteilige Meinung zu Horaz,
     Epist. II,2,77 ff. und Tacitus, Dial. or. IX.

205 W. E. Heitland (Anm. 203), S. 305 f. (Kap. 42: Martial und Juvenal, die Bedeu-
     tung von Epigr. III,58).

206 W. L. MacDonald (Anm. 21), S. 31–41.

207 G. Lugli (Anm. 36), S. 348–353 (die Ausgrabungen; Plan, S. 350); S. 358 f. (die
     Struktur; Plan der östlichen und westlichen Teile, S. 358–359).

208 W. L. MacDonald (Anm. 21), S. 47–74.

209 Seneca, Epist. 90,15. Zur Bedeutung der Wasserspiele und Wasserballette in der
     flavischen Zeit vgl. Martial, De spect. XXIV–XXVI.

210 Dazu die Texte zur *Domus Augustana* bei G. Lugli, *Fontes ad topographiam ve-
     teris Urbis Romae pertinentes*, Bd. 8,1 (regio X, Mons Palatinus), Rom 1960,
     S. 61–62 (Martial und Statius). Zur *Sicilia* und *Iovis cenatio* Hist. Aug., Vit. Per-
     tin. XI,6.

211 Martial, De spect. II, sagt dasselbe über die Rückgabe der *Domus aurea* an das
     Volk als sozial zu nutzenden Raum. Nerva hat die *Domus Augustana* zur »all-
     gemeinen Wohnstätte« erklärt, Plinius, Paneg. XLVII,4 ff.

212 Fronto, De fer. Als. 1–2: die Definition des *otium maritimum* (Alsium wird als
     locus maritimus et voluptarius eingestuft).

213 P. Grimal (Anm. 16), S. 314 f.

214 Zum intellektuellen Eklektizismus Hadrians vgl. Hist. Aug., Vit. Hadr. I,5;
     XIV,8–10; XV,10–13; XVI,1–11.

215 Vit. Hadr. XXVI,5. Über Hadrian als reisefreudigen Princeps ebd. XIII,1–5 und
     XVII,8 (*peregrinationis cupidus*).

216 B. Pace, *I mosaici di Piazza Armerina*, Rom 1955, Anhang, S. 111 f. (das *otium*
     des Maximianus Herculius: Jagen und Angeln in Sizilien).

217 Dazu E. de Saint Denis, *Le rôle de la mer dans la poésie latine*, Lyon 1935.
     Ebenso J.-M. André, *Le siècle d'Auguste* (Anm. 1), S. 172 und S. 183 f.

218 Über die Ablehnung der orientalischen Wunderwelt bei Horaz, Od. I,29,1;
     II,12,24; III,24,2; Epist. I,6,6; I,7,36 u. ö.; Vergil, Georg. II,136 ff. Über das
     glückliche, gesittete Italien Vergil, Georg. II,458 ff.; Properz, Eleg. II,19; III,22;
     IV,1 u. ö.

219 J. Rougé, *Recherches sur l'organisation du commerce maritime en Méditerranée sous l'empire romain*, Paris 1966, S. 22 f.
220 Philostrat, Vit. Apoll. II,20 ff. und III,14 ff. (Indien); VI,1–25 (Äthiopien).
221 Dazu s. S. 251 und S. 283 f.
222 Vergil, Georg. IV,287 ff.; Horaz, Od. III,3,46 ff. Die augusteischen Dichter sind für das Geheimnis der Nilquellen sehr empfänglich.
223 Dazu die Berichtigung der Arbeiten von Mau, Schefold und Curtius bei R. Étienne, *Pompeji. Das Leben in einer antiken Stadt*, Stuttgart ⁴1991 (frz. Orig.: *La vie quotidienne à Pompéi*, Paris 1966), S. 308 f.
224 Plinius, Nat. hist. VII,23–32 (Absonderlichkeiten der menschlichen Gattung als Laune der Natur).
225 Augustus scheint nicht weit über Alexandria und das Delta hinausgekommen zu sein. Ihn interessiert nur Alexanders Grab, Sueton, Aug. XVIII,1. Und doch regiert Augustus seit dem Tag nach der *kratesis* (Ende August 30) über Ägypten als Nachfolger der Pharaonen und Ptolemäer, vgl. G. Ch. Picard (Anm. 175), S. 62 f. Die aristokratische Reisewelle nach Ägypten wird durch das kaiserliche Vorrecht gebremst, vgl. Tacitus, Hist. I,11 und Ann. II,59,3–4.
226 Horaz, Od. III,30; dazu Properz, Eleg. III,2,19 ff.
227 *De situ et sacris Aegyptiorum*, Ausg. Haase, fr. XXXV, S. 425 f. Über Seneca und Ägypten: P. Grimal, *Sénèque ou la conscience de l'Empire*, Paris 1979, S. 160 bis 162.
228 D. Bonneau, *La crue du Nil, divinité égyptienne à travers mille ans d'histoire (332 av. – 641 ap. J.-C.), d'après les auteurs grecs et latins*, Bd. 1, Paris 1964, S. 135 f. (mit dem Versuch, die ägyptische Tradition von den griechisch-römischen Erklärungen zu trennen).
229 Art. »Plutarchos«, in: *Realencyclopädie der classischen Altertumswissenschaft* XXI, Sp. 843–846.
230 Dessau, ILS 8995.
231 Plinius, Nat. hist. VI,181; ebenso Seneca, Nat. quaest. VI,8.
232 Die Hieroglyphenkunde ist innerhalb der Priesterkaste zweifellos erhalten geblieben. Chairemon, ein in Neros Gunst stehender priesterlicher Schreiber und stoischer Philosoph, hat eine *Geschichte Ägyptens* und eine Abhandlung *Über die Hieroglyphen* geschrieben. Dazu die Fragmente bei Jacoby, FGrH IIIc, Nr. 618, S. 145 f. (Chairemon von Alexandria).
233 Vgl. Horaz, Sat. I,5,36 ff. (Aufenthalte bei Murena, Capito und Cocceius).
234 G. Radke, *Viae publicae Romanae*, Stuttgart 1971.
235 Ebd. über den Straßenbau, Sp. 22 f., besonders Sp. 23–24 (Unebenheit des *pavimentum*).
236 Zu dem seit Augustus eingerichteten *cursus publicus* für Post und Personen vgl. Art. »Curritis«, in: *Realencyclopädie der classischen Altertumswissenschaft* IV, Sp. 1845 f. (die juristischen Texte und die Fahrzeugtypen *raedae, carri* und *birotae*). Außerdem Art. »Cursus publicus«, in: Ch. Daremberg / E. Saglio, *Dictionnaire des antiquités grecques et romaines* I,2, S. 1648 f.
237 Zum kaiserlichen Wagenpark von den julisch-claudischen Kaisern bis zur Spätantike vgl. J. Marquardt (Anm. 45), Tl. 2, S. 735 f.
238 Dazu s. S. 195, Anm. 39 und 40 und J. Marquardt (Anm. 45), S. 470–472.
239 Ein in der Hist. Aug., Vit. Hadr. XVI, zitierter Vers Hadrians lautet: *Ego nolo Florus esse / ambulare per tabernas, / latitare per popinas, / culices pati rotundos.*

240 Strabon XII,8,17 p. 578 und XIV,1,1 p. 632 (Reisen im Bereich von Smyrna und
    Ephesus). Vgl. A. Boulanger, *Aelius Aristide et la Sophistique dans la province
    d'Asie au IIᵉ siècle de notre ère*, Paris 1923, S. 16 f.

241 Über die Bildungsreisen Galens mit den Stationen Smyrna, Korinth, Alexan-
    dria, Rom u. a. vgl. Art. »Galenos«, in: *Realencyclopädie der classischen Alter-
    tumswissenschaft* VII, Sp. 579 f. Zur ärztlichen Zunft vgl. L. Robert, *Hellenica*
    II, Paris 1946, S. 107 f. (epigraphische Verweise auf Ärzte, die in Ägypten stu-
    diert haben und nach langen Reisen in der Ferne gestorben sind).

242 A. Boulanger (Anm. 240), S. 117 (Athen); S. 119 f. (die Ausbildungsreisen).

243 Über den *Aigyptios*: ebd., S. 120–127 (die Ägyptenreise). Zur Entstehung des
    ägyptophilen Interesses in Rom und bei den Untertanen des Kaiserreiches vgl.
    J.-M. André, »Les Romains et l'Égypte«, in: *Études philosophiques*, 1987,
    S. 189 f.

244 R. Waltz (Anm. 198), S. 417–422 (über die beiden Reisen in den Jahren 63 und
    64).

245 Zur Jagdliteratur des Kaiserreiches, Arrian, Oppian und Nemesian, vgl. J. Ay-
    mard (Anm. 145), S. 566 und pass.

246 Ebd., S. 495 f. (zum Ende der 3. Rede des Dion).

247 Ebd., S. 162 f. (Antoninus und Mark Aurel); S. 183 (Verus).

248 Zu diesem Text, seiner Überlieferung und seiner Echtheit (CIL XII,1122; Hist.
    Aug., Vit. Hadr. XX; Cassius Dio, Hist. rom. LXIX,10; J. Aymard (Anm. 145),
    S. 176–179.

249 CIL II,2660: metrische Inschrift des Tullius Maximus, Legat der Legio VII Ge-
    mina, der sich rühmt, bei der Hetzjagd, »von seinem ungestümen Roß getra-
    gen« (*vectus feroci sonipede*), die Hirsche bezwungen und sie der Diana darge-
    bracht zu haben.

250 Vgl. B. Pace (Anm. 216). Zu den Abbildungen G. Vinicio Gentili, *La Villa Ercu-
    lia di Piazza Armerina. I mosaici figurativi*, Mailand 1959, XXII (Eber); XXVII
    (Rhinozeros); XXVIII (Verladung von Tiger, Antilope und Bison); XXXVI
    (Afrika-Emblem mit Tiger und Elefant).

251 J. Aymard (Anm. 145), S. 165.

252 Seneca, Epist. 122,6 (Umstellung von *cena* und abschließender *comissatio*). Die
    allgemeine These von Epist. 90,19 (*a natura luxuria descivit*) wird durch die
    Untersuchungen Epist. 95,15–29 über die ungeordnete Ernährungsweise bewie-
    sen.

253 Seneca, De brev. VII,1 und XII,5: Festmähler und eine auch noch so raffinierte
    Gastronomie werden als Formen moralischen Abstiegs und menschlicher
    Selbstentfremdung bewertet. Seneca benützt das Klischee vom »Tod zu Lebzei-
    ten der Menschen, die dem Gelage und der Sinnenlust ergeben sind«. Dazu auch
    Epist. 59,15 (*ex conviviis et luxuria*). Vgl. dazu die Thesen in den zeitgenössi-
    schen Diatriben, A. Oltramare, *Les origines de la diatribe romaine*, Diss. Genf
    1926, Th. 31 und 31c, S. 270 f.

254 De brev. VII,2: *convivia, quae iam ipsa officia sunt*. Dazu Plinius, Epist. I,6,5
    (Ausbleiben des Gastes).

255 Über die öffentlichen Festmähler, verbunden mit den Saturnalien oder auch
    nicht, vgl. Statius, Silv. I,65 (*prandium*); Martial, Epigr. V,49,8–10; Sueton,
    Dom. IV,12. Dazu G. Ville (Anm. 27), S. 151 f. und S. 172.

256 Dazu G. Boissier, *L'opposition sous les Césars*, Paris 1875, Kap. 2 (»l'opposition
    des gens du monde«), S. 73 f. Seneca d. Ä., Controv. III,12, beschreibt diese

weltmännischen Opponenten der *circuli* und *convivia* (Tacitus, Ann. III,54): *horum non possum misereri qui tanti putant caput potius quam dictum perdere.* Vgl. Martial, Epigr. X,48,24.

257 Sat. VIII,10–12: *si dormire incipis ortu Luciferi.* Ein entsprechender Angriff auf die *lucifugae* findet sich Seneca, Epist. 122,15.

258 Weitere Kritik bei Juvenal gegen die Schlemmerei, selbst bei gastronomischem Anspruch in Sat. V,80 ff. (der Speisezettel der Herren: Languste, Meeräsche usw.); XI,64 ff. (die verschiedenen ländlichen ›Gänge‹ im Gegensatz zu den modischen Nahrungsmitteln); 120 ff. (Steinbutt und Damwild). Sat. IV,136 ff. macht Montanus zu einem Überlebenden der neronischen Festmähler (*luxuriam imperii veterem noctesque Neronis*): Falerner, Austern vom Lucriner See usw.

259 Das kulinarische Raffinement, das Seneca fortgesetzt schlechtgemacht hat, etwa in dem Bekenntnis des Serenus, De tranqu. I, ist von Apicius, jenem Autor der berühmten Schrift *De re coquinaria*, der sich durch das gute Essen selbst ruiniert und unter Tiberius das Leben genommen hat, anschaulich dargestellt worden. Dazu Jacques André, *L'alimentation et la cuisine à Rome*, Paris 1961, S. 220 f., mit einer Zusammenstellung besonders geschätzter Rezepte.

260 Trotz seiner Übertreibung ist das Mahl des Trimalchio ein gültiges Dokument über die *fercula*, vgl. J. Carcopino (Anm. 15), S. 365 ff. Juvenal spricht von »in der Regel« *fercula septem*. Das Mahl des Virro mit seinem Geschirr und seiner Servierkunst in der 5. Satire kann als geschmackvoll erlesene Mahlzeit gelten.

261 Seneca, Nat. quaest. IV,13,11; Epist. 78,23; 95,21 und 119,3 (*rodere nivem* oder *diluere nivem* sind die Ausdrücke); Plinius, Nat. hist. XXXII,64; Juvenal, Sat. V,49–50.

262 Die *familia urbana*, die von Columella verachtet wird, weil sie dem *otium urbanum* ergeben ist (R. r. I,8,4: *otiis, campo, circo, theatris, aleae, popinae, lupanaribus consuetum*), und zu der die Mundschenke und Obersklaven gehören, die Seneca, Epist. 47 bedauert, ist gleichwohl ziemlich privilegiert, vgl. J.-M. André, *L'esclavage sous Néron: statut juridique et condition réelle, Neronia*, Clermont-Ferrand 1977, S. 15 f.

263 Über die Trunksucht seiner Zeit und das Trinken auf nüchternen Magen: Seneca, Epist. 50,4; 83,14 ff.; 122,6 ff.; Columella, R. r. I, praef. 16; Plinius, Nat. hist. XIV,137 ff. und XXIII,41.

264 Plinius, Epist. I,15,3, der die *Gaditanae* mit Mahlzeiten von Meeresfrüchten in Verbindung bringt. Desgleichen Martial, Epigr. III,63,5; VI,71,2 und XIV,203; Statius, Silv. I,7,71; Juvenal, Sat. XI,162–163. Dazu Art. »Gaditanae«, in: *Realencyclopädie der classischen Altertumswissenschaft* VII, Sp. 439–461. Die lasziven Vorführungen der Tänzerinnen sind mit der gaditanischen Musik und dem Rhythmus der Kastagnetten verknüpft.

265 Diese Epigrammtitel aus den Büchern XIII und XIV bezeichnen Distichen, die zu Gastgeschenken (*xenia*) oder zu den bei Banketten ausgelosten Gewinnen (*apophoreta*) gehören. Vgl. die Tombola beim Gastmahl des Trimalchio (Petron, Satyr. LVI,7 ff.): Dieses ›Gesellschaftsspiel‹ besteht darin, ungewöhnliche Gedanken zu Überraschungsgeschenken zu verbinden, z. B. *Murena et littera: murem cum rana alligatum* (eine Maus mit einem angebundenen Frosch, wegen des unübersetzbaren Wortspiels von *murena, mus* und *rana*).

266 Macrobius, Sat. III,13,1 ff.: Archäologie von Luxus und Schlemmerei in Rom (Hortensius und die Mahlzeiten der Auguren; choreographische Einlagen; Spei-

sezettel des ›Pontifikalessens‹ von Metellus). Diesen Schlemmereien stellen die Weisen der *Saturnalia* die sokratische Tradition des *convivium sobrium* gegenüber (II,1,1 ff.; VII,5,32). Häufig machen sie sich Gedanken über die pathologische Wirkung einer unbedachten Ernährungsweise (*edendi varietas*) und der Trunksucht, vgl. ebd. VII,4,9 ff. (*cruditates, podagra*). Die *Saturnalia*, die auch die Frage der Teilnahme der Weisen an den Freundschaftsessen aufwerfen (VII, 1,2), empfehlen einen vernünftigen Umgang mit Wein und eine Beschränkung der Trinkerei bei Gastmählern (II,8,4 ff.: *vino indulgeamus*).

267 J. P. Cèbe (Anm. 151), S. 170 (die perverse Entartung des *Gastmahls der Sieben Weisen* in der *popina* von Ostia).

268 V. Paladini / E. Castorina (Anm. 43), Bd. 1, S. 416–418 (Verbindung mit dem »Frontokreis«, um 150; Veröffentlichung um 170).

269 S. Kap. I–III zur Archäologie der griechischen Muße: Festmahl, Tanz, Musik.

270 H. I. Marrou, *Histoire de l'éducation dans l'Antiquité*, Paris 1965 (dt. u. d. T.: Geschichte der Erziehung im klassischen Altertum, übers. von Ch. Beumann, hrsg. von R. Harder, Freiburg i. Br. 1957), S. 377 (zur Rolle des Kommentars oder der *enarratio* bei dem *grammaticus*). Die Ungebildeten oder Autodidakten, wie Calvisius Sabinus, folgen der Mode (Seneca, Epist. 27,5 ff.), oder Trimalchio (Petron, Satyr. 39,4). Seneca, Epist. 88,3–8, hat die Bedeutung des troischen Sagenkreises vermerkt, der durch die Betrachtung von bildlichen Darstellungen vertraut geworden ist, vgl. J. M. Croisille (Anm. 163), Bd. 1, S. 101 f. Dazu die Bilder aus *Ilias* und *Odyssee* im Hause des Trimalchio (Petron, Satyr. 29,9 und Juvenal, Sat. VII,229–236).

271 Phars. X,188 ff. Vgl. J.-M. André (Anm. 243), S. 198 f.

272 J.-M. André, *Recherches sur l'otium romain*, Paris 1962 (Annales littéraires de l'Université de Besançon 52), S. 66–69 (die Einschränkungen des intellektuellen Lebens). Macrobius, Sat. VII,1,2 unterstreicht die Gefahr, die das gesellschaftliche Leben für die wahre Philosophie bedeutet.

273 Vgl. die Synthese von O. Raith, *Petronius. Ein Epikureer*, Nürnberg 1963 (Erlanger Beiträge zur Sprach- und Kunstwissenschaft, 14). Der gesellschaftliche Epikureismus muß von der Grabpoesie her beleuchtet werden, vgl. E. Galletier, *Études sur la poésie funéraire romaine*, Paris 1922, S. 71 f.

274 Petron, Satyr. 48,7 (Geschichte vom Kyklopen); 35,1 ff. (der Tierkreis); 39,5 ff. (Trimalchios Vortrag über Kosmologie und Astrologie).

275 Seneca, De ben. III,26–27 (Spionage bei Banketten und Vertraulichkeiten der Betrunkenen); Tacitus, Hist. III,38 (Geschichte von Iunius Blaesus).

276 J. Carcopino (Anm. 15), S. 351 ff. L. Homo (Anm. 15), S. 319 f.

277 J. Marquardt (Anm. 45), S. 826–828.

278 Zusammenstellung bei J. Carcopino (Anm. 15), S. 270 f. (die öffentlichen Vorlesungen).

279 S. Anm. 44.

280 Frontin, Aqu. I–II; Plinius, Nat. hist., praef. 18 (über das Werk eines vielbeschäftigten Mannes, der seine Zeit von der Nachtruhe abzieht – im Gegensatz zum Volk und zu den *studiorum otiosi*, den Gebildeten).

281 J.-M. André, *L'otium* (Anm. 1), S. 538–541.

282 *De laude Pisonis*, ein anonymes Gedicht auf den Verschwörer Piso (Tacitus, Ann. XV,48), dessen Text zitiert ist bei R. Verdière, *T. Calpurnii Pisonis de laude Pisonis*, Brüssel 1954 (Coll. Latomus, 19), S. 95 f. (V. 145 ff.: über die Naturverbundenheit; V. 162 ff.: *versiculi* über den richtigen Gebrauch der Muße).

283 Vgl. Epilog.
284 Dazu s. S. 254 und Anm. 239.
285 Hist. Aug., Vit. Hadr. XVI,1–10 und XXV,8–11.
286 Vgl. A. und E. Bernand, *Les inscriptions grecques et latines du Colosse de Memnon*, Paris 1960, S. 14 f. (Herrschaftszeit des Hadrian) und vor allem S. 28, S. 29 und S. 31.
287 F. Galletier (Anm. 273), S. 88 f. (Widerhall von Dichtern und Philosophen). Dazu auch M. Gigante, *Civiltà delle forme letterarie nell'antica Pompei*, Neapel 1979.
288 M. d'Avino (Anm. 40), S. 49.

Epilog

1 P. de Labriolle, *La réaction paienne*, Paris 1950, S. 91 f. (Fronto: christliche Feiern und traditionelle Feste); S. 328 f. (Erneuerung des Heidentums und antichristliche Mimen zur Zeit Diokletians); S. 373 f. (Julian und die heidnischen Zeremonien).
2 P. Boyancé, *Le culte des Muses chez les philosophes grecs*, Paris 1937; P. de Labriolle (Anm. 1), S. 223 f. (der Neuplatoniker Porphyrius), S. 313 f. (Apollonios und der platonische Synkretismus).
3 Das ciceronische Konzept von der *laetitia popularis* (dazu Kap. V) findet sich, mit Abweichungen, auch Cod. Theod. XV,7,5 und 6 und XV,9,2.
4 Kommentar von G. Ville, »Les jeux de gladiateurs dans l'Empire Chrétien«, in: *Mélanges d'Archéologie et d'Histoire. École Française de Rome* 72 (1960) S. 302 f., mit einer bemerkenswerten Synthese historischer und ideologischer Art zu dieser Frage.
5 P. Petit, *Libanius et la vie municipale à Antioche au IVe siècle après J.-C.*, Paris 1955, S. 135–137 und S. 139 f.
6 E. Stein, *Geschichte des spätrömischen Reiches*, Bd. 1, Wien 1928, S. 441 f. (Zirkusparteien); über den ›Nika‹-Aufstand: Bd. 2, französische Übersetzung, S. 449–456; Art. »Hippodrome«, in: Ch. Daremberg / E. Saglio, *Dictionnaire des antiquités grecques et romaines* III,1, S. 209. Ebenso A. Cameron, *Circus Factions, Blues and Greens at Rome and Byzantium*, Oxford 1976, S. 227 f. und S. 314.
7 M. Spanneut, *Le Stoïcisme des Pères de l'Église, de Clément de Rome à Clément d'Alexandrie*, Paris 1957, S. 259 (Liste mit Empfehlungen); M. Testard, *Chrétiens latins des premiers siècles*, Paris 1991, S. 45 f. Dazu W. Wiesmann, *Kirche und Schauspiele. Die Schauspiele im Urteil der lateinischen Kirchenväter unter besonderer Berücksichtigung von Augustin*, Würzburg 1972.
8 In einer Epoche, in der die Panegyriker den Zustand der gallischen Straßen rühmen, hat Sidonius nicht nur die »Reise auf der Landkarte« gepflegt (Epist. VIII,2): im Brief I,5 beschreibt er ausführlich die Reise von Lyon nach Rom.
9 Vgl. R. Chastagnol, *La préfecture urbaine sous le Bas-Empire*, Paris 1960.
10 Laud. Valent. I,16. Vgl. J.-M. André, »Le *De Otio* de Fronton et les loisirs de Marc-Aurel«, in: *Revue d'Études latines* 49 (1972) S. 238 f.
11 Über das Leben und das Erlebnis der Muße bei Ausonius, vor allem im Blick auf das *otium litteratum*, vgl. R. Pichon, *Les derniers écrivains profanes*, Paris 1906, S. 186–202.

Register

Personen

Accius 136
Achill 18 f., 74
Adonis 116
Aelian 92, 179
Aelius Aristides 208, 254 f.
Aelius Gallus 249, 251
Aemilius Lepidus 169
Aemilius Paullus 150, 154, 166, 179
Aeneas 157
Aeserninus 151
Agesandros 192
Agrippa 96, 166, 173, 191
Agrippina 218
Aias 19
Aischines 71
Aischylos 53
Alexander 76, 92 f., 99, 110 f.
Alexander Severus 214, 233, 278
Alienus 228
Alkibiades 63, 67
Alkinoos 23
Alkios 179
Alkiphron 92, 111, 113 f., 118 f.
Alleius Nigidius 221
Ambrosius 283
Ammianus Marcellinus 199 f., 255
Amor 174, 218
Amphidamas 27
Anacharsis 103
Anchises 157
Ancus Martius 121
Antilochos 22
Antiochos III. 77, 137
Antiochos IV. Epiphanes 77, 97, 104 f., 152
Antiochos VIII. 110
Antiochos von Askalon 168
Antiphon 70
Antoninus Pius 223, 237, 242, 258, 262, 276, 286
Antonius 105 f., 107 f., 149, 166
Aphrodite 71, 73, 92, 107, 114, 116
Apicius 174

Apollodor von Karystos 91, 119
Apollon 16 f., 36, 55, 111, 117, 137 f., 245
Apollonios (Bildhauer) 192
Apollonios von Thyane 249
Apuleius 211 f., 222, 287
Arcadius 280
Archelaos 77
Archimedes 107
Areios Didymos 200
Ares 17
Aristogeiton 34
Aristonikos 99
Aristophanes 23, 29, 35, 37 f., 39–42, 43–49, 53 f., 57, 61, 63, 67, 73 f., 97, 112 f., 140, 217
Aristoteles 18, 23, 28, 33 f., 46, 48–53, 67, 75, 76, 80, 89, 93 f., 96, 98 f., 102 bis 104, 112, 118, 179 f.
Arnobius 282
Arrian 257
Arsinoe 88, 116
Artemis 16, 36 f., 65, 111
Asinius Pollio 181, 192, 267 f., 271
Asklepios 96
Athanodoros 192
Athena 34, 37, 93
Athenaios 15, 20, 23, 51, 61 f., 67, 89, 91, 105 f., 106 f., 111, 115, 118, 128, 174, 179, 264 f.
Attalos I. 96
Attalos II. 77, 83 f.
Atticus 168, 180
Augustin 275, 282 f., 287
Augustus 134, 178, 181, 186–190, 191 f., 203–206, 208 f., 214, 216–218, 219 f., 223 f., 232 f., 236, 248, 259 f., 267, 271, 286; s.a. C. Octavius
Aulus Gellius 18, 94, 265
Aurelian 276, 278
Ausonius 275, 283–287

Bacchus 133, 174
Balbilla 272

Patroklos 21
Paulus 253
Pausanias 25, 35, 70, 86
Peisianax 35
Peisistratos 34, 37, 77
Pelops 22, 70 f.
Perikles 33, 35, 43, 59, 74, 80
Perseus 131, 179
Persius 235
Petreius 147
Petron 176, 196 f., 210, 222, 224, 240,
260–262, 263, 266–268
Phaidros (Phaedrus) 168, 180
Pharius 234
Pheidippides 59
Pherekrates 53
Phersu 149
Phidias 69
Philemon 91, 118
Philipp V. 79, 131
Philipp von Makedonien 118
Philiskos 89, 179
Philochoros 49
Philodemos von Gadara 100, 159
Philon von Alexandria 200, 287
Philostrat 70, 202, 249
Phintias 72
Pindar 22, 61, 69–71
Piso 143, 159, 271
Platon 28, 31, 33, 46, 48–53, 55 f., 60 f.,
63, 66 f., 75 f., 103, 105, 110, 179 f.
Plautus 41, 79, 92, 115, 128, 130, 138,
141 f., 145, 147 f., 161–164, 178
Plinius d. Ä. 111, 145, 147, 191 f., 204,
213, 225, 244, 251, 253, 262 f., 270
Plinius d. J. 191, 198, 206 f., 209, 212,
216, 219, 223 f., 227, 233, 235 f., 239,
247, 257, 262–264, 267–272, 275,
286 f.
Plotius 166
Plutarch 23, 29–32, 35, 43, 49, 66, 90,
94, 105, 107, 111, 134 f., 157, 208, 227,
236, 251, 257, 264, 281
Polemon 199
Pollux 73
Polos 94
Polybios 99, 180
Polydoros 192
Polygnotos 35

Polyklet 194
Pompeius 130, 144–146, 154, 160, 172,
177, 216 f., 265
Pomponius 152
Poppaea 237
Porsenna 212
Poseidon 14, 16 f., 37
Poseidonios 80, 101, 128, 148
Priapus 136
Probus 259, 276
Properz 191 f., 210, 215, 249, 272
Prudentius 286
Pseudo-Xenophon 48 f.
Ptolemaios I. Soter 87, 89, 92, 102,
104 f., 111, 113
Ptolemaios II. Philadelphos 87–90, 92,
109, 111, 116
Ptolemaios III. Euergetes 87 f.
Ptolemaios IV. Philopator 104, 106 f.
Ptolemaios V. Epiphanes 99
Ptolemaios VIII. Euergetes II. 97, 102
Pylades 218
Pythagoras 28, 71
Python 22

Quintilian 46, 181, 207, 243, 271, 282

Ramses 252
Romulus 121, 124, 126, 134, 155
Roscius 149
Rubrenus Lappa 270

Sabina 272
Sallust 121, 173, 181
Saturn 132, 135
Scaurus, M. Aemilius 145, 154
Scipio Aemilianus 131, 150 f., 154,
161, 166, 169, 181, 240, 256
Scipio Africanus 131, 163, 168, 179,
251
Scipio Nasica 144
Seianus 190, 214
Seleukos Nikator 199
Semele 89
Seneca 23, 101, 109, 169, 173, 176, 195,
198, 200, 205, 212 f., 218, 224–227,
229, 231, 233–238, 240–242, 244 f.,
250, 253, 256, 261–263, 265–268, 281
Seneca d. Ä. 244

Orte, Landschaften, Gewässer

Spiele und Feste